Beiträge

zur

Lehre vom Pflichttheilsrecht.

Beiträge

zur

Lehre vom Pflichttheilsrecht.

Von

Max Schultzenstein,

Amtsrichter.

Zweite, durch einen Nachtrag vermehrte Ausgabe.

Berlin und **Leipzig.**

Verlag von J. Guttentag

(D. Collin).

1883.

Vorwort
zur ersten Ausgabe.

In der nachstehenden Schrift bildet die zweite Abhandlung über die rechtliche Natur des Pflichttheilsrechts nach dem Allgemeinen Landrecht die Hauptsache wegen der Bedeutung, welche die darin erörterte Streitfrage sowohl in theoretischer wie in praktischer Hinsicht hat.

Um die praktische Wichtigkeit näher zu zeigen, ist der dritte Aufsatz hinzugefügt.

Wegen derselben glaubte der Verfasser seine Arbeit veröffentlichen zu dürfen, wenngleich die Aufhebung des Allgemeinen Landrechts bevorsteht. Denn diese Aufhebung wird nicht so schnell erfolgen und es wird noch Jahre lang nach dem Landrecht zu entscheiden sein.

Die im Werke befindliche neue Gesetzgebung führte von selbst darauf, zu prüfen, ob die für das Landrecht festgestellte rechtliche Natur des Pflichttheilsrechts auch de lege ferenda die richtige sei. Andere Fragen aus dem Pflichttheilsrecht schlossen sich in dieser Richtung an. So ist die vierte Abhandlung entstanden.

Für die neue Gestaltung des Pflichttheilsrechts sind zwar bereits von Seiten zweier weit mehr berufener Männer, von Binding und Mommsen Vorschläge gemacht worden. Dennoch hielt es der Verfasser für erlaubt, mit seinen Ansichten hervorzutreten, da Binding von der Verwandten-Erbfolge ausgeht, neben der es ein Pflichttheilsrecht nicht geben kann und, wenn er trotzdem ein solches und einen Pflichttheil annimmt, dafür nothwendig zu ganz anderen Resultaten gelangen muß, als für das wirkliche Pflichttheilsrecht uud den wirklichen Pflichttheil gelten können, Mommsen aber gerade die beiden Hauptpunkte, das zu befolgende Erbsystem und die Natur des Pflichttheilsrechts, theils gar nicht theils wenig eingehend behandelt und auch sonst ihm vielfach nicht beigepflichtet werden kann.

Inzwischen sind die Ansichten der Kommission zur Ausarbeitung des Entwurfs des bürgerlichen Gesetzbuchs für Deutschland über einzelne der in der vierten Abhandlung besprochenen Punkte bekannt geworden (Beiträge zur Erläuterung des Deutschen Rechts. Bd. XXI. S. 234, 243 und 244) und stimmen dieselben im wesentlichen mit den betreffenden Vorschlägen des Verfassers überein. Es konnte jedoch auch hierein keine Veranlassung gefunden werden, die letzteren zurückzuhalten, weil weder feststeht, ob jene Ansichten wirklich in den Entwurf übergehen werden, noch ihre Motivirung oder sonst etwas näheres über sie mitgetheilt ist.

Der erste Aufsatz endlich ist allgemeiner Natur und dient den drei anderen gemeinschaftlich zur Vorbereitung. Er ist namentlich in seinem geschichtlichen Theil nicht Selbstzweck, sondern nur bestimmt, das zur Begründung und zum besseren Verständniß des Späteren erforderliche Material zu liefern. Er macht insoweit keinen Anspruch auf neue Forschungen oder neue Gesichtspunkte und entbehrt sogar der gleichmäßigen Behandlung und selbst der Vollständigkeit, indem alles, was zu jenem Zweck nicht nothwendig war, theils einfach fortgelassen theils nur kurz angedeutet, anderes dagegen, was wichtig erschien, ausführlicher dargestellt ist.

In gleicher Weise ist überhaupt bei der Heranziehung der fremden Rechte verfahren worden, sodaß z. B. die rechtliche Natur, welche in ihnen das Pflichttheilsrecht bei einer irrthümlichen Uebergehung und in anderen von der Regel abweichenden Fällen hat, nicht weiter untersucht, die Natur der actio suppletoria dagegen so speziell, wie geschehen, besprochen worden ist, weil aus der ersteren kein, aus der letzteren aber ein nicht unwichtiger Schluß für das Landrecht gezogen werden konnte.

Daß von den neuern Gesetzen blos der Code civil, das Oestreichische und das Sächsische Gesetzbuch genauer, das Zürcher Gesetzbuch dagegen nur wenig und der Großherzoglich Hessische Entwurf eines bürgerlichen Gesetzbuchs so gut wie gar nicht berücksichtigt worden sind, hat seinen Grund darin, daß die beiden letzteren das System der beschränkten Verwandten-Erbfolge haben, daher für das eigentliche Pflichttheilsrecht wenig Ausbeute gewähren, ihr Standpunkt selbst aber bereits durch den Code civil hinlänglich vertreten ist.

Trebbin im September 1877.

Vorwort
zur zweiten Ausgabe.

Seit dem Erscheinen der ersten Ausgabe sind verschiedene der darin behandelten Materien Gegenstand weiterer theoretischer Erörterungen und praktischer Entscheidungen geworden. Es ist dies zwar nicht in dem Maße geschehen, daß Grund zu einer mehr oder weniger weitreichenden Umarbeitung vorhanden wäre, und ist von einer solchen um so mehr Abstand genommen, als sobald, was ja nunmehr in verhältnißmäßig kurzer Zeit zu erwarten ist, das in der Ausarbeitung befindliche bürgerliche Gesetzbuch für Deutschland in Kraft tritt, die Haupttheile des Buches im wesentlichen werthlos werden. Andererseits aber ist die neuere Litteratur doch auch wieder zu erheblich, als daß sie ganz unbeachtet bleiben könnte. Sie ist daher in der Art berücksichtigt worden, daß der sonst unverändert gelassenen ersten Ausgabe in Form eines Nachtrags dasjenige hinzugefügt ist, was von ihr nach Ausscheidung bloßer zu- oder übereinstimmender Citate, wie sie z. B. besonders in dem inzwischen erschienenen dritten Bande von Dernburg's Lehrbuch des Preußischen Privatrechts häufig sind, und des sonst weniger Wesentlichen noch wichtiger erschien, namentlich zu neuen Ausführungen Veranlassung gab.

An dieser Stelle ist noch der entsprechenden Bemerkung im Vorwort zur ersten Ausgabe anzuschließen, daß die Kommission zur Ausarbeitung des bürgerlichen Gesetzbuchs für Deutschland beschlossen hat, dem überlebenden Ehegatten ein Pflichttheilsrecht auf den Werth der Hälfte des ihm aus dem Gesetz gebührenden Erbrechts zu gewähren (Beiträge zur Erläuterung des Deutschen Rechts Bd. XXII. (1878) S. 98), was mit den diesseitigen Vorschlägen ebenfalls übereinstimmt.

Rixdorf, im Januar 1883.

Max Schultzenstein.

Inhalt.

Erklärung der abgekürzten Citate.

Bauer = Bauer: Gehört die Pflichttheilsklage des preußischen allgemeinen Landrechts zu dem der Exekution unterliegenden Vermögen? in der Zeitschrift für die deutsche Gesetzgebung und für einheitliches deutsches Recht von Behrend und Dahn Bd. VII. (1873) S. 39—70.

Binding = Binding: Ueber die Hauptgrundlagen des künftigen Erbrechtes im Archiv für die civilistische Praxis Bd. 57. (1874) Heft 3. S. 399—421 und Bd. 58. (1875) Heft 1. S. 108—149 u. Heft 2. S. 153—261.

Bluntschli Erbfolge = Bluntschli: Entwicklung der Erbfolge gegen den letzten Willen nach Römischem Recht (1829).

Bornemann Civilrecht = Bornemann: Systematische Darstellung des Preußischen Civilrechts. 2. Ausgabe (1842—1845).

Dernburg Privatrecht = Dernburg: Lehrbuch des Preußischen Privatrechts und der Privatrechtsnormen des Reichs. 3/4. Auflage (1881/1882), welche, soweit Bd. III. in Betracht kommt, mit der 1. Auflage desselben (1880) noch vollständig übereinstimmt.

Förster Privatrecht = Förster: Theorie und Praxis des heutigen gemeinen preußischen Privatrechts. 3. Auflage (1873—1874).

Francke Recht der Notherben = Francke: Das Recht der Notherben und Pflichttheilsberechtigten (1831).

Gans Erbrecht = Gans: Das Erbrecht in weltgeschichtlicher Entwickelung (1824—1835).

Gärtner = Gärtner: Das Notherbenrecht in seiner Bedeutung und nach seinen Folgen im allgemeinen Landrechte in der Zeitschrift für wissenschaftliche Bearbeitung des preußischen Rechts von Simon und von Strampff. Bd. II. (1834) S. 392—459.

Gruchot Beiträge = Beiträge zur Erläuterung des Preußischen (später des Deutschen) Rechts von Gruchot.

Gruchot Erbrecht = Gruchot: Preußisches Erbrecht in Glossen zum Allgemeinen Landrecht. (1865—1867).

Koch Privatrecht = Koch: Lehrbuch des Preußischen gemeinen Privatrechts. 2. Auflage (1852).

Koch Erbrecht = Koch: Das Preußische Erbrecht (1866).

Koch Kommentar = Koch: Allgemeines Landrecht für die Preußischen Staaten mit Kommentar. 6/5 Ausgabe (1874—1875).

Mommsen = Mommsen: Entwurf eines Deutschen Reichsgesetzes über das Erbrecht nebst Motiven (1876).

Schröder = Schröder: Das Notherbenrecht. Erste Abtheilung: das Recht vor der Novelle 115 (1877).

Stabel Institutionen = Stabel: Institutionen des französischen Civilrechts (1871).

Unger Privatrecht = Unger: System des östreichischen allgemeinen Privatrechts (1856 bis 1864).

Windscheid Pandekten = Windscheid: Lehrbuch des Pandektenrechts. Bd. I und II. 3. Auflage (1873), Bd. III. 2. Auflage (1871).

Zachariä Civilrecht = Zachariä von Lingenthal: Handbuch des französischen Civilrechts. 5. Auflage (1853) herausgegeben von Anschütz, B. I. 6. Auflage (1874) herausgegeben von Puchelt.

Zitelmann = Zitelmann: Die Natur des Pflichttheilrechts und der Pflichttheilsklage nach Preußischem Recht in Gruchot's Beiträgen Bd. XX. (1876) S. 321 bis 389.

Druckfehler-Verzeichniß.

Seite 63 Anm. 10 Zeile 6 lies „ab" statt „als."
„ 69 Anm. 29 Zeile 1 lies „§. 862" statt „§. 892."
„ 71 Anm. 33 Zeile 9 lies „März" statt „Juni."
„ 121 Zeile 2 lies „Theilungsanordnung" statt „Theilungsverordnung."
„ 129 Anm. 2 Zeile 3/4 lies „Anmerk. 3" statt „Anmerk. 2."
„ 136 Zeile 7 lies „richtig" statt „wichtig."
„ 153 ist der Anmerkung 3 in und unter dem Text die Nummer „4" zu geben.
„ 170 Anm. 7 Zeile 5 lies „§. 584" statt „§. 548."
„ 202 Zeile 25 lies „Schenkung" statt „Schenkungen."
„ 229 Zeile 16 lies „in" statt „an."

I.

Die geschichtliche Entwicklung und der Begriff des Pflichttheilsrechts.

§. 1.

Einleitung.

Bei dem Tode eines Menschen können nicht seine Rechte und Pflichten aufhören und seine übrig bleibenden Sachen herrenlos werden und der Okkupation unterliegen, wie von Philosophen des 18. Jahrhunderts mehrfach als etwas im Naturrecht Begründetes hingestellt worden ist[1]). Es würde sonst jedes Mal ein mehr oder minder großes bellum omnium contra omnes entstehen und dem einzelnen in Folge des Bewußtseins, daß der Ueberschuß seiner Arbeit, das Erworbene, nach seinem Ableben dem Zufall preisgegeben sei, jede Lust und jeder Trieb zum Erwerben fehlen, der gesammten Menschheit aber ein wesentlich zu ihrer fortschreitenden Entwicklung beitragendes Moment, die Kontinuität der menschlichen Arbeit, entzogen werden.

Ebensowenig kann das Vermögen eines Verstorbenen dem Staat zufallen, wie der St. Simonismus wollte[2]). Die allgemeine Ordnung

---

[1]) z. B. von Wolf: Institutiones jurisprudentiae naturalis (1720). Pars spec. Sect. I. cap. VIII. § 23 p. 227, §. 24 p. 228, §. 25 p. 228 u. 229 und §. 40 p. 242 u. 243; Cocceji: Commentarii ad Grotium de jure belli ac pacis. lib. II. cap. 7. §. 3. Tom. II. (1751) p. 400; Pütter u. Achenwall: Elementa juris naturae. 2. Aufl. (1753) §. 450 p. 151 u. 152, §. 454—456 p. 152 u. 153; Daries: Institutiones jurisprudentiae universalis. 5. Aufl. (1757) §. 500 p. 263 u. 264; Klein: Grundsätze der natürlichen Rechtswissenschaft (1797). §. 268 S. 142; Fichte: Grundlage des Naturrechts. Thl. II. (1797) §. 19 S. 92—95 u. §. 60 S. 245 u. Kant: Metaphysische Anfangsgründe der Rechtslehre. 2. Aufl. (1798) §. 34 S. 134—136.

[2]) Bazard: Exposition de la doctrine de St. Simon (1831). p. 172 ff. Ebenso, falls nur Seitenverwandte vorhanden sind, John Stuart Mill: Grundsätze der politischen Oekonomie, dritte deutsche Ausgabe. Bd. I. (1869) Buch II. Kap. II. §. 3 S. 232 u. 233, wozu Koch: Die juristischen Ideen John Stuart Mill's in der Deutschen Gerichtszeitung. Jahrgang VI. (1864) S. 206 zu vergleichen ist.

wäre zwar dann nicht gefährdet, es würde aber auch hier kein Sporn zur Thätigkeit und Arbeit vorhanden sein und außerdem dem Staat ein aus der Sache selbst folgendes Maß zur Verwendung oder Vertheilung des ihm Zugefallenen abgehen.

Es ist daher der Uebergang des Vermögens eines Verstorbenen auf bestimmte überlebende Personen stets als nothwendig zur Existenz der menschlichen Gesellschaft anerkannt und bei allen Völkern, welche überhaupt zu einer Rechtsbildung gelangt sind, geltend gewesen.

Die Art und Weise, wie sich dieser Uebergang vollzieht, läßt sich verschieden denken, je nachdem man von der Eigenschaft des Menschen als eines einzelnen Individuums oder von seiner Eigenschaft als Gliedes und vorübergehender Erscheinungsform der bleibenden Gattung ausgeht. Der erstere Standpunkt in strenger Konsequenz festgehalten führt dazu, das Vermögen lediglich als Individual-Vermögen und der beliebigen Disposition seines Herrn unterliegend anzusehen, dem einzelnen Individuum daher die willkührliche und schrankenlose Verfügung über dasselbe wie bei Lebzeiten so auch für die Zeit nach dem Tode zu gestatten. Umgekehrt gelangt man, wenn man sich ausschließlich auf den letztern Standpunkt stellt, zur unbedingten Unzulässigkeit jeder letztwilligen Verfügung dergestalt, daß das Vermögen nur als Bestandtheil des allgemeinen Gattungsvermögens erscheint und auf die überlebenden Mitglieder der Gattung, welche durch die Familie und den Stamm vertreten wird, als auf die nothwendigen Nachfolger des Verstorbenen in das Vermögen übergeht. Zwischen diesen beiden äußersten Gegensätzen giebt es Mittelwege und zwar wiederum in doppelter Weise. Es kann nämlich entweder von der Gattung ausgegangen und daneben der Individualität und dem aus dieser fließenden Recht zur Verfügung über den Nachlaß ein beschränkter Spielraum gewährt werden. Oder es wird von der Individualität ausgegangen und das Recht der letztwilligen Verfügung im Princip anerkannt, dieses Recht aber im Interesse der Gattung eingeschränkt.

§. 2.

Indisches und Mosaisches Recht.

Die Befugniß zu ganz unbeschränkter, willkührlicher Verfügung über den Nachlaß hat, soviel bekannt, nirgends im positiven Recht bestanden[1]). Dagegen finden sich die übrigen Systeme praktisch verwirklicht.

[1]) wenigstens nicht dauernd, vorübergehend war sie gegeben in dem Recht der

Auf dem Standpunkt der ausschließlichen Berechtigung der Gattung stehen naturgemäß die Rechte aller derjenigen Völker, bei welchen die Gattungsverbindung in der Gestalt der Familien- und Stammverbindung eine sehr enge ist, das Individuum noch ganz in jener aufgeht und der Erwerb vollständig oder doch vorwiegend in der Familie oder dem Stamm und durch die gemeinschaftliche Anstrengung der Familien- oder Stammmitglieder stattfindet. Es gehören hierher das Indische und das Mosaische Recht.

Nach dem Gesetzbuch Manu's geht das Vermögen eines Verstorbenen auf die Verwandten desselben nach ganz genau bestimmter Reihenfolge in der Art über, daß theilweise die Erben sogar in ungetrennter Gemeinschaft des Nachlasses bleiben müssen und stets so, daß der Erblasser an dem gesetzlichen Erbrecht nichts ändern, dieses außer in den Fällen, wo das Gesetz selbst den Betreffenden als erbunfähig oder erbunwürdig ausschließt, nicht verloren gehen kann[2]). Es kommen zwar Vertheilungen des Vermögens unter die Descendenten vor. Dieselben bestehen jedoch nur darin, daß der Vertheilende dasjenige, was bei seinem Ableben nach dem Gesetz eintritt, genau so, wie es nach dem Gesetz eintritt, bereits bei Lebzeiten selbst vornimmt. Er darf von dem, was ohne seine Vertheilung Rechtens sein würde, nicht abweichen, widrigenfalls die Theilung nicht besteht. Die Vertheilung ist daher nur eine spezielle und ausdrückliche Anerkennung des Gesetzes, ein Mittel, die Anordnungen des Gesetzes auch noch als Ausfluß des eigenen Willens erscheinen zu lassen und soweit es sich um die Vornahme an sich handelt, lediglich von dem Vertheilenden abhängig, aber sie ist ihrem Gegenstand und Inhalt nach in keiner Weise eine auf dem freien Willen des Vertheilenden beruhende Verfügung[3]).

Ebenso ist es nach dem Mosaischen Recht.

In der Genesis finden sich zwar Spuren eines den Patriarchen zustehenden Rechts, über ihr Vermögen für den Fall des Todes zu verfügen (1 Mose XV, 2 u. 3, XXI, 10, XXV, 5 u. 6, XLVIII, 3 ff. u. 22). Dieses Recht ist aber im Mosaischen Gesetz nicht nur nicht

zwölf Tafeln (siehe §. 4 Anm. 1) und dem älteren Westgothischen Recht (Gans: Erbrecht. Bd. III. S. 356; Mayer: Die Rechte der Israeliten, Athener und Römer. Bd. II. Das Privatrecht (1866). §. 269 S. 522).

[2]) Gans: Erbrecht. Bd. I. S. 81—93; Aurel Mayr: Das Indische Erbrecht (1873). Einl. S. 10 u. A. §. 8 S. 42, B. §. 24 S. 150.

[3]) Gans: Erbrecht. Bd. I. S. 93—95 u. 250; Aurel Mayr a. a. O. A. §. 2 S. 15 u. §. 7 S. 39 u. 41.

weiter entwickelt, sondern sogar ausdrücklich und unbedingt aufgehoben und ausgeschlossen worden.

Das Volk des Mosaischen Rechts war ein ackerbauendes, der Grund und Boden der Hauptbestandtheil seines Vermögens. Die Befugniß, über den Grund und Boden zu verfügen, war aber sehr beschränkt und derselbe keineswegs ein freies persönliches Eigenthum des einzelnen. Es hatte sich vielmehr nicht blos Gott selbst das Eigenthum an dem ganzen Lande Kanaan vorbehalten und den Israeliten eigentlich nur die Bearbeitung und Benutzung überlassen (3 Mose XXV, 23), sondern es stand in Folge der Vertheilung des Landes zunächst unter die Stämme und dann innerhalb eines jeden Stamms unter die Geschlechter an dem einem Stamm zugewiesenen Lande dem ganzen Stamm und an dem einem Geschlecht zugewiesenen dem ganzen Geschlecht ein Mitrecht zu (4 Mose XXVI, 53 ff. u. XXXIV, 16 ff., Josua XIV, 1 ff.). Es mußte daher jedem Stamm sein Land erhalten bleiben (4 Mose XXXVI, 6 u. 7) und durfte der einzelne sein Recht nicht für immer durch Verkauf auf andere übertragen, sondern nur die Erndte in der Art verkaufen, daß das Grundstück sowohl von seinen Verwandten als von ihm selbst, wenn er wieder zu Vermögen kam, jeder Zeit eingelöst werden konnte und, auch wenn diese Einlösung nicht erfolgte, dem Käufer nur bis zum Jobeljahr, also spätestens bis zum 50. Jahre verblieb und dann unentgeldlich an den früheren Besitzer zurückgegeben werden mußte (3 Mose XXV, 11 ff.)[4]).

Auf der andern Seite waren die Familienbande auf das straffste angezogen, so daß z. B. schon wer seines Vaters und Mutter Stimme nicht gehorcht, wer seinen Vater oder Mutter schlägt, wer Vater oder Mutter flucht, des Todes sterben soll (5 Mose XXI, 18 ff., 2 Mose XXI, 15 u. 17, 3 Mose XX, 9) und der Elternmord als etwas Unmögliches im Gesetz gar nicht erwähnt wird[5]).

Hiernach fehlten die Vorbedingungen zu einem letzwilligen Verfügungsrecht gänzlich und erscheint die Ausschließung desselben nur als eine Konsequenz des gesammten socialen und Rechts-Zustandes. Diese Ausschließung ist ausdrücklich geschehen in dem Erbgesetz, welches das Erbrecht der Familie und die Aufeinanderfolge der Verwandten regelte

[4]) Saalschütz: Das Mosaische Recht nebst den vervollständigenden talmudisch-rabbinischen Bestimmungen. 2. Aufl. Thl. I. (1853) Kap. 13 S. 146—149 u. Kap. 18 S. 183; Mayer: Die Rechte der Israeliten, Athener und Römer. Bd. I. Das öffentliche Recht (1861). §. 102 S. 362—366.

[5]) Gans: Erbrecht. Bd. I. S. 134.

und sodann bestimmt: „Solches soll den Kindern Israels zum Gesetz des Rechts sein, wie befohlen hat der Ewige dem Moses" (4 Mose XXVII, 8—11). Wenn trotzdem in der nachmosaischen Zeit noch letzte Befehle an das Haus vorkommen (z. B. 2 Samuelis XVII, 23, 2 Könige XX, 1, Jesaias XXXVIII, 1), so sind dies daher nicht willkührliche letztwillige Verfügungen über den Nachlaß[6]), sondern können nur Vertheilungen dessen, was den Empfängern schon ohnedem gebührte oder sonstige die Erbschaft und die Erbfolge nicht berührende Anordnungen sein. Andernfalls wären sie Verletzungen eines Gebots, welches, wie das Mosaische Gesetz überhaupt, göttlichen Ursprungs ist und sich überdies mit ausdrücklichen Worten als von Gott selbst gegeben bezeichnet, welches deshalb unabänderlich ist und keinerlei Abweichungen gestattet (5 Mose IV, 2) und müßten als Verletzungen des göttlichen Willens nothwendig ohne alle Wirkung sein[7]).

§. 3.

Chinesisches, Attisches, Talmudisches, Germanisches, Moslemisches Recht und Recht des Code civil.

Verbreiteter als das System der ausschließlichen Intestaterbfolge ist dasjenige, nach welchem zwar im Princip die Familie als nachfolgeberechtigt angesehen, dem einzelnen Individuum aber ausnahmsweise ein beschränktes Recht der freien Verfügung über seinen dereinstigen Nachlaß gestattet wird.

Dieses System kommt zunächst in der Art vor, daß die Ausnahme erst da anfängt, wo das Recht der Familie ganz aufhört. So ist es im Chinesischen Recht. China ist recht eigentlich ein Familienstaat. Das Chinesische Erbrecht ist daher in gleichem Maße wie das Indische und Mosaische lediglich ein Erbrecht der Familie und sind in ihm letztwillige Verfügungen zunächst ebenfalls nur als Bestätigungen der gesetzlichen Ordnung und als Ausdruck der Unterwerfung des eigenen Willens unter den gesetzlichen Willen zulässig[1]). Eine Abweichung entsteht aber dadurch, daß das Chinesische Recht nicht wie jene Rechte die Verwandtschaft bis ins Unendliche fortgehen, sondern dieselbe und

[6]) wie Michaelis: Mosaisches Recht. Thl. II. (1771) §. 80 S. 82—86 behauptet hat.

[7]) Gans: Erbrecht. Bd. I. S. 149—151; Saalschütz a. a. O. Th. II. (1853) Kap. 109. S. 825—827; Mayer a. a. O. Bd. II. Das Privatrecht (1866). §. 260 S. 479.

[1]) Gans: Erbrecht. Bd. I. S. 112—115.

damit auch die Erbberechtigung der Familie mit dem vierten Grade aufhören läßt und jedem, welcher keine Verwandten innerhalb des vierten Grades hat, erlaubt, über seinen Nachlaß beliebig zu bestimmen, sofern nur derjenige, welchem der Nachlaß zugewendet wird, noch den gleichen Familien-Namen mit dem Erblasser trägt[2]). Hier ist also ein letztwilliges Verfügungsrecht, welches an sich ziemlich unbeschränkt ist, zu dem gesetzlichen Erbrecht der Familie aber keinen Gegensatz, noch eine Ausnahme davon, sondern mehr eine Ergänzung bildet, weil es erst nach demselben und nicht neben demselben gegeben ist.

Wo dagegen — und dies ist der zweite Fall — beide Rechte neben einander bestehen, lassen sich die Beschränkungen, welchen das Recht der Verfügung unterliegt, wiederum in doppelter Weise, nämlich entweder als subjektiver oder als objektiver Art denken, d. h. es kann das Verfügungsrecht entweder von besonderen persönlichen Voraussetzungen abhängig oder in Bezug auf seinen Gegenstand beschränkt, also nur über einen Theil des Nachlasses gestattet sein. Das erstere gilt nach dem Attischen und Talmudischen Recht, das letztere findet sich bereits im älteren Deutschen (Germanischen) Recht, ferner im Moslemischen Recht und vor allem im Code civil.

Die Athenischen Redner, die Hauptquelle für das Attische Recht, erwähnen wiederholt Schenkungen in der Art, daß einzelne Gegenstände nach dem Tode des Schenkers dritten Personen übergeben werden sollen. Genaueres ist jedoch über diese Schenkungen und namentlich darüber, in welcher Weise sie von dem die Herausgabe verweigernden Erben erzwungen werden können, nicht bekannt, nur steht fest, daß sie auch von Frauen gemacht werden durften und daß sie blos in Geld oder beweglicher Habe geringeren Werths (nicht über 5 Minen) bestehen konnten.

Außer diesen Schenkungen kennt das Attische Recht letztwillige Verfügungen nur als Theilungen des Vaters unter seinen Kindern oder unter der Form und mittelst einer Adoption. Die ersteren haben nach dem Princip der Gleichberechtigung zu erfolgen, so daß sie nur geben können, was einem jeden der Kinder ohnedem nach dem Gesetz gebührt und die Kinder das Erhaltene konferiren müssen, sind also gleicher Natur wie die Theilungen des Indischen Rechts. Dagegen ist die letztwillige Verfügung unter der Form der Adoption, Diatheke genannt, durchaus eigenthümlich.

---

[2]) Daselbst S. 120 u. 122.

Dieselbe muß nothwendig zugleich Adoption sein und hat sowohl auf Seiten desjenigen, der sie errichtet, als desjenigen, für welchen sie getroffen wird, alle persönlichen Voraussetzuugen der Adoption. Es sind daher zu ihr nicht blos Kinder und solche, welche geisteskrank, vor Alter kindisch oder durch körperliche Krankheit, Giftmischerei, Weiberränke oder Gewalt dazu bewogen sind, sondern auch schlechthin alle Frauen unfähig. Es ist ferner nothwendig, daß der Verfügende geborner Athenischer Bürger und nicht selbst adoptirt ist. Endlich darf er keine leiblichen Söhne haben. Diesen kann er, sofern er sie nicht aus seinem Hause und seiner Familie verstoßen, wozu er berechtigt war, wenn sie sich widerspenstig zeigten oder strafbare Handlungen begingen, und damit jede Gemeinschaft mit ihnen, insbesondere auch für die gegenseitige Beerbung aufgehoben hatte, ihr Erbrecht nicht nehmen, jede Verfügung gegen dasselbe ist unbedingt ungültig. Hat der Erblasser nur Töchter, so kann er letztwillig adoptiren, aber er muß sie in seine Verfügung bei Vermeidung der Nichtigkeit einschließen. Auf Seiten des zur Erbschaft Berufenen ist erforderlich, daß er von Vater und Mutter her Athener ist. Außerdem ist von der Adoption und der Erbfolge nur noch derjenige ausgeschlossen, der nach Ablauf seiner Amtszeit noch nicht den „Dreißig" Rechnung gelegt und Decharge erhalten hat. Von den Erbtöchtern muß der Berufene eine heirathen und die anderen ausstatten, sonst erhält er die Erbschaft nicht. Da er selbst nicht weiter durch Adoption testiren kann, so fällt, wenn er ohne rechte Söhne verstirbt, der ererbte Nachlaß an die nächsten Verwandten seines Erblassers zurück[3]).

Wenn man von den Schenkungen, welche nur von untergeordneter Bedeutung sind und das Recht der Familie nicht erheblich berühren und von den Theilungen, welche dasselbe im Wesen gar nicht berühren, absieht, so wird durch die letztwilligen Verfügungen des Attischen Rechts das Erbrecht der Familie verdrängt. Es ist dies aber nur scheinbar und ein wirklicher Gegensatz zwischen diesen Verfügungen, in so hohem Grade dieselben auch Sache der Willkühr sind, und dem Erbrecht der Familie auch hier noch nicht vorhanden, weil derjenige, zu dessen Gunsten sie getroffen werden, zugleich in die Familie und zwar als nächstes Glied derselben nach dem Erblasser zu aufgenommen und

---

[3]) Ueber alles Vorstehende Gans: Erbrecht. Bd. I. S. 383—390, 315 u. 316, 393—395, 400, 323, 409 und 413—415, sowie Mayer: Die Rechte der Israeliten, Athener und Römer. Bd. II. §. 243 S. 411, §. 261 S. 483—485, §. 263 S. 494, §. 264 S. 499 und §. 268 S. 518.

zum Sohn und nächsten gesetzlichen Erben des Erblassers gemacht wird. Es werden deshalb weder die entfernteren Verwandten in ihrem Intestaterbrecht verletzt, um so weniger als durch den Rückfall des Nachlasses an sie, wenn der Adoptivsohn keine Söhne hinterläßt, dafür gesorgt ist, daß der Nachlaß nicht an Personen gelangt, die nicht mehr als Descendenten des Erblassers angesehen werden können, noch auch werden die dem Erblasser gleich nahe stehenden Erbtöchter beeinträchtigt. Denn diese haben beim Vorhandensein männlicher Descendenz ihres Vaters auch nach dem Gesetz kein Erbrecht, sondern nur einen Anspruch auf Ausstattung[4]), eine Ausstattung aber wird ihnen auch durch die letztwillige Verfügung in der Form der Adoption unter allen Umständen und mindestens verschafft.

Die Gestaltung der letztwilligen Verfügungen im Talmudischen Recht läßt sich nur durch die geschichtliche Entwicklung, welche das letztere gehabt hat, erklären.

Das vollständig veränderte Leben der spätern Juden machte ganz andere Bestimmungen nöthig als das Mosaische Gesetz bot. Andererseits durfte von diesem als göttlicher Vorschrift nicht abgewichen werden. Man half sich nun in der Art, daß man das Gesetz Mosis, seinen Buchstaben in jeder Weise schonend und ohne es direkt abzuändern, vorwiegend im Wege der Interpretation und Ergänzung weiter entwickelte und den Bedürfnissen der Neuzeit anzupassen suchte, wobei man den Rechten der Völker, mit denen die Juden in Berührung kamen, namentlich der Griechen und Römer gegenüber eklektisch verfuhr.

In dieser Weise haben auch die letztwilligen Verfügungen trotz der Bestimmungen des Mosaischen Rechts in den Talmud Eingang gefunden und hat man für dieselben sogar den fremden Namen „Deithiki" beibehalten. Es wird dabei ein durchgreifender Unterschied einerseits zwischen Kranken und Gesunden und andrerseits zwischen Erbschaften oder Vermächtnissen und Schenkungen von Todeswegen gemacht.

Ein Kranker d. i. jemand, der durch Krankheit am ganzen Körper so geschwächt ist, daß er nicht umhergehen kann, sondern zu Bette liegen muß oder sich sonst in Todesgefahr befindet, kann über sein Vermögen unter dem Titel einer Erbschaft oder eines Vermächtnisses letztwillig soweit verfügen, als er dem Mosaischen Erbgesetz nicht gradezu entgegentritt, insbesondere die in diesem unterschiedenen Klassen der gesetzlichen Erben nicht ändert. Er kann daher zwar nicht bestimmen, daß

---

[4]) Gans a. a. O. S. 338—341.

der Erstgeborne, der nach dem Gesetz allen Klassen vorgeht und zwei Erbtheile erhält, diese beiden Erbtheile nicht erhalten oder daß statt des Sohnes, der zur ersten, die Tochter, die zur zweiten oder gar ein Bruder, der zur dritten Erbklasse gehört, erben soll und überhaupt einen vom Gesetz berufenen Erben nicht mit ausdrücklichen Worten ausschließen, wohl aber kann er innerhalb einer jeden Erbklasse den Nachlaß beliebig vertheilen und sogar einen aus derselben Klasse, z. B. einen Sohn aus den mehreren Söhnen, einen Bruder aus den mehreren Brüdern zu seinem alleinigen Erben ernennen und damit die anderen gleichberechtigten Erben indirekt ausschließen. Soweit sich die Verfügung nicht innerhalb dieser Grenzen hält, ist sie vollständig nichtig. Im übrigen ist sie an keine Form gebunden, damit der Kranke sich nicht über die Gültigkeit seines letzten Willens beunruhige, sie kann jeder Zeit widerrufen werden und gilt auch ohne Widerruf nur dann, wenn der Krankheit oder der Todesgefahr der Tod wirklich gefolgt ist.

Unter dem Titel einer Schenkung von Todeswegen, d. i. einer Bestimmung, Inhalts deren der geschenkte Gegenstand nach dem Tode des Verfügenden einer bestimmten Person übergeben werden soll, kann ein Kranker ganz frei über seinen Nachlaß verfügen, insbesondere denselben unter den gesetzlichen Erben ungleich vertheilen, dem einen oder dem andern mehr zuwenden, den Erstgebornen oder andere ganz übergehen, auch ganze fremde Personen bedenken, ja sogar ihnen den Nachlaß allein übermachen. Auch hier genügt die bloße Willensäußerung ohne jede Form und ist die Schenkung ebenfalls nicht nur widerruflich, sondern auch bei erfolgter Genesung von selbst hinfällig, vorausgesetzt, daß sie wirklich von Todeswegen gemacht ist, was vermuthet wird, außer wenn der Verfügende sich ein Grundstück oder wenigstens soviel als zu seiner Ernährung nöthig ist, vorbehalten und damit zu erkennen gegeben hat, daß er seine Wiedergenesung voraussetze. In diesem Falle, sowie wenn die Schenkung ausdrücklich nicht Todeshalber erfolgt ist, kommen die Grundsätze von den Schenkungen eines Gesunden zur Anwendung und sind deren Förmlichkeiten erforderlich und der Widerruf ausgeschlossen.

Dem Gesunden ist es gleichfalls erlaubt, unter der Form von Schenkungen über seinen Nachlaß zu verfügen, weil der Wortlaut des mosaischen Gesetzes blos die Ernennung von Erben, nicht aber Schenkungen ausschließe. Er ist dabei materiell ebenso frei wie der Kranke, hat aber alle Formalitäten zu berücksichtigen, die bei einem Vertrage beobachtet werden müssen und kann die Schenkung nicht widerrufen. Unter dem Titel einer Erbschaft oder eines Vermächtnisses kann der Gesunde gar nicht verfügen. Für ihn verbleibt es insoweit lediglich bei dem Mosaischen Gesetz nnd der in diesem festgesetzten Unzulässigkeit letztwilliger Willkühr, sodaß er weder einen gesetzlichen Erben ausschließen, noch ihm seinen Erbtheil schmälern kann[5]).

Der Talmud hat hiernach ein letztwilliges Verfügungsrecht, welches theils in hohem Grade frei, theils wieder ohne rechten innern Grund eingeschränkt, äußerst regel- und principienlos ist und zu dem Recht der Familie in entschiedenen Gegensatz tritt. Der Talmud selbst erkennt letzteres an, indem er ausspricht: „Wer das Seinige an andere weggiebt und seine eigenen, wenngleich ungerathenen Kinder übergeht, auf dem ruht nicht der Geist der Weisen[6]).“ Gemildert wird dieser Gegensatz etwas durch das Institut des Jobeljahrs, welches bei verschenkten Grundstücken Anwendung findet und das Eigenthum daran nach längstens 50 Jahren der Familie des Erblassers wiedergiebt, sonst aber findet er seine Rechtfertigung allein in der Rücksicht, welche jeder dem Willen eines dem Tode direkt entgegen Gehenden und demnächst Verstorbenen schuldet und um so mehr schuldet, wenn er mit demselben durch das Band der Verwandtschaft verbunden war, sowie in der Erwartung, daß im unmittelbaren Anblick des Todes so leicht niemand die Rechte derjenigen, die ihm dem Blute nach die nächsten sind, frivol verletzen und ihnen ohne gegründete Veranlassung feindlich entgegen treten werde.

Bei den Germanen scheint ursprünglich, wie es bei dem engen Zusammenhang der Familie und dem Mangel individuellen Eigenthums nicht wohl anders sein konnte, jedes letztwillige Verfügungsrecht gefehlt und ausschließlich nur eine an die Blutsgemeinschaft geknüpfte Erbfolge, eine successio ex jure sanguinis, bestanden zu haben[7]). Später zur Zeit

---

[5]) Vgl. über das Talmudische Testamentsrecht Gans: Erbrecht. Bd. I. S. 171 bis 177; Kaim in Weiske's Rechtslexikon für Juristen aller teutschen Staaten. Bd. V. (1844) s. v. Juden S. 829—831; Bodenheimer: Das Testament unter der Benennung einer Erbschaft (1847 u. 1848). Heft I. S. 3—5, 10—13, 14—18, Heft II. S. 3—5, Heft III. S. 3—5, Heft IV. S. 3—9, 10—13, 19—23, 24—30; Saalschütz: Das Mosaische Recht. Thl. II. (1853) Kap. 109. Anm. 1059. S. 827 bis 829; Mayer: Die Rechte der Israeliten, Athener und Römer. Bd. II. §. 260 S. 479—483, §. 263 S. 493—494, §. 264 S. 498 und §. 268 S. 518.

[6]) Saalschütz a. a. O. S. 829; Mayer a. a. O. S. 494.

[7]) Tacitus: Germania cap. 20: heredes successoresque sui cuique liberi et nullum testamentum; Glanvilla: Tractatus de legibus et consuetudinibus regni Angliae lib. VII. cap. 1 §. 6: solus Deus heredem facere potest non homo. Vgl. auch tit. 60 der Lex Burgundionum, wo die Aufnahme testamenta-

der Volksrechte kommen jedoch bereits Verfügungen über den Nachlaß vor und wird der Rechtszustand ein sehr verschiedenartiger.

Während nämlich einzelne Volksrechte Verfügungen zum Nachtheil der gesetzlichen Erben noch gar nicht kennen, wie die Lex Alamannorum und das älteste Dänische Recht[8]) oder solche nur in ganz unbestimmter Weise erwähnen, wie die Lex Burgundionum tit. 60, die Lex Bajuvariorum tit. 15 cap. 10, das spätere Dänische Recht[9]) und das ältere Norwegische und Angelsächsische Recht[10]), also noch im wesentlichen auf dem Standpunkt des Indischen und Mosaischen Rechts stehen, während ferner die Lex Salica tit. 49 und die Lex Ripuariorum tit. 48 die Zuwendung des Nachlasses oder eines Theils desselben gerade so wie das Attische Recht nur im Wege einer Aufnahme in die Familie (affatomia, adfatimus) zulassen, die Lex Ripuariorum mit der besonderen Bestimmung, daß, wenn der adfatimus unter kinderlosen Eheleuten stattgefunden hat, das beiderseitige Vermögen nach dem Tode des Ueberlebenden an die gesetzlichen Erben zurückfällt: gestatten andere Volksrechte, indem sie an sich an dem Grundsatz festhalten, daß die Erbfolge auf der Blutsverwandtschaft der Art ruht, daß weder der Blutsfreund die Erbschaft ausschlagen — außer er müßte denn zuvor aus dem Familienverbande ausscheiden — noch der Erblasser sie ihm durch einseitige Verfügung nehmen kann, über einen Theil des Nachlasses willkührlich durch Vergabungen, das sind Zuwendungen, welche sofort in Wirksamkeit treten, jedoch mit dem Vorbehalt des Besitzes und Genusses bis zum Tode, oder durch wirkliche Geschäfte von Todeswegen zu verfügen, sind aber getreu der sog. reichen Mannigfaltigkeit der Rechtsbildung bei den Germanen im einzelnen wieder sehr verschieden. So erlaubt die Isländische Graugans, daß man zum Heil der Seele der Kirche oder zu sonstigen frommen Zwecken den zehnten Theil seines Vermögens vermache[11]). Das spätere Angelsächsische Recht läßt über das unbewegliche Vermögen keinerlei Verfügung zu, von dem beweglichen aber kann ein freier Mann, der krank (in infirmitate positus) ist — also wie im Talmudischen Recht — und keine Schulden hat, wenn er unverheirathet war, die Hälfte und im andern Fall den dritten Theil beliebig ver-

---

rischer Dispositionen in das Gesetz als ein usurpare adversus morem veterum bezeichnet ist.

[8]) Gans: Erbrecht. Bd. IV. S. 626 u. 627.

[9]) daselbst S. 627—629.

[10]) ebenda S. 577 und 307.

[11]) Gans: Erbrecht. Bd. IV. S. 521 u. 522.

geben[12]). Die Schwedischen Provinzial-Gesetze gestatten theils den zehnten Theil sowohl des beweglichen als des unbeweglichen Vermögens von Todeswegen zu verschenken, theils von dem selbst Erworbenen in gesundem Zustande die Hälfte, in todtkrankem Zustande aber nur ein Drittel wegzugeben, theils über die Errungenschaft ganz frei zu disponiren, von den Erbgütern aber nur einen, ein für alle Mal auf eine bestimmte Summe (sechzehn Öre) festgesetzten Betrag zu vermachen[13]).

Noch kasuistischer sind die Leges Longobardicae. Nach denselben verlieren die Descendenten und Ascendenten ihr gesetzliches Erbrecht nur wegen genau bezeichneter Verbrechen gegen den Erblasser (lib. II. 14, 12 u. 13). Ohne solche kann auch der Erblasser ihnen ihr Recht nicht entziehen, sondern hat nur die Möglichkeit, einen Sohn, qui bene et secundum Deum ei obediens fuerit et servierit, besser zu bedenken (meliorare) und zwar bei zwei Söhnen um den dritten, bei dreien um den vierten, bei vieren um den fünften, bei fünfen um den sechsten, bei sechsen und mehreren um den siebenten Theil des Nachlasses. Sind alle Söhne gleich gut und gehorsam, so verbleibt es lediglich bei der gesetzlichen Gleichberechtigung (lib. II. 20, 2 u. 3). Wenn nur mehrere Töchter vorhanden sind, ist ein gleiches meliorare um den dritten, wenn zwei, und um den vierten Theil des Nachlasses, wenn drei oder mehr Töchter da sind, gestattet (lib. II. 20, 4). Hat jemand keine Söhne und nur eine Tochter, so braucht er derselben blos den dritten Theil des Nachlasses zu belassen, über die anderen zwei Drittel kann er frei verfügen (lib. II. 20, 1). Sind Söhne und Töchter da, so haben die letzteren gesetzlich keinen Antheil am Nachlaß, der Vater darf ihnen jedoch bei einem Sohn den vierten Theil, bei mehreren Söhnen aber nur den siebenten Theil des Nachlasses, verheiratheten Töchtern jedoch auch in diesem Fall den vierten Theil verschreiben (lib. II. 20, 2). Wer weder Descendenten noch Ascendenten hat, kann über sein Vermögen beliebig verfügen. Ein Freigelassener kann dies schon dann, wenn er keine Kinder hat, nur daß alles, was er von seinem Patron ohne die Befugniß der freien Disposition oder was er im Gefolge des Herzogs oder eines andern geschenkt erhalten hat, an den Patron bezw. den Schenker zurückfällt (lib. II. 14, 18)[14]).

---

[12]) Glanvilla: Tractatus de legibus Angliae lib. VII. cap. 5 §. 1 u. 4; Bracton: De legibus et consuetudinibus Angliae lib. II. cap. 26.

[13]) Gans: Erbrecht. Bd. IV. S. 655 u. 656.

[14]) Vgl. über die Longobardischen Gesetze Gans: Erbrecht. Bd. III. S. 187

Verhältnißmäßig am rationellsten ist endlich die Lex Visigothorum. Dieselbe läßt einem Erblasser, der keine Descendenten hat, die freie Verfügung (indiscreta voluntas) über seinen Nachlaß. Sind Descendenten vorhanden, so kann ihnen ihr Recht nur aus Gründen, welche sie auch ohne ausdrückliche Erklärung des gesetzlichen Erbrechts verlustig machen würden, entzogen werden und ist es im übrigen nur gestattet, zu Gunsten eines Kindes, hinsichtlich dessen eine meliorandi voluntas besteht, über ein Drittel und zu Gunsten der Kirche oder anderer Personen über ein weiteres Fünftel des Nachlasses zu verfügen. Ueber dasjenige, was vom Fürsten herrührt, darf stets frei disponirt werden. Eine Frau kann von ihrer Morgengabe nur ein Viertel vergeben, die übrigen drei Viertel muß sie ihren Kindern hinterlassen (lib. IV. cap. 5 §. 1 u. 2.)[15]).

Aehnlich der Lex Visigothorum ist das Moslemische Recht. Der Koran erklärte es zuerst für eine Pietätspflicht der Frommen, den Eltern und Verwandten etwas zu vermachen, ohne festzusetzen, wieviel vermacht werden soll. Letzteres ist dann von der Sunna (der Ueberlieferung der Aussprüche und Thaten des Propheten) und den Imams (den vier ersten Nachfolgern Mohameds) nachgeholt und bestimmt worden, daß man den gesetzlichen Erben zwei Drittel des Nachlasses lassen müsse und über ein Drittel frei disponiren könne[16]).

Der eigentliche Repräsentant des in Rede stehenden Systems aber ist der Code civil.

Im Norden Frankreichs hatte sich vielfach das Germanische Recht in den sog. coutumes ziemlich unverändert erhalten und war namentlich der Grundsatz, daß die Erbfolge allein auf der Blutsverwandtschaft und dem Gesetz beruhe und der Erblasser zu Gunsten anderer nur über einen Theil seines Vermögens verfügen dürfe (institution d'héritier n'a point de lieu), fortdauernd in Geltung geblieben[17]). In der Revo-

---

bis 190, 194, 195—197, 199, 208—209 und Mayer: Die Rechte der Israeliten, Athener und Römer. Bd. II. §. 269 S. 522.

[15]) Ueber die Lex Visigothorum Gans: Erbrecht. Bd. III. S. 357—358, 368—369, Bd. IV. S. 31 und Mayer a. a. O.

[16]) Gans: Erbrecht. Bd. I. S. 197, 207 u. 276; von Tornauw: Das Moslemische Recht. (1855) S. 149 u. 150; Mayer: Die Rechte der Israeliten, Athener und Römer. Bd. II. §. 259 S. 475, §. 266 S. 508 u. §. 269 S. 521.

[17]) Zachariä: Civilrecht. Bd. IV. §. 589 S. 8 u. 9, §. 679 S. 253; Aubry et Rau: Cours de droit civil français. Troisième édition. Tome V. (1857) §. 588 p. 57 u. 58, §. 678 p. 542; Stabel: Institutionen. §. 2 S. 2, §. 73 S. 167. Ueber den verschiedenen Umfang des Verfügungsrechts in den einzelnen coutumes insbesondere Gans: Erbrecht. Bd. IV. S. 145—147, 195—197, 215 u.

lutionszeit wurde das Verfügungsrecht noch mehr beschränkt, weil dadurch einzelnen ein größerer Besitz zugewendet werden könne und es deshalb dem demokratischen Grundsatz von der allgemeinen Gleichheit des Vermögens entgegenstehe[18]). An diesen vorhandenen Rechtszustand hat sich der Code civil angelehnt.

Derselbe betrachtet die Blutsverwandten als die einzigen Erben und gestattet die freie Disposition über das Vermögen nur dann, wenn keine ehelichen Descendenten und Ascendenten vorhanden sind (Art. 916 u. 1006). Sind dagegen solche hinterblieben und sie sind nicht aus den im Gesetz dafür bestimmt bezeichneten Gründen überhaupt erbunfähig, so sind sie wie die einzigen so auch die nothwendigen Erben des Erblassers dergestalt, daß dieser ihnen ihr Erbrecht nicht entziehen und nur über einen Theil seines Vermögens frei verfügen kann, welcher die portion disponible und im Gegensatz zu welcher der den Descendenten und Ascendenten zu belassende Theil der Vorbehalt (réserve), die Descendenten und Ascendenten selbst aber die Vorbehaltserben (héritiers à réserve oder réservataires) genannt werden. Die portion disponible beträgt Descendenten gegenüber bei einem Kinde die Hälfte, bei zwei Kindern ein Drittel und bei drei oder mehr Kindern ein Viertel, Ascendenten gegenüber aber, wenn solche in jeder Linie vorhanden sind, die Hälfte und wenn sie nur in einer Linie vorhanden sind, drei Viertel des gesammten Vermögens (Art. 913). Die Verfügung über dieselbe kann im übrigen zum Vortheil eines gesetzlichen Erben oder dritter Personen getroffen werden, in der Zuwendung einer Quote oder einzelner Sachen bestehen und unter Lebenden oder von Todeswegen erfolgen[19]).

Das Recht auf den Vorbehalt steht den Descendenten und Ascendenten nicht als ein besonderes, von ihrem gesetzlichen Erbrecht verschiedenes Recht zu, sondern es ist dieses Erbrecht selbst, zwar einerseits beschränkt auf einen Theil des Nachlasses, dafür aber andererseits auch hinsichtlich dieses Theils gegen jede Beeinträchtigung durch den Erblasser geschützt. Die Descendenten und Ascendenten folgen in diesen Theil ganz so, wie sie folgen würden, wenn der Erblasser keine freigebige

---

220 und derselbe in seinen Beiträgen zur Revision der Preußischen Gesetzgebung (1830—32). Nr. X. S. 130.

[18]) Zachariä a. a. O. §. 589 S. 10 u. 11 und §. 679 S. 254; Aubry et Rau a. a. O. §. 588 p. 58 u. §. 678 p. 543 u. 544; Gans in seinen Beiträgen a. a. O. S. 130 u. 131.

[19]) Zachariä: §. 684 S. 262 u. 263 und §. 691 S. 294; Stabel: §. 97 S. 223.

Verfügung getroffen hätte und sie erlangen ihn mit allen Rechten und Pflichten gewöhnlicher Erben, insbesondere auch sofort mit dem Tode des Erblassers und unmittelbar von dem Erblasser (Art. 920), sowie mit der Pflicht des Inventars, wenn sie für die Schulden des Erblassers nicht mit dem eigenen Vermögen haften wollen[20]). Dem zufolge erscheinen die Verfügungen über die portion disponible als Belastungen des gesetzlichen Erbrechts der Descendenten und Ascendenten und gilt dies sowohl von den freigebigen Verfügungen unter Lebenden als von den eigentlichen letztwilligen Verfügungen. Die letzteren werden deshalb auch nicht Testamente genannt, selbst dann nicht, wenn der Erblasser über sein ganzes Vermögen verfügt hat und wegen des Mangels von Vorbehaltserben verfügen konnte, sondern sie heißen Vermächtnisse (legs) und ist derjenige, zu dessen Gunsten sie getroffen worden, nicht Erbe und Repräsentant des Erblassers, hat namentlich kein Recht, sich selbst in den Besitz des ihm Vermachten zu setzen, sondern kann nur die Ausantwortung verlangen und muß, wenn diese nicht freiwillig geschieht, die demande en délivrance du legs anstellen (Art. 724, 1004, 1011, 1014). Eine Ausnahme hiervon giebt es nur dann, wenn kein Vorbehaltserbe hinterblieben und über den ganzen Nachlaß verfügt ist, in welchem Fall der Vermächtnißnehmer den Erblasser gerade so wie ein gesetzlicher Erbe vertritt und dessen Rechte und Pflichten hat (Art. 1006)[21]).

Verletzt der Erblasser das Recht auf den Vorbehalt, so ist seine Verfügung insoweit kraftlos. Die Vorbehaltserben erlangen ihren Vorbehalt ganz so, als wenn die Verfügung nicht da wäre und haben das Recht, und zwar ein jeder für sich und zu seinem Antheil, den die portion disponible übersteigenden Theil der Zuwendung einzuziehen. Die Einziehung (la réduction) folgt der Zeit und ergreift zunächst die Vermächtnisse als die jüngsten Verfügungen, welche erst mit dem Todestage des Erblassers in Wirksamkeit treten und dann die Schenkungen von der letzten bis nöthigenfalls hinauf zu der ersten (Art. 923). Bei Schenkungen findet sie in der Art statt, daß das Geschenkte zurückge-

---

[20]) Zachariä: §. 682 S. 259 u. §. 683 S. 259—261; **Aubry et Rau** a. a. O. §. 682 p. 554, 558 u. 559.

[21]) Zachariä: §. 678 S. 250, §. 682 S. 259, §. 683 S. 260—262, §. 710 S. 350, §. 717 S. 370—372, 373, §. 721 S. 381 u. 383; **Aubry et Rau**: Cours de droit civil français. Tome V. §. 679 p. 544; §. 682 p. 554, 558 u. 559; Stabel: §. 73 S. 168, §. 97 S. 223 u. §. 113 S. 260 u. 262. Auch Gans in seinen Beiträgen a. a. O. S. 132 u. 133.

geben oder erstattet werden muß, wohingegen die Vermächtnisse ganz oder theilweise einfach nicht ausgeliefert werden und im Nachlaß verbleiben, gleich als hätte sie der Erblasser insoweit nicht getroffen. War der ganze Nachlaß vermacht (legs universel), so tritt der Vorbehaltserbe ohne weiteres als Erbe ein und der Universal-Vermächtnißnehmer behält nur ein Recht auf denjenigen Theil des Nachlasses, über welchen der Erblasser verfügen konnte, muß auch, wenn noch weitere Vermächtnisse errichtet sind, diese allein übernehmen (Art. 1004)[22].

Verloren geht das Recht auf den Vorbehalt nur durch Verzicht auf das Erbrecht überhaupt und durch dreißigjährige Verjährung vom Todestage des Erblassers ab[23]).

Vergleicht man das Verfügungsrecht, wie es nach dem Vorstehenden im Code civil, im Moslemischen Recht und im Germanischen Recht gestaltet ist, mit dem des Talmudischen Rechts, so ergiebt sich zwar, daß es ebenfalls zu dem Recht der Familie einen Gegensatz bildet. Aber dieser Gegensatz erscheint als ein ganz erheblich abgeschwächter, da das Recht der Familie und das Verfügungsrecht sich nicht mehr in dem Verhältniß von Regel und mangelhaft begründeter Ausnahme befinden, von denen die Ausnahme eintretenden Falls die Regel ganz verdrängen kann, sondern beide eine von vorn herein bestimmte, principielle Tragweite erhalten haben und insofern mehr neben einander als gegen einander stehen. Das Verfügungsrecht bleibt dabei aber immer das Untergeordnete. Es hat deshalb einen kleineren äußerlichen Umfang und materiell einen geringeren Inhalt, vermöge dessen es das Recht der Familie wenigstens in der geraden Linie nicht ganz auszuschließen und kein Erbrecht zu begründen vermag, dieses vielmehr allein in dem Recht der Familie enthalten ist.

§. 4.

Römisches (Gemeines) Recht.

Das vierte System, zu welchen nunmehr überzugehen ist und welches, wie bemerkt, von dem Recht der Verfügung ausgeht und dieses im Interesse der Familie nur einschränkt, gilt im Römischen Recht, im Preußischen Allgemeinen Landrecht, im Oestreichischen und im Königlich

[22]) Zachariä: §. 685 S. 263 u. 268, §. 721 S. 383 u. 384; Aubry et Rau a. a. O. §. 685 p. 577 u. 578; Stabel: §. 101 S. 233, §. 103 S. 235—238, §. 113 S. 262, §. 114 S. 263 u. 264.

[23]) Zachariä: §. 686 S. 272.

Sächsischen Recht. Diese Rechte gestatten also einem jeden Individuum im Princip frei über seinen Nachlaß zu verfügen, haben aber der Willkühr zu Gunsten der Familie Schranken gesetzt. Letzteres ist theils in abweichender Weise, theils und vorzüglich jedoch übereinstimmend durch ein besonderes, der Familie gewährtes Recht, das sog. Pflichttheilsrecht, geschehen.

Im einzelnen ist die Entwicklung und Gestaltung dieses Pflichttheilsrechts in den verschiedenen Rechten wieder verschieden.

Im älteren Römischen Recht war, wenn auch vielleicht noch nicht zur Zeit der Testamente calatis comitiis und in procinctu, so doch jedenfalls seit dem Aufkommen der Testamente per aes et libram und in den zwölf Tafeln ein gesetzlich vollständig freies und nur durch die Sitte beschränktes Verfügungsrecht über den Nachlaß gegeben[1]). Diejenige Beschränkung desselben, welche hier interessirt, ist gegen Ende der Republik zuerst in der Praxis des Centumviralgerichts durch eine aus Billigkeitsrücksichten hervorgegangene Fiktion dahin, daß ein Erblasser, der so lieblos sei, seinen nächsten Verwandten ohne besondere Gründe nicht wenigstens einen Theil seines Vermögens zu hinterlassen, nicht sanae mentis gewesen sein könne, auf Grund welcher Fiktion man dem benachtheiligten Verwandten eine „Klage" wegen pflichtwidrigen Testaments gewährte, eingeführt worden (pr. Inst. de inoff. test. 2, 18, l. 2 u. 5 Dig. de inoff. test. 5, 2). Die Personen, denen diese Querel zugestanden wurde, der Betrag, der ihnen als ihr Pflichttheil hinterlassen werden mußte, um ihre Klage auszuschließen und die Gründe, aus denen der Erblasser ihnen auch diesen Betrag nehmen und andern zuwenden konnte, sind erst allmählig durch feste Rechtsregeln bestimmt worden[2]). Nach den Pandekten und dem Kodex gilt dann Folgendes:

Das freie Verfügungsrecht ist nur dem Soldaten, der in expeditione occupatus ist (l. 27 §. 2 D. de inoff. test. 5,2, l. 9 C. eod. 3, 28, l. 17 C. de test. mil. 6, 21) und außerdem nur noch dem filius familias hinsichtlich seines peculium castrense oder doch wenigstens seines peculium quasi castrense (l. 37 C. de inoff. test. 3, 28), sowie dem Vater, der für sein unmündiges Hauskind einen Erben ernennt (l. 8 § 5 D.

---

[1]) Ulpian: Liber singularis regularum tit. XI. §. 14; Gajus: Institutionum commentarii lib. II. §. 224; pr. Inst. de leg. Falcid. 2, 22; l. 120 D. de V. S. 50, 16; Cicero: De inventione II. 56: paterfamilias uti super familia pecuniaque sua legassit, ita jus esto.

[2]) Gans: Erbrecht. Bd. II. S. 125—126, 129; Bluntschli: Erbfolge. §. 16 S. 133—139; Francke: Recht der Notherben. §. 15 S. 169 u. 170.

de inoff. test. 5, 2), verblieben. Im übrigen muß ein jeder seinen nächsten Blutsverwandten einen gewissen Theil seines Vermögens hinterlassen, wenn nicht gewichtige Gründe für das Gegentheil vorhanden sind. Die solchergestalt Berechtigten sind die Descendenten, die Ascendenten und die Geschwister, letztere jedoch nur, wenn ihnen eine turpis persona vorgezogen worden und mit Ausnahme der blos Halbbürtigen von der Mutter her (l. 1 D. und l. 21 u. 27 C. de inoff. test.). Im einzelnen Fall ist außerdem erforderlich, daß der an sich Berechtigte auch der nächste gesetzliche Erbe des Verstorbenen sei[3]). Die portio, quae sufficit ad excludendam querelam, auch kurzweg als portio legitima s. debita bezeichnet, ist ein Theil der jedesmaligen gesetzlichen Erbquote und zwar der vierte (l. 8 §. 6 D., l. 8 pr. u. l. 31 C. eod.). Sie kann nicht blos durch Erbeinsetzung, sondern auch durch Legat, Fideicommiß und Schenkung von Todeswegen hinterlassen werden und sind ferner in sie eine bei Lebzeiten gegebene dos, donatio propter nuptias und Kaufsumme einer militia sowie alle Schenkungen, deren Einrechnung bei der Zuwendung ausdrücklich festgesetzt worden ist, einzurechnen (§. 6 I. de inoff. test. 2, 18, l. 8 §. 6 u. l. 25 pr. D. h. t., l. 29, l. 30 §. 2, l. 33 pr., l. 35 §. 2 u. l. 36 pr. C. h. t.), so daß derjenige, der auf eine dieser Weisen den vierten Theil seines gesetzlichen Erbtheils erhalten hat, auf den Pflichttheil keinen weitern Anspruch machen kann.

Bei der Frage, ob das Zugewendete den Pflichttheil deckt, ist der Betrag des Nachlasses zur Zeit des Todes des Erblassers nach Abzug der Schulden und Begräbnißkosten maßgebend (l. 6 C. h. t., l. 8 §. 9 D. h. t.). Ergiebt sich, daß der Pflichttheil nicht vollständig zugewendet ist, so hat der Pflichttheilsberechtigte die querela inofficiosi testamenti. Ursprünglich hatte er dieselbe in allen Fällen, wo er den Pflichttheil, sei es aus Irrthum oder absichtlich, nicht vollständig und frei von jeder Beschränkung erhalten hat. Allmählig haben sich jedoch drei Ausnahmen gebildet. Es wurde nämlich erstens schon ziemlich frühzeitig angenommen, daß, wenn der Pflichttheil theilweise hinterlassen worden, der Pflichttheilsberechtigte, statt die Querel anzustellen, die bloße Ergänzung des Fehlenden fordern könne (Paulus Sententiae receptae lib. IV. tit. 5 §. 7), später aus diesem Recht eine Pflicht gemacht, sobald der Erblasser ausdrücklich die Ergänzung angeordnet hatte (Codex Theodosianus de inoff. test. 2, 19 l. 4), und zuletzt bestimmt, daß gleichviel ob diese

---

[3]) Francke: Recht der Notherben. §. 16 S. 174, 175 u. 202 ff.; Windscheid: Pandekten. §. 579 S. 135; Schröder: §. 36 S. 265 u. 266.

Anordnung ausdrücklich getroffen worden oder nicht ein Pflichttheilsberechtigter, der etwas erhalten, nie mehr die Querel, sondern stets nur die Ergänzungsklage, welche condictio ex lege, von den Neueren actio suppletoria genannt wird, anzustellen befugt sei (§. 3 J. de inoff. test. 2, 18, l. 30, l. 35 §. 2 u. l. 36 C. h. t. Zweitens wurde, wenn der Erblasser gar nicht oder erst so spät von der Existenz eines Pflichttheilsberechtigten Kenntniß erhalten hat, daß er sein zwar andere, jedoch gleichfalls pflichttheilsberechtigte Personen berufendes Testament nicht mehr ändern konnte, der Uebergangene als miteingesetzt fingirt, sodaß er nicht mehr im Pflichttheil verletzt war und deshalb keine Querel haben kann (l. 3 C. de inoff. test. 3, 28). Und drittens wurde bestimmt, daß derjenige, dem der Pflichttheil zwar vollständig, aber unter Bedingungen oder Zeitbestimmungen oder mit einer Auflage oder sonstigen Beschränkung hinterlassen ist, nicht mehr die Querel anzustellen brauche, sondern jene Belastungen, soweit sie den Pflichttheil treffen, von selbst wegfallen, quasi nihil eorum testamento additum esset (l. 32 und l. 36 pr. §. 1 C. l. c.).

Die Folge der Querel und des dieselbe für begründet erklärenden Urtheils ist die gänzliche, wenn aber blos von einem der mehreren Pflichttheilsberechtigten oder gegen einen der mehreren eingesetzten Erben geklagt war, die theilweise Beseitigung der letztwilligen Verfügung und Einführung der gesetzlichen Erbfolge in gleichem Umfange, ac si hereditas adita non fuisset (l. 21 §. 2 D. h. t.). Der Pflichttheilsberechtigte wird zur gesetzlichen Erbfolge mit allen Rechten und Pflichten eines gesetzlichen Erben berufen. Bleibt das Testament zum Theil bestehen, so tritt er als Miterbe neben den eingesetzten Erben. Soweit das Testament aufgehoben wird, werden dessen sämmtliche Dispositionen, insbesondere auch die Legate und Fideicommisse hinfällig. Die bei theilweiser Rescission stehen bleibenden Dispositionen treffen nur den testamentarischen Erben (l. 13 C. de inoff. test.). Lassen dieselben eine theilweise Aufhebung nicht zu, so tritt an Stelle ihres eigentlichen Gegenstandes dessen Werth und ist von dem testamentarischen Erben theilweise nach Verhältniß seines Erbtheils zu leisten, wenn jedoch der Pflichttheilsberechtigte ausdrücklich darin willigt, kann ein solches Legat in der vom Erblasser bestimmten Weise ganz dem Vermächtnißnehmer, der dann seinerseits den Werth desselben zu dem Theile zu vergüten hat, zu welchem das Legat mit dem Testament zugleich aufgehoben wurde, entrichtet werden (l. 76 pr. D. de leg. II. 31). In einem einzigen Fall bleiben die Vermächtnisse auch ohne den Willen des Pflichttheilsberechtigten ganz bestehen und fallen dem letzteren ohne weitere Entschädigung mit zur Last, nämlich wenn der Erblasser an sich zwar Kenntniß von dem Vorhandensein des Pflichttheilsberechtigten gehabt[4]), denselben aber irrthümlich als bereits fortgefallen angesehen hat (l. 28 D. h. t.).

Die Wirkung der Ergänzungsklage ist, daß der Kläger das ihm am vollen Pflichttheil Fehlende erlangt. Die letztwillige Verfügung wird hier von der Klage nur quantitativ berührt und bleibt sonst vollständig bestehen.

Die Querel geht nicht blos durch ausdrücklichen, sondern auch schon durch stillschweigenden Verzicht verloren (l. 34 i. f. C. h. t., l. 17 pr. D. eod.). Sie ist überhaupt ein adjutorium ultimum d. h. findet nur statt, wenn der Pflichttheilsberechtigte sich nicht auf andere Weise das, was ihm gebührt, verschaffen kann (§. 2 J. h. t. 2, 18 u. l. 4 pr. C. de lib. praet. 6, 28). Sie verjährt ferner schon in fünf Jahren (l. 16, l. 34 i. f. C. h. t.) und geht auf diejenigen Erben des Pflichttheilsberechtigten, welche nicht Descendenten sind, nur über, wenn der Berechtigte sie bereits vorbereitet hatte (l. 6 §. 2, l. 7 D. h. t., l. 34 C. h. t.). Auf die a°. suppletoria finden diese Beschränkungen keine Anwendung.

Entzogen kann der Pflichttheil nur werden entweder in wohlmeinender Absicht und im wohlverstandenen Interesse des Pflichttheilsberechtigten (sog. exheredatio bona mente, l. 18 D. de lib. 28, 2, l. 12 §. 2 D. de bon. lib. 38, 2, l. 16 §. 2 D. de cur. fur. 27, 10) oder zur Strafe, weil derselbe sich durch sein Benehmen des Pflichttheils unwürdig gemacht hat (l. 132 pr. D. de V. O. 45, 1, l. 5 §. 1 D. h. t., l. 7 pr. D. de bon. damn. 48, 20). Ob und wann letzteres der Fall, ist auch noch jetzt lediglich dem Gerichtshof zu beurtheilen überlassen.

Da der Pflichttheil Theil der gesetzlichen Erbquote ist und von dem Vermögen zur Zeit des Todes berechnet wird, so hätte er durch freigebige Verfügungen unter Lebenden entzogen werden können. Um dies zu verhindern, wurden nach Analogie der Querel wegen pflichtwidrigen Testaments besondere Rechtsmittel eingeführt, um übermäßige Schenkungen oder Dotes, welche den Pflichttheil beeinträchtigen, anzufechten, die sog. querelae inofficiosae donationis s. dotis, auf welche

[4]) Hierin liegt der Unterschied dieses Falls von dem vorhin erwähnten der l. 3 C. de inoff. test., in welchem der Erblasser die Existenz des Pflichttheilsberechtigten überhaupt nicht oder wenigstens nicht rechtzeitig erfahren hat. Uebrigens wird vielfach angenommen, daß das Rechtsmittel im Fall der l. 28 nicht die Querel sei, vgl. Schröder: §. 48 S. 429.

im allgemeinen die Grundsätze der querela inofficiosi testamenti Anwendung finden[5]).

Außer den Descendenten, Ascendenten und Geschwistern sind noch pflichttheilsberechtigt der Patron, der parens manumissor und der unmündig Arrogirte. Das antiquirte Recht der beiden ersteren kann unerörtert bleiben. Dem in der Unmündigkeit Arrogirten steht nach der Konstitution von Antoninus Pius ein Recht auf den vierten Theil des Vermögens des Adoptivvaters zur Zeit des Todes desselben zu und verliert er dieses Recht nur, wenn er wegen schlechten Betragens wieder emancipirt worden ist. Er hat sich alles anzurechnen, was ihm der Erblasser freiwillig zugewendet hat, und kann stets, selbst wenn er gar nichts erhalten hat, immer nur die Quart verlangen, die letztwillige Verfügung selbst aber nicht umstoßen (§. 3 J. de adopt. 1, 11, l. 22 pr. D. eod. 1, 7, l. 2 C. eod. 8, 48, l. 13 pr. D. si quid in fr. patr. 38, 5). Zum Schutz seines Anspruchs gegen freigebige Verfügungen unter Lebenden hat er die actio Faviana und Calvisiana utilis[6]).

Das vorstehende Recht der Pandekten und des Kodex ist durch die Novellen Justinian's sehr geändert worden.

Zunächst erhöhte Justinian durch die Novelle 18 den Betrag des Pflichttheils auf ein Drittel, wenn aber mehr als vier Pflichttheilsberechtigte vorhanden sind, auf die Hälfte des gesetzlichen Erbtheils.

Sodann gab er durch die Novelle 53 Kap. 6 und die Novelle 117 Kap. 5 der armen Wittwe, welche ebenso wie der impubes arrogatus von außen her in die Familie eintritt, ein der Quarta Divi Pii nachgebildetes Recht, indem er anordnete, daß dieselbe zwar niemals ein Recht auf Erbeseinsetzung oder Anfechtung des Testaments beim Mangel einer solchen habe, ihr aber dasjenige, was ihr ab intestato aus dem Nachlaß ihres wohlhabenden Ehemannes zukommt, nicht entzogen werden könne. Die arme Wittwe erhält in dieser Weise den vierten Theil der Erbschaft und, wenn der Ehemann von vier oder mehr Kindern beerbt worden ist, eine Virilportion, niemals jedoch mehr als hundert Pfund Goldes und wenn die Erben ihre eigenen Kinder sind, nur den Nießbrauch an dem, was ihr an sich zukommt. Sie hat sich alles, was sie von dem Verstorbenen lukrirt hat, einzurechnen und verliert ihren Anspruch durch Scheidung, da sie bei dieser das ihr Gebührende bereits

---

[5]) Francke: Recht der Notherben. §. 42—45 S. 498 ff.; Windscheid: Pandekten. Bd. III. §. 586 S. 154 ff.; Schröder: §. 59 S. 498 ff.

[6]) Francke a. a. O. §. 41 S. 493 ff.; Schröder: §. 67 S. 558.

empfangen hat, außerdem auch, wenn durch ihre Schuld das eheliche Zusammenleben auch ohne dauernde Scheidung aufgehoben worden ist.

Die Hauptänderung aber erfolgte durch die Novelle 115 vom Jahre 541, in welcher Justinian das formelle Notherbenrecht der Descendenten mit dem Pflichttheilsrecht verschmolz und für Descendenten und Ascendenten bestimmte, daß dieselben einander stets zu Erben ernennen müssen, daß wenn dies nicht geschehen ist, mag der Pflichttheil auch sonst vollständig hinterlassen sein, die letztwillige Verfügung, soweit die Erbeseinsetzung reicht, keine Kraft hat und die gesetzliche Erbfolge eintritt, der übrige Theil des Testaments aber bestehen bleibt, daß die Ernennung zum Erben unterlassen und der Pflichttheil entzogen werden darf nur unter Angabe des Grundes und aus den Gründen, welche hierfür im Gesetz positiv bezeichnet sind und daß, wenn zwar eine Ernennung zum Erben erfolgt ist, aber auf weniger als den Pflichttheil, es bei dem früheren Recht verbleibt und bloß die Ergänzung des Fehlenden verlangt werden kann. Es ist also nicht mehr gleichgültig, auf welche Weise der Pflichttheil hinterlassen wird, sondern er muß wenigstens theilweise durch Erbeseinsetzung zugewendet werden. Dagegen wird nicht mehr die ganze letztwillige Verfügung, sondern nur die darin enthaltene Erbeseinsetzung hinfällig und sind die Gründe für die Ausschließung vom Pflichttheil nicht mehr der richterlichen Beurtheilung anheimgestellt, sondern objektive Bestimmungen geworden.

Das so modificirte Recht der Pandekten und des Kodex ist als Theil des Corpus juris civilis in Deutschland mitrecipirt worden. Die Reception wurde namentlich dadurch erleichtert, daß schon vorher die in der Novelle 115 für die Entziehung des Pflichttheils aufgestellten Gründe mehrfach, theilweise sogar wörtlich als Gründe für die Entziehung des gesetzlichen Erbrechts überhaupt aufgenommen worden waren[7]), vorzüglich aber dadurch, daß das Kanonische Recht zwar einestheils die letztwilligen Verfügungen, weil durch sie der Kirche von den Gläubigen etwas zugewendet werden konnte und für die Kirche die Familie als solche keine besondere Bedeutung hatte, begünstigte und die Erfüllung des letzten Willens eines Verstorbenen für eine Gewissenssache erklärte, anderentheils aber die vollständige Nichtberücksichtigung des sittlichen Verhältnisses der Verwandtschaft als eine Pietätslosigkeit und die Hinter-

[7]) z. B. Leges Longobardicae lib. II. 14, 12 u. 13; Schwabenspiegel (Ausgabe von v. Laßberg. 1840). cap. 15 (S. 257), cap. 353 (S. 205) und cap. 354 (S. 300); Kleines Kaiserrecht (Ausgabe von Endemann [Hildebrand] 1846). Buch II. Kap. 9 und 16.

lassung wenigstens eines Theils des Nachlasses an die nächsten Verwandten als eine natürliche, durch die Billigkeit gebotene Pflicht ansah (cap. 16 und 18 X. de test. 3, 26 und cap. 1 in VI^to de test. 3, 1), mithin im Princip den Standpunkt des Römischen Rechts theilte.

Letzteres ist so Gemeines Recht geworden und gilt als solches noch jetzt in seinem ganzen Umfange. Insbesondere ist es nicht richtig, daß nach dem §. 34 des Deutschen Strafgesetzbuchs das Pflichttheilsrecht der Geschwister für weggefallen zu erachten sei[8]). Denn es steht fest, daß die zur Existenz ihres Rechts erforderte Bescholtenheit des eingesetzten Erben nicht eine gesetzlich sanktionirte Ehrenschmälerung zu sein braucht, sondern zu derselben die faktische Verächtlichkeit wegen schlechter Handlungen oder unmoralischer Lebensweise genügt, diese aber durch das Strafgesetzbuch nicht berührt wird[9]).

Ebensowenig kann der von einigen Germanisten[10]) aufgestellten Ansicht beigetreten werden, daß nur hinsichtlich der Pflichttheilsberechtigung selbst und der Größe des Pflichttheils das Römische Recht als Gemeines anzusehen sei, bei einer Verletzung des Rechts auf den Pflichttheil jedoch, gleichviel ob diese ganz oder theilweise, stillschweigend durch Uebergehung oder ausdrücklich durch ungültige Enterbung geschehen, nach modernem Deutschen Notherbenrecht niemals eine Anfechtung des Testaments, sondern stets nur eine Klage auf Herstellung des Pflichttheils zulässig sei. Denn daraus, daß dem Deutschen Recht die Nothwendigkeit, gewisse nahe Verwandte als Erben einzusetzen oder auszuschließen, fremd gewesen, folgt gar nichts. Viele Bestimmungen des Römischen Rechts waren dem Deutschen fremd und sind doch nicht blos recipirt, sondern auch fortdauernd in Geltung geblieben. Wenn weiter gesagt wird, daß nach Deutschem Recht der nach Abzug des Pflichttheils verbleibende Theil des Vermögens dasjenige sei, was unbedingt der Freiheit der Verfügung bleiben solle, so ist das eine petitio principii. Es ist ja eben zu beweisen, daß die Verfügung über diesen Theil unbedingt

---

[8]) wie Baron: Pandekten (1871) §. 416. Nr. IV. S. 837 will.

[9]) Baron giebt denn auch anderweit selbst zu, daß nur die sog. infamia juris durch das Strafgesetzbuch aufgehoben, dagegen die Römischen Grundsätze von der infamia facta oder turpitudo geltend geblieben seien und daß die Anfechtbarkeit eines Testaments den personae turpes gegenüber ebenso wie bei den infames stattfinde (a. a. O. §. 27 S. 59 ff.).

[10]) nämlich von Maurenbrecher: Lehrbuch des gesammten heutigen gemeinen deutschen Privatrechts. 2. Aufl. Bd. II. (1855) §. 614 S. 347 und von Walter: System des gemeinen deutschen Privatrechts (1855). §. 415 S. 468.

und auch dann bestehen bleibt, wenn der Erblasser der Nothwendigkeit, den Pflichttheil zu hinterlassen, nicht genügt hat. Außerdem ist angeführt, daß das moderne Rechtsbewußtsein der Anfechtung nicht günstig sei, was doch offenbar kein Aufhebungsgrund eines bestehenden Rechts ist, und wird sonst nur noch auf gemeine Gewohnheit Bezug genommen[11]). Allein von einer solchen kann ganz und gar nicht die Rede sein. Ein Nachweis derselben ist nicht versucht worden, überhaupt auch nicht möglich. Gemeinrechtliche Theorie und Praxis haben stets übereinstimmend die Grundsätze des Römischen Rechts über die Anfechtbarkeit der Testamente zur Anwendung gebracht.

Dagegen hat das Pflichttheilsrecht des Corpus juris in Deutschland zwei Erweiterungen erfahren, indem es einmal, wenigstens theilweise[12]), auf den Anspruch, welchen gemeinrechtlich nicht blos die arme Wittwe eines wohlhabenden Ehemannes, sondern jeder Ehegatte an dem Nachlaß seines Ehegatten hat, zur Anwendung gebracht und ferner auf die nach der Reception ausgebildeten Erbeinsetzungsverträge ausgedehnt worden ist. Bei den letzteren ist jedoch, während es unbezweifelt ist, daß das Römische Pflichttheilsrecht für sie an sich ebenso wie für die Testamente gilt, Streit darüber, welche Wirkung die Verletzung des Pflichttheils auf den Vertrag hat und stehen sich in dieser Beziehung zwei Meinungen gegenüber. Die eine von einigen älteren Romanisten und der Mehrheit der Germanisten vertretene[13]) geht dahin, daß der

[11]) Auf Gewohnheitsrecht beruft sich Maurenbrecher a. a. O., die übrigen angeführten Gründe sind von Walter aufgestellt.

[12]) Theilweise hat der in Rede stehende Anspruch überhaupt nicht die Natur eines Pflichttheilsrechts und ist anders behandelt, vgl. Runde: Deutsches eheliches Güterrecht (1841). S. 375 ff. und Schmitthenner: Deutsches Güterrecht der Ehegatten. S. 200 ff.

[13]) Als Anhänger derselben, welche also das, was von den Anm. 10 genannten Rechtslehrern allgemein behauptet wird, für den engern Kreis der Erbverträge annehmen, sind zu nennen Hommel: Rhapsodia quaestionum in foro quotidie obvenientium (1797). Vol. I. obs. 203. n. 5; Runde: Die Rechtslehre von der Leibzucht (1805). Thl. II. §. 67 S. 507; Dieck: Teutsches Erbrecht in Ersch und Gruber's Allgemeiner Encyklopädie der Wissenschaften. Erste Section. Thl. XL. (1844) S. 421; Eichhorn: Einleitung in das deutsche Privatrecht. 5. Aufl. (1845) §. 343 S. 809; Mittermaier: Grundsätze des gemeinen deutschen Privatrechts. 7. Aufl. (1847) Bd. II. §. 454. Nr. IX.; Maurenbrecher: Lehrbuch des gesammten heutigen gemeinen deutschen Privatrechts. 2. Aufl. Bd. II. (1855) §. 617 S. 353; Bluntschli: Deutsches Privatrecht (1854). Bd. II. §. 195, 6. Es gehören ferner hierher die Erkenntnisse in Seuffert's Archiv für Entscheidungen der obersten Gerichte in den deutschen Staaten. Bd. I. Nr. 90, Bd. IV. Nr. 138 u. 243, Bd. V. Nr. 36, Bd. IX. Nr. 321 und Bd. XX. Nr. 147.

Vertrag immer, die Pflichttheils-Verletzung sei von welcher Art sie wolle, bestehen bleibe und nur die Herausgabe bezw. Ergänzung des Pflichttheils gefordert werden könne. Die andere, insbesondere von den sog. Praktikern und den neueren Romanisten vertheidigte[14]), will die Erbverträge den Testamenten vollständig gleich stellen und ihre Anfechtung in denselben Fällen und in derselben Weise wie bei einem pflichtwidrigen Testament zulassen. Hält man mit Hartmann[15]) dafür, daß der Erbvertrag kein selbständiges Institut ist, sondern aus zwei Geschäften: einem Testament und einem vertragsmäßigen Verzicht auf die Freiheit des Widerrufs besteht, so kommt man ohne weiteres zu der letztern Ansicht. Denn mit dem Verzicht auf die Freiheit des Widerrufs hat der Anspruch des Pflichttheilsberechtigten nichts zu schaffen. Er wird verletzt lediglich durch den andern Hauptbestandtheil des Vertrages. Gegen diesen allein richten sich daher die Rechtsmittel des Pflichttheilsberechtigten und sie können dies nur in derselben Weise und mit denselben Wirkungen, wie gegen ein Testament thun. Denn sie sind eben gegen ein Testament gerichtet. Aber auch wenn man sich der Hartmann'schen Theorie von der Natur der Erbverträge nicht

[14]) Dieser Ansicht sind Carpzow: Jurisprudentia forensis Romano-Saxonica. Pars III. Const. 1. def. 8; Stryk: Tractatus de successione ab intestato. Ed. 6. (1733) Diss. VIII. cap. 5. §. 42; Pufendorf: Observationes juris universi. (1786) Tom. II. Observ. 173. §. 2 u. Tom. III. Observ. 23. §. 3 und der an der letztern Stelle mitgetheilte Spruch des Tribunals zu Celle vom Jahre 1752; Strube: Rechtliche Bedenken. Thl. V. 2. Aufl. (1786) Bedenken CXXV. insbes. im letzten Satz S. 269; Böhmer: Auserlesene Rechtsfälle aus allen Theilen der Rechtsgelehrsamkeit. Bd. I. Abthlg. 2. (1799) Nr. 88; Mayer: Dissertatio an et quatenus principia juris Romani de successione necessaria etiam ad pacta successoria applicari possint (1805). cap. II. p. 14; Glück: Ausführliche Erläuterung der Pandekten. Bd. XXV. (1824) §. 1249 S. 386—389; Mühlenbruch: Fortsetzung von Glück's Kommentar. Bd. XXXV. (1832) S. 83—84, Bd. XXXVIII. (1835) S. 59 ff.; Philipps: Grundsätze des gemeinen deutschen Privatrechts. 3. Aufl. Bd. II. (1846) §. 174 S. 299; v. Hartitzsch: Das Erbrecht nach römischen und heutigen Rechten (1827). §. 44 S. 38; Beseler: Die Lehre von den Erbverträgen. Thl. II. Bd. 1. (1837) S. 294—304; Derselbe: System des gemeinen deutschen Privatrechts. Bd. II. (1853) §. 160 Nr. 1 S. 533; Hartmann: Zur Lehre von den Erbverträgen (1860). S. 70—72; v. Holzschuher: Theorie und Casuistik des gemeinen Civilrechts. Bd. II. 3. Aufl. (1864) §. 201 S. 1109—1110; Gerber: System des deutschen Privatrechts. 8. Aufl. (1863) §. 260. Anm. 1. S. 674. Ferner die Erkenntnisse in Seuffert's Archiv für Entscheidungen. Bd. I. Nr. 89 und bei Matthiä: Controversen-Lexikon des römischen Civilrechts (1859). Thl. II. Abth. I. S. 173 u. 174. Präj. 9.

[15]) Hartmann: Zur Lehre von den Erbverträgen insbes. S. 11, 50, 54 u. 60.

anschließt, wird man zu dem gleichen Resultat gelangen müssen. Ein weiteres Eingehen auf die Streitfrage kann jedoch ebenso wie die nähere Darstellung des Pflichttheilsrechts des Ehegatten hier unterbleiben.

§. 5.

Allgemeines Landrecht.

Als Gemeines Recht galt das Römische Pflichttheilsrecht auch in Preußen bis zu der Gesetzgebung des vorigen Jahrhunderts. Das Projectum Corporis juris Fridericiani schloß sich an diesen bestehenden Zustand noch auf das engste an. Insbesondere sind nach ihm pflichttheilsberechtigt die Descendenten (§. 2, 23, 24 Tit. IV. Lib. VII. Pars II.) und die Ascendenten (§. 27 daselbst), die Brüder nur wenn eine turpis persona eingesetzt worden (§. 28 u. 34). Gar nicht pflichttheilsberechtigt ist dagegen der überlebende Ehegatte. Demselben kann zwar die Hälfte des beiderseitigen Vermögens, welche ihm gesetzlich gebührt (§. 146 ff. Tit. IV. Lib. II. Pars I.), einseitig nicht entzogen werden (§. 154 daselbst), allein diese sog. portio statutaria wird ausdrücklich als keine eigentliche Erbschaft noch successio in omne jus defuncti, sondern blos als ein mit einer condictio ex lege geltend zu machendes lucrum statutarium bezeichnet (§. 159 u. 160). Der Pflichttheil besteht in dem vierten Theil der Intestatportion, wenn aber die Eltern mehr als vier Kinder hinterlassen, für die Descendenten in der Hälfte des Vermögens (in semisse portionis ab intestato debitae); für die Ascendenten und die Geschwister verbleibt es stets bei dem vierten Theil (§. 21 Tit. VI. Lib. VII. Pars II.). Bei Descendenten und Ascendenten wird namentliche Erbeseinsetzung oder Enterbung mit Angabe eines der im Gesetz verzeichneten Gründe verlangt (§. 2, 23, 24 Tit. IV. Lib. VII. Pars II., §. 5—14 Tit. V. und §. 27 Tit. VI. daselbst), sonst liegt Präterition vor (§. 29 Tit. IV.), in Folge deren das Testament ipso jure null und nichtig wird und auch die in dergleichen Testamenten vermachten Legate keinen Effect haben (§. 30 Tit. IV. §. 32 Tit. VI.). Ist eine Enterbung ausgesprochen, aber ohne Angabe einer causa oder mit einer causa, die nicht erwiesen wird, so wird das Testament per querelam inofficiosi quoad institutionem haeredis rescindiret, alle übrigen Capita der Disposition substitiren (§. 16, 18, 8 u. 13 Tit. V.). Ist Erbeseinsetzung, aber auf zu wenig erfolgt, so haben die Kinder und Eltern condictionem ex lege, vermöge deren sie ad supplementum legitimae agiren können (§. 25 Tit. VI.). Titulo singulari kann den Descendenten und Ascendenten der Pflichttheil nicht hinterlassen werden, das Testament würde in diesem Fall propter defectum institutionis ungültig sein (§. 20 Tit. VI.) und wird mit Rücksicht hierauf ausdrücklich ausgesprochen, daß die Frage, ob die Legitima pars haereditatis oder bonorum sei und die hieraus fließenden subtilen effectus ganz überflüssig seien, weil die Legitima niemals anders als eine Pars haereditatis angesehen und durch actiones haereditarias gefordert werden könne. Nur bei den Brüdern sei es genug, wenn ihnen soviel, als die Legitima austrägt, etiam titulo singulari vermacht werde (§. 20 cit.). Die Geschwister haben deshalb stets nur die Querel oder die Ergänzungsklage (§. 6 Tit. V. u. §. 34 Tit. IV.).

Das Corpus juris Fridericianum war bei seinen Bestimmungen davon ausgegangen, daß die Familie ein Corpus sei, welches die Natur selbst formiret hat (§. 3—6 Tit. II. Lib. VI. Pars II und §. 1 Tit. VII. Lib. I. Pars I.), weshalb die Natur selbst den Kindern die Erbschaft ihrer Eltern deferire (§. 1 Tit. V. Lib. VII. Pars II und §. 8 Tit. II. Lib. VI. Pars II.) und mit guten Gründen gesagt werde, daß die Legitima in den natürlichen Rechten gegründet sei (§. 16 Tit. VI.).

Anders ist die Auffassung des Entwurfs eines allgemeinen Gesetzbuchs für die Preußischen Staaten von 1784. Derselbe nahm an „daß der Pflichttheil sich nicht auf das Naturrecht gründe, weil nach diesem sich die selbst unvollkommne Pflicht der Eltern nicht weiter erstrecke, als ihre Kinder zu erziehen und in den Stand zu setzen, daß sie für ihren Unterhalt selbst sorgen können" und behielt das Pflichttheilsrecht nur bei, weil „diese Lehre in allen Königlichen Staaten selbst da, wo sonst die Provinzialgesetze am meisten abweichen, angenommen sei, sie nichts enthalte, was der natürlichen Billigkeit oder dem Endzweck des gemeinen Besten zuwider wäre und dadurch der bei uns wenigstens eben so sehr als bei den Römern zu verhütenden Erbschleicherei Gränzen gesetzt würden"[1]). Er hat sich deshalb dem Römischen Recht gegenüber weit freier gestellt und es in wesentlichen Punkten abgeändert.

Pflichttheilsberechtigt sind nach ihm nur die Descendenten und Ascendenten (§. 306 u. 370 Thl. I. Tit. 2). Die Geschwister haben

---

[1]) Anm. zu §. 306. Th. I. Tit. 2, auch abgedruckt in Siewert: Materialien zur wissenschaftlichen Erklärung der neuesten allgemeinen preußischen Landesgesetze (1800). S. 66. Nr. 44.

dagegen von einander keinen Pflichttheil zu fordern (§. 24 Thl. I. Tit. 3), weil „die Legitima fratrum weder in der Natur der Sache noch in der Analogie der Rechte, noch sonst in der bloßen Billigkeit gegründet sei und nur zu unnützen Prozessen, was Persona turpis sei, Anlaß gebe“[2]). Auch der überlebende Ehegatte ist nicht pflichttheilsberechtigt[3]). Das gesetzliche Erbrecht, welches ihm der Entwurf in Ermanglung ausreichender Bestimmungen der in erster Linie für ihn maßgebenden Statuten und Provinzialgesetze (§. 331 u. 332 Thl. I. Tit. 1) giebt (§. 362 ff. daselbst), kann beliebig entzogen werden (§. 329).

Der Pflichttheil ist stets die Hälfte desjenigen, was der Pflichttheilsberechtigte zum Erbtheil erhalten haben würde, wenn die gesetzliche Erbfolge stattgefunden hätte (§. 307 u. 371 Thl. I. Tit. 2). Erbeseinsetzung ist niemals erforderlich und wird auf den Pflichttheil angerechnet alles, was dem Berechtigten auf den Sterbefall aus dem Nachlaß zugewendet ist, der Betrag der erhaltenen Ausstattung und jede Schenkung, welche in Grundstücken, Gerechtigkeiten, Kapitalien oder solchen Summen baaren Geldes, die nach Vorschrift der Gesetze gerichtlich verlautbart werden müssen, besteht (§. 308 u. 309 das.). Mit Bedingungen oder anderen Einschränkungen kann der Pflichttheil nicht belastet werden (§. 310 u. 372), mit der Ausnahme, daß wenn Eltern einem Kinde sein volles Erbtheil hinterlassen, dabei aber verfügen, daß solches für die Enkel erhalten werden solle, das Kind sich dieser Verordnung unterwerfen muß (§. 321). Die Entziehung des Pflichttheils oder dessen Verkürzung ist nur zulässig aus den im Gesetz dafür angeführten Gründen zur Strafe (§. 311 ff., 373 ff.) und in beschränkter Weise auch aus guter Absicht (§. 318—320, 375—376).

Die ungerechtfertigte Verletzung des Pflichttheilsrechts hat die Aufhebung der letztwilligen Verfügung nicht zur Folge und wird dies damit gerechtfertigt, daß die Dispositionen des Römischen Rechts, nach welchen das ganze Testament unkräftig oder wenigstens die ganze Erbeseinsetzung aufgehoben werden könne, „in der Natur der Sache keinen Grund hätten. Daraus, daß Eltern den Kindern ihren Pflichttheil nicht sollen entziehen können, folge offenbar nur so viel, daß, wenn sie solches dennoch thun, die Disposition, so weit sie gesetzwidrig ist, ungültig sei und also den verkürzten Kindern zu dem, was das Gesetz ihnen anweist, ver-

[2]) Anm. zu §. 24. Th. I. Tit. 3 und Siewert a. a. O. S. 76. Nr. 57.

[3]) v. Daniels: System des Preußischen Civilrechts. Bd. II. (1866) §. 288. Anm. 6. S. 56.

holfen werden müsse. Nicht aber folge daraus eine Nichtigkeit der Verordnung, soweit sie dem Gesetz nicht zuwider ist. Noch weniger lasse es sich aus der Natur der Sache herleiten, daß um deswillen, weil in der Person des Erben eine Veränderung vorgefallen, die im Testament enthaltenen Vermächtnisse ꝛc. unkräftig werden müßten. Nur soviel könne das Gesetz mit Grund vermuthen, daß der Erblasser, wenn er sich den Fall einer Schwächung der Masse durch den von dem enterbten Kinde hinweg zu nehmenden Pflichttheil gedacht hätte, den Testamentserben mit Legaten und andern Abgaben weniger belastet haben würde, woraus folge, daß die Abfindung des Kindes mit seinem Pflichttheil nicht den Erben allein, sondern auch die Legatarien nach Verhältniß ihrer Theilnehmung an der Masse treffen müsse"[4]). Demgemäß kann ein übergangener oder ohne Angabe eines Grundes oder aus einer nicht gesetzmäßigen oder nicht gegründeten Ursache ganz enterbter Pflichttheilsberechtigter nur die Verabfolgung seines Pflichttheils aus der Erbschaft, ein zu gering bedachter nur die Ergänzung des Pflichttheils und ein zu Unrecht belasteter Berechtigter nur die Aufhebung der Last oder Einschränkung durch Urtel und Recht verlangen, in allen andern Stücken bleibt die letztwillige Disposition bei Kräften und müssen dabei zur Entrichtung oder Ergänzung des Pflichttheils die übrigen Theilnehmer, sowohl Erben als Legatarien, nach Verhältniß ihrer Portionen, beitragen (§. 322—325, 327, 328, 378—382 Thl. I. Tit. 2). Wenn jedoch erhellt, daß die Uebergehung nur daher rührt, weil der Erblasser das Dasein des übergangenen Kindes nicht gewußt oder den übergangenen Pflichttheilsberechtigten aus Irrthum für todt gehalten hat, oder wenn den Eltern nach Errichtung ihres letzten Willens Kinder oder Enkel, die zur unmittelbaren Erbfolge berechtigt sind, geboren worden, welche bei ihrem Tode nicht etwa schon wieder ohne Hinterlassung ehelicher Leibeserben verstorben sind und in Ansehung deren die Eltern keine Vorsehung getroffen haben, so wird ausnahmsweise die letztwillige Verfügung ganz unkräftig und die gesetzliche Erbfolge eröffnet (§. 329 bis 332, 383 daselbst), da sich in diesen Fällen „mit überwiegender Wahrscheinlichkeit nicht bestimmen lasse, was der Erblasser gethan haben würde, wenn ihm die Existenz des Pflichttheilsberechtigten bekannt gewesen wäre, weshalb hier nur der Ausweg übrig bleibe, die Disposition ganz aufzuheben und die gesetzliche Erbfolge eintreten zu lassen"[5]).

---

[4]) Anm. zu §. 322. Thl. I. Tit. 2 und bei Siewert S. 67. Nr. 45.

[5]) Die citirte Anmerkung zum §. 322.

Den Testamenten stehen für das Pflichttheilsrecht die Erbverträge gleich (§. 401. Thl. II. Tit. 9, §. 303 Thl. I. Tit. 1, §. 349. Thl. I. Tit. 2) und ist zum Schutz des letztern gegen Benachtheiligung durch Rechtsgeschäfte unter Lebenden noch bestimmt, daß der Pflichttheilsberechtigte von jeder Schenkung, welche der Erblasser innerhalb dreier Jahre vor seinem Tode gemacht hat, wenn der reine Betrag des Nachlasses nicht die Hälfte des Betrags der geschenkten Summe oder Sache ausmacht, soviel, als zu dieser Hälfte fehlt, verhältnißmäßig zurückfordern kann (§. 784 und 785. Thl. II. Tit. 8).

Den Pupillar- und Quasi-Pupillar-Substitutionen gegenüber gilt das Pflichttheilsrecht in gewöhnlicher Weise, nur daß eine Entziehung desselben gar nicht möglich ist und wenn fremde, d. i. zur Familie des Kindes nicht gehörige Personen zur Erbfolge berufen sind, von den Pflichttheilsberechtigten nicht blos die Anweisung oder Ergänzung des Pflichttheils verlangt werden kann, sondern die ganze Disposition ungültig ist. (§. 393—397, 402. Thl. I. Tit. 2).

Durchaus eigenartig ist dagegen das Pflichttheilsrecht, welches den Kindern noch bei Lebzeiten ihrer Eltern im Fall einer Scheidung derselben gegen den für den schuldigen Theil Erklärten gegeben ist und vermöge dessen dieser ihnen von seinem Vermögen soviel als ihr Pflichttheil betragen haben würde, wenn die Ehe durch seinen Tod wäre getrennt worden, sofort aussetzen muß (§. 333—346 Thl. I. Tit. 2).

Das Allgemeine Gesetzbuch für die Preußischen Staaten von 1791 und das Allgemeine Landrecht, welche unter einander, soweit sie hier in Betracht kommen, vollkommen übereinstimmen, haben die Vorschriften des Entwurfs in mancherlei Beziehungen theils verändert, theils ergänzt und näher bestimmt.

Verändert sind zunächst die Pflichttheilsberechtigten, insofern als diesen der überlebende Ehegatte hinzugefügt und die Hälfte der demselben durch das Gesetz bestimmten Erbportion als ein Pflichttheil erklärt worden ist, welcher nur wegen solcher Verschuldungen geschmälert oder entzogen werden kann, die berechtigt haben würden, auf Scheidung anzutragen (§. 631—633 Thl. II. Tit. 1. Allg. Landrechts). Geändert ist ferner der Betrag des Pflichttheils der Descendenten und statt der früheren Hälfte auf ein Drittel, wenn nur ein oder zwei Kinder vorhanden sind, auf die Hälfte, wenn drei oder vier Kinder und auf zwei Drittel der gesetzlichen Erbportion, wenn mehr als vier Kinder hinterblieben sind, festgesetzt worden (§. 392 Thl. II. Tit. 2), weil „die Erbportionen, wovon die Legitima partem quotam ausmacht, sich immer mehr verkleinern, je mehr Kinder dergleichen Portionen zu erhalten haben und es also billig sei, daß darnach die Quoten sich vergrößern müssen, man dabei zugleich die Absicht gehabt habe, durch diese Abweichung vom Jure Romano einen Mittelsatz zu etabliren, in welchem vielleicht diejenigen Provinzen, in deren besonderen Gesetzen die Legitima anders bestimmt ist, sich vereinigen würden und die Legitima überhaupt nicht zu niedrig bestimmt werden müsse[6])." Für die Ascendenten ist es ohne Unterschied der Zahl bei der Hälfte verblieben (§. 502 Thl. II. Tit. 2). Die Anrechnung von Schenkungen, welche in Summen baaren Geldes bestehen, ist aufgehoben und statt dessen die Anrechnung der Schulden, welche der Erblasser für einen seiner Abkömmlinge bezahlt hat, obwohl er zu deren Anerkennung nach den Gesetzen nicht verpflichtet war, vorgeschrieben, jedoch nur unter der Voraussetzung, daß der Erblasser die Anrechnung besonders angeordnet hat (§. 395 l. c.). Neu ist ferner, daß wenn der Erblasser den dem enterbten Kinde entzogenen Erbtheil einem der Miterben oder Legatarien ausdrücklich beschieden hat, dieser allein das zur Ungebühr enterbte Kind abfinden muß und die übrigen Erben und Legatarien zur Entrichtung oder Ergänzung des Pflichttheils nicht beizutragen brauchen (§. 435), sowie daß die Abkömmlinge eines im Testament eingesetzten, vor dem Erblasser verstorbenen Kindes an dessen Stelle treten und auch wenn ihrer im Testamente nicht ausdrücklich gedacht wäre, nicht als übergangen gelten (§. 443 u. 517) und daß, wenn jemand nach errichtetem Testament an Kindesstatt angenommen, wegen seiner Erbfolge aber nichts verfügt wird, dadurch das Testament seine Kraft verliert (§. 456). Die Uebergehung aus Irrthum und die nachträgliche Geburt zur unmittelbaren Erbfolge berechtigter Descendenten sind ebenfalls anders geordnet und tritt die nach dem Entwurf hier stets stattfindende Aufhebung des ganzen Testaments nur noch dann ein, wenn der aus Irrthum Uebergangene nach errichtetem Testament zurückgekehrt oder sonst dem Erblasser das Dasein oder Leben desselben erweislich bekannt geworden ist und der Erblasser nach diesem Zeitpunkt ein Jahr hat verstreichen lassen, ohne in Ansehung seiner etwas zu verfügen, und bei nachgebornen Descendenten, wenn der Erblasser sie um ein Jahr überlebt hat (§. 450, 451 u. 454). Sonst erhält der Uebergangene oder Nachgeborne aus dem Nachlasse soviel, als im Testament dem am wenigsten be-

[6]) Suarez: Amtliche Vorträge bei der Schlußrevision des Allg. Landrechts, Promemoria K. S. 165.

günstigten Erben ausgesetzt worden ist, mindestens aber den Pflichttheil, in allen andern Stücken bleibt auch hier die letzte Willensordnung bei Kräften (§. 444—449 u. 455). Eigenthümlich dem Gesetzbuch und Landrecht ist sodann noch der Verlust des Pflichttheilsrechts in Folge ausdrücklichen Anerkenntnisses des Testaments (§. 438) und durch Ablauf von zwei Jahren seit erlangter Wissenschaft von der Enterbung (§. 440). Endlich ist in ihnen das Pflichttheilsrecht bei der Pupillar- und Quasi-Pupillar-Substitution modificirt worden. Es muß jetzt in einer solchen denjenigen, welchen aus dem Nachlaß des Kindes ein Pflichttheil gebührt, der ganze gesetzliche Erbtheil, außerdem aber dessen Geschwistern und Geschwisterkindern die Hälfte des gesetzlichen Erbtheils gelassen werden. Dagegen ist die Entziehung zulässig wegen solcher Ursachen, aus welchen das Kind selbst, wenn es letztwillig verfügen könnte, zur Enterbung berechtigt sein würde. Hat der Vater diese gesetzmäßigen Schranken überschritten, so wird seine Verordnung insoweit, als dies der Fall ist, für nicht geschrieben geachtet, sind jedoch blos Fremde zur Erbfolge berufen, so ist die ganze Verordnung ungültig (§. 530—539 Thl. II. Tit. 2).

Näher bestimmt und ergänzt sind die Gründe für die Entziehung des Pflichttheils zur Strafe und in guter Absicht und die Form, in welcher diese Entziehung auszusprechen ist und widerrufen werden kann, die Verkürzung des Pflichttheils durch Schenkungen unter Lebenden und das Pflichttheilsrecht der Kinder aus geschiedenen Ehen.

Alle übrigen Vorschriften des Entwurfs sind, meist wörtlich, beibehalten worden, insbesondere ist beibehalten, daß eine Erbeseinsetzung des Pflichttheilsberechtigten niemals erforderlich ist und durch die Verletzung des Pflichttheilsrechts die letztwillige Verfügung regelmäßig nicht ungültig wird, sondern nur die Verabfolgung oder Ergänzung des Pflichttheils gefordert werden kann. Suarez hat beides nochmals besonders gerechtfertigt, indem er ausführt[7]): „die Lehre des Römischen Rechts von der Legitima und von Exhäredationen sei durch die unendliche Menge von Distinctionen zwischen den verschiedenen Fällen zu einer der complicirtesten im ganzen Römischen Rechtssystem geworden. Gleichwohl gründeten sich alle diese Distinctionen und die davon abhangenden, zum Theil sehr wichtigen praktischen Folgen entweder auf Ueberbleibsel der alten Jurisprudentiae formulariae oder auf Hypothesen der Stoischen Philosophie oder gar auf bloße Fiktionen wie z. E. bei der Querela inoffi-

[7]) in den amtlichen Vorträgen bei der Schlußrevision S. 163 u. 164.

ciosi. Ebenso wenig könne der Grundsatz des Römischen Rechts, daß wenn ein Vater auch nur Eins seiner Kinder übergangen oder demselben die Legitimam nicht titulo institutionis honorabili hinterlassen oder dasselbe aus einer nicht gesetzmäßigen oder nicht gegründeten Ursache enterbt hat, alsdann das ganze Testament oder doch die ganze Erbeseinsetzung auch in Ansehung der übrigen Kinder und Erben über den Haufen falle, nach den Regeln eines vernunftmäßigen Raisonnements vertheidigt werden, da ja offenbar nicht folge, daß, weil der eine Theil der testamentarischen Verordnung nicht gelten könne, um deßwillen auch alle übrigen, worin nichts gesetzwidriges enthalten sei, ungültig sein müßten und da, wenn man diese Vorschrift als eine Strafe für die Uebertretung des Gesetzes ansehen wolle, diese Strafe nicht den Uebertreter, sondern die ganz unschuldigen Miterben und Legatarien treffen würde. Es sei also nothwendig gewesen, diese verwickelte Theorie zu simplificiren und auf einfache, dem gesunden Menschenverstande einleuchtende Grundsätze zurückzubringen und deshalb das im Gesetzbuch befolgte System, nach welchem derjenige, welchem die Legitima gebühre, dieselbe aus dem Nachlaß vollständig erhalte, aber das Testament in allen übrigen Stücken seine Gültigkeit behalte und zu befolgen sei, angenommen und auf diese Weise das Recht desjenigen, welchem die Gesetze eine Legitimam beilegen, mit der unstreitigen Befugniß eines jeden Testatoris, über den Rest seines Vermögens nach Gutfinden zu disponiren, vereinigt worden". Zur Begründung des Pflichttheilsrechts überhaupt ist dabei noch geltend gemacht[8]), daß „Kinder, die nach der Natur und der darauf gegründeten Intestaterbfolge den ganzen Nachlaß ihrer Eltern zu erwarten haben, dieser Hoffnung nicht ohne erheblichen Grund aus bloßer Willkür oder Eigensinn des Vaters verlustig gehen, wenigstens soviel davon erhalten müßten, als nöthig sei, um in dem Stande, zu welchem sie geboren, in der Lebensart, dem Beruf oder Gewerbe, in welche sie durch Erziehung und väterliche Bestimmung gesetzt worden, einige Unterstützung ihres Fortkommens zu finden".

Seit der Publikation des Allgemeinen Landrechts sind über das Pflichttheilsrecht bis jetzt nur vier gesetzliche Bestimmungen[9]) getroffen

---

[8]) a. a. O. S. 165.

[9]) Das Gesetz über die Abschätzung der Landgüter zum Behuf der Pflichttheilsberechnung in der Provinz Westphalen vom 4. Juni 1856 und die in dem Gesetz, betr. das eheliche Güterrecht in der Provinz Westphalen ꝛc. vom 16. April 1860 über den Pflichttheil enthaltenen Bestimmungen interessiren als blos partikularrechtlicher Natur nicht weiter.

worden, welche im Anhang zum Landrecht enthalten sind. Die eine davon (Anh. §. 28 zu §. 1113 Thl. I. Tit. 11) betrifft pflichtwidrige Schenkungen, zweie (Anh. §. 92 u. 93 zu §. 460 und 480 Thl. II. Tit. 2) beziehen sich auf das Pflichttheilsrecht der Kinder aus geschiedenen Ehen und die letzte, ungleich wichtigste (Anh. §. 164 zu §. 574 Thl II. Tit. 18) schreibt vor, daß die Frage, ob ein im Pflichttheil eingesetzter Erbe im Fall der Theilung auf Subhastation des Grundstücks anzutragen befugt sei oder ob er zufrieden sein müsse, daß der Pflichttheil nach der Taxe ausgemittelt werde, darnach beurtheilt werden müsse, ob der Pflichttheil auf eine gewisse Summe festgesetzt oder derselbe ohne Bestimmung einer gewissen Summe verschrieben worden sei; im ersteren Fall bedürfe es nur der Taxe, im letzteren hingegen der Eintragung des Miteigenthums in das Hypothekenbuch und im Fall der Theilung der Subhastation nach den näheren Vorschriften des allgemeinen Landrechts.

§. 6.

Oestreichisches Recht.

Das allgemeine bürgerliche Gesetzbuch für die gesammten Deutschen Erbländer der Oestreichischen Monarchie vom 1. Juni 1811 behandelt als pflichttheilsberechtigt nur die Descendenten und Ascendenten, sofern sie überhaupt ein Recht zur gesetzlichen Erbfolge haben und im einzelnen Fall der Ordnung der Intestaterbfolge gemäß die nächsten gesetzlichen Erben sind (§. 762 u. 763). Ehegatten haben kein Pflichttheilsrecht, sondern nur einen Anspruch auf den mangelnden anständigen Unterhalt (§. 796).

Der Pflichttheil ist ein Theil der Intestatportion und unwandelbar für Descendenten auf die Hälfte, für Ascendenten aber auf ein Drittel derselben festgestellt (§. 765 u. 766). Behufs seiner Berechnung kann nicht die Feilbietung, sondern nur eine Schätzung des Nachlasses verlangt werden (§. 784) und sind von dem so ermittelten Aktivbestande die Schulden des Erblassers, die Kosten für das Begräbniß, die Inventarisirung und die Uebernahme des Nachlasses, sowie die sog. gesetzlichen Legate und die kraft Gesetzes zu leistende Verpflegung der Wittwe (§. 785, 549, 694 u. 1243), nicht aber die vom Erblasser angeordneten Vermächtnisse und andere aus dem letzten Willen entspringende Lasten (§. 786) abzurechnen. Bis zur wirklichen Zutheilung ist die Verlassenschaft in Ansehung des Gewinns und der Nachtheile als ein zwischen den Haupterben und den Pflichttheilsberechtigten verhältnißmäßig gemeinschaftliches Gut zu betrachten (§. 786). Erbesernennung des Pflichttheilsberechtigten ist nicht erforderlich (§. 774). Eingerechnet in den Pflichttheil wird alles, was der Berechtigte durch Zuwendung des Erblassers von Todeswegen aus dessen Vermögen erhalten hat (§. 787) und ferner von den bei Lebzeiten des Erblassers empfangenen Zuwendungen das zur Zahlung von Schulden eines großjährigen Kindes Verwendete, das Heirathsgut, die Ausstattung und das unmittelbar zum Antritt eines Amtes oder Gewerbes Gegebene und diejenigen Gaben, deren Anrechnung auf den Pflichttheil der Erblasser bei der Zuwendung angeordnet hat (§. 788 u. 789).

Die Entziehung des Pflichttheils ist nur aus den im Gesetz dafür bezeichneten Gründen zulässig, welche aber der Erblasser nicht anzugeben braucht, wenn sie nur der Erbe als wirklich vorhanden zu erweisen vermag und zwar theilweise nur unter der Bedingung, daß der Erblasser den Pflichttheil den Kindern des Pflichttheilsberechtigten zuwendet und so, daß der Pflichttheilsberechtigte selbst den nothwendigen Unterhalt erhält (§. 768—771, 773, 795). Ist der Pflichttheil zwar vollständig hinterlassen, aber mit Bedingungen oder sonst belastet, so sind diese Beschränkungen, soweit sie den Pflichttheil treffen, ungültig (§. 774). In allen andern Fällen der Verletzung seines Rechts kann der Pflichttheilsberechtigte das Testament nicht umstoßen, sondern nur den Pflichttheil oder die Ergänzung desselben aus der Verlassenschaft fordern (§. 729, 775, 776 u. 781) und müssen hierzu mit den Erben zugleich die Vermächtnißnehmer verhältnißmäßig beitragen (§. 783).

Für Descendenten, nicht auch für Ascendenten (§. 781), welche der Erblasser nur aus erweislicher Unkenntniß ihres Daseins übergangen hat, besteht ein besonderes Recht (§. 777 u. 778) insofern, als wenn der Erblasser seine übrigen Kinder zu Erben eingesetzt hat, der Uebergangene den gleichen Erbtheil wie diese, bezw. den Erbtheil, welcher für das am mindesten begünstigte Kind ausfällt, verlangen kann, und wenn nur dritte Personen zu Erben eingesetzt sind, das Testament seinem ganzen vermögensrechtlichen Inhalte nach mit alleiniger Ausnahme gewisser bevorzugter Vermächtnisse (zu gemeinnützigen oder frommen Zwecken und Belohnungen für geleistete Dienste), welche in einem den vierten Theil der Verlassenschaft nicht übersteigenden Betrage bestehen bleiben, ungültig wird und Intestaterbfolge eintritt. Ist jedoch der Uebergangene vor dem Erblasser wieder verstorben oder sein Recht sonst fortgefallen oder nicht geltend gemacht, so behält das Testament seine

Kraft. Im übrigen macht es keinen Unterschied, ob der übergangene Descendent schon zur Zeit der Testamentserrichtung vorhanden war oder erst später hinzugekommen ist[1]), außer er müßte denn erst durch Nachrücken pflichttheilsberechtigt geworden sein, in welchem Fall er an die Stelle des weggefallenen Kindes tritt (§. 779) und, falls dieses enterbt worden ist, nur Anspruch auf den Pflichttheil hat (§. 780).

Das Recht auf den Pflichttheil verjährt stets, auch bei der irrthümlichen Uebergehung, in drei Jahren von der Zeit des Erbschaftsantritts an (§. 1487), dagegen wird es weder durch Anerkennung des Testaments noch Annahme des darin Hinterlassenen, sondern nur noch durch ausdrücklichen Verzicht und Erbunwürdigkeit verloren[2]).

Den Testamenten sind für das Pflichttheilsrecht die Erbverträge ganz gleich gestellt (§. 1254). Gegen Verletzung des Rechts durch Schenkungen unter Lebenden ist nur den Kindern, die zur Zeit der Schenkung bereits vorhanden waren, nicht aber den nachgebornen Kindern und den Ascendenten ein Schutz gegeben und ihnen gestattet, Schenkungen, die so groß sind, daß der Schenker nicht einmal den vollen Betrag des von dem Vermögen vor der Schenkung berechneten Pflichttheils behalten hat, anzufechten und das zuviel Verschenkte zurückzufordern (§. 951)[3]).

Zu dem vorstehend wiedergegebenen Pflichttheilsrecht des Gesetzbuchs sind später zwei mit Gesetzeskraft versehene Hofdecrete ergangen, von denen das eine vom 7. Februar 1844[4]) unter Entscheidung einer früheren Kontroverse bestimmt, daß der Pflichttheilsberechtigte niemals auf verhältnißmäßige Antheile an den einzelnen zur Verlassenschaft gehörigen beweglichen und unbeweglichen Sachen, sondern immer nur auf Auszahlung des seinem Pflichttheil oder dem an diesem Fehlenden entsprechenden Geldbetrages Anspruch habe und das zweite vom 10. April 1847[5]) dem Pflichttheilsberechtigten das Recht einräumt, über den ihm vom Tode des Erblassers bis zur wirklichen Zutheilung des Pflicht-

[1]) Fierlinger: Das Recht auf den Pflichttheil nach dem österreichischen bürgerlichen Gesetzbuche im Gerichtssaal. Zeitschrift für volksthümliches Recht. Jahrgang V. Bd. I. (1853) Nr. 20. S. 331 u. 332; Unger: Privatrecht. Bd. VI. §. 87 S. 369 u. 370.

[2]) Fierlinger a. a. O. S. 320 u. 329; Unger: Privatrecht. Bd. VI. §. 85 S. 360.

[3]) Fierlinger S. 340; Unger §. 86 S. 363 ff.

[4]) Unger §. 85 S. 359 und Anm. 2 S. 361. Das Dekret ist mit dem Datum des 31. Januar 1844 abgedruckt bei Gruchot: Erbrecht. Bd. III. S. 208.

[5]) Unger §. 85 S. 360; Gruchot a. a. O. S. 125, wo jenes Dekret mit dem Datum vom 27. März 1847 mitgetheilt ist.

theiles gebührenden verhältnißmäßigen Antheil an Gewinn und Verlust und an den Früchten der Erbschaft Rechnung zu fordern.

§. 7.

Kgl. Sächsisches Recht.

Das bürgerliche Gesetzbuch für das Königreich Sachsen vom 2. Januar 1863 bezeichnet als Pflichttheil den Theil der Erbschaft, welcher gewissen Personen in der Art gebührt, daß er ihnen vom Erblasser nicht willkürlich entzogen werden kann (§. 2564) und erklärt als Pflichttheilsberechtigte die Abkömmlinge, die Eltern und Voreltern und den Ehegatten, soweit diese Personen im einzelnen Fall zur gesetzlichen Erbfolge berechtigt sind (§. 2565).

Der Pflichttheil ist für die Abkömmlinge, wenn fünf oder mehr Kinder vorhanden sind, auf die Hälfte und wenn vier oder weniger Kinder vorhanden sind, auf ein Drittheil des Erbtheils, welchen die Abkömmlinge als gesetzliche Erben erhalten haben würden, falls der Erblasser ohne einen letzten Willen und ohne einen Erbvertrag gestorben wäre (§. 2566), für die Eltern und Voreltern ohne Rücksicht auf die Zahl auf ein Drittheil ihres gesetzlichen Erbtheils (§. 2569) und für den Ehegatten, wenn er mit Abkömmlingen zusammentrifft, auf den ihm hierbei zukommenden gesetzlichen Erbtheil selbst, wenn er mit Verwandten der zweiten und dritten Klasse des Verstorbenen zusammentrifft auf zwei Drittheile seines gesetzlichen Erbtheils und wenn der Verstorbene nur Verwandte der vierten Klasse oder, was dem gleichsteht, gar keine Verwandte hinterlassen hat, auf die Hälfte der Erbschaft (§. 2578 bis 2580) festgesetzt. Die Zuwendung kann durch jede letztwillige Verfügung, durch Erbvertrag oder durch gesetzliche Erbfolge geschehen (§. 2583). Einzurechnen in den Pflichttheil ist alles, was der Pflichttheilsberechtigte aus dem Vermögen des Erblassers auf den Todesfall oder unter Lebenden mit der Bestimmung, es sich auf den Pflichttheil anrechnen zu lassen, erhalten hat (§. 2590, 2591 u. 2609). Abkömmlinge haben sich in den Pflichttheil alles einrechnen zu lassen, was sie an zur Einwerfung geeigneten Gegenständen von dem Erblasser erhalten haben (§. 2574). Die Gründe, aus denen die Entziehung oder Verkürzung des Pflichttheils stattfinden kann, sind im Gesetz bestimmt und ausschließlich bezeichnet (§. 2575—2577, 2582 u. 2594) und müssen vom Erblasser im letzten Willen angegeben werden (§. 2595 u. 2596).

Nebenbestimmungen oder Auflagen, die dem Pflichttheil beigefügt sind, werden in soweit für nicht beigefügt geachtet (§. 2584 u. 2585). Ist der Pflichttheilsberechtigte durch gänzliche oder theilweise Enterbung ohne gesetzlichen Grund oder durch Uebergehung oder dadurch, daß ihm weniger als der Pflichttheil hinterlassen worden, in seinem Pflichttheil verletzt, so kann er den letzten Willen oder Erbvertrag blos soweit anfechten, als der Pflichttheil verletzt ist und nur die Gewährung oder Ergänzung des Pflichttheils fordern (§. 2589 u. 2600). Hiervon giebt es jedoch eine Ausnahme, wenn der Pflichttheilsberechtigte übergangen worden ist, weil er erst nach Errichtung des letzten Willens oder Erbvertrages geboren oder durch Ehelichsprechung, Annahme an Kindesstatt oder Ehe pflichttheilsberechtigt geworden ist oder dem Erblasser die Pflichttheilsberechtigung zur Zeit der Errichtung des letzten Willens oder Erbvertrages unbekannt war. In diesem Fall bleibt ihm der Verfügung ungeachtet sein volles gesetzliches Erbrecht (§. 2601)[1]).

Schenkungen unter Lebenden können von dem Pflichttheilsberechtigten, wenn der Erblasser sein Vermögen durch dieselben in der Weise vermindert hat, daß dasjenige, was davon bei seinem Tode dem Pflichttheilsberechtigten zufällt, weniger beträgt, als er als Pflichttheil erhalten hätte, wenn dieser unter Berücksichtigung des unmittelbar vor der Schenkung vorhanden gewesenen Vermögens berechnet wird, angefochten werden, sofern die durch die Schenkung herbeigeführte Verletzung des Pflichttheils nicht durch spätere letztwillige Verfügungen des Erblassers ausgeglichen ist oder der Erblasser später soviel erworben hat, daß bei seinem Tode dem Berechtigten wenigstens der Betrag als Pflichttheil zufällt, welchen er erhalten haben würde, wenn neben dem Neuerworbenen auch das Verschenkte zum Nachlaß gehört hätte (§. 2603 u. 2604).

Auf die Pupillarsubstitution finden die gewöhnlichen Bestimmungen des Pflichttheilsrechts Anwendung, nur daß die die Substitution vornehmenden Eltern nicht berechtigt sind, an der Stelle ihrer Kinder die Pflichttheilsberechtigten der letztern zu enterben (§. 2207).

Dadurch, daß der Pflichttheilsberechtigte den letzten Willen oder den Erbvertrag als thatsächlich bestehend anerkannt oder das ihm darin Ausgesetzte angenommen hat, verliert er sein Recht allein noch nicht (§. 2615). Dagegen fällt dasselbe weg, wenn darüber mit Einwilligung des Pflicht-

---

[1]) Siebenhaar: Kommentar zu dem bürgerlichen Gesetzbuch für das Königreich Sachsen. Bd. III. (1865) S. 407 u. 408; Derselbe: Lehrbuch des Sächsischen Privatrechts (1872) §. 563 S. 859.

theilsberechtigten etwas anderes bestimmt worden ist (§. 2614) und verjährt das Recht, den Pflichttheil oder dessen Ergänzung zu fordern, in drei Jahren von der Zeit an, wo dem Pflichttheilsberechtigten der letzte Wille oder Erbvertrag des Erblassers bekannt geworden ist, bei pflichtwidrigen Schenkungen aber, wenn kein letzter Wille oder kein Erbvertrag vorhanden ist, von der Zeit des Todes des Erblassers an (§. 2616).

Außer den Descendenten, Ascendenten und Ehegatten sind noch die Landes-Versorgungs-, Landes-Heilanstalten und die Ortsarmen-Kranken- und Waisenhäuser pflichttheilsberechtigt, indem bestimmt ist, daß ihr Intestaterbtheil (§. 2057 — 2060) wie ein Pflichttheil zu betrachten sei (§. 2617).

§. 8.

Begriff des Pflichttheilsrechts.

Vergleicht man die zuletzt (§. 4 — 7) dargestellten vier Rechte unter einander, so zeigen die meiste Verwandtschaft das Allgemeine Landrecht und das Oestreichische Gesetzbuch[1]), dann kommt das Sächsische Recht und am entferntesten steht das Römisch-Gemeine Recht. Insbesondere sind es die Nothwendigkeit, den Pflichtheilsberechtigten zum Erben zu ernennen und die demselben gegebene Möglichkeit, eine den Pflichtheil verletzende letztwillige Verfügung in ihrem Bestande anzugreifen, welche dem Gemeinen Recht eigenthümlich sind und es von den andern Rechten unterscheiden, nach denen eine Erbeseinsetzung niemals erforderlich ist und die Verletzung des Pflichttheilsrechts regelmäßig nicht die Umstoßung der letztwilligen Verfügung, sondern nur die Gewährung oder Ergänzung des Pflichttheils zur Folge hat. Faßt man aber alle vier Rechte zusammen und sondert das nur weniger Erhebliche sowie dasjenige aus, was lediglich singuläre Rechtsbildung ist, so bleiben folgende, sämmtlichen Rechten gemeinschaftliche wesentliche Bestimmungen, welche sich als die charakteristischen Begriffsmerkmale des Pflichttheilsrechts im allgemeinen darstellen:

1) Das Pflichttheilsrecht kommt nur Personen zu, welche in einem derartigen persönlichen Verhältniß zum Erblasser stehen, daß es vom Standpunkt der Billigkeit und Sittlichkeit aus als eine Lieblosigkeit und Härte erscheinen würde, wenn sie aus seinem Nachlaß gar nichts erhielten.

---

[1]) Ersteres hat dem letzteren überhaupt vielfach als Vorbild gedient, s. Unger: Privatrecht. Bd. VI. §. 87. Anm. 12. S. 375; Schiffner: Systematisches Lehrbuch des österreichischen allgemeinen Civilrechts. Heft 1. (1877) §. 3 S. 13.

Das persönliche Verhältniß ist meist Verwandtschaft und zwar in ihrer engsten Gestalt, der Abstammung von einander (Descendenten und Ascendenten) oder unmittelbar von demselben dritten (Geschwister). Es ist aber nicht ausschließlich die Verwandtschaft, sondern kann auch ein anderes, der Verwandtschaft ähnliches und eine gleiche Berücksichtigung verdienendes Verhältniß sein, wie es durch die Ehe, die Arrogation (Quarta Divi Pii) oder unter Umständen schon durch die bloße Verpflegung und Erhaltung (die öffentlichen Anstalten des Sächsischen Rechts[2])) begründet wird.

2) Gemäß diesem Grunde ist der Zweck des Pflichttheilsrechts, den berechtigten Personen einen materiellen Vortheil aus dem Nachlaß des Erblassers zu verschaffen.

3) Die Größe dieses materiellen Vortheils ist nach einem Bruchtheil desjenigen bestimmt, was der Pflichttheilsberechtigte ohne letztwillige Verfügung als gesetzlichen Erbtheil aus dem Nachlaß erhalten haben würde[3]).

---

[2]) Das gesetzliche Erbrecht, welches im Allg. Landrecht den Armen- und Versorgungs-Anstalten gegeben ist und ihnen durch Verfügung auf den Todesfall weder entzogen noch geschmälert werden kann (§. 75. Thl. II. Tit. 19), ist nach §. 60, 61 u. 65 daselbst nur dann vorhanden, wenn der Erblasser es vorher zu Protokoll anerkannt hatte. Es qualificirt sich daher als ein vertragsmäßiges Erbrecht und ist aus diesem Grunde, nicht aber, weil es Pflichttheilsrecht ist, unentziehbar. Koch: Privatrecht. Bd. II. §. 860 S. 898 bezeichnet dieses Erbrecht ebenfalls als ein wesentlich vertragsmäßiges, wogegen er ebendaselbst §. 856 S. 894 die Armenhäuser zu den Pflichttheilsberechtigten zählt. Außer Koch hat sich noch kein Schriftsteller über die Natur des Erbrechts der Armen-Anstalten ausgesprochen.

[3]) Daß nach Römischem Recht der Pflichttheil portio portionis ab intestato und nicht, wie mitunter behauptet worden, portio hereditatis ist, siehe z. B. Valett: Das Recht der nothwendigen testamentarischen Berücksichtigung gewisser Verwandten oder das sog. Notherbenrecht (1826). §. 45 S. 77; Bluntschli: Erbfolge. §. 20 S. 164 ff. u. 171; Francke: Recht der Notherben. §. 16 S. 174 u. 202, §. 17 S. 211; Arndts: Pflichttheils- und Notherbenrecht in Weiske's Rechtslexikon für Juristen aller teutschen Staaten. Bd. VIII. (1854) S. 125; Puchta: Pandekten. 9. Aufl. (1863) §. 489 S. 704 und Vorlesungen über das heutige römische Recht. 5. Aufl. (1863) §. 489 S. 403; Windscheid: Pandekten. Bd. III. §. 580 S. 136; Schröder §. 37 S. 278 u. 279. Anders ist es bei der Quarta Divi Pii (§. 3 J. de adopt. 1, 11, l. 13 D. si quid in fraud. patr. 38, 5, l. 2 C. de adopt. 8, 48) und dem Pflichttheil der armen Wittwe (oben S. 21). Es ist dies jedoch als singulär unerheblich.

Für das Allg. Landrecht sind über dieselbe Frage Gruchot: Erbrecht. Bd. III. S. 120 und namentlich Förster: Privatrecht. Bd. IV. §. 248 S. 61—63 gegen Koch: Erbrecht. §. 46 S. 482 ff., für das Oestreichische Gesetzbuch Fierlinger: Das Recht auf den Pflichttheil nach dem östreichischen bürgerl. Gesetzbuch im Gerichtssaal.

4) Weil sich der Pflichttheil nach einem Bruchtheil der Intestatportion richtet, genügt es, um im einzelnen Fall auf den Pflichttheil Anspruch zu haben, nicht, zu dem Erblasser in dem erwähnten persönlichen Verhältniß zu stehen, sondern man muß zugleich auch dessen nächster gesetzlicher Erbe sein[4]).

5) Der Pflichttheilsberechtigte hat Anspruch auf einen bestimmten Vermögens-Vortheil aus dem Nachlaß des Erblassers, aber auch nur auf diesen bestimmten Vermögensvortheil, nicht auf mehr. Die Folge davon ist, daß er sich alle Zuwendungen, die ihm der Erblasser von Todeswegen gemacht hat und außerdem auch noch einzelne Zuwendungen unter Lebenden, welche theils präsumtiv theils durch ausdrückliche Erklärung den Charakter von Vorausleistungen oder Vorausempfängen aus dem künftigen Nachlaß haben, in den Pflichttheil einrechnen lassen muß. Die Zuwendungen können Quoten oder Quanten zum Gegenstande haben, sodaß also sowohl Quoten als Quanten auf den Pflichttheil anzurechnen sind.

6) Andererseits ist der Anspruch auf jenen bestimmten Vermögensvortheil ein fester und kann daher durch den Erblasser nicht entzogen werden, außer aus besondern Gründen, welche entweder den Pflichttheilsberechtigten als einen der Berücksichtigung Unwürdigen oder aber die Nichtberücksichtigung als aus bewußter Wahrnehmung der eigenen Interessen des Berechtigten hervorgegangen (Enterbung in guter Absicht) erscheinen lassen, also zeigen, daß die Handlung des Erblassers keine ungerechtfertigte Härte und Lieblosigkeit ist und somit das Fundament der Pflichttheilsberechtigung selbst beseitigen. Diese Gründe sind gesetzlich genau festgestellt, sodaß in dieser Beziehung der Willkür des Erblassers ebenfalls kein Spielraum gewährt ist.

Jahrgang V. Bd. I. S. 315 u. 318 und Unger: Privatrecht. Bd. VI. §. 80 S. 340 und für das Königl. Sächsische Recht Siebenhaar: Kommentar zu dem bürgerl. Gesetzbuch für das Königreich Sachsen. Bd. III. S. 390 u. 391 und Lehrbuch §. 556 S. 853 zu vergleichen. Daß nach dem letzteren Recht der Pflichttheil des Ehegatten unter Umständen ein Theil der Erbschaft sein kann (Siebenhaar: Lehrbuch §. 558 S. 855), ist ebenfalls nur Singularität.

[4]) Francke: Recht der Notherben. §. 16 S. 202; Arndts a. a. O. S. 123; Windscheid: Pandekten. Bd. III. §. 579 Anm. 8. S. 135 und Schröder §. 36 S. 265 u. 266 für Römisches Recht; Gärtner S. 448; Koch: Erbrecht. §. 47 S. 491 und Förster, Privatrecht. Bd. IV. §. 248 S. 59 für das Allg. Landrecht; Fierlinger a. a. O. S. 316 und Unger: Privatrecht. Bd. VI. §. 79 S. 337 für Oestreichisches Recht und für das Sächsische Recht der §. 2565 des Gesetzbuchs und Siebenhaar: Lehrbuch des Sächsischen Privatrechts. §. 555 S. 852.

7) Weil auch bei der irrthümlichen Uebergehung von einer Härte oder Lieblosigkeit nicht die Rede sein kann, ist in diesem Fall der Anspruch des Pflichttheilsberechtigten überall anders normirt als da, wo er auf jenem Fundament beruht.

8) Als Verpflichteter steht dem Pflichttheilsberechtigten zunächst der Erblasser gegenüber. Denn dieser ist derjenige, dem das Gesetz die Pflicht auferlegt, dem Berechtigten den den Gegenstand des Pflichttheilsrechts bildenden Theil des Nachlasses zuzuwenden. Es kann aber der Pflichttheilsberechtigte diese Pflicht gegen den Erblasser nicht geltend machen, weil der Pflichttheil bei dessen Lebzeiten nicht verlangt werden kann. Sein Anspruch hat daher dem Erblasser gegenüber nur die Natur einer Exspektanz, ist noch kein Recht, sondern nur die Möglichkeit eines Rechts. Zu einem wirklichen Recht, welches geltend gemacht und nöthigenfalls erzwungen werden darf, kann er immer erst werden, wenn der Erblasser verstorben ist. Ist dieser nun, ohne seiner Pflicht genügt zu haben, verstorben, so wird der Anspruch des Pflichttheilsberechtigten auch in der That zu einem Recht. Als Verpflichtete stehen ihm dann diejenigen gegenüber, welche den ihm entzogenen Theil des Vermögens des Erblassers als Erben, Legatare oder Geschenknehmer erhalten haben. Ist dagegen der Erblasser unter gehöriger Hinterlassung des Pflichttheils, welche entsprechend dem Umstande, daß sowohl Quoten als Quanten auf den Pflichttheil anzurechnen sind, durch Zuwendung nicht blos von Quoten sondern auch von Quanten oder wenigstens wie im neueren Römischen Recht von Quanten in Verbindung mit einer Quote geschehen kann, verstorben, so hat der Pflichttheilsberechtigte in demselben Moment, wo er das Recht haben könnte, auch schon dasjenige, worauf er das Recht haben könnte, nämlich den den Pflichttheil bildenden Theil des Nachlasses, und ist die seinem Recht korrespondirende Pflicht in dem Augenblick, in welchem das Recht entstehen könnte, bereits erfüllt. Sein Recht als Pflichttheilsberechtigter, das Pflichttheilsrecht als solches kommt daher gar nicht zur Existenz. Er ist in diesem Falle berechtigt allein durch die Zuwendung des Erblassers und nach Maßgabe derselben, nicht nach Maßgabe der Bestimmungen vom Pflichttheilsrecht. Hat endlich der Erblasser den Pflichttheil in gesetzmäßiger Weise entzogen, so ist zu der Zeit, zu welcher der Anspruch des Pflichttheilsberechtigten zu einem Recht werden könnte, dieses Recht bereits gültig ausgeschlossen. Dasselbe gelangt daher hier ebenfalls nicht zur Existenz. Es ergiebt sich also, daß der Anspruch des Pflichttheilsberechtigten als wirkliches, erzwingbares Recht nur im Zustande der ungerechtfertigten Verletzung durch den Erb-

lasser vorhanden ist, daß er dann aber doch wieder nicht gegen denjenigen, der ihn verletzt hat, vorhanden ist.

Die Grundlage des Pflichttheilsrechts ist hiernach eine vorwiegend sittliche. In seiner juristischen Gestaltung aber ist dasselbe ein für sich bestehendes eigenthümliches Recht. Es ist insbesondere nicht identisch mit dem gesetzlichen Erbrecht, da es nicht allen gesetzlichen Erben zusteht, sein Gegenstand nur ein Bruchtheil des gesetzlichen Erbtheils ist und es für das gesetzliche Erbrecht keine bestimmten Enterbungsgründe giebt. Das Pflichttheilsrecht hat das gesetzliche Erbrecht vielmehr zur Voraussetzung und bildet ein Aequivalent für die Entziehung desselben durch den Erblasser und den dadurch entgangenen Vermögensgewinn.

Als solches Aequivalent ist es eine Beschränkung der Befugniß zur willkürlichen Verfügung über den Nachlaß, ist aber von allen anderen Beschränkungen dieser Befugniß, welche sonst noch zu Gunsten einzelner dem Erblasser nahe stehender Personen getroffen sind, und ähnlichen Rechtsinstituten doch wieder durchaus verschieden. Von dem formellen Notherbenrecht des Römischen Rechts z. B., welches den Erblasser bei seiner letztwilligen Verfügung in der Art beschränkte, daß er seine sui und postumi zu Erben ernennen oder enterben mußte, unterscheidet es sich dadurch, daß jenes Recht nur auf ein formelles Gedenken, nicht auf ein materielles Bedenken gerichtet und nur eine Beschränkung in der Form und nicht im Inhalt der Verfügung war.

Ebenso ist es von den Beschränkungen verschieden, welche im Allgemeinen Landrecht (§. 27—31. Thl. I. Tit. 12) und ähnlich im Oestreichischen bürgerlichen Gesetzbuch (§. 568) für erklärte Verschwender dahin aufgestellt sind, daß dieselben zum Nachtheil der gesetzlichen Erben nur über einen Theil ihres Nachlasses gültig verfügen können. Diese Bestimmungen beruhen auf der Erwägung, „daß dafür gesorgt werden müsse, daß der Verschwender nicht aus gewohntem Leichtsinn oder vielleicht gar aus Rache gegen seine Familie, die ihn pro prodigo hat erklären lassen, derselben nach seinem Tode Alles entziehe und solches dem Gefährten seiner Ausschweifungen zuwende“[5]), also weniger auf einer billigen Rücksicht für die Verwandten als auf der Annahme, der Verschwender besitze die zu letztwilligen Verfügungen erforderliche Fähigkeit des Geistes und Willens nicht in ausreichendem Maße und der Befürchtung, er werde von der Testirfreiheit einen gemeinschädlichen Gebrauch machen. Demgemäß ist demselben auch unter keinen Umständen gestattet, seinen Verwandten

---

[5]) Suarez: Amtliche Vorträge bei der Schlußrevision S. 79.

ihr Recht zu nehmen und ist dieses Recht kein Aequivalent für ein entzogenes gesetzliches Erbrecht. Jene gesetzlichen Bestimmungen enthalten daher nicht eine Beschränkung der Testirfreiheit, sondern eine theilweise Aufhebung derselben und hat das durch sie begründete Recht der Verwandten mit dem Pflichttheilsrecht nichts weiter gemein[6]).

Das Gleiche gilt endlich auch noch von den einzelnen Personen, wie nach Oestreichischem Gesetzbuch dem Ehegatten (§. 796) und dem rechtmäßig ausgeschlossenen Pflichttheilsberechtigten (§. 795), zustehenden Ansprüchen auf Gewährung des anständigen, beziehungsweise nothwendigen Unterhalts aus dem Nachlaß (oben §. 6 S. 34 u. 35). Dieselben treffen mit dem Pflichtheilsrecht zwar darin zusammen, daß sie ebenfalls gegen den ausdrücklich erklärten Willen des Erblassers und wegen eines persönlichen Verhältnisses zu ihm gegeben sind. Sie sind aber nicht wie der Pflichttheil nach einer gesetzlich im Voraus festgesetzten Quote des gesetzlichen Erbtheis bestimmt, sondern werden in jedem einzelnen Fall nach der Größe des Nachlasses und den Bedürfnissen des Berechtigten ausgemessen. Sie können ferner vom Erblasser niemals entzogen werden und sind nicht sowohl Beschränkungen des Erblassers in der Verfügung über seinen Nachlaß als vielmehr Verpflichtungen, die den Erben durch das Gesetz im öffentlichen Interesse, damit die Berechtigten, wenn sie sich nicht selbst ernähren können, nicht andern Personen, die weniger als die Erben dazu verpflichtet erscheinen, oder gar den Gemeinden und dem Staate zur Last fallen, auferlegt sind[7]).

Als Entgelt für die Entziehung des gesetzlichen Erbrechts und Beschränkung des Rechts der freien Verfügung über den Nachlaß ist das Pflichttheilsrecht nur da möglich, wo es dem Erblasser gestattet ist, das gesetzliche Erbrecht ganz zu nehmen und im Princip Testirfreiheit besteht, also nur bei dem letzten der vier Erbrechtssysteme (§. 4). Dagegen ist es mit dem System, nach welchem an sich allein die Familie erbfolgeberechtigt und das Individuum nur ausnahmsweise zu einer beschränkten Verfügung über den Nachlaß befugt ist (§. 3), unvereinbar. Namentlich

---

[6]) Gruchot: Erbrecht. Bd. I. S. 350—355; Koch: Erbrecht. §. 17 S. 179; Förster: Privatrecht. Bd. IV. §. 245 S. 25 u. 26. Das Landrecht spricht auch nicht davon, daß die Verschwender ihren Verwandten einen gewissen Pflichttheil hinterlassen müssen, sondern drückt sich ganz korrekt dahin aus, daß sie nur über die Hälfte des Nachlasses gültig verfügen können. Ebenso der §. 568 des Oestr. Gesetzbuchs.

[7]) Fierlinger: Das Recht auf den Pflichttheil nach dem österreichischen bürgerlichen Gesetzbuch im Gerichtssaal. Jhrgg. V. Bd. I. S. 318.

ist es auch mit dem Code civil nicht vereinbar und von dessen Recht auf den Vorbehalt verschieden[8]).

Nach dem Code kann sich der Wille eines Erblassers, der Vorbehaltserben hat, niemals über den ganzen Nachlaß erstrecken, thut er es thatsächlich dennoch, so wird er rechtlich doch nur im Umfange der portion disponible als vorhanden, soweit der Vorbehalt reicht, aber als gar nicht vorhanden angesehen. Das Recht auf den Vorbehalt ist daher nicht ein besonderer Ersatz für ein entzogenes gesetzliches Erbrecht, sondern es ist dieses gesetzliche Erbrecht selbst in Beziehung auf denjenigen Theil des Nachlasses, über welchen der Erblasser nicht verfügen kann (§. 3 S. 14)[9]), und es ist ferner nicht ein Recht gegen den Willen des Erblassers, wie es das Pflichttheilsrecht ist, weil, wo dieses gilt, der Wille des Erblassers an sich den ganzen Nachlaß umfassen kann und darf, sondern ein Recht neben dem Willen des Erblassers. Demgemäß wird das Recht auf den Vorbehalt, das bis zum Tode des Erblassers auch nur den Charakter einer Aussicht hat, mit dem Tode des Erblassers stets und gleich viel, ob dieser es respektirt hat oder nicht, zu einem wirklichen Recht und ist der Vorbehalt selbst nicht distributiv für jeden Berechtigten nach einem Bruchtheil seiner Intestatportion bestimmt, sondern ein kollektiv allen Berechtigten ausgesetzter Theil des Nachlasses[10]). Die Hinterlassung des Vorbehalts durch Quantitäten, wie beim Pflichttheil möglich, ist schlechterdings, und selbst wenn daneben noch eine Quote zugewendet ist, ausgeschlossen. Ein Unterschied, ob die nicht gehörige Berücksichtigung des Vorbehaltserben absichtlich oder blos irrthümlich geschehen ist, besteht nicht. Endlich giebt es für das Recht auf den Vorbehalt keine besonderen Entziehungsgründe, vielmehr kann es, abgesehen vom Verzicht und der dreißigjährigen Verjährung nur verloren gehen aus Gründen, welche ganz allgemein erbunfähig machen. Diese Gründe (Art. 727) sind zwar ebenfalls Handlungen oder Unterlassungen des Berechtigten, welche das zwischen ihm und dem Erblasser bestehende Band der Verwandtschaft moralisch lösen und ihn als einen jeden Anspruchs auf den Nachlaß Unwürdigen erscheinen lassen und kann der Erblasser ihretwegen, soweit es ihrer Natur nach möglich ist, auch den Verlust des Vorbehalts noch besonders aussprechen. Indessen kommt es auf ein solches ausdrückliches Aussprechen nicht weiter an. Auch ohne dasselbe sind die

---

8) Zachariä: Civilrecht. Bd. IV. S. 249. Anm. 1 zu §. 677.

9) Zachariä a. a. O. §. 678 S. 250; Aubry et Rau: Cours de droit civil français. Tome V. (1857) §. 679 p. 544.

10) Zachariä: daselbst S. 251; Aubry et Rau a. a. O. p. 545.

Erben berechtigt, die Unwürdigkeit und den Verlust des Rechts geltend zu machen. Sie können dies sogar dann, wenn der Erblasser das Gegentheil vorgeschrieben haben sollte, und umgekehrt behält der Unwürdige sein Recht, wenn die Erben die Unwürdigkeit nicht geltend machen, mag auch der Erblasser dies gethan haben[11]). Die Unwürdigkeitsgründe geben daher nicht, wie die Gründe für die Entziehung des Pflichttheils, dem Erblasser ein Recht, sich die unbeschränkte Verfügung über sein ganzes Vermögen zu verschaffen, sondern den Erben das Recht, sich den ganzen Nachlaß zu verschaffen, und wenn der Erblasser den Indignitätsgrund besonders geltend gemacht hat, so ist dies keine eigentliche Entziehung des Vorbehalts, sondern nur ein Ausdruck, daß dasjenige, was die Erben nach dem Gesetz thun dürfen, auch noch als Wille des Erblassers gelten soll.

---

[11]) Stabel: Institutionen. §. 75 S. 172.

II.

Die rechtliche Natur des Pflichttheilsrechts nach dem Allgemeinen Landrecht für die Preußischen Staaten.

---

§. 9.

Vorbemerkung.

Die Frage, welche rechtliche Natur das Pflichttheilsrecht hat, kann nicht entstehen, so lange nur erst dem Erblasser gegenüber ein Anspruch vorhanden ist, weil dieser insoweit blos eine Aussicht auf ein Recht ist, also noch keine rechtliche Natur hat. Ferner nicht, wenn der Pflichttheil dem Berechtigten vom Erblasser selbst in gehöriger Weise zugewendet worden ist, da hier das Pflichttheilsrecht gar nicht zur Existenz gelangt. Aus dem gleichen Grunde endlich auch nicht bei gehöriger Entziehung des Pflichttheils, in welchem Fall nur die Rechtmäßigkeit der Entziehung bestritten werden kann, wenn dieselbe aber in der That besteht, ein Pflichttheilsrecht ebenfalls nicht vorhanden ist. Darnach ist die Frage nur da möglich, wo der Pflichttheilsanspruch durch den Erblasser verletzt worden und in Folge dessen ein Pflichttheilsrecht gegen die Erben, Legatarien oder Geschenknehmer des Erblassers entstanden ist (§. 8 Nr. 8 S. 42). Hierbei ist dann zu berücksichtigen, daß die Verletzung durch Verfügung von Todeswegen oder unter Lebenden und bei der ersteren durch absichtliche oder irrthümliche Uebergehung, ungültige Enterbung, nicht ausreichende Zuwendung oder unzulässige Belastung geschehen sein kann.

§. 10.

Natur des Römischen (Gemeinen) Pflichttheilsrechts.

Nach Gemeinem Recht gilt eine Belastung des sonst vollständig hinterlassenen Pflichttheils als nicht geschrieben (§. 4 S. 19). Es bedarf zu ihrer Beseitigung keiner Klage oder Erklärung des Pflichttheils=

berechtigten, sondern sie wird unmittelbar durch das Gesetz aufgehoben und ist ipso jure ungültig[1]). Eine Verletzung des Pflichttheilsrechts seitens des Erblassers durch Belastung ist mithin schlechtweg unmöglich. Der Pflichttheil ist trotz derselben rechtlich gehörig zugewendet und das Pflichttheilsrecht kommt als solches nicht zur Existenz. Es ist daher im Gemeinen Recht die Frage nach der rechtlichen Natur des Pflichttheilsrechts im Fall der Belastung grade so ausgeschlossen, wie sie es überall im Fall der gehörigen Zuwendung ist.

Im übrigen hat das Römische Recht ein der Pflicht des Erblassers, den Pflichttheil zu hinterlassen, genau entsprechendes Recht des Pflichttheilsberechtigten, also ein Recht desselben auf den Pflichttheil und nur auf diesen, für gewöhnlich nicht ausgebildet. Die Folge der Verletzung des Pflichttheilsanspruchs ist regelmäßig nicht, daß der Pflichttheilsberechtigte seinen Pflichttheil verlangen kann, sondern vielmehr bei Verfügungen von Todeswegen, daß entweder das Testament bezw. dessen Erbeseinsetzung aufgehoben und die Intestaterbfolge eröffnet oder dem Pflichttheilsberechtigten das an dem ihm Zugewendeten zum vollen Pflichttheil Fehlende ergänzt wird und bei Schenkungen unter Lebenden, daß diese ganz oder theilweise aufgehoben werden und der Pflichttheilsberechtigte insoweit das Verschenkte erhält. Es kann daher der Regel nach im Gemeinen Recht die Frage nach der rechtlichen Natur des Pflichttheilsrechts nicht als Frage nach der rechtlichen Natur des Rechts auf den Pflichttheil, sondern nur als Frage nach der rechtlichen Natur des Rechts des Pflichttheilsberechtigten, die Aufhebung des Testaments bezw. der Erbeseinsetzung und den Eintritt der gesetzlichen Erbfolge, die Ergänzung des am Pflichttheil Fehlenden und die Aufhebung und Zurückgabe einer pflichtwidrigen Schenkung zu verlangen, vorkommen.

Wo die Aufhebung des Testaments oder der Erbeseinsetzung stattfindet, tritt dieselbe nicht von selbst ein, sondern setzt eine Klage oder wenigstens eine Erklärung des Pflichttheilsberechtigten, von seinem Recht Gebrauch machen zu wollen, voraus. In Folge des auf diese Klage ergehenden Urtheils, bezw. der Erklärung, wird dann zugleich die Intestaterbfolge eröffnet und erlangt der Pflichttheilsberechtigte den gesetzlichen Erbtheil

---

[1]) Stryk: Tractatus de Cautelis testamentorum. Edit. V. (1738) Cap. XVII. Membr. II. §. 5: gravamen a lege summovetur. Ebenso z. B. Mevius: Decisiones Wismariensis tribunalis. Pars IV. dec. 15; Balett: Das Recht der nothwendigen testamentarischen Berücksichtigung gewisser Verwandten. (1826) §. 58 S. 90; Francke: Recht der Notherben. §. 20 S. 250; Gruchot: Erbrecht. Bd. III. S. 137 u. 138.

mit allen Rechten und Pflichten eines gewöhnlichen Intestaterben. Der Pflichttheilsberechtigte hat also, um die betreffende Pflichttheilsverletzung von sich abzuwenden, eine Klage oder wenigstens eine ausdrückliche Erklärung nöthig. Ohne dem ist und bleibt die verletzende Disposition des Erblassers gültig und wirksam. Das Recht, welches der Pflichttheilsberechtigte in dem gesetzten Fall hat, besteht daher darin, eine an sich wirksame Disposition durch Klage oder bloße Erklärung beseitigen zu können. Dasselbe ist mithin ein Anfechtungsrecht[2]). Es ist aber andrerseits auch nur ein Anfechtungsrecht. Denn das gesetzliche Erbrecht, welches der Pflichttheilsberechtigte außer der Beseitigung des Testaments und der Erbeseinsetzung in Folge seiner Klage oder Erklärung erlangt, erlangt er nicht als Pflichttheilsberechtigter. Nach jener Beseitigung liegt eine sein Pflichttheilsrecht verletzende Verfügung nicht mehr vor. Er kommt daher dann nicht mehr als Pflichttheilsberechtigter, sondern allein als Intestaterbe in Betracht und hat das Erbrecht, welches er hat, nicht als Pflichttheilsberechtigter sondern lediglich als Intestaterbe[3]).

---

[2]) Windscheid: Pandekten. Bd. I. §. 82 S. 197; Förster: Privatrecht. Bd. I. §. 41 S. 191—194.

[3]) Die obigen Ausführungen treffen nicht blos für das Recht der Pandekten, sondern auch für das der Novelle 115 zu und gleichviel, welchem der verschiedenen Systeme über die Natur der Ungültigkeit der Erbeseinsetzungen nach der letztern man sich anschließen mag und ferner gleichviel, ob die dem Pflichttheilsberechtigten zustehenden Klagen blos präparatorische Rechtsmittel auf Beseitigung des Testaments bezw. der Erbeseinsetzungen sind oder mit ihnen neben dieser Beseitigung noch die Herausgabe des Intestaterbtheils gefordert werden kann. Denn die Verbindung des Antrags auf die Herausgabe mit dem Antrag auf die Beseitigung ist jedenfalls nur fakultativ und nicht obligatorisch und unter Umständen sogar ganz unmöglich, nämlich, wenn der Pflichttheilsberechtigte sich bereits im Besitz des Nachlasses oder eines seinem Pflichttheil entsprechenden Theils desselben befindet. Hier kann er allein auf die Beseitigung des Testaments oder der Erbeseinsetzungen klagen, muß dies aber thun, weil, wenn er nicht innerhalb der gesetzten Frist sein Pflichttheilsrecht in dieser Weise geltend macht, das Testament auch gegen ihn vollständig gültig wird und der darin eingesetzte Erbe auf Grund desselben von ihm den Nachlaß verlangen könnte. Es erscheinen daher, auch wenn die Verbindung beider Anträge stattfindet, die Klagen als Ausfluß des Pflichttheilsrechts doch immer nur soweit, als sie auf die Beseitigung gehen und haben darüber hinaus nicht das Pflichttheilsrecht, sondern das sofort mit der Beseitigung des Testaments oder der Erbeseinsetzungen vorhandene gesetzliche Erbrecht zur Grundlage.

Das im Text Gesagte gilt insbesondere auch bei dem sog. Nullitätssystem, da, wenigstens nach Ansicht der meisten, auch nach diesem die Erbeseinsetzungen nicht von Anfang an nichtig sind, sondern erst dadurch nichtig werden, daß der Pflichttheilsberechtigte erklärt, von seinem Pflichttheilsrecht Gebrauch machen zu wollen, also in

In den Fällen, in welchen die Ergänzung des am Pflichttheil Fehlenden verlangt werden kann, bleibt die letztwillige Verfügung bestehen und äußern die darin enthaltenen Dispositionen ihre gewöhnlichen Wirkungen auch hinsichtlich dessen, was dem Pflichttheilsberechtigten zugewendet worden ist (§. 4 S. 20). Soweit die Zuwendung reicht, ist derselbe wegen seines Pflichttheils abgefunden und hat als Pflichttheilsrecht nur das Recht auf die Ergänzung.

Als dasjenige, worin diese besteht, ist in den Quellen nur das repleri, repletionem fieri u. dgl. angegeben und herrscht über die Natur der Klage darauf Streit. Die in Theorie und Praxis von jeher am meisten gebilligte Ansicht erklärt die Klage stets für eine persönliche und zwar, wenn der Erblasser die Ergänzung ausdrücklich angeordnet hat, ex testamento, andernfalls ex lege[4]). Eine zweite Meinung nimmt zwar ebenfalls eine persönliche Klage an, aber stets ex testa-

---

Wahrheit nicht Nichtigkeit, sondern nur Anfechtbarkeit vorhanden ist (Windscheid: Pandekten. Bd. III. §. 591 Anm. 13. S. 169). Sollten dagegen, wie von einzelnen angenommen wird, die Erbeseinsetzungen schlechthin und ipso jure nichtig sein (sog. absolutes Nichtigkeitssystem), so stände hier die Sache ebenso wie bei den Belastungen, d. h. eine Verletzung des Pflichttheilsrechts läge rechtlich nicht vor und die Frage nach der rechtlichen Natur des Pflichttheilsrechts könnte gar nicht entstehen.

[4]) Dieser Ansicht sind z. B. die Glosse ad l. 30 C. de inoff. test. 3, 28 ad vocem exigere; Lauterbach: Collegium theoretico-practicum pandectarum V. 2 §. 51; Brunnemann: Commentarius in Codicem (1708) ad leg. 30. III. 28. p. 273; Berger: Oeconomia juris ad usum hodiernum accommodati. Ed. VII. (1771) Lib. II. Tit. IV. th. 14 n. 1. p. 272; Stryk: Tractatus de cautelis testamentorum. Ed. V. (1738) Cap. XVI. §. 10 p. 537; Voet: Commentarius ad Pandectas in Tit. de inoff. test. Tom. I. (1757) No. 67. p. 312; Schweder: Disputatio de condictione ex lege liberis ad supplementum legitimae competente in seinen Disputationes varii argumenti. Tom. I. (1775) No. XII. Thes. II. p. 584 u. 585; Eden: Commentatio de actione, qua legitimae portionis repletio petitur (1818). Cap. II. p. 19; v. Schleinitz: Commentatio de actione, qua ad legitimam portionem supplendam agitur (1819) §. 10; Glück: Ausführliche Erläuterung der Pandekten nach Hellfeld. Bd. VII. (1804) §. 550 S. 146, 152; Mühlenbruch: Fortsetzung des Commentars von Glück. Bd. XXXVI. (1833) §. 1421 f. S. 23; Francke: Recht der Notherben. §. 25 S. 333; Arndts: Lehrbuch der Pandekten. 2. Aufl. (1855) §. 596 S. 819 u. in Weiske's Rechtslexikon. Bd. VIII. (1854) S. 138 u. 139; Zitelmann S. 322; ferner Brinz, Windscheid, Tewes und viele andere. Aus der Praxis z. B. von Langenn u. Kori: Erörterungen praktischer Rechtsfragen. 2. Aufl. (1836) Thl. I. Nr. IV. S. 33; Erk. des Landesgerichts zu Wolfenbüttel vom 14. Januar 1831 bei Matthiä: Controversen-Lexikon des römischen Civilrechts. Thl. II. Erbrecht. (1859) Abthlg. I. S. 1. Präj. 1; Erk. des Preuß. Obertribunals vom 31. Januar 1870 in Striethorst: Archiv für Rechtsfälle. Bd. 79. Nr. 3. S. 9.

mento, also Legatenklage, weil, auch wenn der Erblasser nicht ausdrücklich vorgeschrieben habe, ut legitima boni viri arbitratu repleatur, diese Auflage durch das Gesetz fingirt werde[5]). Die dritte Ansicht endlich hält die a°. ad supplendam für kein besonderes Rechtsmittel, sondern läßt dieselbe Erbrechts- oder Legatenklage, welche wegen des ausdrücklich Hinterlassenen gegeben ist, sich auch auf die gesetzliche Ergänzung erstrecken, weil es so angesehen werden müsse, als ob derjenige, der zum Erben auf zu wenig ernannt worden, auf den vollen Pflichttheil eingesetzt und demjenigen, dem durch Vermächtniß zu wenig hinterlassen, der volle Pflichttheilsbetrag vermacht sei. Es wird also fingirt, daß Gegenstand der letztwilligen Zuwendung nicht der theilweise, sondern der vollständige Pflichttheil sei[6]).

Als richtig kann nur die zuerst gedachte Ansicht erachtet werden.

Es unterliegt zwar keinem Zweifel, daß Justinian bei Erlaß der l. 3 C. de inoff. test. 3, 28 sich an das frühere Recht, nach welchem die Ergänzung nur dann stattfand, wenn der Erblasser sie besonders befohlen hatte (§. 4 S. 18), angeschlossen hat und von der Auffassung ausgegangen ist, sein Gesetz entspreche dem Willen des Erblassers. Eine solche Fiktion, wie sie den beiden andern Ansichten zu Grunde liegt, ist jedoch in den Quellen nirgends aufgestellt. In l. 30 cit. und l. 35 §. 2 eod. sowie in §. 3 J. de inoff. test. 2, 18 ist nur gesagt, daß, selbst wenn der Erblasser wegen der Ergänzung nichts bestimmt habe, das Testament gültig und demjenigen, dem etwas hinterlassen worden, blos gestattet sei, das am Pflichttheil Fehlende zu verlangen und ist nicht die Rede davon, daß es so angesehen werden solle, als ob die Ergänzung vom Erblasser befohlen oder der Pflichttheil voll hinterlassen sei. In l. 36 C. de inoff. test. 3, 28 aber können nur die Worte: Scimus antea constitutionem relatam fuisse, qua cautum est, si pater minorem debita portione filio suo reliquisset, omnimodo,

---

[5]) So Rudorff in Puchta: Vorlesungen über das heutige römische Recht. 5. Aufl. (1863) Bd. II. §. 489 Anm. 3. S. 405. Auch Schröder §. 58 S. 490 u. 498 bezeichnet die Ergänzung als gesetzliches Vermächtniß und den Anspruch des Pflichttheilsberechtigten darauf als eine gesetzliche Vermächtnißforderung.

[6]) Dies ist zuerst von Faber: De erroribus Pragmaticorum. Pars I. Decad. XIV. err. 8, dann auch von Vinnius: Commentarius in quatuor libros Institutionum ad §. 3 J. de inoff. test. sub 4, in neuerer Zeit von Unterholzner: Ausführliche Entwicklung der gesammten Verjährungslehre. Bd. II. §. 171; Puchta: Pandekten. §. 489 S. 705 und Vorlesungen. Bd. II. §. 489 S. 405 und Vering: Römisches Erbrecht. S. 17 Anm. 19 behauptet worden.

etsi non adjiciatur viri boni arbitratu repleri filio, attamen ipso jure inesse eandem repletionem in Betracht kommen. Die Fiktion einer Auflage der Ergänzung durch den Testator ist in diesen Worten jedenfalls nicht enthalten, es müßte denn repletio „Anordnung der Ergänzung" bedeuten können, was lexikalisch nicht möglich ist[7]). Ebenso wenig ist in ihnen eine Fiktion der vollständigen Hinterlassung zu finden. Zunächst ist zu berücksichtigen, daß die l. 36 nur den Inhalt der l. 30, welche sedes materiae ist und von einer Fiktion nichts enthält, referirt und ihr schon aus diesem Grunde keine besondere Bedeutung beigelegt werden kann. Außerdem ist aber das ipso jure offenbar nur eine Wiederholung des vorhergehenden etsi non adjiciatur viri boni arbitratu repleri und darnach zu erklären. Der Schlußsatz attamen ipso jure inesse eandem repletionem besagt daher weiter nichts, als daß die Ergänzung auch ohne ausdrückliche Anordnung des Erblassers stattfinde. Daß sie stattfinde, weil es so anzusehen sei, als ob der Pflichttheil voll hinterlassen sei, der Erblasser selbst also bereits die Ergänzung vorgenommen habe, davon ist kein Wort gesagt.

Sonach ist weder die eine noch die andere der Fiktionen, auf welchen die bekämpften Ansichten beruhen, in den Quellen gemacht. Da Fiktionen blos angenommen werden dürfen, wo sie vom Gesetz ausdrücklich ausgesprochen sind, so fallen schon damit jene Ansichten. Es kommt hinzu, daß nach dem klaren und bestimmten Wortlaut der l. 30 die Querel nur noch stattfinden soll, wenn der Pflichttheilsberechtigte ganz übergangen, ungültig enterbt oder zwar sonst in irgend einer Weise erwähnt, ihm aber nichts — nihil penitus — zugewendet ist. Ist ihm dagegen überhaupt nur irgend etwas — aliqua quantitas — hinterlassen, so soll das Testament bestehen bleiben und lediglich Ergänzung gefordert werden können. Eine weitere Unterscheidung ist nicht gemacht und darf daher nach der Regel: ubi lex non distinguit, nec nostrum est distinguere nicht gemacht werden. Es ist also auch der Fall, wo der Erblasser eine unzureichende Zuwendung vorgenommen, die Ergänzung

[7]) Das Wort repletio wird nur im Codex Justinianeus gebraucht. Die Lexika der lateinischen Sprache von Forcellini und von Schneider geben überhaupt blos drei Fälle an, in denen es vorkomme: l. 4 pr. C. 6, 28, l. 15 §. 4 C. 7, 2 und l. 4 §. 5 D. 42, 1. In der letztern Stelle wird jedoch nur das Zeitwort replere gebraucht, dagegen kommt repletio außer in der l. 36 noch vor in l. 3 C. 6, 33 und l. 1 §. 6 u. 9 C. 1, 17. Im Uebrigen wird es als synonym mit complementum erklärt, bedeutet also die vollendete Ergänzung, nicht das Ergänztwerden oder die nur angeordnete Ergänzung, die erst geschehen soll.

derselben aber ausdrücklich verboten hat, ohne jedoch insoweit eine gültige Enterbung getroffen zu haben, der l. 30 zu unterstellen. Wenn hiergegen eingewendet wird[8]), daß, wie auch oben zugegeben worden, der vermuthliche Wille des Erblassers das Motiv der l. 30 sei, die Annahme eines solchen in dem gedachten Falle unstatthaft sei und daher in demselben die Querel und nicht die Ergänzungsklage angestellt werden müsse, so muß die Schlüssigkeit dieser Folgerung bestritten werden. Denn daraus, daß der Gesetzgeber die Ergänzung als im Willen des Erblassers liegend ansieht, folgt doch noch nicht, daß er sie für den Fall, wo sie vom Erblasser nicht gewollt ist, ausgeschlossen hat[9]). Findet nun die Ergänzung statt auch gegen den ausdrücklichen Willen des Erblassers, so kann sie doch nicht gefordert werden mit einer Klage, welche fingirt, daß der Erblasser die Ergänzung angeordnet oder gar schon selbst vorgenommen habe. Die Fiktion, die dann vorläge, wäre die einer Thatsache, deren direktes Gegentheil feststeht. Eine derartige Fiktion würde aber noch mehr als andere Fiktionen, welche blos unbekannte oder ungewisse Thatsachen betreffen, des ausdrücklichen gesetzlichen Ausspruchs bedurft haben.

Was insbesondere noch die dritte Ansicht anlangt, so wird nach derselben die Ergänzung bald mit einer hereditatis petitio oder actio familiae herciscundae bald mit einer actio personalis ex testamento, also mit ihrer Natur und ihren Wirkungen nach ganz verschiedenen Klagen gefordert. Dies steht aber in Widerspruch mit dem Wortlaut und Geist der l. 30, nach welchen die Ergänzung offenbar stets in der gleichen Weise erfolgen und mit der gleichen Klage geltend gemacht werden soll. Und was für eine Klage soll stattfinden, wenn, was ja zulässig ist, der Pflichttheil zum Theil durch Erbeseinsetzung, zum Theil durch Vermächtniß hinterlassen ist, trotzdem aber noch etwas an dem-

---

[8]) von Bluntschli: Erbfolge. §. 21 S. 178; Arndts in Weiske's Rechtslexikon. Bd. VIII. S. 103; Puchta: Pandekten. §. 490 S. 705 und Vorlesungen. Bd. II. §. 489 S. 405 u. §. 490 S. 406 und Köppen: System des heutigen römischen Erbrechts im Grundrisse S. 57, 68 u. 69.

[9]) Vgl. Windscheid: Pandekten. Bd. III. §. 582 Anm. 6. S. 142. Ebenso wie dieser sprechen sich für die a°. suppletoria und gegen die Querel in dem gesetzten Fall aus: Manzius: Tractatus rationalis de legitima (1658). p. 368. No. 7; Leyser: Meditationes ad Pandectas. Ed. de 1778. Vol. V. Specim. 361 med. 16. p. 679; Eden: Commentatio de actione, qua u. s. w. cap. III. p. 35; Mühlenbruch: Fortsetzung des Commentars von Glück. Bd. XXXVI. §. 1421 f. S. 19; Francke: Recht der Notherben. §. 25 S. 333; Schröder §. 58 S. 489 u. 490.

selben fehlt? Oder wenn die theilweise Zuwendung nicht durch letztwillige Verfügung, sondern unter Lebenden gemacht ist, wo doch von einer Klage gegen den Erben wegen des zugewendeten Theils des Pflichttheils, die der Ausdehnung auf das Fehlende fähig wäre, ganz und gar nicht die Rede sein kann?

Es bleibt mithin nur übrig, die Ergänzung als eine vom Gesetz, weil der Erblasser seine Pflicht nicht gethan hat, auf den Nachlaß gelegte Schuld, die, weil ex lege nova kommend, mit einer condictio ex lege geltend gemacht wird (l. un. D. de cond. ex lege 13, 2), aufzufassen und wenn der Erblasser sie ausdrücklich angeordnet hat, als ein durch die letztwillige Verfügung dem Erben auferlegtes Vermächtniß anzusehen, welches mit einer actio ex testamento gefordert wird. Nur so findet dem Gesetz entsprechend in allen Fällen die gleiche Klage statt, nämlich eine a°. personalis, auf welche die Verschiedenheit des Verpflichtungsgrundes — Gesetz oder Testament — nur einen unwesentlichen Einfluß ausübt, nämlich lediglich bezüglich einiger Nebenrechte, welche wie z. B. das Pfandrecht des Vermächtnißnehmers auf dem quasikontraktlichen Verhältnisse des letztern zum Erben beruhen.

Ist aber die Klage auf Ergänzung eine persönliche Klage, so ergiebt sich die Natur des Rechts, die Ergänzung zu verlangen, dahin, daß dasselbe ein Forderungsrecht ist.

Einer pflichtwidrigen Schenkung gegenüber besteht endlich, wie bemerkt, das Recht des Pflichttheilsberechtigten darin, daß er die theilweise und unter Umständen sogar gänzliche Aufhebung derselben und Zurückgabe des Verschenkten verlangen kann. Die querela inofficiosae donationis et dotis, welche er zu dem Zweck hat, ist zwar der querela inofficiosi testamenti nachgebildet (§. 4 S. 20). Daraus folgt aber noch nicht, daß sie eine hereditatis petitio utilis sei, wie mitunter behauptet worden ist[10]). Dem steht außer anderem schon das entgegen, daß eine hereditatis petitio nur gegen denjenigen gegeben ist, der sich entweder selbst ein Erbrecht zuschreibt oder sich für seinen Besitz auf gar keinen rechtfertigenden Grund beruft[11]), die querela inofficiosae donationis s. dotis dagegen gegen jemand gerichtet ist, der die ihm geschenkte Sache aus einem an sich gültig mit dem Erblasser abgeschlossenen Rechtsgeschäft besitzt. Weil diese Schenkung an sich gültig ist, kann

[10]) Siehe hierüber Francke: Recht der Notherben. §. 44 S. 520 u. Schröder §. 60 S. 503 u. 504.

[11]) Windscheid: Pandekten. Bd. III. §. 614 S. 248.

vielmehr nur die Klage des Pflichttheilsberechtigten eine Anfechtungsklage sein[12]) und sie ist, soweit sie das Pflichttheilsrecht zur Grundlage hat, für gewöhnlich auch blos eine Anfechtungsklage. Denn wenngleich neben der Anfechtung noch die Zurückgabe des pflichtwidrig Verschenkten gefordert werden darf, so ist doch diese Zurückgabe nicht mehr Folge des Pflichttheilsrechts, sondern findet statt, weil nach erfolgter Aufhebung des Schenkungsgeschäfts das Verschenkte nothwendig an den Schenker und, da dieser nicht mehr lebt, an dessen Rechtsnachfolger zurückfallen muß, bei der pflichtwidrigen Schenkung eine letztwillige Verfügung zunächst nicht weiter in Frage steht und daher der Pflichttheilsberechtigte meist der nächste gesetzliche Erbe und alleinige Rechtsnachfolger des Schenkers geworden ist. Sie beruht also grade so, wie die Herausgabe des Intestaterbtheils bei der querela inofficiosi testamenti, lediglich auf dem Intestaterbrecht und nicht auf dem Pflichttheilsrecht, welches, nachdem die Verfügung des Erblassers, soweit es dadurch verletzt war, aufgehoben worden, überhaupt nicht mehr als verletzt erscheint und kann daher die Natur des Pflichttheilsrechts nicht bestimmen.

Es giebt jedoch Fälle, in denen der durch die Schenkung verletzte Pflichttheilsberechtigte wegen einer außer der Schenkung noch getroffenen testamentarischen Verfügung gar nicht Erbe des Erblassers wird oder wenigstens neben ihm noch andere, seien es fremde, seien es zwar ebenfalls pflichttheilsberechtigte, aber entweder durch die Schenkung nicht verletzte oder ihr Recht nicht geltend machende Erben konkurriren. Es war dies nach dem älteren Recht möglich, wenn der Erblasser den Hauptbestand seines Vermögens bei Lebzeiten verschenkt und für seinen verbleibenden unbedeutenden Nachlaß unter durch Erbeseinsetzung oder Vermächtniß bewirkter Zuwendung eines Theils desselben an den Pflichttheilsberechtigten sich einen anderen Erben ernannt hatte und ist nach dem neueren Recht möglich, wenn die gedachte geringfügige Zuwendung an den Pflichttheilsberechtigten in der Form einer Erbeseinsetzung gemacht ist. Denn in dem einen wie dem andern Fall kann der Pflichttheilsberechtigte nicht die letztwillige Verfügung umstoßen, dem eingesetzten Erben seine Erbeseigenschaft nehmen und sich ein Erbrecht bezw. das alleinige Erbrecht verschaffen, sondern hat nur die Ergänzungsklage gegen den Testamentserben bezw. den andern Testamentserben, durch die er aber höchstens den diesem hinterlassenen Nachlaß bekommt und nach der er wegen dessen durch den Erblasser bei Lebzeiten vorgenommener übermäßiger

---

[12]) So auch z. B. Francke a. a. O. und Windscheid a. a. O. §. 586 S. 154 ff.

Minderung noch immer durch die Schenkung verletzt ist. Hier hat die bloße Aufhebung der Schenkung als solche für ihn kein Interesse und kann ferner die Zurückgabe des zuviel Verschenkten nicht an den Testamentserben bezw. den andern Testamentserben als Rechtsnachfolger des Erblassers erfolgen, weil dieselben die Schenkung nicht anfechten können oder wollen. Sondern es muß mit der Anfechtung nothwendig zugleich die Forderung, das zuviel Verschenkte zurückzugeben, verbunden werden, es kann nur der verletzte Pflichttheilsberechtigte diese Forderung erheben und dieselbe kann nicht auf Grund des Erbrechts geltend gemacht werden, da der Pflichttheilsberechtigte ein solches entweder gar nicht oder doch nicht so ausschließlich, wie ihm die Anfechtung zusteht, hat. Daraus folgt, daß die querela inofficiosae donationis s. dotis hier nicht blos in ihrer Funktion als Anfechtungsklage, sondern auch in der weitern Funktion als Forderungsklage dem Pflichttheilsberechtigten lediglich um deswegen, weil er durch die Schenkung im Pflichttheil verletzt ist, gegeben, also Ausfluß des Pflichttheilsrechts selbst ist[13]).

Insoweit weicht sie allerdings von der querela inofficiosi testamenti ab, welche vom Standpunkt des Pflichttheilsrechts als solchen aus stets nur Anfechtungsklage ist und bleibt. Es findet dies jedoch seine Erklärung in der neben vielen Gleichheiten vorhandenen Verschiedenheit beider Rechtsmittel, speziell darin, daß der Pflichttheilsberechtigte bei der querela inofficiosi immer ein Intestaterbrecht hat, auf Grund dessen er nach der Anfechtung des Testaments die Herausgabe der Erbschaft erlangt, und daß er dieses Erbrecht immer in demselben Umfange hat, in welchem er die Herausgabe fordern kann.

Ausnahmsweise kann indessen auch da, wo der Pflichttheilsberechtigte nicht alleiniger nächster Erbe des Erlassers ist und daher die Klage aus dem Pflichttheilsrecht an sich eine Forderungsklage sein würde, dieselbe doch wieder nur eine bloße Anfechtungsklage sein. Wenn z. B. der Pflichttheilsberechtigte sich selbst im Besitz der verschenkten Sache befindet oder die Schenkung durch Versprechen geschehen ist, so kann die Klage nur lediglich die Aufhebung der Schenkung zum Gegenstande haben und eine Zurückgabe damit gar nicht verbunden sein. Angestellt aber muß sie werden, weil für Verletzung des Pflichttheilsrechts durch Verfügung unter Lebenden die gleiche kurze Verjährungsfrist wie bei Verfügungen von Todeswegen Platz greift[14]) und nach Ablauf dieser Frist die Schenkung auch

---

[13]) Schröder §. 60 S. 506 u. 507.

[14]) z. B. Unterholzner: Ausführliche Entwicklung der gesammten Verjäh-

dem Pflichttheilsberechtigten gegenüber wirksam werden würde, auf Grund derselben also von ihm die Herausgabe der geschenkten Sache oder die Erfüllung des Schenkungsversprechens verlangt werden könnte. Daß hier — und dasselbe gilt auch dann, wenn der Pflichttheilsberechtigte der alleinige Erbe ist — die Klage angestellt werden muß und nur auf die Aufhebung, nicht aber auch auf die Herausgabe gerichtet werden kann, zeigt deutlich, daß die querela inofficiosae, wenn der Pflichttheilsberechtigte alleiniger Erbe ist, überhaupt nicht, sonst aber nicht immer eine Forderungsklage ist[15]).

Ist in dieser Weise die querela inofficiosae bald Anfechtungsklage, bald eine persönliche Klage auf Herausgabe des zuviel Verschenkten, so hat das Recht des Pflichttheilsberechtigten gegen pflichtwidrige Schenkungen theils den Charakter eines Anfechtungsrechtes, theils den eines Forderungsrechts.

Soviel von der Natur des Gemeinen Pflichttheilsrechts in seiner regelmäßigen Gestaltung. Von dieser giebt es nun zwei Hauptausnahmen, das Recht des in der Unmündigkeit Arrogirten und das der armen Wittwe, welche niemals und selbst nicht, wenn ihnen gar nichts zugewendet worden ist, die letztwillige Verfügung umstoßen, sondern immer nur den ihren Pflichttheil bildenden Theil des Nachlasses oder Ergänzung des Fehlenden verlangen können (§. 4 S. 21). Hier ist also das Pflichttheilsrecht auch in der Gestalt eines Rechts auf den Pflichttheil, hingegen aber nicht als Recht auf Aufhebung des Testaments bezw. der Erbeseinsetzung und Eintritt der gesetzlichen Erbfolge vorhanden.

Bei dem Recht des impubes arrogatus ist dabei dessen Natur im Gesetz selbst mit ausdrücklichen Worten festgestellt, indem ausgesprochen ist, daß der impubes seine Quart nicht als Erbe erlange (l. 2 §. 1. D. fam. ercisc. 10, 2), dieselbe vielmehr gleich einer Schuld (quasi aes alienum l. 8. §. 15 D. de inoff. test. 5, 2) sei und mit einer actio personalis gefordert werde (l. 1 §. 21 D. de coll. 37, 6). Daraus folgt unbestritten, daß das Recht des impubes arrogatus nicht blos, wenn ihm zu wenig zugewendet ist, sondern bei jeder Verletzung durch letztwillige Verfügung ein Forderungsrecht ist.

Das Gleiche muß dann auch bei dem Recht der armen Wittwe gelten, obschon es hier an einer ausdrücklichen gesetzlichen Bestimmung

---

rungslehre. Bd. II. §. 172 S. 73; Windscheid: Pandekten. Bd. III. §. 586 Anmerk. 14. S. 157; Schröder §. 65 S. 544.

[15]) Anders Schröder §. 60 S. 506 u. 507, welcher die querela inofficiosae donationis stets als „Forderungsrecht" behandelt wissen will.

fehlt. Es ergiebt sich aber aus der Analogie des Rechts des impubes, welches für das der Wittwe als Vorbild gedient hat (§. 4 S. 21) und daraus, daß der Wittwe ein anderes Recht, namentlich ein Erbrecht nicht beigelegt ist[16]). Daß der Pflichttheil der Wittwe in demjenigen besteht, was dieselbe ab intestato erhält, steht nicht entgegen. Denn auch wegen des letzteren hat sie nur ein Forderungsrecht an die Erben und kein Erbrecht[17]). Dies geht zur Evidenz daraus hervor, daß ihr Recht mit den Vermögensstrafen des gesetzlich nicht gerechtfertigten repudii zusammengestellt, wiederholt mit denselben verglichen[18]) und in gleicher Weise bei diesen wie bei jenem der Ausdruck accipere quartam gebraucht, also offenbar kein neues Recht geschaffen, sondern nur der bei Trennung der Ehe durch ungesetzliche Scheidung gegebene persönliche Anspruch auf den verwandten Fall einer Trennung der Ehe durch Tod ausgedehnt ist. Gegen das Erbrecht würde außerdem nicht nur sprechen, daß der Antheil der Wittwe quantitativ auf hundert Pfund Gold beschränkt ist und bei Konkurrenz von Kindern lediglich in einem Nießbrauch besteht, sondern auch daß, da er den vierten Theil der Erbschaft nie übersteigen soll, eine Accrescenz, dieser nothwendige Begleiter des Römischen Erbrechts, nur dann stattfinden könnte, wenn anfangs mehr als drei Kindern außer der Wittwe die Erbschaft deferirt war. Das einzige Argument, welches für das Erbrecht geltend gemacht werden kann und geltend gemacht worden ist, ist die Stelle des Kap. 6 §. 1 der Novelle 53: nisi forte secundum quod in illius jure ex hac lege heres exstiterit. Zunächst ist jedoch nicht die Novelle 53 sondern die Novelle 117 als die jüngere und speciellere maßgebend. Außerdem sind jene Worte

---

[16]) So die herrschende Ansicht, vergl. Francke: Recht der Notherben. §. 38 S. 482; Arndts in Weiske's Rechtslexikon. Bd. VIII. S. 161; Sintenis: Das Praktische gemeine Civilrecht. 3. Aufl. (1869) Bd. III. §. 165 Nr. 6. S. 336; Windscheid: Pandekten. Bd. III. §. 593 S. 173 und in beschränkter Weise Schröder §. 68 S. 561 ff.

[17]) Hierüber wird allerdings viel gestritten. Erbrecht nehmen z. B. an Leyser: Meditationes ad Pandectas. Vol. V. spec. 424. med. 7 u. spec. 425. med. 1 u. 2; Glück: Erläuterung der Pandekten. Bd. VII. (1804) §. 558 S. 465 u. 472; Francke a. a. O. §. 17 Anm. 25. S. 219; Arndts in Weiske's Rechtslexikon. Bd. V. (1844) s. v. Intestaterbfolge. S. 698 Anm. 178; Schröder §. 37 S. 284 ff. Dagegen sind für bloßes Forderungsrecht z. B. Stryk: Tractatus de successione ab intestato. Ed. VI. (1733) Diss. IV. cap. 1. §. 26—28; Pufendorf: Observationes juris universi. Tom. II. (1786) Obs. 177. §. 2; v. Vangerow: Lehrbuch der Pandekten. 7. Aufl. Bd. II. (1867) §. 488 S. 307 u. 308; Sintenis a. a. O. §. 165. Nr. 4. S. 335; Windscheid: Pandekten. Bd. III. §. 574 Anm. 10. S. 125.

[18]) z. B. Nov. 117. Kap. 3 bei dem Worte similiter.

nur die Lesart der Vulgata und befinden sich mit dem griechischen Text in Widerspruch. Die Vulgata aber steht jedenfalls dann, wenn, wie hier unzweifelhaft der Fall, die Abweichung nur in der Unwissenheit des Uebersetzers ihren Grund hat, dem griechischen Text nach[19]). Nach diesem aber ist zu übersetzen: nisi quatenus ex hac lege in jura illius succedat[20]), also das Recht der Wittwe nicht ausdrücklich als ein Erbrecht qualificirt, sondern nur gesagt, daß dieselbe, soweit sie etwas aus dem Nachlasse erhalten, auch zu den Schulden des Nachlasses beizutragen habe, was mit einem Forderungsrecht nicht unvereinbar ist.

§. 11.

Natur des Pflichttheilsrechts im Oestreichischen und Kgl. Sächsischen Gesetzbuch.

Was im Römischen Recht Ausnahme ist, daß nämlich auch bei gänzlicher Uebergehung oder ungültiger vollständiger Enterbung die letztwillige Verfügung nicht umgestoßen, sondern nur der Pflichttheil verlangt werden kann, ist im Preußischen, Oestreichischen und Sächsischen Recht die Regel geworden. Es kommt daher nach diesen drei Rechten die Frage nach der rechtlichen Natur des Pflichttheilsrechts auch als Frage nach der rechtlichen Natur des Rechts auf den Pflichttheil vor und tritt naturgemäß grade diese Richtung der Frage in den Vordergrund. Im übrigen müssen die genannten Rechte getrennt werden.

Im Oestreichischen allgemeinen bürgerlichen Gesetzbuch werden die Pflichttheilsberechtigten stets als Notherben und der Pflichttheil als der Erbtheil, welchen diese Personen zu fordern berechtigt sind, bezeichnet (z. B. §. 764). Es wird ferner von dem Erbtheil, mit welchem der Erblasser die Notherben in der letzten Anordnung bedenken müsse (§. 762), welchen ihnen der Erblasser hinterlassen müsse, widrigenfalls sie sich auf die Vorschrift der Gesetze berufen und den ihnen gebührenden Erbtheil gerichtlich fordern können (§. 729), gesprochen und die Verlassenschaft bis zur wirklichen Zutheilung in Ansehung des Gewinns und der Nachtheile als ein zwischen den Haupt- und Notherben verhältnißmäßig gemeinschaftliches Gut betrachtet (§. 786). Vor allem aber ist bestimmt, daß, wenn der Verstorbene die Personen, denen er kraft des Gesetzes

[19]) Puchta: Pandekten. §. 4 Note b. S. 3 und Vorlesungen. Bd. I. §. 1—4 S. 10 Nr. 3; Windscheid: Pandekten. Bd. I. §. 3 Anm. 6. S. 9.

[20]) Vgl. die Uebersetzung von Osenbrüggen in seiner Ausgabe der Novellen. (1865) S. 284.

einen Erbtheil zu hinterlassen schuldig gewesen, nicht gehörig bedacht habe, die gesetzliche Erbfolge zum Theil stattfinde (§. 727). Darnach kann es keinem Zweifel unterliegen, daß das Gesetzbuch den Pflichttheil als einen Erbtheil und das Recht des im Pflichttheil Verletzten als ein Erbrecht ansieht. Dies ist aber später durch das Hofdekret vom 7. Februar 1844 geändert worden, nach welchem der Pflichttheilsberechtigte nur einen dem Werth seines Pflichttheils oder des daran Fehlenden entsprechenden Geldbetrag verlangen kann (§. 6 S. 36). Dem Pflichttheilsrecht ist dadurch die Eigenschaft eines Erbrechts genommen worden und hat es seitdem den Charakter eines Forderungsrechts[1]).

Noch direkter, als im Oestreichischen Gesetzbuch geschehen, hat das bürgerliche Gesetzbuch für das Königreich Sachsen die rechtliche Natur des Pflichttheilsrechts festgesetzt, indem es ausspricht, daß der Pflichttheilsberechtigte hinsichtlich seines Pflichttheils als Erbe zu betrachten sei und ihm insbesondere sowohl auf Gewährung als auf Ergänzung des Pflichttheils die Erbschaftsklage nach Verhältniß seines Pflichttheils zustehe (§. 2589). Damit ist das Pflichttheilsrecht gradezu als Erbrecht charakterisirt[2]).

Für beide Rechte und trotz der Allgemeinheit, mit welcher das Sächsische das Pflichttheilsrecht für ein Erbrecht erklärt, wird jedoch die Charakterisirung des Pflichttheilsrechts als Forderungs- bezw. Erbrecht auf das durch letztwillige Verfügung verletzte Pflichttheilsrecht zu beschränken und bei Verletzung durch Verfügung unter Lebenden aus den für das Gemeine Recht ausgeführten, hier in gleicher Weise zutreffenden Gründen ein bloßes Anfechtungs- bezw. Forderungsrecht anzunehmen sein.

§. 12.

Geschichtliche Entwicklung der Streitfrage über die rechtliche Natur des Pflichttheilsrechts nach dem Allgemeinen Landrecht.

Im Allgemeinen Landrecht fehlt es an jeder ausdrücklichen Bestimmung über die rechtliche Natur des Pflichttheilsrechts. In Folge dessen ist dieselbe sehr bestritten und die Frage nach ihr eine der Hauptkontroversen

---

[1]) Unger, Privatrecht. Bd. VI. §. 85 Anm. 2 u. 3. S. 361 und §. 87 S. 370 u. Anm. 12 S. 375; Bruns: Das heutige römische Recht in v. Holtzendorff's Encyklopädie der Rechtswissenschaft in systematischer Bearbeitung (1870). S. 372.

[2]) Siebenhaar: Kommentar zu dem bürgerlichen Gesetzbuch. Bd. III. (1865) Anm. zu §. 2589 S. 401 u. 402 u. zu §. 2600 S. 406 und Lehrbuch des Sächsischen Privatrechts (1872) §. 561 S. 857.

des Preußischen Erbrechts. Diese Frage aber muß entschieden werden nicht blos, weil sie als Frage nach der Natur eines ganzen wichtigen Rechtsinstituts von großem theoretischen Interesse ist, sondern auch und hauptsächlich, weil von ihr die Entscheidung einer beträchtlichen Anzahl praktischer Fragen abhängt.

Entsprechend dem Stande der Preußischen Rechtswissenschaft in den der Publikation des Landrechts folgenden Jahrzehnten war es die Praxis und nicht die Theorie, welche sich zuerst mit der rechtlichen Natur des Pflichttheilsrechts beschäftigt hat.

Die mangelhafte Pflege, welche dem Landrecht bis zu den dreißiger Jahren dieses Jahrhunderts zu Theil wurde, war ganz besonders dürftig auf dem Gebiet des Erbrechts, speciell des Pflichttheilsrechts [1]). Man beschränkte sich darauf, die landrechtlichen Vorschriften über den Pflichttheil möglichst wörtlich wiederzugeben, wobei sogar grobe Mißverständnisse unterlaufen [2]). Die Frage nach der Natur des Pflichttheilsrechts im Landrecht ist noch vollständig unbekannt und wird gar nicht [3]), von derselben abhangende Befugnisse und Verbindlichkeiten des Pflichttheilsberechtigten werden entweder ebenfalls gar nicht oder höchst oberflächlich und offenbar ohne jedes Bewußtsein, daß es die rechtliche Natur des Pflichttheilsrechts überhaupt ist, auf welche es ankommt, besprochen [4]). Das Verdienst, zuerst die Frage angeregt zu haben, gebührt Temme [5]) und dasjenige,

[1]) Bis 1834 ist das Pflichttheilsrecht gar nicht und das Erbrecht nur drei Mal monographisch bearbeitet worden (Gründler: Die Erfolge nach Grundsätzen des gemeinen preußischen Rechts (1798); Witte: Grundzüge des Preußischen Erbrechts (1830) und Crelinger: System des Preußischen Erbrechts (1834). Alle drei Schriften sind dürftig).

[2]) So sagt z. B. Gründler in der so eben citirten Schrift S. 113 a. E.: „Die Erbeinsetzung in den Pflichttheil ist von den Gesetzen dem Testator durchaus zur Pflicht gemacht."

[3]) Wenn es auch z. B. bei von Eggers: Lehrbuch des gemeinen Preuß. Rechts (1797). Bd. II. S. 77 heißt, daß bei Verletzung des Pflichttheils derselbe „nachgezahlt" werden müsse oder Merckel: Kommentar zum Allgem. Landrecht. 2. Ausg. (1812). Thl. II. S. 156 die legitima als pars bonorum non hereditatis und S. 158 die a°. suppletoria als die Klage auf Ergänzung des nicht ausreichend hinterlassenen Pflichttheils bezeichnet oder Bielitz: Praktischer Kommentar zum Allg. Landrecht. Bd. V. (1827) den Pflichttheilsberechtigten stets Pflichttheilserben nennt, so ist dies doch nicht genügend, um daraus folgern zu können, daß und welche Ansicht jene Schriftsteller über das Pflichttheilsrecht gehabt haben.

[4]) Man sehe z. B. die Art, wie Bielitz: Kommentar. Bd. V. S. 512 u. 530 von dem Recht auf Subhastation spricht.

[5]) in seinem 1832 erschienenen Handbuch des Preußischen Civilrechts. §. 381 S. 285, §. 420 S. 307 u. 308 und §. 425 S. 310.

sie zuerst eingehend behandelt zu haben, Gärtner[6]). Seitdem ist dieselbe von den Theoretikern zum Gegenstand lebhafter Erörterungen gemacht, insbesondere von Mühlenbruch, Bornemann, Koch, Gruchot, Förster, Bauer und zuletzt von Zitelman[7]).

Was dagegen die Praxis anbetrifft, so war dieselbe in Folge der angedeuteten praktischen Wichtigkeit der Frage nach der Natur des Pflichttheilsrechts frühzeitig genöthigt, sich mit ihr zu beschäftigen und sie wenigstens indirekt zu entscheiden. Es ist dies zuerst geschehen noch nicht fünf Monate nach dem Inkrafttreten des Landrechts in einem Rescript vom 13. Oktober 1794, die Zulässigkeit der Subhastation von Nachlaßgrundstücken auf Verlangen des Pflichttheilsberechtigten betreffend[8]). Seitdem ist die Praxis fortdauernd mit der Streitfrage beschäftigt geblieben und sind noch wiederholt auf sie Bezug habende Rescripte erlassen, namentlich aber auch zahlreiche einschlägige Entscheidungen des höchsten Gerichtshofs ergangen. Es liegt jedoch dabei in der Natur der Sache, daß dieselben häufig sich darauf beschränken, lediglich für die grade vorliegende Art der Pflichttheilsverletzung das Recht des Pflichttheilsberechtigten zu charakterisiren und wenn sie sich allgemeiner aussprechen, dies ohne eingehendere Begründung thun.

Im großen und ganzen zeigt die geschichtliche Entwicklung unserer Frage nicht blos eine große Verschiedenheit der Meinungen, deren nicht

[6]) in seiner 1834 erschienenen Abhandlung über das Notherbenrecht in seiner Bedeutung und nach seinen Folgen im A. L. R.

[7]) Andrerseits haben auch noch nach Temme und Gärtner und bis in die neueste Zeit einzelne Schriftsteller über Preuß. Recht bezw. Erbrecht die Streitfrage ganz ignorirt, so Klein: System des Preuß. Civilrechts. 2. Ausg. von Rönne (1836); Witte: Das Preuß. Intestat-Erbrecht (1838); Schröter: Lehrbuch des Allg. Landrechts. Bd. III. (1841) und das damit identische Systematische Repetitorium des Allg. Landrechts (1843); Fürstenthal: Das Preuß. Civilrecht (1842); Dulheuer: Darstellung des Preuß. Rechts der Gegenwart (1856); v. Daniels: Lehrbuch des gemeinen preuß. Privatrechts (1851) und System des Preuß. Civilrechts (1866).

Bei der Gesetzrevision bezw. in dem das Pflichttheilsrecht behandelnden Pensum XVI. Entwurf der das Erbrecht betreffenden Gesetze (1835) ist die Natur des Pflichttheilsrechts nicht nur ganz unerörtert, sondern auch dem Revisor offenbar vollständig unklar geblieben. Derselbe spricht z. B. in den Motiven zu Entwurf §. 119 S. 308 von „dem vorzüglichen Erbrecht der Kinder", damit das Pflichttheilsrecht meinend, und bezeichnet dagegen in den Motiven zum Entwurf §. 126 u. 127 S. 310 das Pflichttheilsrecht als eine Pflichttheilsforderung, auf welche eine Schuld an den Nachlaß kompensirt werden könne.

[8]) Novum Corpus Constitutionum. Tom. IX. Nr. 14 des Nachtrags (1795) S. 2773 und Rabe: Sammlung Preuß. Gesetze und Verordnungen. Bd. II. (1816). S. 705 u. 706.

weniger als zehn zum Theil sehr divergirende aufgestellt worden sind, sondern auch ein bedenkliches Schwanken in denselben. Es haben sowohl die Gerichtshöfe, soweit deren Entscheidungen bekannt geworden sind, ihre Ansichten vielfach gewechselt als auch sind einzelne Schriftsteller, die sich zu verschiedenen Zeiten geäußert haben, von ihrer frühern Ansicht wieder abgegangen, so Temme, Koch, Gruchot und Hinschius[9]). Auch macht sich nicht selten eine gewisse Unklarheit bemerkbar, wenigstens kann es wohl nicht anders als eine solche bezeichnet werden, wenn z. B. das Pflichttheilsrecht gleichzeitig, ja in demselben Satz ein wahres Forderungsrecht und ein qualificirtes Erbrecht genannt[10]), wenn der Pflichttheilsberechtigte stets für einen wahren Erben in Höhe seiner Pflichttheilsquote, der seinen in dem Pflichttheil bestehenden Erbtheil sofort nach dem Tode des Erblassers zu Eigenthum erwerbe, erklärt und einige Seiten darauf von der Qualität des Forderungsrechts, welches dem Pflichttheilsnehmer auf die ihm zugebilligte Quote des Nachlasses zustehe, gehandelt[11]), wenn einerseits der Pflichttheil als eine Schuld des Vermögens des Erblassers zur Todeszeit, als eine Nachlaßschuld, betrachtet, andrerseits aber von dem Pflichttheil als einer der Willkür des Testators entzogenen Erbportion, als einem Erbrecht ab intestato, und von einem Miteigenthum des Pflichttheilsberechtigten am Nachlasse gesprochen[12]), oder wenn das Pflichttheilsrecht als ein persönliches Recht, welches der Pflichttheilsberechtigte gegen seine Miterben habe, charakterisirt

---

[9]) Die Beläge für obige Behauptung werden sich aus der nachfolgenden Zusammenstellung der aufgestellten Ansichten und den dabei gemachten Citaten ergeben. In Bezug auf Temme, Koch, Gruchot und Hinschius wird insbesondere auf die Anmerkungen 9 u. 31, 18, 27 u. 29, 14 u. 30 und 13 u. 21 des §. 13 verwiesen.

[10]) Dies geschieht in den Erkenntnissen des Ober-Tribunals vom 22. Mai 1854 (Entsch. Bd. 28. Nr. 6. S. 95) und des Appellationsgerichts zu Hamm vom 20. Jannar 1859 (Gruchot, Beiträge. Bd. III. S. 450). Die dabei gemachte Bezugnahme auf Gärtner trifft nicht zu, da dieser, wenn er auch das Recht des Pflichttheilsberechtigten ein qualificirtes Erbrecht nennt, weil es als Erbrecht erst vom Urtheil als vorhanden und auf die Pflichttheilsquote beschränkt sei, doch das von ihm bis zum Urtheil angenommene Forderungsrecht niemals mit jenem Erbrecht zusammenstellt, sondern stets die zeitliche Aufeinanderfolge des letzteren auf das erstere hervorhebt.

[11]) Erkenntniß des Ober-Tribunals vom 4. April 1855 (Arch. Bd. 16. Nr. 70. S. 323 u. 325, Entsch. Bd. 31. Nr. 5. S. 40, 41 u. 42). Vgl. Zitelman S. 343 und 344.

[12]) Erkenntniß des Ober-Tribunals vom 17. September 1851 (Arch. Bd. 2. Nr. 74. S. 354, 357 u. 361) und vom 22. Mai 1854 (Entsch. Bd. 28. Nr. 6. S. 93).

wird[13]). Denn Forderungs- und Erbrecht, mag das letztere noch so qualificirt sein, können nicht neben einander bestehen, es kann der Pflichttheilsberechtigte, der seine Pflichttheilsquote sofort mit dem Tode des Erblassers zu Eigenthum erwirbt, nicht erst noch ein Forderungsrecht auf dieselbe haben, der Pflichttheil nicht gleichzeitig eine Schuld des Nachlasses und ein Erbtheil oder Miteigenthum am Nachlaß sein und endlich bei einem persönlichen Recht des Pflichttheilsberechtigten von Miterben desselben nicht geredet werden[14]).

§. 13.

Systematische Darstellung der aufgestellten Ansichten und Ausscheidung von dreien derselben.

Um nunmehr zur systematischen Darstellung der einzelnen aufgestellten Ansichten überzugehen, so zeigt ein Rückblick auf das Gemeine, Oestreichische und Sächsische Recht, daß nach denselben das Pflichttheilsrecht entweder Anfechtungsrecht oder Forderungsrecht oder Recht eines Legatars oder Erbrecht ist. Diese vier Auffassungen sind sämmtlich auch für das Preußische Recht aufgestellt worden. Eine fünfte ist nicht wohl möglich. Dagegen sind Kombinationen jener vier Auffassungen an sich denkbar, indem das Pflichttheilsrecht z. B. zu verschiedenen Zeiten oder verschiedenen Personen gegenüber oder nach dem verschiedenen Verhalten des Erblassers oder hinsichtlich der von ihm erfaßten verschiedenen Theile oder Gegenstände des Nachlasses ein verschiedenes Recht sein könnte. Solche Kombinationen sind denn auch gemacht und kommen auf diese Weise die erwähnten zehn Meinungen heraus.

Ein zu verschiedenen Zeiten verschiedenes Recht kann füglich nur in der Art gedacht werden, daß ursprünglich ein Forderungsrecht vorhanden ist und dieses später in ein Erbrecht übergeht. So ist denn auch behauptet worden und zwar zuerst von Gärtner[1]). Derselbe ge-

---

[13]) Temme: Handbuch des Preuß. Civilrechts. §. 381 S. 285.

[14]) Ueber ein weiteres widerspruchsvolles Erkenntniß des Ober-Tribunals siehe Zitelmann S. 345 u. 346.

[1]) in der §. 12 Anm. 6 citirten, in der Zeitschrift für wissenschaftliche Bearbeitung des Preuß. Rechts von Simon und v. Strampff. Bd. II. Heft 2 enthaltenen Abhandlung, insbesondere S. 422—438. Ihm sind beigetreten das Ober-Tribunal in dem Erkenntniß vom 22. März 1858 (Entsch. Bd. 38. Nr. 28. S. 202) und Bornemann: Civilrecht. Der letztere nimmt zwar nicht, wie Gärtner, ein dingliches Recht an (Bd. VI. §. 399 S. 199), läßt aber sonst ebenfalls die Intestat-Erbportion, welche dem Pflichttheilsberechtigten gebühre, nicht unmittelbar durch den

langt zu dem Resultat, daß der Pflichttheilsberechtigte in allen Fällen ein von dem Willen des Erblassers unabhängiges, nothwendiges Intestat-Erbrecht in Höhe seiner Pflichttheilsquote und eine Erbschaftsklage habe, dieses Erbrecht ihm aber nicht unmittelbar durch den Tod des Erblassers, sondern erst durch ein seinen Anspruch gegen das Testament als begründet anerkennendes Urtel deferirt werde und bis zu dem Urtel sein Recht nur ein Anspruch zur Theilnahme an dem Nachlaß, nur ein Forderungsrecht sei, welches erst in Folge des Urtels die Natur eines dinglichen Rechts annehme. Diese Ansicht darf jetzt als überwunden angesehen werden. Es steht ihr insonderheit entgegen, daß das Erbrecht kein dingliches Recht ist, ein Urtheil niemals ein persönliches Recht in ein dingliches umwandeln oder eine Erbschaft deferiren kann, und nach ihr auch derjenige eine Erbschaftsklage würde anstellen können, der zur Zeit der erhobenen Klage noch gar kein Erbrecht hatte. Im übrigen mag die Bezugnahme auf Koch[2]) und Zitelmann[3]), welche die Gärtner'sche Theorie ausführlich widerlegt haben, genügen.

Als ein nach den Personen, welche dem Pflichttheilsberechtigten gegenüber stehen, verschiedenes Recht ist sodann das Pflichttheilsrecht in einem Erkenntniß des Appellationsgerichts zu Hamm vom 15. Oktober 1866 hingestellt worden, in welchem gesagt ist, daß ein pflichttheilsberechtigtes, im elterlichen Testament rücksichtlich seines Erbtheiles auf eine bestimmte Summe beschränktes Kind unbedingt zur Zahl der Erben gehöre, wenn es auch in anderer Beziehung, z. B. in Bezug auf den Beitrag zu den Erbschaftsschulden nur als Legatar anzusehen sei[4]). Darnach würde der Pflichttheilsberechtigte gleichzeitig und an demselben Theil des Nachlasses theils Erbe, theils Legatar sein. Es liegt aber im Wesen des Erbrechts sowohl an sich[5]) als nach dem Allg. Landrecht[6]), daß es,

---

Tod des Erblassers, sondern erst nach der Anfechtung des Testaments deferirt werden (a. a. O. §. 355 S. 8). Mit der Verneinung des dinglichen Rechts will übrigens Bornemann wohl nur die Gärtner'sche Auffassung des Erbrechts als eines dinglichen Rechts ablehnen, sodaß die Polemik von Zitelmann S. 336 nicht zutrifft.

Auch in den §. 12 Anm. 10 angezogenen Erkenntnissen finden sich, wie bemerkt, Bezugnahmen auf Gärtner.

[2]) Erbrecht. §. 45 S. 454—458.

[3]) in Gruchot: Beiträge. Bd. XX. S. 330—334. Vgl. auch noch Mühlenbruch: Fortsetzung des Kommentars von Glück. Bd. XXXVIII. (1835) §. 1425 f. Anm. 16. S. 53.

[4]) Gruchot: Beiträge. Bd. XI. S. 82.

[5]) Unger: Privatrecht. Bd. I. §. 24 S. 222 und §. 61 S. 511 u. 536.

[6]) Förster: Privatrecht. Bd. I. §. 23 Anm. 2. S. 118 u. §. 18 S. 77.

wenn auch nicht ein dingliches, so doch ein absolutes Recht und demgemäß einem jeden gegenüber in gleicher Weise vorhanden ist. Es kann daher auch nicht in einer Beziehung und gegen den einen vorhanden und in anderer Beziehung und gegen einen andern nicht vorhanden sein. Vielmehr muß, wer überhaupt Erbe ist, es in jeder Beziehung, also auch in Beziehung auf den Beitrag zu den Erbschaftsschulden und den Erbschaftsgläubigern gegenüber sein.

Ebenso unbedenklich unrichtig ist dann noch eine andere, von demselben Appellationsgericht zu Hamm in einem Erkenntniß vom 10. Juli 1856 aufgestellte, übrigens nur den Fall der unzulänglichen Zuwendung des Pflichttheils betreffende Ansicht, wonach die stattfindende Ergänzung, wenn der Pflichttheilsberechtigte auf eine zu geringe Quote als Erbe eingesetzt ist, in einer Erweiterung dieser Quote, dagegen wenn ihm ein Legat zugewiesen ist, welches weniger als die Taxe des Pflichttheils beträgt, in einer Erhöhung des Betrages des Vermächtnisses bestehen soll[7]). Der Pflichttheilsberechtigte würde also je nach der Art der an ihn erfolgten Zuwendung bezüglich des Fehlenden bald die Stellung eines Erben, bald die eines Legatars haben. Das ist offenbar eine Uebertragung der oben §. 10 S. 51 ff. besprochenen, im Gemeinen Recht bei der actio suppletoria behaupteten Ansicht auf das Preußische Recht. Das Appellationsgericht zu Hamm hat seine Meinung nicht näher begründet. Dieselbe läßt sich aber gar nicht anders motiviren, als daß man wie im Gemeinen Recht fingirt, es sei statt der unzulänglichen Zuwendung der ganze Pflichttheil hinterlassen. Ohne solche Fiktion wäre nicht zu erklären, wie das Fehlende sollte als Vermächtniß gefordert werden können. Mußte nun schon für das Gemeine Recht die Fiktion von der Hand gewiesen werden, so kann dieselbe im Preußischen Recht, wo es an jedem Anhalt zu einer solchen fehlt, noch weit weniger angenommen werden. Außerdem steht alles, was abgesehen von der Unzulässigkeit einer Fiktion gegen die gedachte Ansicht im Gemeinen Recht angeführt worden ist (oben S. 53 u. 54), dieser in gleicher Weise auch nach Preußischem Recht entgegen.

Die übrigen aufgestellten Ansichten halten sich von den vorstehend hervorgehobenen Fehlern fern und lassen namentlich die einmal angenommene rechtliche Natur des Pflichttheilsrechts gleichmäßig von Anfang an und in jeder Beziehung vorhanden sein. Dieselben zerfallen in drei

---

[7]) Gruchot: Beiträge. Bd. I. S. 460; dazu Zitelmann S. 322 Anm. 1.

Gruppen, welche als die Theorie des Forderungsrechts, die des Erbrechts und die des Anfechtungsrechts bezeichnet werden können.

Die Theorie des Forderungsrechts faßt den Pflichttheilsberechtigten als Gläubiger, das Pflichttheilsrecht daher als ein Forderungsrecht auf. Es liegt dabei auf der Hand, daß dieses Forderungsrecht durch Hinterlassung des Pflichttheils in das Recht eines Erben oder Legatars umgewandelt wird und jedenfalls insofern nicht ausnahmslos anzunehmen ist. Die Ausnahme im Fall der Hinterlassung ist auch meist ausdrücklich gemacht und wird selbst da, wo das Pflichttheilsrecht schlechthin als ein Forderungsrecht bezeichnet ist, nicht als ausgeschlossen anzusehen sein; ausdrücklich verworfen ist sie nirgends. Vertreten ist die Theorie des Forderungsrechts von Mühlenbruch[8]), Temme[9]), Gerhard[10]) und in Entscheidungen der Ober-Tribunals[11]), ferner von Evelt[12]), Hinschius[13]) und Gruchot[14]).

Die zweite Gruppe geht davon aus, daß der Pflichttheilsberechtigte Intestaterbe ist. Sie zerfällt wieder in zwei Klassen.

---

[8]) Fortsetzung des Kommentars von Glück. Bd. XXXVIII. (1835) §. 1425 f. S. 51 ff.

[9]) Lehrbuch des Preuß. Civilrechts. 2. Ausg. (1846) Bd. II. §. 308 S. 221.

[10]) in dem Aufsatz: Bedarf es auch nach Preuß. Recht der s. g. cautela Socini, wenn der die Entlastung seines Pflichttheils fordernde Pflichttheilsberechtigte des über denselben hinaus ihm letztwillig Zugewendeten verlustig gehen soll? in Gruchot: Beiträge. Bd. XIII. S. 409.

[11]) Erkenntniß vom 16. Dezember 1861 (Arch. Bd. 43. Nr. 59. S. 276), wo es (S. 277) heißt, daß die Pflichttheilsklagen „gleich andern Forderungsrechten" unbedingt auf den Erben übergingen. Außerdem wird in den §. 12 Anm. 10 u. 12 citirten Erkenntnissen vom 17. September 1851 und 22. Mai 1854 das Pflichttheilsrecht als ein Forderungsrecht und der Pflichttheil als eine Nachlaßschuld hingestellt, allerdings, wie bemerkt, gleichzeitig auch von einem Erbrecht gesprochen.

[12]) in dem Aufsatz: Ueber wechselseitige Testamente in dem Neuen Archiv für Preuß. Recht und Verfahren. Jahrgang VI. (1839) Nr. VI. S. 107—114.

Im Preußischen Civilrecht (1854) S. 510, 514 u. 519 hat Evelt sich für bloßes Forderungsrecht dann entschieden, wenn der Pflichttheilsberechtigte auf eine bestimmte Summe eingesetzt ist, sonst aber die Frage für zweifelhaft erklärt. In der dritten Auflage dieses Civilrechts Thl. I. (1869) §. 367 S. 561 ist das Forderungsrecht allgemein angenommen, jedoch heißt es hier auch, daß, gleichwie die Testamentserben den Erblasser aus dem Testament beerben, so der Pflichttheilsberechtigte neben ihnen auf Grund des Gesetzes als Miterbe in den Nachlaß eintrete, sein Anrecht ein gleich starkes als das der Testamentserben sei.

[13]) in der Abhandlung: Die rechtliche Stellung der Testaments-Exekutoren in der Preuß. Anwaltszeitung. Bd. V. (1866) Nr. 50. Sp. 792 u. 793.

[14]) Erbrecht. Bd. III. S. 122 u. 202—206.

Von den einen ihrer Anhänger wird nämlich behauptet, daß der Pflichttheilsberechtigte stets ausnahmslos und selbst dann, wenn er ganz übergangen, oder im Testament zum Erben eingesetzt, oder mit bestimmten Summen oder Sachen bedacht worden ist, Intestaterbe sei, so von Gärtner[15]), Bornemann[16]), Löher[17]), Koch[18]), Förster[19]), Bauer[20]) und Hinschius[21]) und auf dem Gebiet der Rechtsprechung in Erkenntnissen des Ober-Tribunals[22]), des Kammergerichts[23])

---

[15]) in seiner wiederholt angezogenen Abhandlung über das Notherbenrecht mit der gedachten Modifikation, daß er das Erbrecht erst vom Urtheil ab annimmt.

[16]) Civilrecht. Bd. VI. §. 355 S. 6 u. 7, §. 397 S. 186 u. §. 399 S. 199 mit der gleichen Modifikation (siehe Anm. 1).

[17]) Das System des Preuß. Landrechts in deutschrechtlicher und philosophischer Begründung (1852) §. 49 S. 234 u. 235.

[18]) Kommentar. Bd. I. Anm. 38 zu §. 384 I. 9. S. 471 u. 472, Bd. II. Anm. 8 zu §. 4 I. 12. S. 3 und Anm. 1 zu §. 117 I. 17. S. 451, Bd. III. Anm. 67 zu §. 396 II. 2. S. 301 und Anm. 90 zu §. 433 II. 2. S. 307 und Anleitung zur Preußischen Prozeßpraxis. Thl. I. (1860) §. 281 S. 1182 u. 1184.

[19]) Privatrecht. Bd. IV. §. 248 S. 55—58. Ebenso auch wohl schon in Klage und Einrede nach Preuß. Recht (1857) §. 101 S. 339 u. 340, wo die Pflichttheilsklage als Rechtszustandsklage bezeichnet und bei allen Pflichttheilsverletzungen derselbe Grund und dieselbe rechtliche Natur der Klage angenommen ist.

[20]) in seiner Abhandlung über die Pflichttheilsklage in der Zeitschrift für die deutsche Gesetzgebung. Bd. VII. S. 39—50.

[21]) in Koch: Kommentar. Bd. III. Anm. 87a. zu §. 432 II. 2. S. 306.

[22]) vom 4. April 1855 (Arch. Bd. 16. Nr. 70. S. 323, Entsch. Bd. 31. Nr. 5. S. 40); 15. Mai 1857 (Arch. Bd. 25. Nr. 31. S. 112) in den Worten (S. 117): „dabei ist die Natur des Pflichttheils als eines Intestaterbrechts maßgebend"; 1. Juli 1859 (Arch. Bd. 34. Nr. 27. S. 124); 15. April 1864 (Entsch. Bd. 52. Nr. 24. S. 164, auch in Gruchot's Beiträgen. Bd. VIII. S. 379 abgedruckt) in den Worten: „in der Wahl des gesetzlichen Pflichttheils als einer Erbfolge im Widerspruch gegen das Testament u. s. w." Auch das Erkenntniß vom 17. Juni 1847 (Rechtsfälle aus der Praxis des Kgl. Ober-Tribunals. Bd. 2. Nr. 3. S. 5) nimmt für die allein besprochenen Fälle der Präterition und Anweisung auf bereits bei Lebzeiten Erhaltenes Erbrecht an. Das Erkenntniß vom 1. Dezember 1862 (Arch. Bd. 46. Nr. 62. S. 339, Entsch. Bd. 49. Nr. 25. S. 213) entscheidet zwar ebenfalls für Erbrecht, sagt jedoch weiterhin (S. 340 bezw. 214), die Behauptung, daß der Pflichttheilsberechtigte nicht Miterbe, sei wenigstens so allgemein nicht haltbar. Vgl. noch die Erkenntnisse vom 17. September 1851, 22. Mai 1854 und 22. März 1858 Anm. 10 u. 12 §. 12, Anm. 1 u. 11. §. 13.

[23]) in der in v. Kamptz Jahrbüchern für die Preußische Gesetzgebung, Rechtswissenschaft und Rechtsverwaltung. Bd. 47. S. 285—289 abgedruckten Remonstration vom 25. Januar 1836.

und der Appellationsgerichte zu Marienwerder [24]), Hamm [25]) und Glogau [26]).

Andere dagegen machen von dem Intestaterbrecht Ausnahmen, in denen der Pflichttheilsberechtigte also nicht gesetzlicher Erbe ist.

Eine solche Ausnahme ist zunächst von Koch [27]) dahin angenommen worden, daß der im Testament zum Erben eingesetzte Pflichttheilsberechtigte nicht gesetzlicher, sondern testamentarischer Erbe sei.

Eine zweite Ausnahme ist dann statuirt worden, wenn dem Pflichttheilsberechtigten letztwillig bestimmte Summen oder Sachen zugewendet sind. Hier soll er nach Ansicht des Ober-Tribunals [28]) in Höhe der Zuwendung nur Legatar sein.

Noch einen Schritt weiter ist Koch [29]) gegangen, indem er bei ungebührlicher Enterbung, bei Uebergehung, bei leerer Berufung und bei Einsetzung auf einen Theil des Ganzen an der Erbeigenschaft festgehalten, sonst aber den Pflichttheilsberechtigten nicht nur, soweit er mit einer Summe bedacht ist, für einen Legatar erklärt, sondern auch bei jeder unzureichenden Zuwendung ihm wegen des Fehlenden blos die Eigen-

---

[24]) Erkenntniß vom 13. Juli 1857, mitgetheilt in den Entsch. des Ober-Tribunals. Bd. 38. S. 200.

[25]) Erkenntnisse vom 20. Januar 1859 (Gruchot: Beiträge. Bd. III. S. 448 bis 456), allerdings mit dem Anm. 10 §. 12 erwähnten Zusatz, daß das Pflichttheilsrecht auch wahres Forderungsrecht sei, vom 22. Oktober 1863 (daselbst Bd. VIII. S. 257) und vom 1. Mai 1874 (ebenda Bd. XIX. S. 270 u. 271).

[26]) Erkenntniß vom Jahre 1862, mitgetheilt im Archiv für Rechtsfälle. Bd. 46. S. 336.

[27]) Erbrecht. §. 45 S. 458 u. 459. Dazu Zitelmann S. 336.

[28]) in den Erkenntnissen vom 18. Mai 1848 (Rechtsfälle. Bd. 4. Nr. 51. S. 104); 23. Januar 1852 (Arch. Bd. 4. Nr. 61. S. 284 u. Entsch. Bd. 22. Nr. 28. S. 247, wo dasselbe aber vom 3. Januar datirt ist); 9. Oktober 1854 (Arch. Bd. 15. Nr. 19. S. 87); 23. Juni 1856 (Arch. Bd. 21. Nr. 72. S. 303 u. Entsch. Bd. 33. Nr. 6. S. 53); 28. April 1864 (Arch. Bd. 54. Nr. 28. S. 123) und 29. Januar 1872 (Arch. Bd. 83. Nr. 62. S. 303). Der gleichen Ansicht scheint Brüning in seinem Aufsatz über die Cautela Socini (Zeitschrift für Gesetzgebung und Rechtspflege in Preußen. Bd. I. (1867) Nr. XXXIII. und Bd. II. (1868) Nr. XXXI.) zu sein (a. a. O. Bd. I. S. 758); später (Bd. II. S. 621 u. 622) spricht er jedoch auch von dem Erbrecht des Pflichttheilsberechtigten contra tabulas ohne Einschränkung.

[29]) im Privatrecht. Bd. II. §. 892. 1. Aufl. S. 752, 2. Aufl. S. 899 u. 900. Das Excerpt bei Förster: Privatrecht. Bd. IV. S. 51 ist nicht genau und stimmt auch nicht mit der dritten Auflage von Koch's Privatrecht, in welcher die frühere Ansicht wörtlich beibehalten ist.

Der obigen Ansicht von Koch hat sich R. Koch in der Deutschen Gerichtszeitung. Jahrgang VI. (1864) S. 44 angeschlossen.

schaft eines Gläubigers beigelegt hat. Damit stimmt überein, was Gruchot[30]) aufgestellt hat, daß der Pflichttheilsberechtigte, wenn ihm gar nichts oder schlechthin der Pflichttheil zugewiesen ist, ein wahres Erbrecht in Höhe der Pflichttheilsquote habe, wenn ihm eine dem Werth dieser Quote gleichkommende Summe oder Sache als Pflichttheil vermacht ist, Legatar sei und, wenn das Vermächtniß den Betrag des Pflichttheils nicht erreicht, auf das noch Fehlende blos einen persönlichen Anspruch habe, nur daß Gruchot sich nicht darüber ausspricht, ob er auch bei theilweiser Zuwendung durch Erbeseinsetzung ebenfalls nur ein bloßes Forderungsrecht wegen des Fehlenden, wie Koch, annimmt.

Endlich hat noch weitere Ausnahmen Temme[31]) gemacht, indem er zwar an sich das Pflichttheilsrecht als ein dingliches Recht an die Erbschaft, das soll heißen, als ein Erbrecht auffaßt, aber dem Pflichttheilsberechtigten, wenn derselbe präterirt oder in den Pflichttheil zu einem bestimmten Quantum eingesetzt ist, nur ein persönliches Recht zuspricht und bei widerrechtlicher Enterbung ihm eine Klage ad supplendam legitimam, also ebenfalls wohl nur ein persönliches Recht giebt.

Die dritte Theorie, die vom Anfechtungsrecht, ist der jüngste Versuch, das Pflichttheilsrecht zu charakterisiren. Zitelmann[32]), der sie aufgestellt hat, gelangt zu folgenden Resultaten: Der Pflichttheil ist an sich ein Intestaterbtheil. Ist jedoch der Pflichttheilsberechtigte im Testament als Erbe auf seine Pflichttheilsquote eingesetzt, so erbt er aus dem Testament und ist nicht Intestaterbe sondern Testamenterbe. Ist er auf den Pflichttheil mit Angabe einer gewissen Sache oder Summe, in welcher der Pflichttheil bestehen soll, eingesetzt, so ist er nur den Erbschaftsgläubigern gegenüber Erbe und den Miterben gegenüber Legatar. Ist ihm ein Legat hinterlassen, dessen Geldwerth der Pflichttheilsquote gleichkommt, so ist und bleibt er Legatar. In allen anderen Fällen, also sowohl bei vollständiger Enterbung und Uebergehung als bei Verkürzung

---

[30]) in seinen Beiträgen. Bd. III. S. 454—456. Daß Gruchot hier von dem Erbrecht als Princip ausgeht und eine im Resultat allerdings nicht große Differenz mit der bei Anm. 14 vorgetragenen Ansicht besteht, ergiebt sich mit Nothwendigkeit daraus, daß er dem Pflichttheilsberechtigten auch dann ein Erbrecht giebt, wenn demselben gar nichts zugewiesen ist.

[31]) Handbuch des Preußischen Civilrechts (1832). §. 381 S. 285, §. 420 S. 307 u. 308 und §. 425 S. 310.

[32]) in dem Aufsatz in Gruchot's Beiträgen. Bd. XX. S. 321 ff. insbes. S. 373 u. 374. Die gleiche Auffassung des Pflichttheilsrechts liegt auch den Ausführungen des Erkenntnisses des Ober-Tribunals vom 23. Oktober 1874 (Arch. Bd. 92. Nr. 57. S. 319 und Gruchot: Beiträge. Bd. XIX. S. 521) zu Grunde.

oder Belastung ist ihm durch das Testament das Erbrecht, welches er am Nachlaß des Erblassers in Höhe seiner Pflichttheilsquote hat, genommen und hat er statt dessen nur ein Anfechtungsrecht, welches zwar zu einem Vermögensrecht verhelfen kann, aber nicht selbst ein Vermögensrecht ist. Bis zur Erstreitung eines siegreichen Urtheils in dem Anfechtungsprozeß ist der Pflichttheilsberechtigte nicht Erbe. Durch dieses Urtheil wird im Fall der Enterbung, Uebergehung und Verkürzung das Testament in Höhe des Pflichttheils rescindirt und tritt dann Intestaterbfolge in den freigewordenen Erbtheil zu Gunsten des anfechtenden Pflichttheilsberechtigten ein, dem sein Erbtheil aber nicht durch das richterliche Urtheil sondern durch das Gesetz deferirt wird. Bei bloßer Verkürzung durch Zuwendung eines dem Geldwerth des Pflichttheils nicht gleichkommenden Legats oder sonst anzurechenden Gegenstandes hat sich der Pflichttheilsberechtigte das Zugewendete auf seinen Pflichttheil anzurechnen; bei Verkürzung durch Einsetzung auf eine Quote des Nachlasses, die kleiner als der Pflichttheil ist, wird er Erbe auf die ganze Quote. Im Fall der Belastung endlich wird durch das Urtheil im Anfechtungsprozeß nur die Belastung rescindirt, der Pflichttheilsberechtigte bleibt im übrigen was er war, Erbe, Legatar u. s. w.

Damit wären die bisher zu Tage geförderten Ansichten erschöpft. Weitere lassen sich, ohne nicht vollständig willkührlich zu werden, in der That auch wohl nicht aufstellen[33]).

---

[33]) Auf Anfrage der Westpreußischen Regierung und des Stadtgerichts zu Danzig vom 8. April bezw. 20. Januar 1797, die Berichtigung des Besitztitels auf Testamentserben beim Vorhandensein von Pflichttheilsberechtigten betreffend, ist ein Rescript vom 18. April 1797 (Stengel: Beiträge zur Kenntniß der Justizverfassung und juristischen Literatur in den Preuß. Staaten. Bd. V. (1798) S. 101 ff. und Rabe: Sammlung Preuß. Gesetze und Verordnungen. Bd. IV. S. 97) und auf Anfrage der Neumärkischen Regierung vom 28. Februar 1798 über die Zulässigkeit der Subhastation auf Verlangen des Pflichttheilsberechtigten ein durch Hofrescript vom 26. Juni 1798 bestätigtes Konklusum der Gesetz-Kommission vom 13. März 1798 (Stengel: Bd. VII. S. 260—280; Rabe: Bd. V. S. 95—104) ergangen. Es läßt sich jedoch, obwohl die beregten Fragen von der rechtlichen Natur des Pflichttheilsrechts abhängen, nicht deutlich erkennen, welcher Ansicht man in dieser Beziehung in den Anfragen und den darauf ergangenen Entscheidungen gewesen ist.

Es nimmt ferner das §. 12 bei Anm. 8 erwähnte Rescript vom 13. Oktober 1794 an, daß, wenn der Pflichttheil auf ein gewisses Quantum festgesetzt ist, der Pflichttheilsberechtigte nicht Erbe werde, sondern nur ein Recht auf Herausgabe dieses Quanti habe. Auch die ehemaligen Ober-Landesgerichte zu Arnsberg und zu Münster haben durch Erkenntnisse vom 5. Oktober 1836 bezw. 14. März 1838 (Neues Archiv für Preuß. Recht und Verfahren. Jahrgang VI. (1839) S. 476 ff.) in dem gleichen

§. 14.

Begrenzung der Streitfrage.

Ehe auf die Ansichten, welche noch nicht besprochen und vorhin als die Theorien vom Forderungs-, Erb- und Anfechtungsrecht bezeichnet worden sind, im einzelnen eingegangen werden kann, ist ihnen allen gegenüber gemeinschaftlich zweierlei geltend zu machen, was beides bisher nicht genügend berücksichtigt worden ist.

Erstens nämlich trifft die oben §. 8 S. 42 für das Pflichttheilsrecht im allgemeinen angestellte Erwägung, daß bei gehöriger vollständiger Zuwendung des Pflichttheils durch den Erblasser ein Pflichttheilsrecht gar nicht zur Existenz gelangt, ganz besonders auch für das Allg. Landrecht zu. Der Erblasser kann nach dem Landrecht unzweifelhaft selbst demjenigen, der Anspruch auf einen Pflichttheil hat, den Pflichttheil hinterlassen. Hat er dies gethan, so ist dieser zur Zeit des Todes des Erblassers, also in dem Moment, wo erst feststeht, daß er den Erblasser überlebt hat und überhaupt erst von der Möglichkeit eines Pflichttheilsrechts die Rede sein kann, wegen seines Pflichttheilsanspruchs bereits befriedigt. Der Pflichttheilsanspruch wird hier daher nicht zu einem Recht und derjenige, der ihn hat, nicht pflichttheilsberechtigt sondern allein auf Grund der Zuwendung, die er nicht ausschlagen bezw. bei bereits ausgeführter Zuwendung unter Lebenden nicht wieder aufgeben und statt derselben den Pflichttheil als solchen wählen darf, berechtigt. Es kann mithin nicht nach der rechtlichen Natur des Pflichttheilsrechts und ob dasselbe auch in diesem Fall Erbrecht, Forderungsrecht oder was sonst sei, sondern blos darnach gefragt werden, ob der Pflichttheil wirklich gehörig zugewendet ist und bejahendenfalls der so Bedachte nur nach Maßgabe der Zuwendung in Betracht kommen. Es gilt dies, trotzdem der Erblasser den Pflichttheil nicht blos durch Erbeseinsetzung, sondern

---

Fall dem Pflichttheilsberechtigten das Miteigenthum am Nachlaß, also das Erbrecht abgesprochen. Von derselben Ansicht gehen die Ministerial-Rescripte vom 8. Januar und 26. Februar 1836 (v. Kamptz: Jahrbücher. Bd. 47. S. 284 u. 289—291) und vom 4. Mai 1840 (Justiz-Ministerial-Blatt von 1840. S. 155) aus. Von diesen nur einen ganz bestimmten Fall betreffenden Aeußerungen auf die über das Pflichttheilsrecht überhaupt vorhanden gewesene Ansicht zu schließen, erschien zu gewagt. Sie konnten daher weder bei der Erbrechts- noch bei der Forderungsrechts-Theorie aufgeführt werden.

Hiermit und mit den in den früheren Anmerkungen gegebenen Nachweisungen dürfte alles erschöpft sein, was an Litteratur über die Streitfrage existirt.

auch durch Aussetzung von Vermächtnissen, Schenkungen von Todeswegen und in beschränkter Weise auch Schenkungen unter Lebenden zuwenden kann und selbst wenn das Pflichttheilsrecht stets den Charakter eines Intestaterbrechts haben sollte. Zwischen der vollständigen Zuwendung des Pflichttheils durch den Erblasser und dem Pflichttheilsrecht selbst ist ein Schluß nur in der Art zulässig, daß von der Möglichkeit jener für dieses etwas hergeleitet wird, ein Schluß, von dem später noch Gebrauch gemacht werden wird (unten §. 21), nicht aber kann von dem Pflichttheilsrecht auf die Zuwendung geschlossen und weil das Pflichttheilsrecht Intestaterbrecht sei, gefolgert werden, daß trotz der gehörigen Zuwendung der mit ihr Bedachte nicht Testamentserbe, Legatar u. s. w., sondern pflichttheilsberechtigt und Intestaterbe sei. Wo diese Zuwendung stattgefunden hat, ist dadurch derjenige, der pflichttheilsberechtigt gewesen sein würde, abgefunden und das Pflichttheilsrecht gänzlich ausgeschlossen. Das Pflichttheilsrecht ist mit andern Worten nicht ein Recht, das als solches unter allen Umständen besteht, sondern es ist ein subsidiäres Recht, welches nur dann gegeben ist, wenn der an sich Pflichttheilsberechtigte den ihm kraft des Pflichttheilsrechts gebührenden Theil des Nachlasses nicht bereits anderweit durch Zuwendung des Erblassers erlangt hat.

Sodann ist zweitens daran zu erinnern, daß es im Landrecht singuläre Gestaltungen des Pflichttheilsrechts giebt und daß bei diesen die Frage nach der rechtlichen Natur des Pflichttheilsrechts theils ebenfalls nicht entstehen kann, theils eine besondere Beantwortung verlangt, nämlich bei der Pupillar=Substitution, dem Fall des §. 456 Thl. II. Tit. 2 und der irrthümlichen Uebergehung.

Für die Pupillar=Substitution ist bestimmt, daß, wenn der Vater die zu Gunsten der Pflichttheilsberechtigten des Kindes gesetzten Schranken überschritten hat, die Verordnung insoweit für nicht geschrieben geachtet, wird und, wenn blos Fremde zur Erbfolge berufen sind, die Verordnung ganz ungültig ist (§. 538 u. 539 Thl. II. Tit. 2 A. L. R.). Ebenso, heißt es dann in dem folgenden §. 540 weiter, verliert dergleichen Verordnung ihre Kraft, sobald das Kind, für welches sie errichtet worden, die Jahre der Unmündigkeit zurückgelegt hat. Letztere Ungültigkeit, welche unzweifelhaft sofort mit Erreichung der Mündigkeit ohne weiteres eintritt und wahre Nichtigkeit ist, und die Ungültigkeit bei der Pflichttheilsverletzung sind also ausdrücklich einander gleichgestellt. Diese ist daher ebenfalls ipso jure vorhanden.

Die Bestimmung das §. 456 cit., wonach, wenn jemand nach

errichtetem Testament einen andern förmlich an Kindesstatt angenommen hat, ohne wegen der Erbfolge desselben etwas verfügt zu haben, das Testament eben dadurch seine Kraft verliert, ist der Vorschrift des Römischen formellen Notherbenrechts, daß adoptione vel arrogatione filii filiaeve testamentum rumpi, quoniam sui heredis agnatione solet rumpi (l. 8 pr. D. de injusto rupto 28, 3), nachgebildet. Daraus ergiebt sich, daß, wie im Römischen Recht bei der ruptio testamenti die letztwillige Verfügung ipso jure ihrem ganzen Inhalt nach ungültig wird neque libertates competunt neque legata praestantur (l. 17 D. eod.) und ex rupto testamento nihil deberi neque peti posse, explorati juris est (l. 1 C. de post. her. inst. 6, 29), auch der §. 456 dahin verstanden werden muß, daß schon die Thatsache der Adoption allein das ganze Testament beseitigt und wird dies auch noch durch die Fassung des Paragraphen, in welchem die Worte „eben dadurch" zu beachten sind, bekräftigt.

Bei der irrthümlichen Uebergehung verliert, wenn der Uebergangene nach errichtetem Testament zurückgekehrt oder sonst dem Erblasser das Dasein oder Leben desselben erweislich bekannt geworden ist und der Erblasser nach diesem Zeitpunkt ein Jahr hat verstreichen lassen, ohne in Ansehung seiner etwas zu verfügen, das Testament seine Kraft und wird in einem solchen Falle den Kindern die gesetzliche Erbfolge eröffnet (§. 450, 451 u. 454 II. 2). Dasjenige, was die Hinfälligkeit des Testaments bewirkt, ist also wiederum blos eine Thatsache: die einjährige Kenntniß des Erblassers von dem Leben und Dasein des Uebergangenen und eine Reaktion des letztern gegen das Testament gleichfalls nicht erforderlich.

Hiernach liegt in allen drei Fällen wirkliche Nichtigkeit vor[1]) und ist rechtlich eine letztwillige Verfügung, die das Pflichttheilsrecht verletzen könnte, gar nicht vorhanden. Es ist daher ganz so wie im Römischen Recht bei der Belastung (§. 10 S. 48) die Streitfrage unmöglich.

Wenn dagegen der Erblasser das Vorhandensein des irrthümlich übergangenen pflichttheilsberechtigten Descendenten überhaupt nicht, oder wenigstens nicht mehr ein Jahr vor seinem Tode erfahren hat, so soll der Uebergangene soviel als der eingesetzte Erbe, bei mehreren eingesetzten

---

[1]) Der gleichen Ansicht sind für den §. 456: Voigt in der Preußischen Anwaltszeitung. Jahrgang VI. (1865) Nr. 26. Sp. 405 u. Koch: Erbrecht. §. 66 S. 724 und für die §§. 450, 451 u. 454: Merckel: Kommentar zum Allg. Landrecht. Thl. II. zu §. 450 S. 174: Gruchot: Erbrecht. Bd. III. S. 248, 251 u. 256 und Koch: Erbrecht. §. 66 S. 723.

Erben soviel als jeder derselben und, bei ungleicher Vertheilung des Nachlasses unter die mehreren Erben, soviel als dem am mindesten begünstigten Erben ausgesetzt worden ist, aus dem Nachlasse erhalten. Ist dem am wenigsten begünstigten Erben aber weniger beschieden als der Pflichttheil des Uebergangenen ausmachen würde, so muß letzterer den Pflichttheil erhalten (§. 444—446 u. 455 II. 2).

Ueber die Bedeutung dieser Vorschriften herrscht Streit.

Temme[2]) nimmt an, daß das Verhältniß des so Präterirten ganz das des ausdrücklich rechtswidrig Enterbten sei, also, da er diesem nur ein auf den ganzen Nachlaß gerichtetes Forderungsrecht zuspricht[3]), daß der dem Uebergangenen gewährte Anspruch sowohl auf das dem am wenigsten begünstigten Erben Ausgesetzte als wegen des am Pflichttheil etwa noch Fehlenden nur ein obligatorischer sei[4]). Zitelmann[5]) vindicirt dem Uebergangenen dieselbe Stellung, welche er dem Pflichttheilsberechtigten hinsichtlich des Pflichttheils giebt, auch hinsichtlich des größern Erbtheils, auf den er im Fall der §§. 444, 445 Anspruch hat. Die herrschende Meinung aber geht dahin, daß der Pflichttheilsberechtigte in Höhe des dem mindest Bedachten Ausgesetzten, eventuell in Höhe des Pflichttheils als Erbe zu dem eingesetzten Erben hinzutrete und sein Anspruch durchweg ein erbrechtlicher sei[6]).

Keine dieser drei Ansichten erscheint richtig, es muß vielmehr behauptet werden, daß zu unterscheiden und in Höhe desjenigen, was dem am mindesten begünstigten Erben ausgesetzt ist, der Pflichttheilsberechtigte Testamentserbe, soweit er aber dadurch seinen Pflichttheil nicht vollständig erlangt, wie der gewöhnliche Pflichttheilsberechtigte berechtigt ist.

Im Römischen Recht sind, wie oben §. 4 S. 19 und 20 angeführt worden, bei der irrthümlichen Präterition zwei besondere Bestimmungen getroffen, die l. 3 C. de inoff. test. 3,28: wenn der Erblasser gar nicht oder erst so spät, daß er das Testament nicht mehr ändern konnte, von der Existenz des Pflichttheilsberechtigten Kenntniß erhalten und nur ebenfalls pflichttheilsberechtigte Personen berufen hat und die l. 28 D. de inoff. test. 5, 2: wenn er das Dasein des Pflichttheilsberechtigten

---

[2]) Lehrbuch des Preuß. Civilrechts (1846) Bd. II. §. 308 S. 223.

[3]) daselbst S. 221, vgl. oben §. 13. Anm. 9.

[4]) So auch gelegentlich Unger: Privatrecht. Bd. VI. §. 87 Anm. 12. S. 375.

[5]) in Gruchot's Beiträgen. Bd. XX. S. 374 Anm. 114.

[6]) Koch: Privatrecht. Bd. II. §. 863 S. 902 u. 903 und Erbrecht §. 53 S. 525; Förster: Privatrecht. Bd. IV. §. 248 Anm. 157. S. 78; Erk. des Ober-Tribunals vom 27. Oktober 1858 (Entsch. Bd. 39. Nr. 28. S. 216 u. 217).

zwar gewußt, denselben aber irrthümlich als bereits wieder fortgefallen angesehen hat. Beide Fälle sind verschieden behandelt. Während in l. 3 das Testament vollständig aufrecht erhalten, der Uebergangene als miteingesetzt betrachtet und ihm ein Kopftheil gegeben wird, läßt l. 28 das Testament quoad institutiones ungültig werden und den Präterirten an die Stelle des eingesetzten Erben treten. Wenn nun das Landrecht den Irrthum über den späteren Fortfall des Pflichttheilsberechtigten der gar nicht oder zu spät beseitigten Unkenntniß von dem Dasein desselben gleichstellt und stets die Erbeseinsetzung sowie das Testament überhaupt bestehen läßt, so ist offenbar, daß es sich hierbei die l. 3 zum Muster genommen hat, wie ja denn auch die Frist von einem Jahr augenscheinlich nichts anderes, als die genauer bestimmte Frist cum mutare testamentum potuisset in l. 3 und bei der Redaktion des Landrechts darüber verhandelt worden ist, ob man nicht auch die in l. 3 gemachte Beschränkung, daß die heredes scripti keine extranei seien, aufnehmen sollte[7]). Ist aber für die §§. 444—446 die l. 3 das Vorbild gewesen, so muß, wie hier Accrescenz des Uebergangenen stattfindet, eine solche auch für das Landrecht gelten und der Pflichttheilsberechtigte in Höhe des dem mindest bedachten Erben Zugewendeten zu den eingesetzten Erben hinzutreten, gleich als wäre er selbst darauf im Testament als Erbe eingesetzt. Die Richtigkeit dieser Auffassung wird nicht blos durch die Worte des §. 448: „der mindest Begünstigte, welchem der Uebergangene gleich gesetzt werden soll", sondern auch durch die Redaktionsgeschichte der §§. 444—446, zufolge deren z. B. ein Konklusum: „Der Unbekannte wird dem mindest Begünstigten gleich geachtet", gefaßt worden ist[8]), bestätigt.

Die Accrescenz tritt dabei einerseits nur in Höhe desjenigen, was der am mindesten begünstigte Erbe als Erbe durch das Testament erhalten hat, also nicht auch in Höhe desjenigen, was derselbe als Legatar oder sonst aus dem Nachlaß erlangt, andrerseits aber auch in der vollen Höhe des Erbtheils ein. Der Uebergangene muß daher zwar selbstverständlich die Vermächtnisse, welche auf dem ganzen Nachlaß ruhen, wie ein jeder andere Testamentserbe anerkennen und pro rata hereditaria mittragen[9]), solche Vermächtnisse aber, die dem am mindesten begünstigten

---

[7]) Vgl. die bei Bornemann: Civilrecht. Bd. VI. §. 399 S. 201 mitgetheilten Materialien und das Erkenntniß des Ober-Tribunals vom 7. Januar 1853 (Entsch. Bd. 24. Nr. 42. S. 372 u. 373).

[8]) Bornemann a. a. O.

[9]) Koch: Privatrecht. Bd. II. §. 863 S. 903; Erk. des Ober-Tribunals vom 27. Oktober 1858 (Entsch. Bd. 39. Nr. 28. S. 218 u. 219).

Erben allein auferlegt sind, berühren ihn nicht. Insbesondere ist nicht anzunehmen, daß durch derartige Legate sich die Portion des mindest Begünstigten quantitativ verkleinere und daher auch der Uebergangene nur das kleinere Quantum verlangen könne[10]). Denn dann würde das Recht des Uebergangenen zu einem Recht blos auf ein Quantum werden, was mit der vom Gesetz gewährten Erbberechtigung in Widerspruch stände. Außerdem wird eine Erbquote durch die speziell auf sie gelegten Legate nicht in der Art gemindert, daß sie nur noch in dem Ueberschuß bestände, wenn es auch dem materiellen Resultat nach so erscheint. Sie besteht trotz der Legate als solche unvermindert fort und haben rechtlich die Legate nicht die Bedeutung einer Minderung der Erbquote, sondern einer Beschwerung derselben. Daß der Uebergangene dem eingesetzten Erben auch in Bezug auf die Beschwerungen der Quote gleichgesetzt sei, ist nicht gesagt und konnte nicht gesagt werden, weil sonst der eingesetzte Erbe und der Uebergangene, ein jeder für sich, das Legat entrichten, dieses also zweimal geleistet werden müßte. Die Gleichstellung ist vielmehr nur dem Erben gegenüber und hinsichtlich der Erbquote ausgesprochen und hat demgemäß die unbeschwerte Erbquote zum Gegenstand.

Wenn übrigens in Folge der Accrescenz mehr Bruchtheile der Erbschaft vorhanden sind als das Ganze beträgt, so findet eine Reduktion der Quoten in gewöhnlicher Weise statt und müssen sich hierbei auch der mindest Begünstigte und der Uebergangene dem verhältnißmäßigen Abzug unterwerfen[11]).

Soweit die Accrescenz eintritt, ist der Uebergangene Testamentserbe gleichviel, welches sonst die rechtliche Natur des Pflichttheilsrechts sein mag und ob mit dieser die Eigenschaft als Testamentserbe sich vereinigen läßt oder nicht. Denn das Gesetz will einmal hier den Pflichttheilsberechtigten ausdrücklich als Testamentserben angesehen wissen und hat ein singuläres Recht geschaffen, welches als solches außerhalb des gewöhnlichen Pflichttheilsrechts steht und auf welches die Natur des letzteren ebensowenig, wie es selbst auf diese Einfluß hat.

Erreicht oder übersteigt die Quote, welche der Uebergangene durch die Accrescenz erhält, seinen Pflichttheil, so ist damit das Pflichttheilsrecht erledigt. Erlangt derselbe dagegen durch die Accrescenz nicht den

---

10) wie Förster: Privatrecht. Bd. IV. §. 247 Anm. 156. S. 77 will.

11) Klein: System des Preußischen Civilrechts. 2. Ausgabe von v. Rönne. Bd. II. (1836) §. 699 S. 134; Förster: Privatrecht. Bd. IV. §. 247 Anm. 156. S. 77; Koch: Kommentar. Bd. III. Anm. 6 zu §. 444 II. 2. S. 311.

vollen Pflichttheil, so hat er noch ein Recht auf das Fehlende. Daß er dieses Fehlende ebenfalls durch Accrescenz bekommen soll, ist nicht bestimmt. Das Landrecht beschränkt sich darauf, vorzuschreiben, daß er den Pflichttheil erhalten soll (§. 446) und giebt dadurch, daß es nichts besonderes bestimmt, klar zu erkennen, daß hier auch nichts besonderes gelten soll. Es bewendet daher sachgemäß bei den gewöhnlichen Grundsätzen vom Pflichttheilsrecht und hat das Recht des Uebergangenen auf das Fehlende dieselbe rechtliche Natur, welche das Pflichttheilsrecht der Regel nach hat.

Außer den vorstehend besprochenen Fällen und dem anomalen Pflichttheilsrecht der Kinder aus geschiedenen Ehen, welches billig unerörtert gelassen werden kann[12]), ist noch eine weitere Ausnahme von

---

[12]) Es sei jedoch bei dieser Gelegenheit gestattet, die Verfasser des Landrechts vor dem Vorwurf der Rechtserfindung zu vertheidigen, welcher ihnen wegen dieses von ihnen zuerst in dem Edikt vom 17. November 1782 gegen die Mißbräuche der überhand genommenen Ehescheidungen (Novum Corpus Constitutionum. Tom. VII. p. 1613. Nr. 50 von 1782; Rabe: Sammlung. Bd. I. Abthlg. 7. S. 170 ff.) gesetzlich eingeführten Rechtsinstituts von allen Seiten, z. B. von Förster: Privatrecht. Bd. IV. §. 248. S. 66; Koch: Erbrecht. §. 46 S. 487 und Gruchot: Erbrecht. Bd. III. S. 257 gemacht wird.

Es scheint ganz unbekannt zu sein — wenigstens findet sich weder bei den genannten Schriftstellern, noch sonst irgendwo eine entsprechende Hinweisung —, daß die Aussetzung des Pflichttheils für die Descendenten bei Lebzeiten der Ascendenten nicht blos in der gemeinrechtlichen Theorie (z. B. von Berlich: Conclusiones practicabiles secundum ordinem Constitutionum D. Augusti. (1693) Pars III. concl. 14. No. 31 und Carpzow: Jurisprudentia forensis Romano-Saxonica. (Ed. von 1694) Pars III. const. 12. def. 10) und Praxis (siehe den von Carpzow a. a. O. in der Anmerkung S. 1024 mitgetheilten Rechtsfall) angenommen wurde, sondern auch bei Ehescheidungen und in andern Fällen schon lange vor dem Edikt von 1782 geltendes Gesetz in Deutschland war. Die betreffenden Bestimmungen befinden sich in der Familien-, Erb- und Prozeßrecht enthaltenden Kaiserlichen Land-Gerichts-Ordnung des Stiffts Würtzburg und Herzogthums zu Franken von 1618 — abgedruckt in der Collectio quorundam Statutorum Provinciarum et Urbium Germaniae 1734 (angeblich von G. M. von Ludolf) sub Num. I. pag. 1—302. — Der ganze Tit. XXXI. des dritten Theils dieser Land-Gerichts-Ordnung (S. 162 sq. l. c. Vgl. auch über den Tit. XXXI. noch Lud. Ad. Segnitz: Dissertatio de legitima liberorum Franconica. (1705) Cap. IV. §. 14—22. p. 38—42 und Cap. V. §. 7—12. p. 45—48 und das der Dissertation angehängte Formular für die Klage auf Herausgabe der Legitima bei Lebzeiten) beschäftigt sich damit, „in was Fällen die Eltern in Zeit ihres Lebens ihren Kindern, Dichtern oder Urdichtern die Zweytheil, d. i. den Pflichttheil zu geben schuldig." Es wird ausdrücklich hervorgehoben, daß „nach Disposition und Verordnung gemeiner geschriebenen Rechten" eine derartige Pflicht nicht existire (§. I.), dieselbe vielmehr auf „unseres Stiffts und Herder regelmäßigen Gestaltung des Pflichttheilsrechts in der Bestimmung des §. 431 Thl. II. Tit. 2, nach welcher alle letztwilligen Verfügungen, wodurch den Kindern ihr Pflichttheil genommen, geschmälert oder belastet werden soll, bei Strafe der Nichtigkeit in der Form eines wirklichen Testaments abgefaßt werden müssen und die Form einer privilegirten Disposition unter Kindern dazu nicht hinreichend ist, gefunden worden, indem man behauptet hat, theils daß die Vernachlässigung dieser Vorschrift stets eine von selbst eintretende Nichtigkeit der ganzen Verordnung zur Folge habe und das gravirte Kind seinen vollen gesetzlichen Erbtheil erlange[13]), theils daß wenigstens dann die Ungültigkeit der letztwilligen Verordnung eintrete, wenn dieselbe bezwecke, den Kindern ihren Pflichttheil zu nehmen, zu schmälern und zu belasten[14]). Beides zu Unrecht. Der §. 431 ist so aufzufassen, daß nicht die ganze letztwillige Verordnung, sondern allein die darin enthaltene, den Pflichttheil nehmende, schmälernde oder belastende Verfügung ungültig wird und der Pflichttheilsberechtigte stets nur in gewöhnlicher Weise ein Recht auf den Pflichttheil hat[15]).

---

zogthums Landrechten und altem Gebrauch" beruhe (§. II.). Im ganzen werden zwölf bestimmte Fälle aufgezählt (§. III.—XX.), außerdem aber auch noch analoge Anwendungen nach „unseres Land-Richters Erkänntnüß" gestattet. Unter den ersteren finden sich Verrückung des Wittibstandes, Bestrafung der Eltern wegen begangener Malefitz, schlechte Behandlung der Kinder u. dgl., insbesondere aber wird im §. XVI. (pag. 165 a. a. O.) verordnet: „Zum Neunten wann die Eltern ex legitima causa divortiiret worden, sollen sie alßdann den Kindern die Legitimam zu geben auch schuldig sein."

Obwohl Bestimmtes hierüber nicht hat ermittelt werden können, darf es wohl als gewiß angesehen werden, daß die Fränkische Landgerichts-Ordnung, nach Umfang und Inhalt eines der hervorragendsten älteren Partikulargesetze, den Verfassern des Landrechts bekannt und der §. XVI. cit. das Vorbild für die also nicht erfundenen Vorschriften des Ehescheidungs-Edikts und des Landrechts gewesen ist, umsomehr, als die nahen Beziehungen Preußens zu den Fränkischen Fürstenthümern Anspach und Bayreuth, namentlich die damals bereits vorhandene Aussicht auf deren Erwerbung die Beschäftigung mit dem Fränkischen Recht und die Berücksichtigung desselben bei der neuen Gesetzgebung ganz besonders nahe legten.

[13]) Mühlenbruch: Fortsetzung des Kommentars von Glück. Bd. XXXVIII. (1835) §. 1425 f. S. 50 u. 51 und Erk. des Ober-Tribunals vom 27. September 1841 im neuen Archiv für Preußisches Recht und Verfahren. Jahrgang XII. (1847) S. 235 u. 236.

[14]) Erk. des Ober-Tribunals vom 7. November 1859 (Entsch. Bd. 42. Nr. 33. S. 256) und vom 5. Dezember 1860 (Arch. Bd. 39. Nr. 63. S. 279); Koch: Erbrecht. §. 51 S. 520 u. 521.

[15]) So Koch: Kommentar. Bd. III. Anm. 87 zu §. 431 II. 2. S. 305;

Das Römische Recht bestimmt zwar ebenfalls, daß die Enterbung des Pflichttheilsberechtigten nur in einem Testament geschehen könne: codicillis hereditas neque dari neque adimi potest (§. 2 J. de codicillis 2, 25, l. 2 C. eod. 6, 36), aber davon, daß schon wegen unterlassener Beobachtung dieser Form die Verordnung, in welcher die Enterbung ausgesprochen ist, ungültig sei, ist nirgends etwas gesagt. Vielmehr steht unzweifelhaft die unförmliche Enterbung der materiell ungerechtfertigten und ebenso wie diese der Präterition gleich, sodaß die Ungültigkeit der ganzen Verordnung, in welcher die Enterbung enthalten ist, nur dann eintritt, wenn auch die Uebergehung diese Folge hat. Dies gilt selbst von dem formellen Notherbenrecht des ältern Römischen Rechts. Auch nach diesem ist die nicht in einem Testament geschehene Exheredation des suus oder postumus lediglich eine Art der Präterition und von derselben Wirkung wie die Präterition. Wenn daher im Landrecht die unförmliche Enterbung nach anderen Grundsätzen als die materiell unbegründete behandelt und bei ihr die Ungültigkeit der ganzen letztwilligen Verordnung angenommen wäre, so hätte man nicht blos ohne irgend eine berechtigte Veranlassung etwas ganz Neues bestimmt, sondern man wäre auch in das Römische formelle Notherbenrecht, das doch vollständig verworfen ist, wieder zurückgefallen und hätte dasselbe gar noch an Formalismus überboten. Dazu kommt, daß der Wortlaut des §. 431 in keiner Weise die behauptete Ungültigkeit der ganzen Disposition rechtfertigt. Im Gegentheil daraus, daß nicht „alle letztwilligen Verfügungen, w o r i n," sondern „alle letztwilligen Verfügungen, w o d u r c h der Pflichttheil genommen 2c. wird," gesagt ist, folgt evident, daß dasjenige, was nichtig ist, nicht die ganze letztwillige Disposition, sondern nur derjenige Theil derselben, welcher den Pflichttheil nimmt, ist. Die unförmliche Enterbung ist daher auch im Landrecht nichts anders als eine Präterition und hat keine anderen Wirkungen wie diese.

Hiernach bleibt die Frage nach der rechtlichen Natur des Pflichttheilsrechts im Landrecht möglich bei absichtlicher Uebergehung und formell oder materiell ungültiger Enterbung, ferner bei nicht ausreichender Zuwendung des Pflichttheils, sodann bei unzulässiger Belastung und endlich bei Pflichttheilsverletzung durch Verfügung unter Lebenden. Sie ist insbesondere auch abweichend vom Gemeinen Recht bei der Belastung

---

G r u c h o t: Erbrecht. Bd. III. S. 196; F ö r s t e r: Privatrecht. Bd. IV. §. 248 S. 72 u. 73; Erkenntniß des Ober-Tribunals vom 20. November 1845 (Präj.-Samml. Bd. I. S. 168). Vgl. die Gründe des letzteren im Neuen Archiv für Preuß. Recht und Verfahren. Jahrgang XII. S. 237 ff., insbes. S. 242 u. 243.

möglich, da das Landrecht nach den Bestimmungen des §. 432: „Behauptet ein in seinem Pflichttheil . . . belastetes Kind, daß ihm ein solcher Nachtheil aus einer nicht gesetzmäßigen oder nicht gegründeten Ursache zugefügt worden, so muß demselben rechtliches Gehör darüber verstattet werden" und des §. 433: „Findet der Richter die Beschwerde gegründet, so muß . . . . die auf den Pflichttheil gelegte Last oder Einschränkung durch Urtel und Recht für aufgehoben erklärt werden," nicht wie die l. 32 und l. 36 pr. C. de inoff. test. 3, 28 die Belastung von Rechtswegen aufhebt, sondern zu ihrer Beseitigung eine Klage des belasteten Pflichttheilsberechtigten nothwendig ist[16]). Nur für einen Fall, den des §. 284 Thl. I. Tit. 17, welcher letztwillige Verordnungen des Erblassers über Fortsetzung einer Societät betrifft, ist dies in Zweifel gezogen worden, weil das Gesetz dergleichen Verordnung für „unverbindlich" erkläre[17]). Es ist jedoch bekannt, daß das Landrecht die Arten und Grade der Ungültigkeit eines Rechtsgeschäfts nicht nur mit verschiedenen Ausdrücken, sondern sehr mannigfaltig bezeichnet und aus dem Wortlaut allein nicht das Vorhandensein wirklicher Nichtigkeit gefolgert werden kann[18]). Speziell das Wort „unverbindlich" wird auch gebraucht, wo keine Nichtigkeit vorliegt[19]). An einem innern Grunde, die Anordnung der Fortsetzung einer Societät anders als sonstige Auflagen zu behandeln, fehlt es aber ganz und ist daher auch bei ihr eine Klage erforderlich.

Bei der Uebergehung und ungültigen Enterbung ist das Recht des Pflichttheilsberechtigten ein Recht auf Verabfolgung des ganzen Pflichttheils, bei der unzulänglichen Zuwendung ein solches auf Ergänzung des Pflichttheils durch Gewährung des Fehlenden, bei der Belastung ein Recht auf Beseitigung der Last und bei der Verletzung durch Verfügung unter Lebenden ein Recht auf Rescission der Verfügung und Zurückgabe des zuviel Verschenkten. Erst durch Charakterisirung dieser vielerlei Rechte wird die Frage nach der rechtlichen Natur des Pflichttheilsrechts erschöpft. Das Recht auf Verabfolgung und das auf Ergänzung des Pflichttheils sind aber die Haupterscheinungsformen des Pflichttheilsrechts, welche dessen Charakter am meisten bestimmen. Sie werden deshalb in dem Folgenden in erster Linie abgehandelt werden.

---

[16]) Gruchot: Erbrecht. Bd. III. S. 137 u. 138.

[17]) Zitelmann S. 389.

[18]) Heydemann: Einleitung in das System des Preuß. Civilrechts. Bd. I. (1861) S. 176 Anm. 299; Förster: Privatrecht. Bd. I. §. 41 S. 191.

[19]) z. B. in §. 85 Thl. I. Tit. 4 ALR.'s.

§. 15.

Ausscheidung der übrigen Ansichten bis auf die Theorien vom ausnahmslosen Erbrecht, vom Anfechtungsrecht und vom Forderungsrecht.

Nachdem das Thema so näher begrenzt und bestimmt worden, kann in der weiteren Erörterung der über die Natur des Pflichttheilsrechts aufgestellten Ansichten fortgefahren werden.

Von diesen müssen zunächst diejenigen verworfen werden, welche im Princip Intestaterbrecht annehmen, von der Erbeseigenschaft des Pflichttheilsberechtigten aber Ausnahmen machen.

Bei der Präterition und widerrechtlichen Enterbung ist zu solchen Ausnahmen gewiß keine Veranlassung vorhanden. Die Gründe für eine Ausschließung des sonst geltenden Erbrechts in einem bestimmten Fall könnten doch nur in dem besondern Verhalten des Erblassers zu dem Pflichttheilsberechtigten und dem Einfluß, den dieses auf das Recht des letzteren hat, liegen. Bei der Präterition aber verhält sich der Erblasser dem Pflichttheilsrecht gegenüber lediglich passiv, er wirkt auf dasselbe direkt gar nicht ein, sondern läßt es nur unberücksichtigt und kann es daher nicht zu etwas anderem machen, als was es von Hause aus ist. Bei der ungültigen Enterbung nimmt der Erblasser zwar eine Thätigkeit vor, aber eine Thätigkeit, der das Gesetz schlechthin jede Bedeutung abspricht, die eine rein faktische und keine rechtliche ist. Rechtlich steht vielmehr die ungültige Enterbung der Präterition durchaus gleich (§. 14 S. 80). Bei beiden erscheint das Pflichttheilsrecht am reinsten. Wenn dasselbe irgendwo Erbrecht ist, dann muß es hier am ersten Erbrecht sein.

Ebensowenig ist es gerechtfertigt, bei theilweiser Hinterlassung des Pflichttheils hinsichtlich des Fehlenden das Erbrecht auszuschließen. Denn die theilweise Zuwendung ist auf ihrer andern Seite nichts weiter als eine theilweise Präterition und zwar ist sie dies grade hinsichtlich dessen, worauf es hier allein ankommt, hinsichtlich des Fehlenden. Es muß daher insoweit das Gleiche wie bei der gänzlichen Uebergehung gelten.

Bei den beiden noch übrig bleibenden angeblichen Ausnahmen im Fall einer Einsetzung des Pflichttheilsberechtigten zum Erben und der Zuwendung von bestimmten Sachen oder Summen, die aber nach dem, was oben §. 14 S. 72 u. 73 ausgeführt worden, als mögliche Ausnahmen von der gewöhnlichen Natur des Pflichttheilsrechts überhaupt nur dann in Betracht kommen können, wenn durch die Einsetzung oder

Zuwendung der Pflichttheil nicht vollständig hinterlassen ist, ist dasjenige, was bisher vermißt worden ist, nämlich eine direkte, gesetzlich nicht unbedingt für unzulässig erklärte Einwirkung des Erblassers auf das Pflichttheilsrecht, die dessen Natur ändern könnte, allerdings vorhanden. Dennoch muß auch hier bei der Regel — immer dieselbe als richtig vorausgesetzt — verblieben werden.

Wenn das Pflichttheilsrecht den Charakter eines Intestaterbrechts hat, so kann es nur das Intestaterbrecht, welches der Pflichttheilsberechtigte ohne die letztwillige Verfügung gehabt hätte, beschränkt auf einen bestimmten Bruchtheil, sein. Dieser Bruchtheil würde, weil das Pflichttheilsrecht nicht blos ohne, sondern selbst wider den Willen des Erblassers gegeben ist, der Willkühr desselben entzogen erscheinen, das Pflichttheilsrecht daher ein Theil des Intestaterbrechts sein, welcher über dem Willen des Erblassers steht. Ist aber das Pflichttheilsrecht ein von der Willkühr des Erblassers unabhängiger Theil des Intestaterbrechts, wie soll dieses Intestaterbrecht dem Pflichttheilsberechtigten dann doch wieder durch Erbeseinsetzung und Zuwendung bestimmter Summen oder Sachen, also durch Handlungen, die lediglich in der Willkühr des Erblassers liegen, genommen werden können? Dies zulassen, hieße nicht mehr blos von der Regel eine Ausnahme machen, sondern mit derselben in Widerspruch treten und die Regel selbst ihrem Wesen nach negiren.

Dafür, daß das Pflichttheilsrecht bei der Zuwendung bestimmter Summen oder Sachen nicht Erbrecht sei, hat man sich speziell auf den §. 263 Thl. I. Tit. 12 und den §. 164 des Anhangs zum §. 574 Thl. II. Tit. 18 Allg. Landrechts berufen.

Allein der §. 263 betrifft, wie der Wortlaut, die Stellung im zwölften Titel und der Zusammenhang mit den Paragraphen, unter welchen er steht, ergeben, nur im Testament auf bestimmte Summen oder Sachen eingesetzte, lediglich aus dem Testament und dem darin ausgesprochenen Willen des Erblassers ihr Recht herleitende Erben. Er kann auf Pflichttheilsberechtigte, deren Erbrecht Intestaterbrecht, die Erben nicht durch den Willen des Erblassers, sondern aus eigenem Recht kraft des Gesetzes sein würden, nicht bezogen werden[1]).

Bei dem §. 164 des Anhangs (oben §. 5 S. 34) bedarf es, um seine Bedeutung und Tragweite festzustellen, des Zurückgehens auf

[1]) So auch das Kammergericht in v. Kamptz Jahrbüchern. Bd. 47. S. 285, das Ober-Tribunal in dem Erkenntniß vom 4. April 1855 (Arch. Bd. 16. Nr. 70. S. 324 u. Entsch. Bd. 31. Nr. 5. S. 41) und Koch: Erbrecht. §. 45 S. 452.

seine Quelle, das bereits mehrfach erwähnte Rescript vom 13. Oktober 1794[2]). Dasselbe, ergangen auf die Anfrage des Churmärkischen Pupillen-Kollegiums, „ob ein im Pflichttheil eingesetzter Erbe im Fall der Theilung auf Subhastation anzutragen befugt sei oder ob er zufrieden sein müsse, daß der Pflichttheil nach der Taxe ausgemittelt werde", bemerkt, daß „die vorhandene Meinungs-Verschiedenheit leicht zu beseitigen sei, wenn man nur zwei an sich verschiedene Fälle richtig unterscheide. Wenn der Pflichttheil auf ein gewisses Quantum festgesetzt sei, so gehe das Eigenthum des ganzen Nachlasses, folglich auch der dazu gehörigen Grundstücke auf den eingesetzten Universalerben allein über und dieser sei blos schuldig, dem Kinde das als Pflichttheil ausgesetzte Quantum herauszugeben. Hier könne blos die Frage entstehen, ob eine Verletzung im Pflichttheil vorhanden sei, und um dieses zu beurtheilen, sei es nöthig, den Werth der Grundstücke auszumitteln. Daß aber blos zu diesem Behufe in diesem oder irgend einem andern Fall eine Subhastation des Grundstücks nothwendig sei, dies verordne kein Gesetz, vielmehr disponirten sowohl die bisherigen allgemeinen Rechte als auch unser Allg. Landrecht im Allgemeinen, daß in der Regel der Werth einer Sache nach einer von Sachverständigen aufzunehmenden Taxe bestimmt werde. — Ganz anders verhalte sich aber die Sache, wenn der Pflichttheil ohne Bestimmung eines gewissen Quanti titulo institutionis verschrieben worden. Dann gehe unstreitig das Miteigenthum auch der zum Nachlaß gehörigen Grundstücke zu einem Drittel resp. zur Hälfte auf das Kind über, auf die Ausmittlung des Werthes der Grundstücke komme es nicht an, sondern es brauche blos das Miteigenthum des Kindes pro parte quota legitimae im Hypothekenbuche vermerkt zu werden. Wenn demnächst der Miterbe nicht mehr in Gemeinheit bleiben wolle, so sei dies ein Antrag auf Theilung und diese habe, wo es nach allgemeinen Grundsätzen nothwendig, im Wege der Subhastation zu erfolgen."

Darnach erhellt zunächst soviel, daß dasjenige, was im §. 164 bestimmt ist, beinahe wörtlich aus dem Rescript vom 13. Oktober 1794 entnommen ist und daß, wie dieses eine Aenderung des Landrechts weder beabsichtigt hat, noch als eine nur einem Vormundschafts-Kollegium gegebene Vorschrift beabsichtigen konnte, sondern nur bereits im Allg. Landrecht enthaltene Grundsätze zur Anwendung bringen wollte, ebenso wenig der §. 164 etwas Neues und von den Vorschriften des Land-

---

[2]) Vgl. §. 12 S. 62 u. §. 13. Anm. 33. S. 71.

rechts Abweichendes verordnet. Daraus erklärt sich auch seine Stellung im Titel 18, während, wenn das Pflichttheilsrecht dadurch hätte geändert werden sollen, man ihn doch in die Lehre von diesem gestellt haben würde. Läßt sich — und darüber kann bei der Bedeutungslosigkeit des §. 263 Thl. I. Tit. 12 kein Zweifel obwalten — durch die Bestimmungen des Allg. Landrechts selbst eine Ausnahme von der Erbrechtstheorie bei Zuwendung bestimmter Summen oder Sachen nicht rechtfertigen, so kann man es daher sicherlich auch nicht durch den §. 164.

Es erhellt aber auch weiter, daß dasjenige, was im §. 164 bestimmt ist, den Inhalt des Rescripts nicht vollständig erschöpft, sondern grade der Passus, der in dem letzteren dem auf bestimmte Summen oder Sachen gesetzten Pflichttheilsberechtigten unzweideutig die Erbeseigenschaft abspricht, daß nämlich das Eigenthum des ganzen Nachlasses auf den eingesetzten Universalerben allein übergehe und der Pflichttheilsberechtigte von diesem nur die Herausgabe des ihm ausgesetzten Quantums verlangen könne, in ihn nicht mit aufgenommen ist, der §. 164 also eine direkte Ausschließung des Erbrechts nicht enthält. Es darf dieselbe auch in ihn nicht aus dem Rescripte hineingetragen werden, denn das hieße ihn aus demselben nicht mehr interpretiren, sondern ergänzen. Dagegen werden die Grenzen einer zulässigen Auslegung nicht überschritten, wenn das Rescript dazu benutzt wird, um festzustellen, was mit der für den in Rede stehenden Punkt allein interessirenden, aber an sich nicht klaren Bestimmung des §. 164: der im Pflichttheil eingesetzte Erbe, dessen Pflichttheil auf eine gewisse Summe festgesetzt ist, müsse zufrieden sein, daß der Pflichttheil nach der Taxe ausgemittelt werde, gemeint sein soll.

Eine Ermittlung des Werthes des Nachlasses ist zu einem doppelten Zweck denkbar, entweder um zu eruiren, ob überhaupt eine Pflichttheilsverletzung vorliegt, oder zum Zweck der Auseinandersetzung zwischen dem Pflichttheilsberechtigten und dem eingesetzten Erben. Beide Ermittlungen sind begrifflich verschieden und müssen aus einander gehalten werden. Insbesondere bedarf es der erstern gar nicht bei vollständiger Uebergehung oder ungültiger Enterbung und bei Einsetzung auf eine zu kleine Quote, weil hier die Pflichttheilsverletzung von selbst zu Tage liegt, während die zweite erforderlich ist. Dagegen ist jene allerdings nothwendig, wenn der Pflichttheil auf ein gewisses Quantum festgesetzt ist. Das Rescript nimmt nun an, daß in diesem Fall blos die Frage entstehen könne, ob eine Verletzung im Pflichttheil vorhanden sei und, um dieses zu beurtheilen, der Werth der Grundstücke durch Taxe auszumitteln sei, also, daß hier allein die zuerst gedachte Werthsermittlung stattfinden könne. Ob diese Ansicht in der That richtig und nicht auch noch die zweite Werthsermittlung möglich bezw. nothwendig ist, muß dahin gestellt bleiben. Das Rescript hält einmal blos die Werthsermittlung behufs Feststellung des Vorhandenseins einer Pflichttheilsverletzung für möglich und spricht nur von dieser. Daraus folgt, daß, wenn es im §. 164 heißt, der Pflichttheil sei nach der Taxe auszumitteln, dies sich allein darauf bezieht, wie behufs Feststellung des Vorhandenseins einer Pflichttheilsverletzung der Werth des Nachlasses zu ermitteln ist. Diese Frage aber hat mit der Natur des Pflichttheilsrechts selbst als eines Erb- oder sonstigen Rechts nichts zu thun.

Es ist bereits mehrfach hervorgehoben worden (S. 42, 72 u. 73), daß das Pflichtheilsrecht nicht unter allen Umständen vorhanden, sondern der Erblasser befugt ist, seinen an sich pflichttheilsberechtigten Verwandten gewisse Zuwendungen zu machen und, wenn er von dieser Befugniß in ausreichendem Maße Gebrauch gemacht hat, die Verwandten nicht die Zuwendungen ausschlagen und die den Pflichttheil bildende Quote ihres Intestaterbtheils verlangen dürfen und ein wirkliches Pflichttheilsrecht nicht entsteht, dieses vielmehr nur gegeben ist, wenn der Erblasser keine genügenden Zuwendungen gemacht, also eine Pflichttheilsverletzung begangen hat. Durch die in Rede stehende Werthsermittlung soll nun erst festgestellt werden, ob eine Pflichttheilsverletzung vorliegt. Ehe dies feststeht, ist es noch vollständig ungewiß, ob ein Pflichttheilsrecht existirt. Auf die Art und Weise, wie die Werthsermittlung geschieht, kann ein Recht, dessen Vorhandensein sich erst durch dieselbe und nach derselben ergiebt, und seine rechtliche Natur doch noch keinen Einfluß haben. Wenn daher der §. 164 bei dieser Werthsermittlung lediglich den Grundsatz des §. 116 Thl. I. Tit. 2 des Allg. Landrechts, nach welchem in allen Fällen, wo nicht die Gesetze ein anderes ausdrücklich vorschreiben, der Werth einer Sache bei entstehendem Streite durch die Abschätzung vereideter Sachverständiger bestimmt wird, zur Anwendung bringt, so ist damit nicht etwas vorgeschrieben, was von dem erbrechtlichen Charakter des Pflichttheilsrechts abwiche. Dieser kann nur auf die Frage, wie die Auseinandersetzung und Theilung des Nachlasses zwischen dem eingesetzten Erben und dem Pflichttheilsberechtigten zu bewirken ist, Einfluß haben und möglicher Weise dahin führen, daß der Pflichttheilsberechtigte befugt ist, bei der zum Zweck der Auseinandersetzung erforderlichen Ermittlung des Werthes des Nachlasses die Subhastation der Nachlaßgrundstücke zu verlangen. Aber dieses Recht ihm auch schon für die zur Feststellung der Pflichttheilsverletzung stattfindende Werthsermittlung, zu deren Zeit erst die bloße Möglichkeit, Pflichttheilsberechtigter und als solcher Erbe zu sein, vorhanden ist, einzuräumen, dazu fehlt es an jedem Grunde. Hier ist allein die Taxe am Ort und konnte gar nichts anderes bestimmt werden. Sehr richtig wird deshalb in dem Rescript und dem §. 164, soweit darin von Subhastation die Rede ist, nur von Subhastation im Fall der Auseinandersetzung und Theilung mit dem eingesetzten Erben gesprochen.

Aber auch wenn alles, was vorstehend ausgeführt worden ist, unrichtig wäre, wenn der §. 164 das Allg. Landrecht abgeändert hätte und wenn aus der Erbeseigenschaft des Pflichttheilsberechtigten das Recht flösse, zur Feststellung des Vorhandenseins einer Pflichttheilsverletzung alle Mal die Subhastation zu verlangen und das Verbot der Subhastation bei Zuwendung bestimmter Sachen oder Summen daher mit dem Erbrecht nicht im Einklang stände, so würde daraus noch nicht folgen, daß in diesem Fall die Erbeseigenschaft ganz ausgeschlossen sei. Denn das läßt sich doch jedenfalls nicht behaupten, daß jenes Recht auf Subhastation ein so nothwendiger Begleiter des Erbrechts ist, daß beim Nichtvorhandensein desselben auch das Erbrecht nicht bestehen könnte. Es würde unter allen Umständen nur ein Naturale, nicht ein Essentiale des Erbrechts sein, §. 164 daher schlimmsten Falls dem Pflichttheilsberechtigten, dem der Pflichttheil auf eine gewisse Summe festgesetzt ist, ein aus seiner Erbeseigenschaft fließendes Recht nehmen, sein Erbrecht in einem bestimmten Punkte beschränken, aber nicht es vollständig ausschließen.

Weil die Taxation zum Zweck der Feststellung des Vorhandenseins einer Pflichttheilsverletzung mit dem Charakter des Pflichttheilsrechts nichts weiter zu schaffen hat und noch weniger, wenn dasselbe ein Intestaterbrecht ist, dieses Erbrecht vollständig auszuschließen vermag, hat denn auch das Oestreichische bürgerliche Gesetzbuch, obwohl es das Pflichttheilsrecht als Erbrecht auffaßt, direkt und allgemein bestimmen können, daß zur Berechnung des Pflichttheils nur die Taxe und keine Feilbietung des Nachlasses verlangt werden darf (§. 784)[3].

---

[3]) Oben §. 6 S. 34 und Unger: Privatrecht. Bd. VI. §. 81 S. 342.

§. 16.

Verhältniß der drei Theorien vom Erbrecht, Anfechtungsrecht und Forderungsrecht zu einander. Momente, welche für die Entscheidnng zwischen ihnen keinen Anhalt geben.

Von den Theorien, welche gegenwärtig noch übrig sind, haben die ausnahmslose Erbrechts-Theorie und die Theorie vom Forderungsrecht gar nichts mit einander gemein. Nach der ersteren ist der Pflichttheilsberechtigte stets Intestaterbe, auch wenn der Erblasser ihn ausdrücklich zum Testamentserben oder Legatar ernannt hat und nach der Forderungsrechts-Theorie ist er niemals Intestaterbe und Erbe nur in einem Fall, wenn der Erblasser ihn selbst dazu gemacht hat, wo er jedoch Testamentserbe durch den Willen des Erblassers ist; auch kann er durch den Willen des Erblassers Legatar werden.

Dagegen sind die Erbrechts-Theorie und die Theorie Zitelmann's nahe verwandt. Denn auch die letztere beruht auf der Annahme, daß der Pflichttheil ein Intestaterbtheil ist. Wenn trotzdem bei der Einsetzung des Pflichttheilsberechtigten zum Erben auf seine Pflichttheilsquote schlechthin oder mit Angabe einer bestimmten Summe oder Sache, in welcher der Pflichttheil bestehen soll, und bei der Hinterlassung eines dem Geldwerth des Pflichttheils gleichkommenden Legats ein Intestaterbrecht nicht angenommen wird, so kommt dies nicht weiter in Betracht, weil es insoweit überhaupt an einem Pflichttheilsrecht fehlt (§. 14 S. 72 und 73). Bei der vollständigen Enterbung, der Uebergehung und der Verkürzung aber, also in denjenigen Fällen, für welche Zitelmann grade das Anfechtungsrecht mit seiner vollen Wirkung aufstellt, ist die Annahme, daß der Pflichttheil ein Intestaterbtheil sei, die nothwendige Voraussetzung des Anfechtungsrechts. Zitelmann bekämpft die Auffassung des Pflichttheilsrechts als eines Intestaterbrechts hier lediglich deswegen, weil dieselbe zur Konsequenz habe, daß die Verfügung des Erblassers über den den Pflichttheil bildenden Theil der Intestatportion, also die das Pflichttheilsrecht verletzende letztwillige Verfügung ipso jure nichtig sei und behauptet dem gegenüber, daß eine solche Nichtigkeit nach dem Landrecht nicht gelte, sondern nur Anfechtbarkeit bestehe. Seiner und der Erbrechts-Theorie bleibt gemeinschaftlich, daß der Pflichttheil ein von dem Willen des Erblassers unabhängiger Theil der Intestaterbportion ist, welche der Pflichttheilsberechtigte ohne die letztwillige Verfügung gehabt haben würde (§. 15 S. 83) und ist der Unterschied nur der, ob diese Unabhängigkeit von dem Willen des Erblassers der Art ist, daß die letztwillige Verfügung über jenen Theil nichtig oder blos der Art, daß die Verfügung anfechtbar ist. Im erstern Fall ist der Pflichttheilsberechtigte ohne weiteres Intestaterbe und das Pflichttheilsrecht ein Intestaterbrecht. Im letztern Fall muß der Pflichttheilsberechtigte, um Erbe werden zu können, erst die letztwillige Verfügung über den Pflichttheil beseitigen und ist sein Recht zunächst nur ein Anfechtungsrecht, aber Intestaterbe wird er auch hier und muß er werden, weil Zweck und Erfolg der Anfechtung nur die Herbeiführung der Intestaterbfolge sein kann. Beide Theorien gehen sonach solange zusammen, als es sich um die Natur des Pflichttheils handelt und sie trennen sich erst, sobald es sich um die Natur des Pflichttheilsrechts handelt, begegnen sich jedoch auch hier wieder, indem sie schließlich beide den Pflichttheilsberechtigten als Intestaterben auffassen.

Es wurde bereits angedeutet (§. 12 S. 60), daß das Allg. Landrecht keinen direkten Anhalt für die Charakterisirung des Pflichttheils und des Pflichttheilsrechts gewährt. Insbesondere läßt es sich mit jeder der drei Theorien vereinigen, wenn §. 391 Thl. II. Tit. 2 von einem Vorbehalt des den Kindern zukommenden Pflichttheils spricht. Denn ein solcher Vorbehalt liegt sowohl vor, wenn die Verfügung des Erblassers über den den Pflichttheil bildenden Theil der Intestatquote ungültig, sei es nichtig oder sei es anfechtbar, ist, als auch wenn der Pflichttheilsberechtigte trotz der Verfügung doch den Pflichttheil mittelst eines obligatorischen Rechts erlangt.

Auch aus der systematischen Stellung des Pflichttheilsrechts ist nichts herzuleiten. Dasselbe ist bei Descendenten und Ascendenten im unmittelbaren Anschluß an die Erbfolge aus letztwilligen Verordnungen abgehandelt, also als eine Beschränkung der Testirfreiheit betrachtet, die es in jedem Fall ist. Der Pflichttheil der Ehegatten ist zwar bei der Succession ab intestato besprochen, aber daraus folgt auch noch nicht, daß das Recht darauf ebenfalls als ein Intestaterbrecht angesehen worden ist. Denn einmal ist dieses durchaus dem Pflichttheilsrecht der Descendenten nachgebildet und kann daher keine andere Natur, wie letzteres haben. Außerdem rechtfertigt sich jene Stellung hinlänglich dadurch, daß das Pflichttheilsrecht, welcher Natur es auch sein mag, nur den Intestaterben zukommt und ein Ersatz für das entzogene Intestaterbrecht ist.

Ebenso wenig verschafft die Geschichte der Abänderungen, welche die betreffenden Vorschriften bis zu ihrer definitiven Feststellung erfahren haben, dieses in vielen Fällen so wichtige Interpretationsmittel, irgend welche Aufklärung. Das Projectum Corporis juris Fridericiani giebt in der Hauptsache nur die Vorschriften des Gemeinen Rechts wieder. Wo es von diesem abweicht, zeigt es noch mehr Formalismus, z. B. wenn es bei mangelnder Institution das Testament ganz und gar nichtig werden läßt (§. 5 S. 26), steht also dem Landrecht ferner als das Gemeine Recht. Dazu kommt, daß seine Anschauungen über Einheit der Familie und natürliche Berechtigung des Pflichttheilsrechts (S. 27) in die Landrechtliche Gesetzgebung keinen Eingang gefunden haben. Es bietet daher für deren Verständniß nichts und kann namentlich auch nicht die in ihm enthaltene Bezeichnung des Pflichttheils als eine pars haereditatis, welche durch actiones haereditarias gefordert werden könne (S. 27), irgendwie verwerthet werden. Der Entwurf des Allg. Gesetzbuchs enthält dann die landrechtlichen Bestimmungen, auf welche es ankommen kann, bereits vollständig, insbesondere stimmen die §§. 391, 432 und 433 Thl. II. Tit. 2 des Landrechts wörtlich mit den §§. 306, 322 und 323 Thl. I. Tit. 2 des Entwurfs überein.

Auch die auf dem Gebiet des Pflichttheilsrechts spärlicher als wo anders fließende Quelle der Materialien[1]) läßt im Stich. In denselben werden zwar die Abweichungen des neuen Gesetzbuchs vom Römischen Recht besprochen[2]), aber darüber, welchen Einfluß dieselben auf die Natur des Pflichttheilsrechts haben und welcher Ansicht man überhaupt über die letztere gewesen ist, enthalten sie nichts, ja es gewinnt in der That

---

[1]) Von den auf das Pflichttheilsrecht Bezug habenden Materialien sind nur veröffentlicht: Die Anmerkungen zum Entwurf, namentlich zu §. 306, 322 u. 333 Tit. 1. (S. 207, 208, 211, 212 u. 214) und zu §. 24 Tit. 3. Thl. I. (S. 255) (auch abgedruckt bei Siewert: Materialien zur wissenschaftlichen Erklärung der neuesten allg. preuß. Landesgesetze. Heft 1. (1800) S. 66. Nr. 44, S. 67. Nr. 45 und S. 76. Nr. 57), das den amtlichen Vorträgen von Suarez bei der Schlußrevision beigefügte Promemoria K über die Lehre vom Pflichttheil und von Enterbungen (v. Kamptz: Jahrbücher für die Preußische Gesetzgebung, Rechtswissenschaft und Rechtsverwaltung. Bd. 41. S. 163—166), die Bemerkungen von Suarez ad Tit. III. §. 32 u. 33 des Allg. Gesetzbuchs (v. Kamptz a. a. O. S. 146) und der Immediatbericht des Großkanzlers von Carmer vom 20. Dezember 1790 nebst der Kabinetsorder vom 21. ej. (v. Kamptz: Bd. 52. S. 129 u. 131). Hierzu tritt noch, was Bornemann in seinem Civilrecht, von Daniels als Anhang zu seinem Lehrbuch des Preuß. Privatrechts und der Gesetzrevisor im Pensum XVI. Entwurf der das Erbrecht betreffenden Gesetze (1835) aus den von ihnen eingesehenen Materialien mittheilen.

[2]) am ausführlichsten in der Anmerkung zum §. 322 des Entwurfs und in dem Promemoria K.

den Anschein, als ob man sich der Streitfrage gar nicht bewußt, geschweige denn klar darüber gewesen ist[3]).

Endlich geben auch die Schriften derjenigen, die an der Redaktion des Allg. Landrechts Theil genommen haben und deren Meinung daher von großer Wichtigkeit für die Auffassung des Landrechts sein würde, keinerlei Aufschluß. Der von Suarez und Goßler, „um den Bürgern des Preußischen Staats einen kurzen und verständlichen Auszug der in diese Klasse gehörenden Landesgesetze vorzulegen," herausgegebene Unterricht über die Gesetze für die Einwohner der Preuß. Staaten, sowie das Goßler'sche Handbuch gemeinnütziger Rechtswahrheiten wiederholen lediglich die Hauptbestimmungen des Landrechts. Dasselbe thut Klein in seinem System des Preußischen Civilrechts[4]).

Fehlt es mithin auch an einem unmittelbaren Anhalt für die Feststellung der Natur des Pflichttheilsrechts nach dem Allg. Landrecht und ist man darauf angewiesen, zu derselben auf indirektem Wege zu gelangen, so kann doch die Entscheidung selbst nicht zweifelhaft sein. Für die Uebergehung, die ungültige Enterbung und die Verkürzung, also für die maßgebenden Fälle (§. 14 S. 81), ist allein die Ansicht von dem blos persönlichen Recht des Pflichttheilsberechtigten richtig.

Die Beweisführung für diese Behauptung soll in der Art erfolgen, daß zuerst die für den Charakter des Pflichttheils als eines Intestaterbtheils und des Pflichttheilsrechts als eines Intestaterbrechts angeführten Gründe widerlegt (§. 17 u. 18), demnächst die für das Forderungsrecht sprechenden Argumente entwickelt (§. 19—25), dann Widersprüche, zu denen es führen würde, wenn der Pflichttheil ein Erbtheil und das Pflichttheilsrecht ein Erbrecht wäre, dargethan (§. 26—30) und endlich die Einwendungen, welche gegen das Forderungsrecht erhoben worden sind oder erhoben werden könnten, abgewiesen werden (§. 31).

Soweit diese Beweisführung gegen die Eigenschaft des Pflichttheils als eines Intestaterbtheils geht, trifft sie die Erbrechts- und Anfechtungsrechts-Theorie gleichmäßig. Soweit sie dagegen gegen die Natur des Pflichttheilsrechts als eines Intestaterbrechts geht, trifft sie direkt nur die erstere Theorie, indirekt aber auch die Anfechtungsrechts-Theorie, weil nach dieser der Pflichttheilsberechtigte auf dem Umwege eines Anfechtungs-

---

[3]) Koch: Privatrecht. Bd. II. §. 862 S. 900; Förster: Privatrecht. Bd. IV. §. 248 S. 50.

[4]) Des letzteren Grundsätze der natürlichen Rechtswissenschaft (1797) stehen mit dem Landrecht in gar keiner Verbindung, lassen übrigens auch das Pflichttheilsrecht ganz unerwähnt.

rechts schließlich auch zu einem Intestaterbrecht gelangt und daher, wenn ein solches Intestaterbrecht überall nicht gegeben ist, damit auch das auf Herbeiführung der Intestaterbfolge gerichtete Anfechtungsrecht ausgeschlossen ist.

§. 17.

Bedeutungslosigkeit des Sprachgebrauchs des Landrechts.

So viel Anhänger die Erbrechts-Theorie auch gefunden hat und so oft der Pflichttheil als ein Intestaterbtheil und das Pflichttheilsrecht als ein Erbrecht hingestellt worden sind, so läßt sich doch eine gewisse Dürftigkeit der Begründung nicht verkennen.

Vielfach drehen sich die betreffenden Ausführungen lediglich im Kreise herum. Denn was ist es anders als eine petitio principii, wenn gesagt wird, das Allg. Landrecht gehe von der Rechtswahrheit aus, daß der nothwendige Erbe von Rechtswegen Erbe sei und lasse deshalb den Pflichttheilsberechtigten einfach ipso jure als wahren Miterben hinzutreten[1]), oder es sei nur der nach Abzug der Pflichttheilsquote verbleibende Theil des Nachlasses dasjenige Objekt, über welches der Erblasser frei verfügen und für welches er einen fremden Erben berufen könne[2]) u. dgl. mehr. Wie wenig können ferner Schlußfolgerungen bedeuten, wie die, daß der Pflichttheil ein den nächsten Verwandten als solchen kraft ihrer Verwandtschaft zustehendes, also durch Intestaterbrecht ihnen zufallendes Recht sei[3]). Wenn die Pflichttheilsberechtigten auch den Pflichttheil bekommen, weil sie ein in dem Familien-Verhältniß wurzelndes Intestaterbrecht haben, so folgt daraus doch noch nicht, daß ihr Recht auf den Pflichttheil ebenfalls ein Erbrecht sein müsse. Selbstverständlich fehlt auch die unvermeidliche Bezugnahme auf die Natur der Sache nicht[4]).

Sonst findet sich regelmäßig nur noch die Berufung auf den Sprachgebrauch des Allg. Landrechts[5]).

Daß das Wort Pflichttheil selbst bedeutungslos ist, liegt auf der Hand. Denn warum dasselbe gleich Pflicht-Erbtheil sein soll[6]), ist nicht

---

[1]) Koch: Erbrecht. §. 45 S. 453 u. §. 44 S. 448.

[2]) Gärtner S. 423 u. Bornemann: Civilrecht. Bd. VI. §. 355 S. 6 u. 7.

[3]) Gärtner S. 423 u. Bornemann: Civilrecht. Bd. VI. §. 397 S. 186.

[4]) Koch: Kommentar. Bd. III. Anm. 90 zu §. 433 II. 2. S. 307.

[5]) Diese ist allgemein, nur Förster macht eine Ausnahme, indem er den Sprachgebrauch für nicht entscheidend erklärt (Privatrecht. Bd. VI. §. 248 S. 55).

[6]) wie Zitelmann S. 356 behauptet.

erfindlich. Pflichttheil ist vielmehr blos ein Theil, den der Erblasser verpflichtet ist, zu hinterlassen, also ein Theil seines Vermögens oder spezieller seines Nachlasses. Welche Eigenschaft dieser Theil und das Recht auf ihn hat, darüber besagt das Wort nichts.

Abgesehen hiervon ist allerdings richtig, daß im Landrecht vom Erben, dem der Erblasser nicht mehr als den ihm gebührenden Pflichttheil hinterlassen hat (§. 122 Thl. I. Tit. 17), von nothwendigen Erben, denen nach den Gesetzen ein Pflichttheil gebührt (§. 1113 Thl. I. Tit. 11), welchen ein Pflichttheil zukömmt (§. 154 Thl. I. Tit. 12), von einem ererbten Pflichttheil (§. 544 Thl. II. Tit. 2), vom Erben des Pflichttheils (§. 284 Thl. I. Tit. 17), und vom Enterben, der Enterbung und dem Nehmen des Erbrechts (§. 399, 410, 412, 414, 432, 435, 436 und 379 Thl. II. Tit. 2) gesprochen wird. Allein einmal ist zu berücksichtigen, daß der Ausdruck Pflichttheilserbe nicht vorkommt und daß verschiedene der citirten Stellen z. B. §. 122 u. 284 Thl. I. Tit. 17 und §. 544 Th. II. Tit. 2 schon deshalb alle Beweiskraft verlieren, weil sie auf den Fall bezogen werden müssen oder wenigstens bezogen werden können, wo der an sich Pflichttheilsberechtigte vom Erblasser zum Erben auf den Pflichttheil, wenn auch unter Beschränkung auf denselben eingesetzt, also entweder wegen des Pflichttheilsrechts abgefunden und ein eigentliches Pflichttheilsrecht nicht vorhanden, oder auch nach der Theorie vom Forderungsrecht ein Erbrecht anzunehmen ist. Vor allem aber sind die Gründe, aus denen der Ausdrucksweise des Landrechts so häufig jede juristische Bedeutung abgesprochen werden muß: die Bestimmung desselben nicht blos für Juristen, sondern für das Volk und die in Folge dessen geschehene Aufnahme von im gemeinen Leben gewöhnlichen oder sonst zur Zeit herrschenden Ausdrücken, auch wenn diese den zu bezeichnenden Begriffen nicht vollständig entsprechen, grade hier in vollem Maße zutreffend. Denn nach dem bis zum Landrecht geltenden Gemeinen Recht war bei Descendenten und Ascendenten, welche, da die Geschwister nicht mehr pflichttheilsberechtigt sind, allein in Betracht kommen, beim Mangel eines bestimmten Enterbungsgrundes stets Erbeseinsetzung erforderlich, widrigenfalls Intestaterbfolge eintrat. Der Pflichttheilsberechtigte wurde daher, wenn auch nicht grade immer auf den Pflichttheil, doch unter allen Umständen Erbe, entweder durch die vorgeschriebene ausdrückliche Einsetzung oder in Folge der beim Mangel derselben eintretenden Intestaterbfolge. Weil er in jedem Fall Erbe wurde, war er auch ein nothwendiger Erbe. Er ererbte den Pflichttheil stets, wenigstens zum Theil. Der Pflichttheil konnte ihm nur genommen werden durch Entziehung des Erbrechts, die Pflichttheils-Entziehung war eine wirkliche Enterbung, ein Nehmen eines Erbrechts. Wenn nun diese Ausdrücke im Landrecht beibehalten sind, so erklärt sich dies ausreichend dadurch, daß sie mal unter Laien und Juristen gang und gäbe und allgemein verständlich waren. Wird doch selbst noch jetzt, nachdem das Erbrecht des Pflichttheilsberechtigten schon so lange streitig ist und sogar von solchen, welche nur ein Forderungsrecht annehmen, von Pflichttheilserben und von Notherben gesprochen[7]) und namentlich ganz allgemein kein Bedenken getragen, das Wort Enterbung als terminus technicus für Pflichttheilsentziehung anzuwenden.

Ganz besonderes Gewicht ist auf die Fassung der §§. 434, 435 und 447 Thl. II. Tit. 2 gelegt worden[8]).

Bei dem §. 434 aber, der bestimmt, daß zur Entrichtung oder Ergänzung des einem Kinde zukommenden Pflichttheils die übrigen Erben und Legatarien — nicht wie unrichtig citirt wird[9]), die übrigen Erben und die Legatarien —, nach Verhältniß ihrer Portionen beitragen müssen, kann man an dem Wortlaut überhaupt nicht streng festhalten, denn sonst würde man, da sich nach diesem die Worte „die übrigen" gleichmäßig auf Erben und Legatarien beziehen, zu dem Resultat gelangen, daß der Pflichttheilsberechtigte Erbe und Legatar sei. Im Entwurf zum Allg. Gesetzbuch lautete der §. 434 als §. 324 Thl. I. Tit. 2: „zur Entrichtung 2c. müssen die übrigen Theilnehmer, sowohl Erben als Legatarien 2c. beitragen," (oben §. 5 S. 29) sodaß, da der Pflichttheilsberechtigte auch als Gläubiger einen Anspruch hat, daß ihm aus dem Nachlasse etwas zu Theil werde, er daher immerhin Theilnehmer des Nachlasses genannt werden kann[10]) und da die Bestimmungen, aus denen sich das Forderungsrecht ergiebt, sich bereits vollständig im Entwurf finden, für diesen der §. 324 keinen Grund giebt, an der Eigenschaft des Pflichttheilsberechtigten als eines bloßen Gläubigers zu zweifeln. Diese Fassung des Entwurfs soll wegen ihres Widerspruchs mit der allgemeinen Regel der §§. 332—334 Thl. I. Tit. 12 und

---

[7]) z. B. von Temme: Lehrbuch des Preuß. Civilrechts. 2. Ausg. (1846) Bd. II. S. 221.

[8]) von Bauer S. 48 und von Zitelmann S. 356 u. 360.

[9]) von Bauer S. 48.

[10]) So nennt z. B. Gärtner, S. 437 das von ihm bis zum Urtheil angenommene Forderungsrecht des Pflichttheilsberechtigten ebenfalls einen Anspruch zur Theilnahme an dem Nachlaß.

§§. 277—279 Thl. I. Tit. 12 ALR. und wegen ihrer praktischen Unausführbarkeit offenbar absichtlich nicht in das Landrecht übernommen worden sein[11]). So offenbar ist das aber wohl nicht, denn dazu würde eine wesentliche Aenderung gehören. An einer solchen, ja sogar an jeder sachlichen Aenderung fehlt es aber ganz, da unter den Theilnehmern, die man ausgeschieden hat, außer dem Pflichttheilsberechtigten eben nur die auch jetzt noch gebliebenen Erben und Legatarien verstanden werden können. Viel wahrscheinlicher ist es, daß man das Wort Theilnehmer lediglich als einen überflüssigen Pleonasmus beseitigt hat. Jedenfalls sind die Gründe der Aenderung nicht bestimmt bekannt und ersichtlich. Wenn man nun bei sonst unveränderter Aufnahme aller der für die Natur des Pflichttheilsrechts wesentlichen Vorschriften in das Landrecht mit einem Paragraphen aus unbekannten Gründen eine rein formelle Aenderung vornahm, so ist doch klar, daß man hierdurch allein das einmal acceptirte Prinzip des Pflichttheilsrechts als eines Forderungsrechts nicht hat aufgeben wollen noch aufgegeben hat. Außerdem umfaßt der §. 434 alle Fälle von Pflichttheilsverletzung, also auch den, wo der Erblasser den Pflichttheilsberechtigten, dessen Pflichttheil etwa die Hälfte seiner Intestatportion beträgt, nur auf den vierten Theil derselben zum Erben eingesetzt hat. Der so verkürzte Pflichttheilsberechtigte ist sowohl nach der Erbrechts- als nach der Forderungsrechts-Theorie Erbe auf diesen vierten Theil und sind nach beiden Theorien die andern vom Erblasser ernannten Erben in der That die „übrigen“ Erben. Sollte der §. 434 den gedachten Fall mitbegreifen, und es kann, wie bemerkt, kein Zweifel bestehen, daß er dies sollte, so konnte man daher sehr wohl von den „übrigen“ Erben sprechen und hat dadurch nichts gesagt, was für die eine oder die andere Theorie entscheidend wäre.

In dem folgenden §. 435: „Hat aber der Erblasser den dem enterbten Kinde entzogenen Erbtheil einem der Miterben oder Legatarien ausdrücklich beschieden, so muß dieser allein das zur Ungebühr enterbte Kind abfinden,“ soll der Pflichttheil ein Erbtheil genannt sein und ferner aus den Worten: „der Miterben“ hervorgehen, daß der Pflichttheilsberechtigte wahrer Erbe sei. Der spezielle Fall, an welchen man bei dem Paragraphen gedacht hat, ist jedoch der, daß der Erblasser den Pflichttheilsberechtigten vollständig, aber ohne Gründe enterbt, mehrere Erben oder Legatarien berufen und mittelst ausdrücklicher Bestimmung den Intestaterbtheil, welchen der Pflichttheilsberechtigte ohne die letzt-

[11]) Bauer S. 48 Anm. 15.

willige Verfügung gehabt haben würde, speziell einem der mehreren Erben oder Legatarien ausschließlich zugewiesen hat. Hier soll derjenige, der in dieser Weise den Intestaterbtheil des Pflichttheilsberechtigten erhalten hat, davon dessen Pflichttheil allein und ohne daß die andern im Testament bedachten Erben oder Legatarien dazu beitragen, entrichten[12]). Der Erbtheil, von dem der Paragraph spricht, ist daher nicht der Pflichttheil, sondern der eigentliche Intestaterbtheil des Pflichttheilsberechtigten, der Pflichttheil also keineswegs ein Erbtheil genannt. Und Miterben heißt es, nicht weil der Pflichttheilsberechtigte Erbe und der eingesetzte Erbe insofern nur Miterbe ist, sondern weil in der That mehrere Erben eingesetzt sind.

Aus dem §. 447 endlich, welcher lautet: „Zu dieser Abfindung des Uebergangenen müssen die eingesetzten Erben und Legatarien nach Vorschrift des §. 434 beitragen," wird deducirt, daß hier dem Pflichttheilsberechtigten die Testamentserben nicht einfach als Erben, sondern als eingesetzte Erben gegenübergestellt würden, was nur Sinn habe, wenn dadurch ein Gegensatz gegen den Pflichttheilsberechtigten, welcher zwar nicht eingesetzter Erbe, aber doch auch Erbe sei, gemacht werden solle. Allein das Wort „eingesetzte" in dieser Weise zu betonen, giebt die Fassung des Paragraphen selbst keine Veranlassung, im Gegentheil spricht der Umstand, daß schon in den vorhergehenden Paragraphen von den eingesetzten Erben die Rede ist, dafür, daß man das Wort lediglich deshalb, weil man es soeben gebraucht hatte, beibehalten und damit keine besondere Bedeutung verbunden hat. Hauptsächlich aber ist zu entgegnen, daß da, wo der §. 447 Anwendung findet, der Pflichttheilsberechtigte, wenn er auch thatsächlich nicht eingesetzt ist, doch rechtlich als eingesetzter Erbe behandelt wird (§. 14 S. 76 u. 77) und deshalb ein Gegensatz zwischen ihm und dem wirklich eingesetzten Erben in dem Sinne, als ob er nicht eingesetzter, sondern gesetzlicher Erbe sei, bezw. durch Anfechtung des Testaments werde, nicht beabsichtigt sein kann.

Auch die Materialien hat man geglaubt, für sich anführen zu dürfen, nämlich die Stelle, wo bemerkt wird, daß bei der Geltendmachung des Pflichttheilsrechts eine Veränderung in der Person des Erben vorfalle (oben S. 29)[13]). Wie indessen der Zusammenhang klar zeigt, geht die Bemerkung von dem Römischen Recht und davon aus, daß nach diesem theils das ganze Testament unkräftig, theils wenigstens die ganze

[12]) Förster: Privatrecht. Bd. IV. §. 248 Anm. 185. S. 82.

[13]) Bauer S. 42. Vgl. auch Zitelmann S. 342 Anm. 43.

Erbeseinsetzung aufgehoben wird, also der eingesetzte Erbe vollständig verdrängt werden kann, und ist nur in Bezug auf das Römische Recht gemacht. Auf die neue Gestaltung, welche man dem Pflichttheilsrecht gegeben hat und nach welcher weder das Testament noch auch nur die Erbeseinsetzung aufgehoben wird, paßt sie in keiner Weise. Denn wenn das Pflichttheilsrecht nur die Natur eines Forderungsrechts hat, so tritt durch seine Geltendmachung in der Person des eingesetzten Erben eine Veränderung natürlich nicht ein. Aber auch wenn der Pflichttheilsberechtigte Erbe ist, bleibt die Person des eingesetzten Erben unverändert und nur die Quote desselben würde sich durch das Hinzutreten des Pflichttheilsberechtigten als Miterben ändern.

Könnte noch irgend ein Zweifel über die juristische Bedeutungslosigkeit all der gedachten Ausdrücke und Redewendungen obwalten, so müßte derselbe vollständig beseitigt werden durch die Wahrnehmung, daß die Sprachweise des Landrechts nicht einmal konform ist, sondern auch entschieden auf ein obligatorisches Verhältniß hindeutende Bezeichnungen vorkommen. So ist im §. 433 Thl. II. Tit. 2 von einem Verabfolgen des Pflichttheils aus der Erbschaft, in den §§. 435 und 447 daselbst von einem Abfinden und einer Abfindung des Pflichttheilsberechtigten und im §. 402 Thl. I. Tit. 9 von einer Abreichung des Pflichttheils die Rede. Aus den Materialien ferner ist hervorzuheben, daß in der mehrfach citirten Anmerkung zum §. 322 Thl. I. Tit. 2 des Entwurfs (oben S. 29) von der Abfindung des Kindes mit seinem Pflichttheil, in einer bei Borneman[14]) mitgetheilten Bemerkung von Suarez davon, daß die Erben dem injuste exheredato seinen Pflichttheil ersetzen müßten und in den Vorträgen bei der Schlußrevision[15]) davon gesprochen wird, daß derjenige, welchem die legitima gebühre, dieselbe aus dem Nachlasse vollständig erhalten müsse, während man doch einen Erbtheil wohl an, aber nicht aus dem Nachlaß erhält. Ja im §. 334 Thl. I. Tit. 12 des Allg. Landrechts wird der Pflichttheil, auch wenn man darauf kein Gewicht legen will, daß es unmittelbar nachher „die übrigen Vermächtnisse" heißt[16]), doch immer mit Nachlaßschulden und Vermächtnissen zusammen genannt und unter das Marginale: „Wie weit Legatarii zu den Erbschaftslasten beitragen müssen" gestellt, obwohl er als Gegenstand eines Erbrechts nicht Last, sondern Theil der Erbschaft sein würde.

---

[14]) Civilrecht. Bd. VI. §. 399 S. 200.

[15]) S. 164 derselben.

[16]) Zitelmann S. 360 Anm. 82.

Wie aus der Sprachweise des Landrechts für die Natur des Pflichttheils als Erbtheils und des Pflichttheilsrechts als Erbrechts nichts herzuleiten ist, so kann, um dies gleich hier mit zu erledigen, auf der anderen Seite auch denen nicht beigetreten werden, welche zum Beweise des von ihnen behaupteten Forderungsrechts, des Pflichttheilsberechtigten auf die zuletzt genannten Ausdrücke Bezug nehmen[17]). Der Sprachgebrauch des Landrechts muß für jede der drei Theorien als bedeutungslos gelten.

§. 18.

Bedeutungslosigkeit der übrigen für die Erbrechts- und Anfechtungsrecht- Theorie angeführten Gründe: §. 436 Thl. II. Tit. 2 Allg. Landrechts; Pflichttheil ein Theil des Intestaterbtheils; Vorabzug der Schulden und §. 284—288 Thl. I. Tit. 17 Allg. Landrechts.

Weitere Argumente als dieser Sprachgebrauch finden sich nur bei Bauer, Förster und Zitelmann.

Dem ersteren eigenthümlich ist die Berufung auf die Vorschrift des §. 436 Thl. II. Tit. 2 Allg. Landrechts, wonach in allen andern die Enterbung nicht betreffenden Stücken die letztwillige Verordnung bei Kräften bleibt. „Es kann dieser §. 436, sagt Bauer[1]), nur dahin verstanden werden, daß letztwillige Verordnungen, welche dem Pflichttheilsberechtigten die Erbesqualität entziehen, der Anfechtung unterliegen und — grade wie bei freiwilliger Ausschlagung der Erbschaft Seitens des erwählten Erben, §. 277—279 Thl. I. Tit. 12 ALR. — nur die auf die Erbesqualität des Pflichttheilsberechtigten einflußlosen Anordnungen des Erblassers über die Art der Theilung des Nachlasses und natürlich in Betreff des nach Abzug der Pflichttheilsquote verbleibenden Ueberrestes des Nachlasses auch die über die Erbfolge bei Kräften bleiben, die Enterbung aber beseitigt werden, der Pflichttheilsberechtigte also in die Reihe der Erben in Höhe seiner Quote eintreten soll". Es scheint alles dies allein aus dem Gebrauch des Wortes Enterbung, unter welcher nur die gänzliche oder theilweise Entziehung der Erbesqualität zu verstehen sei, abgeleitet zu werden, sodaß sich die Deduktion in der Hauptsache bereits durch das über den Sprachgebrauch des Landrechts Gesagte erledigt. Es kommt

---

[18]) So Mühlenbruch: Fortsetzung des Kommentars von Glück. Bd. XXXVIII. S. 53 Note 18; Hinschius: Die rechtliche Stellung der Testaments-Exekutoren in der Preuß. Anwalts-Zeitung von 1866. Sp. 794; Gruchot: Erbrecht. Bd. III. S. 204.

[1]) S. 41 u. 42 seines Aufsatzes über die Pflichttheilsklage.

hinzu, daß Enterbung gerade hier jedenfalls nicht die ihr beigelegte enge Bedeutung hat. Der §. 436 steht im Zusammenhange mit den §§. 432 und 433, in welchen bestimmt ist, daß einem widergesetzlich enterbten, verkürzten oder sonst belasteten Kinde sein Pflichttheil aus der Erbschaft verabfolgt oder ergänzt oder die darauf gelegte Last oder Einschränkung durch Urtel und Recht für aufgehoben erklärt werden muß. Er bildet zu denselben das Korrelat und besagt, daß abgesehen von der Verabfolgung und Ergänzung des Pflichttheils oder der Aufhebung der Last die letztwillige Verordnung bestehen bleibt. Wie allgemein anerkannt wird, ist daher unter den Ausdrücken Enterbung und Enterbter im §. 436 und den unmittelbar folgenden §§. 437, 438 und 440 nicht blos die völlige Entziehung jedes Erbtheils, sondern es sind darunter auch die andern in den §§. 432 ff. gedachten Verkürzungen und Belastungen, mithin alle pflichttheilsverletzenden Verfügungen bzw. jeder im Pflichttheil Verletzte zu verstehen[2]). Außerdem ist die ganze Deduktion auch in sich nicht richtig, weil zweifellos eine Belastung nicht zu den letztwilligen Verordnungen, welche dem Pflichttheilsberechtigten die Erbesqualität entziehen, sondern zu den auf seine Erbesqualität einflußlosen Anordnungen des Erblassers gehört und doch der Anfechtung unterliegt und nicht bei Kräften bleibt, und ferner die Folge der Geltendmachung des Pflichttheilsrechts nicht die Beseitigung der Enterbung, sondern die Verabfolgung und Ergänzung des Pflichttheils oder die Aufhebung der Belastung ist.

Förster[3]) sodann hält als „entscheidend für die Ansicht, daß der Pflichttheilsberechtigte in allen Fällen gesetzlicher Erbe sei, den Umstand, daß der Pflichttheil ein Bruchtheil des gesetzlichen Erbtheils ist, daß sein Betrag steigt und fällt nach dem Betrage des letzteren, daß die

---

[2]) Erkenntnisse der ehemaligen Ober-Landes-Gerichte zu Hamm vom 14. April 1828 und zu Münster vom 11. April 1829 sowie des Ober-Tribunals vom 13. März 1830 (Neues Archiv für Preußisches Recht und Verfahren. Jahrgang I. S. 274 ff.), des Appellationsgerichts zu Hamm vom 10. Juli 1856 (Gruchot: Beiträge. Bd. I. S. 460) und vom 20. Januar 1859 (daselbst Bd. III. S. 451 u. 452) und des Ober-Tribunals vom 25. Mai 1853 (Arch. Bd. 9. Nr. 40. S. 188), 23. Juni 1856 (Entsch. Bd. 33. Nr. 6. S. 51 u. Arch. Bd. 21. Nr. 72. S. 304), 1. Juli 1859 (Arch. Bd. 34. Nr. 27. S. 124), 13. Oktober 1865 (Arch. Bd. 61. Nr. 22. S. 121) und 11. November 1873 (Arch. Bd. 90. Nr. 41. S. 282); ferner Gärtner S. 431 ff.; Bornemann: Civilrecht. Bd. VI. §. 399 S. 198; Gruchot: Erbrecht. Bd. III. S. 236 und 237; Förster: Privatrecht. Bd. IV. §. 248 S. 85; Zitelmann S. 359 Anm. 79 und andere mehr.

[3]) Privatrecht. Bd. IV. §. 248 S. 55.

Nachlaßschulden vorweg abgezogen werden müssen, ehe die Größe des Pflichttheils gefunden werden kann, daß mithin auch der Pflichttheilsberechtigte immer ebenso wie ein Erbe die Nachlaßschulden zu tragen hat, daß aber die Vermächtnisse, welche der Erblasser angeordnet hat, für die Berechnung des Pflichttheils nicht in Betracht kommen und erst zu entrichten sind nach Befriedigung des Pflichttheils".

Zitelmann[4]) hat sich dem insoweit angeschlossen, als er den Pflichttheil deshalb für einen Erbtheil erklärt, weil derselbe eine Quote des Intestaterbtheils sei.

Gegen Förster ist zunächst zu bemerken, daß aus dem vorherigen Abzug der Schulden noch nicht folgt, daß der Pflichttheilsberechtigte immer ebenso wie ein Erbe die Nachlaßschulden zu tragen habe, also sich z. B. wie der Erbe direkt von den Gläubigern in Anspruch nehmen lassen müsse. Es ist dies auch sonst nirgends vorgeschrieben und nur dann richtig, wenn anderweit erwiesen wird, daß das Recht auf den Pflichttheil ein Erbrecht ist, andernfalls tritt der Pflichttheilsberechtigte selbst in die Reihe der Nachlaßgläubiger. Die aus dem Vorabzug der Schulden folgende Gleichheit zwischen dem Pflichttheilsberechtigten und dem Erben besteht — und das ist auch wohl von Förster nur gemeint — lediglich darin, daß, zwar nicht vom juristischen, wohl aber vom ökonomischen Standpunkte aus betrachtet, auch der Erbe schließlich blos bekommt, was vom Nachlaß nach Abzug der Schulden bleibt. Die wirklich maßgebenden Argumente sind daher nur die Bezeichnung des Pflichttheils als eines Bruchtheils der Intestaterbquote und der Vorabzug der Schulden.

Von beidem ist soviel klar, daß es von Bedeutung für die Natur des Pflichttheils als eines Intestaterbtheils und des Pflichttheilsrechts als eines Intestaterbrechts nur ist, wenn die Möglichkeit gegeben war, es anders festzusetzen. Mußten dagegen unter allen Umständen und auch bei Annahme eines Forderungsrechts die betreffenden Bestimmungen nothwendig in ganz gleicher Weise getroffen werden, so kann offenbar aus ihnen für die anderen Theorien nichts hergeleitet werden.

Wie sollte nun der Pflichttheil gesetzlich anders bestimmt werden als in einer Quote der Intestatportion? Eine Anweisung desselben direkt auf ein Quantum, also auf gewisse Sachen oder bestimmte Summen, die der Pflichttheilsberechtigte aus dem Nachlaß zu erhalten hätte, etwa analog wie nach einzelnen ältern Germanischen Rechten den nächsten Ver-

---

[4]) S 356 seiner Abhandlung über die Natur des Pflichttheilsrechts.

wandten des Erblassers stets das unbewegliche Vermögen oder die Erbgüter gelassen werden mußten (§. 3 S. 11 u. 12), ist schlechthin undenkbar. Auch wenn man das Pflichttheilsrecht nur als ein Forderungsrecht betrachtete, mußte man den Pflichttheil zu einer Quote machen. Das ist so nothwendig und andrerseits so wohl vereinbar mit dem Forderungsrecht, daß z. B. auch bei dem Recht des impubes arrogatus, welches zweifellos nur ein Forderungsrecht und gesetzlich ausdrücklich zu einem Forderungsrecht erklärt ist (§. 10 S. 57), der Pflichttheil eine Quote ist (§. 4 S. 21 u. §. 8 Anm. 3 S. 40.) Jene Quote aber kann wieder nur entweder eine Quote des Nachlasses oder eine Quote der jedesmaligen Intestatportion des einzelnen Pflichttheilsberechtigten sein. Weshalb man die erstere nicht genommen hat und nicht nehmen konnte, wird später gezeigt werden (unten §. 45). Jedenfalls folgt dem Umstande gegenüber, daß man nur zwischen einer Quote des Nachlasses und einer Quote des Intestaterbtheils zu wählen hatte und ein Quantum gar nicht nehmen konnte, aus der Wahl der Quote des Intestaterbtheils nichts für die Eigenschaft des Pflichttheils als eines Erbtheils. Auch wenn man diese Eigenschaft nicht annehmen und das Pflichttheilsrecht nicht zu einem Erbrecht, sondern zum Forderungsrecht machen wollte, mußte man ebenso verfahren. Die Nachlaßquote würde nicht blos in gleichem Grade, sondern sogar mehr für einen Erbtheil gesprochen haben.

Dadurch, daß man den Pflichttheil nach einem Bruchtheil des gesetzlichen Erbtheils bestimmte, hat man daher nur etwas festgesetzt, was begrifflich nothwendig war und nicht etwas, was für die rechtliche Natur des Pflichttheilsrechts entscheidend wäre. Und mehr als eine solche bloße Bestimmung des Pflichttheils nach einer Quote der Intestatportion ist im Landrecht nicht geschehen. Der §. 392 Thl. II. Tit. 2 sagt nicht: „Der Pflichttheil ist der gesetzliche Erbtheil des Kindes zu einem Drittel, zur Hälfte oder zu zwei Dritteln," sondern er sagt blos: „Der Pflichttheil ist ein Drittel, die Hälfte bezw. zwei Drittel desjenigen, was jedes Kind zum Erbtheil erhalten haben würde, wenn die gesetzliche Erbfolge Statt gefunden hätte," wie es ähnlich das Oestreichische bürgerliche Gesetzbuch §. 765: „Als Pflichttheil bestimmt das Gesetz jedem Kinde die Hälfte dessen, was ihm nach der gesetzlichen Erbfolge zugefallen wäre", und das bürgerliche Gesetzbuch für das Königreich Sachsen §. 2566: „Der Pflichttheil der Abkömmlinge beträgt die Hälfte oder ein Drittheil des Erbtheils, welchen die Abkömmlinge als gesetzliche Erben erhalten haben würden, falls der Erblasser ohne einen letzten Willen oder einen Erbvertrag gestorben wäre," ausdrücken. Ist das Pflichttheilsrecht ein Erbrecht, so ist der Bruchtheil, zu dem man solchergestalt den Pflichttheil erklärt hat, allerdings ein Erbtheil, ist aber das Pflichttheilsrecht ein Forderungsrecht, so ist dieser Bruchtheil nur ein Maßstab, nach welchem das Quantum gefunden wird, welches dem Pflichttheilsberechtigten gebührt. Die Bestimmung des Pflichttheils nach dem Bruchtheil selbst bietet keinen Anhalt dafür, ob das eine oder das andere der Fall.

Aehnlich verhält es sich mit dem Vorabzug der Schulden. Soll der Pflichttheilsberechtigte einen materiellen Vortheil aus dem Nachlaß erhalten, so konnte man ihn doch nicht an den Schulden Theil nehmen lassen, sondern in jedem Fall, um die Größe des Pflichttheils zu finden, nur den materiellen Bestand des Nachlasses, also dasjenige, was von demselben nach Abzug der Schulden des Erblassers übrig blieb, in Berücksichtigung ziehen. Ebenso nothwendig mußte man dagegen bei den Vermächtnissen anders verfahren. Diese sind keine Schulden des Erblassers, sondern durch die Willkühr desselben geschaffene Rechte am Nachlaß. Soll mithin, wie es ja weiter der Zweck des Pflichttheilsrechts ist, durch das Pflichttheilsrecht ohne und selbst wider den Willen des Erblassers dem Berechtigten etwas von dem Nachlaß zugewendet werden, so darf, wie es dem Erblasser nicht gestattet ist, durch Anordnung von universellen Rechten am Nachlasse d. i. von Erbrechten das Pflichttheilsrecht zu vereiteln, es ihm auch nicht gestattet sein, die Erbschaft durch Anordnung singulärer Berechtigungen, durch Vermächtnisse, zu verringern. Den Vermächtnissen muß der Pflichttheil unbedingt vorgehen.

Ueberall liegen also Bestimmungen vor, die durch den Begriff und Zweck des Pflichttheilsrechts ohne Rücksicht auf die Natur desselben mit Nothwendigkeit gegeben sind, die aber auch nichts weiter als die nothwendigen Konsequenzen des Begriffs und Zwecks des Pflichttheilsrechts sind und aus denen daher für dessen rechtliche Natur als eines Erbrechts nichts entnommen werden kann.

Außer den gedachten Argumenten findet sich bei Förster[5]) zur Unterstützung seiner Ansicht noch eine Bezugnahme auf die §§. 284 bis 288 Thl. I. Tit. 17 Allg. Landrechts, „welche durchaus auf dem Gedanken beruhten, daß der Pflichttheilsberechtigte Erbe Miterbe, auch den Gesellschaftsgläubigern gegenüber ist." Letzteres kann zugegeben werden, aber ein Beweis für das Erbrecht würde darin nur dann zu finden sein, wenn die §§. 284—288 auf alle Fälle der Pflichttheilsberechtigung

[5]) Privatrecht. Bd. IV. §. 248 Anm. 34. S. 58.

bezogen werden müssen, insbesondere auch auf solche, wo nach der Theorie vom Forderungsrecht ein Erbrecht nicht angenommen werden kann. Müssen sie dagegen oder können sie auch nur beschränkt werden auf einen Fall, wo auch vom Standpunkt des Forderungsrechts aus Erbeseigenschaft besteht, so enthalten sie nichts, was sich nicht auch mit der Theorie vom Forderungsrecht vereinigen ließe und sind kein Beweis für das Erbrecht.

Es handelt sich in ihnen um die Fortsetzung einer bestehenden Societät mit den Erben eines der Socien. Dieselbe kann durch den Societäts-Vertrag festgesetzt (§. 282 a. a. O.) oder durch einseitige rechtsgültige Verordnung des Erblassers den Erben zur Pflicht gemacht sein (§. 283). Die rechtsgültige Verordnung ist, wie der Gegensatz zum Vertrage und die Worte des folgenden Paragraphen: „Dergleichen letztwillige Verordnung" ergeben, eine letztwillige Verfügung und zwar nicht blos ein Kodizill ohne Erbeseinsetzung, denn dann würde Intestaterbfolge eintreten und der Pflichttheilsberechtigte, der ja stets auch nächster Intestaterbe ist, in Höhe seines ganzen Intestaterbtheils Erbe werden, also von einem, der nicht mehr als den ihm gebührenden Pflichttheil erbt und von einem bloßen Erben im Pflichttheil, wie es in den §§. 284 ff. heißt, nicht gesprochen werden können, sondern ein Testament mit Erbeseinsetzung. Unter den Erben im §. 283 sind mithin durch letztwillige Verfügung eingesetzte Testamentserben zu verstehen. Wenn daher in den §§. 284 u. 285 bestimmt ist, daß von diesen Erben demjenigen, der nur den Pflichttheil erhalten habe, der Austritt aus der Societät nicht abgeschnitten werden könne und er nur die aus einem Vertrage entspringende Verbindlichkeit zur Fortsetzung der Gesellschaft anerkennen müsse, so handelt es sich um einen Pflichttheilsberechtigten, der vom Erblasser zum Erben in den Pflichttheil eingesetzt und dadurch wegen seines Pflichttheilsrechts abgefunden ist. Es liegt daher wieder ein Fall vor, in dem das Pflichttheilsrecht als solches gar nicht zur Existenz gelangt und ist ganz abgesehen davon, daß auch nach der Forderungsrechts-Theorie der vom Erblasser zum Erben eingesetzte Pflichttheilsberechtigte wirklich Erbe und Miterbe wird, nichts bestimmt, was dieser Theorie irgendwie entgegenstände[6]).

[6]) Den §§. 284—288 analog sind §. 122 Thl. I. Tit. 17 und §. 613 Thl. II. Tit. 18. Auch hier ist die Frage die, inwieweit der Erblasser den Pflichttheilsberechtigten, den er in Höhe seiner Pflichttheilsquote zum Erben berufen hat, in Bezug auf die Theilung des Nachlasses und die Fortsetzung einer Kaufmannshandlung verpflichten könne.

§. 19.

Argumente für das Forderungsrecht: 1. Grund und Zweck des Pflichttheilsrechts.

Mußte schon die Begründung der Erbrechts-Theorie als eine bei den meisten Vertretern derselben recht mangelhafte bezeichnet werden, so gilt dasselbe in fast noch höherm Maße für die Theorie vom Forderungsrecht, die jetzt zu begründen ist. Der Sprachgebrauch des Landrechts und der Umstand, daß das Landrecht nicht direkt sage, daß die Pflichttheilsberechtigten gegen den Willen des Erblassers kraft des Gesetzes auf Höhe des Pflichttheils zur Erbfolge (successio contra tabulas) berufen seien, sind im allgemeinen die einzigen Argumente, die man geltend gemacht hat. Daß der Sprachgebrauch auch nach der Richtung des Forderungsrechts keine Bedeutung hat, wurde bereits bemerkt. Und der Mangel eines ausdrücklichen Ausspruchs der Erbeseigenschaft ist doch nur etwas negatives und deshalb nicht sonderlich überzeugend. Die Argumente, aus denen das Forderungsrecht wirklich hervorgeht, müssen positiv sein und sind ganz andere.

Das erste derselben wird gleich aus dem Grund und Zweck des Pflichttheilsrechts selbst zu entnehmen sein, aber natürlich nicht aus dem Grund und Zweck schlechthin oder was nach der jetzt herrschenden Ansicht dafür gilt, sondern nach dem Grund und Zweck, welche nach den vorhandenen Zeugnissen bei den Verfassern des Landrechts als solche galten.

Es bedarf keiner langen Ausführung, um darzuthun, daß das Recht eines Erben nach Umfang und Inhalt ein weit größeres ist als das eines bloßen Nachlaßgläubigers. Der Erbe wird Rechtsnachfolger des Erblassers und Repräsentant desselben in allen vermögensrechtlichen Verhältnissen, insoweit diese nicht ausnahmsweise ihrer besondern Natur nach durch den Tod ganz erlöschen. Sein Recht umfaßt die sämmtlichen Bestandtheile des Nachlasses und erstreckt sich auch auf solche Gegenstände und Rechte, welche zwar vererblich sind, aber keinen Geldwerth haben. Es ergreift die Substanz des Nachlasses und macht den Erben zum Eigenthümer, den Miterben zum Miteigenthümer aller Sachen und Rechte. Von alledem ist bei einem Nachlaßgläubiger nicht die Rede. Ihm steht nur das einfache Recht zu, die Herausgabe des Gegenstandes seiner Forderung zu verlangen. Er hat zwar auch keine Pflichten, während in dem Erbrecht außer den Rechten auch Pflichten enthalten sind. Die Rechte des Erben sind jedoch so erheblich bedeutendere als die

Rechte des Nachlaßgläubigers, daß das Erbrecht auch trotz dieser Pflichten bei sonst gleichem Objekt das größere Recht bleibt.

Als Gläubiger hat daher der Pflichttheilsberechtigte kein weiteres Recht als daß er seinen Pflichttheil fordern kann. Ist er dagegen Erbe, so müßten auch alle Befugnisse eines Erben bezw. Miterben ihm zukommen. Der Pflichttheilsberechtigte als Erbe würde mithin ein weit bedeutenderes Recht haben, denn als Gläubiger. Je größer der Inhalt und Umfang des Pflichttheilsrechts ist, um so größer ist andrerseits die in ihm liegende Beschränkung des Erblassers. Es würde demgemäß, wenn das Pflichttheilsrecht den Charakter eines Erbrechts hat, auch die Beschränkung der Testirfreiheit eine größere als beim bloßen Forderungsrecht sein.

Hält man hiermit zusammen, daß vor und zur Zeit der Redaktion des Landrechts sowohl in der damaligen Schule der Naturrechtslehrer wie unter den praktischen Juristen einstimmig angenommen wurde, das Pflichttheilsrecht habe gar keine oder doch nur insoweit eine Berechtigung, als die Eltern ihren Kindern die nothwendigen Alimente hinterlassen müßten[1]), daß die Redaktoren des Landrechts sich dem in den Anmerkungen zum Entwurf eines allgemeinen Gesetzbuchs ausdrücklich angeschlossen haben (oben §. 5 S. 27) und daß das Pflichttheilsrecht in den Entwurf und von da in das Landrecht lediglich, weil es einmal bereits überall gelte und nichts Schädliches enthalte, aufgenommen, also nur aus rein äußeren Gründen beibehalten und eine innere Berechtigung desselben gradezu verneint worden ist, so folgt daraus doch entschieden, daß nicht das umfassendere Recht der Erbfolge, sondern allein das ge-

[1]) Von den Naturrechtslehrern gehören hierher namentlich: Hugo Grotius: De jure belli ac pacis. Ausgabe von Cocceji (1751) Tom. II. lib. II. cap. 7. §. 4 p. 371; Pufendorf: De jure naturae et gentium (1672) lib. IV. cap. 11. §. 4—7 p. 547—550; Thomasius: Institutiones jurisprudentiae divinae. (1730) lib. II. cap. 10. p. 207 u. lib. III. cap. 4. p. 374; Heineccius: Elementa juris naturae et gentium. (1738) lib. II. §. 62 p. 403 u. 404; Daries: Institutiones jurisprudentiae naturalis. 5. Aufl. (1757) §. 856 p. 489; Nettelbladt: Systema elementare jurisprudentiae naturalis. 5. Aufl. (1785) §. 706 u. 707. Von den Neueren z. B. noch Fichte: Grundlage des Naturrechts. Thl. II. (1797) §. 59 u. 60 S. 245.

Von den Praktikern seien hervorgehoben: Stryk: Usus modernus Pandectarum. (1723) ad Lib. V. Tit. II. §. 17 p. 480 und Tractatus de successione ab intestato. (6. Ausg. von 1733) Diss. I. cap. 1. §. 8 u. 9 p. 6; Leyser: Meditationes ad Pandectas. (Ausg. von 1778) Vol. II. Spec. 91. med. 3. p. 281 und das daselbst mitgetheilte Erkenntniß der Fakultät Helmstadt von 1720. Ebenso auch noch Möller: Die Lehre vom Pflichttheil. Thl. I. (1801) §. 3 S. 4.

ringere, den Erblasser weniger beschränkende Forderungsrecht den Intentionen der Verfasser des Landrechts entsprechend ist.

Noch klarer erhellt dies aus der bei Gelegenheit der Schlußrevision als den einzigen Zweck des Pflichttheilsrechts hervorgehobenen Absicht, den Kindern dadurch einige Unterstützung ihres weitern Fortkommens, also lediglich einen materiellen Vermögensvortheil, zu verschaffen (oben §. 5 S. 33). Denn das geschieht allein dann, wenn das Pflichttheilsrecht ein Forderungsrecht ist. Nur ein solches beschränkt sich darauf, dem Pflichttheilsberechtigten einen Vermögenswerth aus dem Nachlasse zu verschaffen. Nur ein Forderungsrecht erreicht auch vollständig diesen Zweck. Das Erbrecht bleibt einerseits hinter demselben zurück und geht andrerseits weit darüber hinaus. Denn wie wenig dient es dazu, dem Pflichttheilsberechtigten seine Unterstützung zu verschaffen, daß er alle Pflichten eines Erben bezw. Miterben übernehmen muß. Und geht es etwa nicht über den Zweck der Unterstützung hinaus, wenn der Pflichttheilsberechtigte an den sämmtlichen Nachlaßsachen ein Miteigenthum erwirbt, wenn er in Folge seiner Erbeseigenschaft berufen wird zur Theilnahme auch an Sachen und Rechten, die wie ein vom Erblasser für sich und seine Erben erworbenes Erbbegräbniß oder ein jus patronatus hereditarium keinen Geldwerth haben[2]), wenn er als Erbe das Recht erlangt, ohne alles vermögensrechtliche Interesse die vom Erblasser angestellte Klage auf Ungültigkeitserklärung seiner Ehe nach §. 42 Thl. II. Tit. 1 Allg. Landrechts fortzusetzen oder unter den Voraussetzungen des §. 43 daselbst eine solche Klage selbständig anzubringen[3]), eine anhängige Injurienklage rücksichtlich des Strafantrages weiter zu verfolgen[4]) und dergleichen mehr?

---

[2]) Koch: Erbrecht. §. 6 S. 64 ff.

[3]) Koch: Erbrecht. §. 5 S. 50 u. Förster: Privatrecht. Bd. IV. §. 266 S. 253. Der letztere faßt die Klage als Präjudizialklage, um den überlebenden angeblichen Ehegatten vom Erbrecht auszuschließen, auf. Sie ist aber auf diese Funktion, die eine materielle Unterlage haben würde, nicht beschränkt, sondern auch zulässig, wenn z. B. der angebliche Ehegatte auf jedes Erbrecht verzichtet hat, also gar kein Vermögens-Interesse konkurrirt.

[4]) Erkenntnisse des Ober-Tribunals vom 10. November 1852 (Goltdammer: Archiv für Preußisches Strafrecht. Bd. I. S. 395), 4. Oktober 1865 (Deutsche Gerichtszeitung. Jahrgang VII. (1865) S. 179) und vom 12. Juli 1872 (Arch. Bd. 86. Nr. 30. S. 143); Klein: System des Preuß. Civilrechts 2. Ausg. von v. Rönne. Bd. I. (1835) §. 201 S. 234 Nr. 3; Gruchot: Erbrecht. Bd. I. S. 22; Förster: Privatrecht. Bd. IV. §. 266 S. 253 u. 254; Oppenhoff: Strafgesetzbuch für das Deutsche Reich. 5. Aufl. (1876) Anm. 12 zu Art. XVI. des Einführungs-Gesetzes vom 14. April 1851. S. 775.

§. 20.

2. Geschichtlicher Zusammenhang des Landrechts.

Einen zweiten Beweis für das Forderungsrecht liefert die Vergleichung des Landrechts mit dem Rechtszustande, welchen die Redaktoren vorfanden.

Ein Recht auf den Pflichttheil bestand in diesem regelmäßig nicht, sondern nur entweder ein Recht auf Anfechtung des Testaments bezw. wenigstens der Erbeseinsetzungen oder ein Recht auf Ergänzung des Pflichttheils (oben §. 10 S. 48 ff.). Im erstern Fall wird der Pflichttheilsberechtigte nach durchgesetzter Anfechtung allerdings Erbe, aber nicht weil er einen erbrechtlichen Anspruch auf den Pflichttheil hat und in Höhe des Pflichttheils, sondern weil ein Testament bezw. eine gültige Erbeseinsetzung nicht mehr vorhanden ist und in Höhe seines ganzen Intestaterbtheils. Im letztern Fall erscheint der Pflichttheilsberechtigte dagegen als Gläubiger, aber wiederum nicht auf den Pflichttheil, sondern auf das ihm zum vollen Pflichttheil noch Fehlende.

Von diesem Rechtszustande sind die Verfasser des Landrechts zwar in wesentlichen Punkten absichtlich abgewichen (§. 5 S. 33), aber es ist derselbe, da außer dem Römischen Recht kein praktisch geltendes Recht weiter in Preußen damals vorhanden war und da deutschrechtliche Anschauungen und Theorien grade auf die Gestaltung des Pflichttheilsrechts noch weniger, als sie es auf andere Rechtsinstitute gethan haben, einwirken konnten, weil es im Deutschen Recht ein Pflichttheilsrecht, das man hätte zum Muster nehmen können, überhaupt nicht gab (§. 3 S. 10 ff.), doch immer der einzige Ausgangspunkt für das landrechtliche Pflichttheilsrecht. Er bleibt es auch da, wo direkte und ausdrückliche Abweichungen vom Römischen Recht vorliegen. Denn die Verfasser des Landrechts waren einmal von den zu ihrer Zeit herrschenden Rechtsbegriffen so durchdrungen, daß sie, auch wo sie sich vom Römischen Recht entfernen wollten, unwillkührlich doch immer wieder in dieselben zurückgefallen sind und unter deren Einfluß gestanden haben und gilt dies auch speziell für das Pflichttheilsrecht[1]). Es bildet daher das Römische Recht auch für das unter Beseitigung des Rechts auf Anfechtung des Testaments oder der Erbeseinsetzungen neu geschaffene Recht auf den Pflichttheil die Grundlage.

---

[1]) Mühlenbruch: Fortsetzung des Commentars von Glück. Bd. XXXVIII. (1835) §. 1425 f. S. 53 ff.; Koch: Erbrecht. §. 45 S. 451.

Ging man aber bei dem Recht auf den Pflichttheil vom Römischen Recht aus, so konnte man zu ihm in doppelter Weise gelangen, entweder so, daß man die nach jenem bei Rescission des Testaments bzw. der Erbeseinsetzung eintretende Intestaterbfolge auf die Pflichttheilsquote beschränkte oder so, daß man die nur auf das am Pflichttheil Fehlende gerichtete actio suppletoria auch auf den Fall der gänzlichen Uebergehung oder Enterbung ausdehnte. Der erstere Weg führte dahin, dem Recht auf den Pflichttheil den Charakter eines Erbrechts zu geben. Schlug man dagegen den letzteren Weg ein, so kam man dazu, das Recht auf den Pflichttheil zu einem blos obligatorischen Recht zu machen, da, wie früher ausführlich dargethan worden (§. 10 S. 50 ff.), die a°. suppletoria nicht nur wirklich eine reine a°. personalis ist, sondern und vor allem auch zur Zeit der Abfassung des Landrechts fast ausnahmslos als solche aufgefaßt wurde[2]) und daher von den Redaktoren des Landrechts, die regelmäßig der geltenden Ansicht den Vorzug gaben, sicherlich ebenfalls als persönliche Klage angesehen worden ist.

Das durch die querela inofficiosi testamenti erlangte Intestaterbrecht der Pflichttheilsberechtigten beruht auf einer künstlichen Fiktion der Ungültigkeit des Testaments, quasi non sanae mentis fuerit testator, der Eintritt der Intestaterbfolge nach Novelle 115 auf einer Vereinigung des materiellen Notherben- (Pflichttheils-) Rechts mit dem formellen Notherben- (Präteritions-) Recht und der aus letzterem in das erstere übernommenen Nothwendigkeit, den Pflichttheilsberechtigten nicht blos zu bedenken, sondern seiner auch titulo institutionis zu gedenken. Jene Fiktion dürfte, auch wenn sie nicht ausdrücklich reprobrirt wäre[3]), nicht mehr angenommen werden. Ebenso ist das formelle Notherbenrecht dem Landrecht unbekannt und steht im Widerspruch mit seinem ganzen Geist und Inhalte. Auch die Pflicht zur Erbeseinsetzung ist aufgehoben. Grund und Fundament für die Erbberechtigung des Pflichttheilsberechtigten im Römischen Recht sind daher vollständig verworfen. An sie konnte man das neue Institut des Landrechts nicht wohl anknüpfen.

Am wenigsten kann zugegeben werden, daß die landrechtliche Pflichttheilsklage „auf das augenscheinlichste der querela inofficiosi des Gemeinen Rechts nachgebildet sei[4]).“

---

[2]) Bis zur Zeit des Landrechts haben sich nur zwei Schriftsteller ermitteln lassen, die abweichender Ansicht sind: Faber u. Vinnius. Vgl. die §. 10. Anm. 4 bis 6. S. 50 ff. gegebenen Litteratur-Nachweisungen.

[3]) Suarez in der Schlußrevision S. 163 (oben §. 5 S. 32).

[4]) Zitelmann S. 369; ebenso Bauer S. 54.

Um das annehmen zu können, müßte zuvörderst nachgewiesen werden, daß in dem allein zu Gemeinem Recht gewordenen neueren Römischen Recht, also in dem Römischen Recht nach der Novelle 115 die querela inofficiosi testamenti da, wo nicht die bloße Ergänzung stattfindet, noch die alleinige oder wenigstens die Hauptklage des Pflichttheilsberechtigten ist. Die herrschende Ansicht nimmt dies bekanntlich keineswegs an und hat es auch zur Zeit des Landrechts nicht angenommen. Die drei Systeme: das Inofficiositäts-, Nullitäts- und gemischte System, von denen allein das erstere an der querela inofficiosi festgehalten hat, während das Nullitätssystem die Querel nur noch für die Geschwister und das gemischte System sie außer für die Geschwister blos noch bei Anführung eines zwar gesetzlich anerkannten, jedoch unwahren Ausschließungsgrundes behauptet, sind jetzt vielmehr, wenn nicht gar das Nullitätssystem als das herrschende bezeichnet werden darf, mindestens gleich vertreten. Zur Zeit der Redaktion des Landrechts aber entschied sich die herrschende Meinung und namentlich die Praxis zu Gunsten des gemischten Systems[5]), sodaß, da das in das Landrecht nicht aufgenommene Recht der Geschwister ausscheidet, die Querel nur noch in dem einzigen Fall der Angabe eines unwahren Enterbungsgrundes zur Anwendung kam, also ein ganz beschränktes, ausnahmsweises Rechtsmittel war, welches sich gewiß nicht zum Vorbild für eine neue allgemeine Klage eignete.

Es ist denn auch in der That keine von den charakteristischen Eigenthümlichkeiten der Querel (§. 4 S. 20) bei der landrechtlichen Pflichttheilsklage wieder zu finden. Die Querel beruht auf dem color insaniae testatoris und ist ihrem Wesen nach eine wirkliche „Klage“ über die Lieblosigkeit des Erblassers und die durch die Ausschließung von der Erbschaft zugefügte Beleidigung und vindictam spirans d. i. auf persönliche Genugthuung gerichtet, weshalb sie auch accusatio genannt (l. 6 §. 2, l. 7 pr., l. 17 pr. u. l. 27 pr. u. §. 3 D. de inoff. test. 5, 2, l. 11 C. de inoff. test. 3, 28 u. sonst) und der Injurienklage gleichgestellt wird (l. 8 pr., l. 22 pr. D. eod., l. 18 D. de lib. 28, 2,

---

[5]) Für dasselbe waren namentlich die von den Verfassern des Landrechts als besondere Autoritäten geschätzten Struve, Schilter, Stryk, Berger, Cocceji und Höpfner, ferner Brunnemann, Faber, Manzius, Haubold u. viele andere. Vgl. hierüber Valett: Das Recht der nothwendigen testamentarischen Berücksichtigung gewisser Verwandten. (1826) §. 35. Anm. d. S. 63 u. 64; Bluntschli: Erbfolge. S. 303 ff.; Francke: Recht der Notherben. §. 29 S. 370 bei Anm. 13 und Windscheid: Pandekten. Bd. III. §. 591 Anm. 5. S. 167.

l. 1 §. 8 D. si quid in fraud. 38, 5, l. 10 C. de test. mil. 6, 21, l. 24 C. de leg. 6, 37). Der Pflichttheilsklage ist alles dies und namentlich der Gesichtspunkt einer Kränkung und eines Angriffs auf den status des Testators als eines Wahnsinnigen vollständig fremd. Die Querel ist erst zulässig, wenn der Pflichttheilsberechtigte nicht durch ein anderes Rechtsmittel zu seinem Recht gelangen kann. Die Pflichttheilsklage des Landrechts ist kein außerordentliches Rechtsmittel, sondern hat nur die Pflichttheilsverletzung zur Voraussetzung und kann dann stets sofort angestellt werden. Die Querel vererbt sich auf Nicht-Descendenten nur, wenn sie vom Erblasser bereits präparirt war. Das Landrecht kennt eine derartige Beschränkung des Uebergangs der Pflichttheilsklage auf die Erben nicht.

Als Gleichheiten, die zwischen beiden Klagen beständen, hat man besonders hervorgehoben die kurze Verjährungsfrist, die Bestimmungen über Erlöschung der Klage durch Anerkennung (Verzicht) und die spezielle Ausnahme, welche das Landrecht in §. 439 Thl. II. Tit. 2 von den Grundsätzen des Gemeinen Rechts z. B. in l. 10 §. 1 D. de inoff. test. 5, 2 mache[6]).

Allein die fünfjährige Frist zur Anstellung der Querel, die übrigens keine unbedingte ist, sondern ex magna et justa causa ignorirt werden darf (l. 8. §. 17 D. de inoff. test. 5, 2), hat ihren Grund darin, daß die Querel zu den nicht begünstigten Rechtsmitteln gehört, also in dem Wesen der Klage selbst[7]). Bei der zweijährigen Verjährungsfrist des Landrechts wird dagegen zur Rechtfertigung angeführt[8]): „Nach Römischen Rechten mußte die querela inofficiosi testamenti innerhalb 5 Jahren angestellt werden, die querela nullitatis aber dauerte 30 Jahre. Der Grund der Abweichung im Gesetzbuche §. 440 liegt darin: weil einestheils derjenige, welcher weiß, daß er enterbt worden, keine vernünftige Ursache haben kann, mit Anstellung seiner Klage 5 oder gar 30 Jahre zu zögern und weil anderntheils aus solcher Zögerung den übrigen Interessenten großer Nachtheil erwächst, indem sie über den Nachlaß nicht mit Sicherheit disponiren, sich nicht theilen, die Legate nicht berichtigen können ꝛc., so lange sie noch nicht wissen, ob nicht vielleicht der Enterbte das Testament anfechten und durch ein er-

---

[6]) Zitelmann S. 369 Anm. 98.

[7]) Francke: Recht der Notherben. §. 24 S. 312 u. 313; Windscheid: Pandekten. Bd. III. §. 585 Anm. 5. S. 152; Schröder §. 46 S. 384 u. 386 und §. 55 S. 475.

[8]) Suarez in der Schlußrevision S. 166.

haltenes obsiegliches Urtel eine gänzliche Veränderung in der Lage der Sache bewirken werde." Die landrechtliche Frist ist mithin ausdrücklich nicht an die Stelle der Frist bei der querela inofficiosi, sondern an die Stelle der Frist bei der querela inofficiosi und der Frist bei der querela nullitatis gesetzt und hat außerdem ihren Grund in Zweckmäßigkeitsrücksichten, mit denen die besondere Natur der Klage als solcher nichts zu thun hat, ist also der Frist bei der querela inofficiosi nur scheinbar ähnlich.

Das ausdrückliche Anerkenntniß des Testaments, welches nach §. 438 Thl. II. Tit. 2 des Landrechts die Pflichttheilsklage ausschließt, beseitigt allerdings auch die Querel und ist insofern in der That eine Gleichheit vorhanden. Dieselbe ist indessen bedeutungslos, weil das Anerkenntniß die Natur eines ausdrücklichen Verzichts auf die Geltendmachung des Pflichttheilsrechts hat und ein solcher Verzicht auch der a°. suppletoria entgegenstehen würde (l. 35 §. 2 C. de inoff. test. 3, 28), die Gleichheit daher auch der a°. suppletoria gegenüber vorhanden ist.

Die Vorschrift des §. 439 aber, wonach die bloße Annahme eines im Testament ausgesetzten Vermächtnisses die Pflichttheilsklage noch nicht ausschließt, ist nicht blos eine Ausnahme von den bei der Querel geltenden Grundsätzen, sie ist vielmehr die Wiederholung einer Bestimmung, die grade so bereits für die a°. suppletoria galt (l. 35 §. 2 C. l. c.) und ist deshalb eher ein Beweis für die Verwandschaft der Pflichttheilsklage mit der Ergänzungsklage als für die mit der Querel.

Während sich so für den Anschluß des Rechts auf den Pflichttheil an das durch die Rescission des Testaments oder der Erbeseinsetzungen begründete Intestaterbrecht nirgends ein fester Anhalt bietet, lag die Ausdehnung der actio suppletoria sehr nahe. Bei ihr erschien das Pflichttheilsrecht frei von jedem Formalismus und lediglich darauf gerichtet, den nächsten Verwandten einen materiellen Vermögens-Vortheil zu verschaffen. Sie ließ, so wie es im Landrecht angeordnet ist, das Testament bestehen und wirkte nur quantitativ auf die letztwilligen Anordnungen des Erblassers ein. Sie fand statt, wenn dem Pflichttheilsberechtigten auch nur ein Minimum hinterlassen war, konnte also thatsächlich fast den ganzen Pflichttheil zum Gegenstande haben und umfaßte die praktisch wichtigsten Fälle der Pflichttheilsverletzung.

Ihre Ausdehnung lag um so näher, als dieselbe bereits im Römischen Recht für zwei Fälle von Pflichttheilsberechtigung vorgenommen und hier unter Beseitigung der Pflicht zur Erbeseinsetzung und des Rechts auf Rescission des Testaments ein rein persönlicher Anspruch auf den Pflichttheil geschaffen worden ist, nämlich für das Recht des unmündig Arrogirten und der armen Wittwe (§. 10 S. 57 u. 58), man also nur diese beiden Ausnahmen, in denen das Pflichttheilsrechts schon grade so gestaltet war, wie man es für das Landrecht beabsichtigte, zur Regel zu machen brauchte.

Ganz besonders aber ist Folgendes in Berücksichtigung zu ziehen:

Eine Untersuchung der rechtlichen Natur des Pflichttheilsrechts nach Gemeinem Recht in der allgemeinen Weise, wie oben im §. 10 versucht worden, ist weder bis zur Zeit des Landrechts noch bis in die neueste Zeit angestellt worden. Statt dessen hat man sich darauf beschränkt, außer der Charakterisirung der querela inofficiosi testamenti und der Klage aus der Novelle 115 auf Rescission des Testaments bezw. der Erbeseinsetzungen sowie der Charakterisirung der a°. suppletoria und der querela inofficiosae donationis nur noch die rechtliche Natur des Pflichttheils selbst zu untersuchen. Letzteres ist sehr häufig geschehen, aber bis zur Redaktion des Landrechts nur ganz vereinzelt in der Art, daß der Pflichttheil als ein mit den sämmtlichen Theilen der Verlassenschaft in einer verhältnißmäßigen Verbindung stehender und sich nach Proportion seines Betrages auf alle Stücke des Nachlasses erstreckender Antheil, also als ein Erbtheil aufgefaßt worden ist[9]). Vielmehr wird durchgängig dem Pflichttheil die Eigenschaft als Erbtheil abgesprochen[10]), vielfach

---

[9]) Die einzigen, die sich hierfür ausgesprochen haben, sind von Berger: Oeconomia juris ad usum hodiernum accomodati. Ed. VII. (1771) Lib. II. Tit. IV. th. 15 n. 9. p. 276, de Wernher: Selectae observationes forenses. Tom. I. (1756) Pars I. Obs. 185. p. 193 und die daselbst p. 194 u. 195 abgedruckten Entscheidungen des Ordo Vitembergensis vom September 1709 und April 1702, von denen die erstere aber doch auch wieder bemerkt, „daß die Kinder in Ansehung des Pflichttheils denen Gläubigern gleich zu schätzen", sowie Gmelin und Elsässer: Gemeinnützige juristische Beobachtungen und Rechtsfälle. Bd. IV. (1780) Nr. XVI. §. 154 S. 230. Berger und das Wittenberger Urtheil von 1709 erkennen dabei ausdrücklich an, daß die herrschende Ansicht abweiche und „nur von dem Fall annehme, daß die legitima über alle und jede Erbstücke in natura pro rata sich erstrecke, wenn der Testator dieselbe indefinite zugeeignet."

Aus der Zeit nach dem Landrecht hat sich nur noch Glück: Erläuterung der Pandekten nach Hellfeld. Bd. VII. (1804) §. 548 S. 117 u. 118 zu der obigen Ansicht bekannt.

Zu vergleichen ist auch noch das Corpus Juris Fridericianum oben §. 5 S. 27 und Bruns: Das heutige römische Recht in von Holtzendorff's Encyklopädie der Rechtswissenschaft in systematischer Bearbeitung (1870) S. 372.

[10]) So Manzius: Tractatus rationalis de legitima. (1658) Quaest. XIII. 14—16. p. 105 u. 106; Gail: Practicarum observationum. Lib. II. (1721)

sogar nicht blos bei dieser Negative stehen geblieben, sondern der Pflichttheil direkt für eine gewöhnliche Schuld des Nachlasses erklärt[11]).

Unter diesen Umständen das Recht auf ihn zu einem Erbrecht machen, wäre ein Bruch mit fast ausnahmslos geltenden Ansichten gewesen, der nicht blos dem Geist der landrechtlichen Gesetzgebung widerspricht, sondern auch sicherlich nicht, ohne ihn zu erwähnen, geschehen wäre. Schlossen sich dagegen die Redaktoren auch hier der herrschenden Meinung an, hielten sie also ebenfalls dafür, daß der Pflichttheil kein Erbtheil bezw. daß er eine Schuld des Nachlasses sei, so kann dem von

---

Obs. 119. no. 11 u. 12, Obs. 120. no. 2 u. 3; Chifletius: De portionibus legitimis liber singularis in Otto: Thesaurus juris Romani. Tom. V. (1744) p. 732 u. 740; Carpzow: Jurisprudentia forensis Romano-Saxonica. Pars III. Const. 12. def. 10. no. 3; Voet: Commentarius ad Pandectas. Tom. I. (1757) in Tit. de inoff. test. no. 44 u. 45. p. 302; Stryk: Tractatus de Cautelis testamentorum. Edit. V. (1738) Cap. XVII. membr. II. §. 6 u. 12; Leyser: Meditationes ad Pandectas. Ausg. von 1778. Vol. II. Spec. 91. med. 4—6. p. 284; Hellfeld: Jurisprudentia forensis secundum Pandectarum ordinem. 5. Aufl. (1779) §. 548 p. 184.

Von den Neuern z. B. Francke: Recht der Notherben. §. 31 S. 393 u. 394; Mühlenbruch: Fortsetzung des Commentars von Glück. Bd. XXXV. (1832) S. 328—330; Arndts in Weiske's Rechtslexikon für Juristen aller teutschen Staaten. Bd. VIII. (1854) S. 135 und Neuner: Die heredis institutio ex certa re. (1853) S. 229 ff.

[11]) Faber: De erroribus Pragmaticorum. Pars I. Dec. XIV. err. 6: legitima portio res certa est; Wesenbeck: Commentarius in Codicem ad Tit. de inoff. test. no. 15: legitima pro aere alieno est; Chifletius a. a. O. p. 758: cum certum est, eam (sc. legitimam) ut debitum peti; von Kreittmayr zu Thl. III. Kap. 11. §. 1 des Codex Maximilianeus Bavaricus civilis No. 6: gleichwie die Legitima instar aeris alieni ist; Lobethan: Vollständige Abhandlung der Lehre von der Erbfolge. (1776) §. 98 S. 136: Der Pflichttheil ist eine Schuld, welche aus den Gesetzen kommt und welche sobald kontrahirt ist, als der Blutsfreund, welcher ein nothwendiger Erbe ist, existiret, aber alsdann erst gefordert werden kann, wenn der Schuldner stirbt (debitum ex lege veniens, cujus dies cedit ab existentia consanguinei et cujus dies venit tempore mortis); Boock: Systematische Entwicklung der Lehre von der Enterbung. (1799) S. 126: Die Gesetze achten den Pflichttheil einer wirklichen Schuld gleich.

Auch bei den Neuern finden sich gleiche Auslassungen, z. B. bei Glück a. a. O. S. 72: Der Pflichttheil ist als eine gesetzliche Schuld anzusehen (also Widerspruch mit dem Citat in Anm. 9); Baron: Pandekten. (1871) §. 449: Der Pflichttheil ist als Erbschaftsschuld zu behandeln, u. a. m.

Eine herkömmliche Auffassung des Pflichttheilsrechts als eines Erbrechts, von welcher Förster: Privatrecht. Bd. IV. §. 248 S. 55 für das Gemeine Recht spricht, giebt es durchaus nicht.

ihnen geschaffenen Recht auf den Pflichttheil offenbar nur ein obligatorischer Charakter beigelegt werden.

Ist aber das Recht auf den ganzen Pflichttheil ein obligatorisches Recht, so ist auch das Recht auf Ergänzung des Pflichttheils ein solches, mithin das Pflichttheilsrecht in den Fällen der absichtlichen Uebergehung, der Enterbung und der unzulänglichen Zuwendung gleichmäßig ein Forderungsrecht.

§. 21.

3. Hinterlassung des Pflichttheils titulo singulari und Anrechnungen auf denselben.

Wenn auch solchergestalt der Grund und Zweck des Pflichttheilsrechts und der geschichtliche Zusammenhang auf ein bloßes Forderungsrecht hinweisen, so liefert beides doch allein noch keinen vollen Beweis. Dieser ist erst dann vorhanden, wenn jenen allgemeinen legislativen Gesichtspunkten die einzelnen positiven Bestimmungen des Gesetzes entsprechen.

Das Landrecht handelt das Pflichttheilsrecht verhältnißmäßig sehr kurz ab. Der größte Theil seiner Vorschriften scheidet überdies sofort als gänzlich irrelevant für die Natur des Pflichttheilsrechts aus, wie die über Form und Gründe der Enterbung u. s. w. Die wenigen Bestimmungen, die dann noch bleiben, sind aber eben so viele Argumente für das Forderungsrecht.

Dies gilt gleich von den §§. 393—397 Thl. II. Tit. 2, nach welchen gewisse Geschenke unter Lebenden und ferner alles, was auf den Sterbefall, also auch titulo singulari durch Legat und mortis causa donatio zugewendet worden ist, auf den Pflichttheil anzurechnen sind.

Zuwendungen, welche unter Lebenden oder zwar von Todeswegen aber titulo singulari gemacht werden, können zum Objekt immer nur einzelne Vermögensstücke, wenn auch in noch so großer Zahl und in noch so großem Umfange, nur Quantitäten haben. Die Quote als ein von einer Summe von Vermögensstücken verschiedenes Ganze, als ein den einzelnen Stücken, die zu ihr gehören, gegenüber selbständiger Rechtsbegriff, ist der Zuwendung von Todeswegen titulo universali eigenthümlich und vorbehalten. Wird sie bei andern Zuwendungen gebraucht, so dient sie nur zur Bezeichnung der in ihr enthaltenen und das eigentliche Objekt der Zuwendung bildenden Quantitäten und kommt als wirkliche Quote nicht in Betracht. Aus den §§. 393—397 ergiebt sich demgemäß zweierlei: erstens, daß der Pflichttheil durch Zuwendung von ausreichenden Quantitäten seitens des Erblassers hinterlassen werden kann[1]) und zweitens, daß unzulängliche Quantitäten auf den Pflichttheil anzurechnen sind. Dasjenige aber, was durch Quanten hinterlassen werden kann und worauf Quanten angerechnet werden können, muß begriffsmäßig ebenfalls ein Quantum sein. Aus den Bestimmungen der §§. 393—397 folgt daher, daß der Pflichttheil nur in Quanten, nur in den in der Hälfte 2c. des Intestaterbtheils enthaltenen Vermögensbestandtheilen besteht, das Recht auf ihn also nur ein obligatorisches ist.

Wäre das Pflichttheilsrecht ein Erbrecht, so würde der Pflichttheil nicht blos der Größe und dem Werthe nach, sondern auch dem Objekt nach ein Bruchtheil des Nachlasses und dem Ganzen gleichartig sein, also die Natur der Erbschaft selbst haben.

Im Römischen Recht ist die Erbschaft nicht ein Aggregat der etwaigen materiellen Bestandtheile des Vermögens, sondern ein einheitliches ideelles Ganze von nicht an die Person gebundenen Sachen und Rechten, ein Rechtsbegriff: appellatio hereditatis universitatem quandam ac jus successionis et non singulares res demonstrat (l. 208 D. de V. S. 50, 16), hereditas juris nomen est (l. 178 §. 1 u. l. 119 eod.). Als Rechtsbegriff, von dem es bekanntlich sogar heißt, daß er personae vice fungitur, steht die Erbschaft als etwas höheres Selbständiges über den einzelnen Sachen und Rechten und ist unabhängig von dem Vorhandensein oder Nichtvorhandensein derselben. Sie existirt ohne jeden Gegenstand, der zu ihr gehörte; auch derjenige, der gar nichts, weder Sachen noch Forderungen noch Schulden hatte, hat doch eine Erbschaft hinterlassen und wird beerbt: hereditas enim sine ullo corpore juris intellectum habet (l. 50 pr. D. de her. pet. 5, 3, l. 3 §. 1 D. de bon. poss. 37, 1). Die Erbschaft kann wachsen und durch Erwerb neuer Sachen vergrößert werden, sie kann abnehmen und durch Veräußerung von Sachen verringert werden, ohne daß dies Einfluß auf sie hat: hereditas et augmentum recipit et deminutionem (l. 20 §. 3 D. de her. pet. 5, 3).

---

[1]) Außer bei der Hinterlassung geht das Landrecht noch in einem andern Fall von der Auffassung aus, daß das Pflichttheilsrecht durch Anrechnung von Quantitäten ausgeschlossen werde, nämlich bei der Vorschrift der §§. 406 u. 407 Thl. II. Tit. 2, daß der Vater sein Kind enterben könne, wenn ihm durch grobe Verbrechen desselben ein den Betrag des Pflichttheils erreichender Vermögensschaden zugefügt sei. Denn dies hat augenscheinlich seinen Grund darin, daß der Schädensbetrag auf den Pflichttheil angerechnet wird. Vgl. Gesetzrevision. Pensum XVI. Entwurf der das Erbrecht betreffenden Gesetze. (1835) Motive zu §§. 126 u. 127 Entw. S. 310.

Wenn nach Landrecht die Erbschaft auch nicht personam sustinet, so hat sich dasselbe doch andrerseits auch nicht dem Deutschen Recht, welches die Erbschaft als eine Gesammtheit nicht kannte, nach welchem vielmehr das Vermögen sofort mit dem Tode in eine Summe einzelner Sachen zerfiel, angeschlossen, sondern die Römische Universalsuccessiou aufgenommen. Damit ist die Eigenschaft der Erbschaft als eines Rechtsbegriffs, ohne welche eine Universalsuccession nicht gedacht werden kann, anerkannt. Es wird denn auch ausdrücklich gesagt, daß die Erbschaft eines Verstorbenen aus dem Inbegriff d. i. der Gesammtheit (universitas) aller seiner hinterlassenen Sachen, Rechte und Pflichten bestehe (§. 350 Thl. I. Tit. 9) und dem entsprechend als Kriterium der Erbeseinsetzung die Absicht, jemandem den Inbegriff des Nachlasses zuzuwenden, hingestellt (§. 4 Thl. I. Tit. 12). Und wenn es im §. 33 Thl. I. Tit. 2 heißt: „Auch der Inbegriff aller einzelnen Sachen und Rechte, die einem Menschen zugehören, kann als ein einzelnes Ganze angesehen werden" und daran im §. 34 die Begriffsbestimmung der Erbschaft: „Der Inbegriff der Sachen und Rechte eines Verstorbenen heißt dessen Verlassenschaft" angeschlossen wird, so darf daraus nicht gefolgert werden, daß auch bei der Erbschaft nur die Möglichkeit, nicht die begriffsmäßige Nothwendigkeit, sie als ein selbständiges Ganze anzusehen und zu behandeln, habe ausgesprochen werden sollen[2]). Der §. 33 bezieht sich auf das Vermögen eines Lebenden. Dieses erscheint

[2]) Dies wird von Koch: Erbrecht. §. 2 S. 13 und unter Bezugnahme auf denselben auch von Förster: Privatrecht. Bd. IV. §. 266 S. 251 behauptet. Es ist nicht klar, worauf Koch mit seiner Argumentation hinauswill. Nachdem er gesagt, daß die Erbschaft als ein Ganzes angesehen werden könne, aber nicht müsse, fährt er fort: „Wovon das Eine oder das Andere abhängt, werden wir weiterhin bei Feststellung des Princips des Preußischen Erbrechts sehen" und allegirt den §. 3, in welchem er ausführt, daß im Landrecht die Testirfreiheit anerkannt und die gesetzliche Erbfolge ebenfalls auf den Willen des Erblassers — den vermutheten — zurückgeführt sei, daß der ausgesprochene und der vermuthete Wille neben einander und gleichzeitig die Erbfolge begründen könnten und daß nicht die Gesetze derjenigen Orte, an welchen einzelne zum Nachlaß gehörige Stücke sich befänden, sondern allein die des letzten Wohnorts für die Intestaterbfolge maßgebend seien und daher stets nur Eine Erbschaft vorkommen könne. Alles dies hat aber mit der Eigenschaft der Erbschaft als eines Inbegriffs wenig zu thun, namentlich bleibt diese Eigenschaft, auch wenn ein Testaments- und ein Intestaterbe neben einander konkurriren. Denn jeder von ihnen succedirt in einen Bruchtheil des Inbegriffs, erhält also, wenn auch nicht die ganze Erbschaft, so doch immer noch die Erbschaft als ein Ganzes. Und daß die Verschiedenheit des Wohnorts oder der Orte, wo Erbschaftssachen sich befinden, der Erbschaft die Natur einer Gesammtheit nicht nehmen kann, erkennt Koch selbst an.

in der Regel nur als eine Summe von einzelnen Bestandtheilen und kommt blos in einigen wenigen Beziehungen z. B. bei der Gütergemeinschaft als Ganzes in Betracht. Hier mußte man sich daher darauf beschränken, die Möglichkeit der Behandlung als Ganzes auszusprechen. Bei der Erbschaft ist dagegen der Ausdruck durchaus bestimmt: „Der Inbegriff der Sachen und Rechte eines Verstorbenen heißt dessen Verlassenschaft" und von einer bloßen Möglichkeit ist nicht die Rede.

Ist sonach auch im Preußischen Recht die Erbschaft ein Rechtsbegriff, so würde bei Annahme eines Erbrechts des Pflichttheilsberechtigten auch der Pflichttheil ein solcher sein müssen. Wie sollte er dann aber durch Zuwendung von Quanten inter vivos und mortis causa hinterlassen werden können? Das ist ja eben das Wesen der Universalsuccession, daß nur durch sie das Vermögen als Rechtsbegriff hinterlassen werden kann. Wäre der Pflichttheil in Wirklichkeit Quote und Rechtsbegriff, so könnte der Pflicht zur Hinterlassung desselben unbedingt nicht durch Zuwendungen titulo singulari, welche blos Quanten zum Objekt haben, sondern nur durch Zuwendungen von Todeswegen und jure heredis Genüge geschehen.

Warum soll ferner, da der Erblasser den Pflichttheilsberechtigten mit Quantitäten abfinden kann und nur verbunden ist, den Pflichttheil in Quantitäten zu hinterlassen, der Pflichttheilsberechtigte, wenn der Erblasser seine Pflicht nicht erfüllt hat, statt eines Rechts auf Quantitäten das größere (§. 19 S. 105) Recht auf eine Quote haben? Das Landrecht hat das Römische Recht, in welchem der Pflichttheilsberechtigte, wenn der Erblasser der Nothwendigkeit, die legitima zuzuwenden, nicht nachgekommen ist, nicht auf den Pflichttheil, sondern auf den ganzen Intestaterbtheil berechtigt wird, geändert und ein der Pflicht zur Hinterlassung des Pflichttheils entsprechendes Recht lediglich auf den Pflichttheil eingeführt, weil es in der Natur der Sache keinen Grund habe, daß der Pflichttheilsberechtigte deshalb, weil der Erblasser seiner Pflicht nicht genügt hat, zur Strafe dessen und zum Nachtheil der ganz unschuldigen eingesetzten Erben und Legatarien mehr erlange, als er erlangt haben würde, wenn der Erblasser seine Pflicht gethan hätte (oben §. 5 S. 28 u. 33). Die Konsequenz dieser Anschauung ist, daß der Pflichttheilsberechtigte den Pflichttheil auch nur in derselben Weise, wie ihn der Erblasser hinterlassen muß, erlangt, also, da der Erblasser ihn in Quantitäten zuwenden kann, auch blos in Quantitäten fordern kann. Nur so entsprechen sich Pflicht des Erblassers und Recht des Pflichttheilsberechtigten wirklich vollständig nach Umfang und Inhalt, nur so ist die verworfene und in der That ungerechtfertigte Bestrafung und Benachtheiligung der eingesetzten Erben und Legatarien wegen der Pflichtwidrigkeit des Erblassers wirklich beseitigt.

Und wie sollen endlich res singulae auf den Pflichttheil als Quote und Rechtsbegriff angerechnet[3]) werden? Es wäre ein innerer Widerspruch, wenn in den von dem Vorhandensein materieller Bestandtheile, von dem Ab- und Zunehmen derselben durchaus unabhängigen Rechtsbegriff nun doch wieder solche materielle Bestandtheile eingerechnet werden könnten und er durch deren Abzug verringert würde. Auf diesen logischen Widerspruch ist bereits bei Ulpian in den Worten: nec enim posse ex jure (von einem Rechtsbegriff) deduci quantitatem, non magis, quam si fundum quis deducto aere alieno vel deductis legatis restituere sit rogatus, neque enim recipit fundus aeris alieni vel legati minutionem (l. 16 §. 3 D. ad Sen. Trebell. 36, 1) hingewiesen und findet sich nirgends eine Anrechnung von Quanten auf eine Quote. Namentlich ist auch bei der Kollation nirgends eine wirkliche Anrechnung des zu konferirenden Quantums auf die Erbquote vorhanden, weder im Römischen Recht noch im Landrecht noch im Code civil, im Oestreichischen, im Sächsischen Recht oder sonst. Nach Römischem Recht, welchem sich das bürgerliche Gesetzbuch für das Königreich Sachsen §. 2354 ff. im wesentlichen angeschlossen hat[4]), wird die Kollation regel-

---

[3]) Daß die res singulae auf den Pflichttheil anzurechnen und nicht blos zur Ausgleichung zu bringen sind, wie der Gesetzrevisor Pensum XVI. Entwurf der das Erbrecht betreffenden Gesetze. (1835) Mot. zu Thl. II. Tit. 2. Abschnitt 5. §§. 113 bis 115 des Entwurfs S. 306 u. 307 aufstellte, in welchem Fall allerdings eine Anrechnung von Quantitäten auf den Pflichttheil nicht stattfinden würde, schreibt das Landrecht ausdrücklich vor und wird trotz aller sonstigen Differenzen in der Lehre von dieser Anrechnung jetzt allgemein angenommen, z. B. von Bornemann: Civilrecht. Bd. VI. §. 397 S. 190 u. 191; Koch: Erbrecht. §. 48 S. 495 u. 496; Gruchot: Erbrecht. Bd. III. S. 131; Förster: Privatrecht. Bd. IV. §. 248 S. 68 u. 69; Gerhard: Ueber die Berechnung des Pflichttheils in der Zeitschrift für Gesetzgebung und Rechtspflege in Preußen. Bd. II. Nr. 34. S. 648 ff., namentlich S. 672. Ebenso scheint Spangenberg in seiner schwer verständlichen Abhandlung: Kalkulatorische und rechtliche Bedenken gegen die Anwendbarkeit der Einwurf-Methode bei Berechnung des Pflichttheils im Präjudiz des Ober-Tribunals Nr. 2620 vom 4. April 1855 (Gruchot: Beiträge. Bd. XVII. S. 383 ff.), wenigstens meist sich für Anrechnung und nicht für Ausgleichung zu entscheiden. Vgl. auch noch Unger: Privatrecht. Bd. VI. §. 81 S. 343 u. Anm. 11. S. 346 und Hinschius in Koch: Kommentar. Bd. III. Anm. 64 zu §. 393 II. 2. S. 300.

[4]) Siebenhaar: Kommentar zu dem bürgerlichen Gesetzbuch. Bd. III. (1865) zu §. 2354 u. 2362 S. 329 u. 333 und Lehrbuch des Sächsischen Privatrechts. §. 519 namentlich S. 818.

mäßig dadurch bewirkt, daß das Empfangene zur Theilungsmasse in Natur oder dem Werthe nach zurückgebracht und in der Theilungsmasse mitvertheilt wird, also eine Anrechnung nicht stattfindet. Bei der Kollation durch Werthserstattung kann zwar der Kollationspflichtige den Werth statt der wirklichen Einlieferung sich von dem auf ihn entfallenden Theil des Nachlasses abziehen lassen. Jedoch liegt auch hierin keine Anrechnung auf die Erbquote. Denn die Kollation erfolgt erst bei der Erbtheilung. Durch diese aber ist die Erbquote in ein Quantum umgesetzt worden und wird der Werth nunmehr von dem ermittelten Quantum abgezogen, nicht von der Quote als solcher abgerechnet. Im Allgemeinen Landrecht Thl. II. Tit. 2. §. 303 und im Oestreichischen bürgerlichen Gesetzbuch §. 793 geschieht die Kollation in der Art, daß der Kollationsberechtigte soviel, als das Konferendum beträgt, aus der Erbschaft vor der Theilung vorweg erhält, es ist also ebenfalls von Anrechnung nicht die Rede. Bei dem rapport des Code civil Art. 843 ff. endlich bleiben die zurückzubringenden Vermächtnisse einfach im Nachlaß und sind geschenkte Grundstücke principiell in natura wieder mit dem Nachlaß zu vereinigen, beide werden gleich dem übrigen Nachlaß vertheilt und nicht angerechnet. Bewegliche Sachen und ausnahmsweise auch Grundstücke sind dem Werthe nach zurückzubringen. Dieser Werth wird unter die Aktiva des Nachlasses aufgenommen[5]) und dem zum rapport Verpflichteten ebensowenig, wie eine andere Schuld, die er zum Nachlaß zu entrichten hat und die ihm bei der Erbtheilung angerechnet wird, auf die Erbquote als solche angerechnet.

Die Anhänger der Erbrechtstheorie gehen meist mit Stillschweigen über die vorstehenden, so evident für Forderungsrecht und gegen Erbrecht sprechenden Argumente hinweg, die übrigens auch denen entgegenstehen, welche bei titulo singulari gemachten Zuwendungen und in Folge derselben nicht Erb- sondern nur Legatenrecht annehmen, da letzteres sich nur auf die Wirkung der Zuwendung von Quantitäten bezieht, aber die Möglichkeit derselben, aus der allein jene Beweise gefolgert worden sind, nicht weiter berührt[6]). Nur Gärtner, Förster, Bauer

[5]) Stabel: Institutionen. §. 89 S. 205 u. §. 90 S. 209.

[6]) In ähnlicher Weise, wie oben geschehen, hat Neuner: Die heredis institutio ex certa re. (1853) S. 230 u. 231 für das Römische Recht hervorgehoben, daß der Pflichttheil, weil alle titulo singulari gemachten Zuwendungen in ihn eingerechnet werden, nicht eine Quote der Erbschaft sei.

Daß die Ausführungen im Text noch weit mehr zutreffen, wenn man mit dem Plenarbeschluß des Ober-Tribunals vom 16. März 1857 (Entsch. Bd. 35. S. 352,

und Zitelmann machen eine Ausnahme, indessen äußern auch sie sich nur über die Anrechnung.

Gärtner[7]) beruft sich dabei zur Erklärung derselben auf die Analogie der Kompensation. Allein eine Kompensation setzt Gleichartiges und mindestens Quantum und Quantum, Quote und Quote voraus und kann nicht gedacht werden, wo auf der einen Seite ein Quantum und auf der andern Seite eine Quote vorhanden ist. Gärtner kommt zu der Bezugnahme auf die Kompensation auch wohl nur, weil er bis zum Urtheil auf die Pflichttheilsklage das Recht des Pflichttheilsberechtigten nur als ein Forderungsrecht und auf ein Quantum gerichtet ansieht, die Anrechnung sofort mit dem Tode des Erblassers von selbst sich vollzieht, zu dieser Zeit ein Erbrecht noch nicht vorhanden ist, somit Quantum und Quantum sich gegenüberstehen.

Förster[8]) bemerkt bei Gelegenheit der Frage, ob die Anweisung des Pflichttheilsberechtigten auf bestimmte Summen oder Sachen durch den Erblasser demselben die Erbeseigenschaft nehmen könne, daß jede Erbquote schließlich in ein Quantum aufgelöst werden müsse, erst dadurch erlange sie ihre Verwirklichung, daß der Erblasser dies schon im Voraus thun und die Anweisung der Quote auf ein Quantum vornehmen könne und daß daher die Anweisung nur eine Theilungsvorschrift sei, welche, sobald das formelle Notherbenrecht verworfen, keine weitern Bedenken gegen sich habe. Da das angewiesene Quantum auf den Pflichttheil anzurechnen ist, so trifft Förster's Argumentation die Anrechnung mit.

Arch. Bd. 26. S. 27) die Erbschaft für einen Inbegriff, in welchem die einzelnen zu demselben gehörigen Gegenstände so vollständig aufgehen, daß sie selbst gar nicht mehr in Betracht kommen, also richtiger nicht sowohl für einen Inbegriff (universitas), denn für eine res unita hält, bedarf keiner weiteren Erörterung.

Da das Rechtsverhältniß der Miterben noch öfter berührt werden muß, so sei hierbei gleich ein für alle Mal bemerkt, daß die in diesem Plenarbeschluß entwickelte Ansicht, Gegenstand des Miteigenthums der Erben seien nicht die einzelnen Erbschaftssachen, sondern die Erbschaft als solche und stehe während der Dauer der Gemeinschaft dem einzelnen Miterben ein bestimmter, verhältnißmäßiger Antheil an jedem einzelnen Nachlaßstück nicht zu, für nicht richtig und durch Göppert: Beiträge zur Lehre vom Miteigenthum nach dem Preuß. Allg. Landrecht. (1864) für dargethan erachtet wird, daß auch im Preußischen Recht das Verhältniß der Miterben mit alleiniger Ausnahme der Geltendmachung von Forderungen und Schulden der Erbschaft lediglich nach den Grundsätzen vom gewöhnlichen Miteigenthum zu beurtheilen sei. Vgl. Förster: Privatrecht. Bd. IV. §. 271 S. 298 ff.

[7]) S. 425, namentlich Anm. 39 seiner Abhandlung.

[8]) Privatrecht. Bd. IV. §. 248 S. 56 u. 57.

Bauer[9]) erklärt die Anweisung und Anrechnung ebenfalls als eine letztwillige Theilungsverordnung und durch die dem Erblasser auch bezüglich der Pflichttheilsquote eingeräumte Nachlaß-Vertheilungswillkühr.

Zitelmann[10]) führt aus: Es sei nur bestimmt, daß das Zugewendete auf den Pflichttheil anzurechnen sei, nicht aber daß der Pflichttheil darin bestehen könne. Das „Anrechnen" setze voraus, daß der Pflichttheil selbst etwas anderes sei als das auf ihn Angerechnete. Spreche doch das Landrecht auch bei der divisio parentum inter liberos von Anrechnungen auf den Erbtheil der Kinder z. B. §§. 385—388 II. Tit. 2 und hier gehe zweifellos den Kindern ihre Erbesqualität dadurch nicht verloren, daß auf den Erbtheil etwas unter einem andern Titel Gegebenes angerechnet werde. Das „Anrechnen" betreffe demnach blos die Realisation des Quoten-Erbrechts und berühre als bloße Theilungsvorschrift das Wesen des Erbrechts selbst nicht. Ganz parallel aber dem Erbtheil der Kinder und den Anrechnungen auf denselben stehe der Pflichttheil mit seinen Anrechnungen. Dies gehe auch aus der Stellung der Pflichttheilslehre im Landrecht hervor. Dem Intestaterbtheil entspreche der Pflichttheil, welcher eine Quote des ersteren bilde. Bei den auf den Pflichttheil zu machenden Anrechnungen werde sogar in §. 393 ausdrücklich auf die Bestimmungen über die Anrechnungen auf den Intestaterbtheil verwiesen. Speziell hinsichtlich der Anrechnung eines Legats auf den Pflichttheil erklärt Zitelmann[11]), daß dies ein reines internum der Nachlaßtheilung sei, der Pflichttheilsberechtigte befinde sich ganz genau in derselben rechtlichen Stellung wie jeder andere Quotenerbe, der zufolge einer im Testament befindlichen Theilungsvorschrift eine bestimmte Sache auf seinen Erbtheil übernehmen muß, ohne daß er durch diese Sache für seinen Erbtheil ganz abgefunden sein soll.

Diesen Deduktionen gegenüber ist zunächst geltend zu machen, daß die Operation des Anrechnens keineswegs voraussetzt, daß der Pflichttheil etwas anderes als das Anzurechnende sei und noch weniger, daß er, weil das Anzurechnende ein Quantum ist, ein anderes in Gestalt einer Quote sein müsse. Im Gegentheil, das Anrechnen erheischt, daß dasjenige, worauf angerechnet wird, demjenigen, was angerechnet wird, im Wesen gleich und nur dem Umfang nach verschieden, nämlich größer, also, wenn das Anzurechnende ein Quantum ist, ein größeres Quantum sei.

---

[9]) S. 42, 45 u. 46 seines Aufsatzes über die Pflichttheilsklage.

[10]) S. 361 u. 362 seiner Abhandlung.

[11]) S. 384 daselbst.

Ebensowenig ist das Anrechnen ein internum der Nachlaßtheilung. Denn, wie bereits bemerkt, vollzieht sich die Anrechnung, namentlich die Anrechnung der bei Lebzeiten gemachten Zuwendungen sofort mit dem Tode des Erblassers kraft des Gesetzes von selbst ohne jede Nachlaßtheilung oder sonstige Verhandlung mit dem eingesetzten Erben und ehe hierdurch das Quoten-Erbrecht realisirt worden ist. Es folgt dies mit Nothwendigkeit daraus, daß, wenn das Zugewendete z. B. eine Schenkung den Betrag des Pflichttheils erreicht oder übersteigt, der an sich Pflichttheilsberechtigte dadurch vollständig abgefunden ist und gar kein Pflichttheilsrecht, also auch kein Erbrecht oder sonstiges Recht am Nachlaß, welches ihn zur Theilnahme am Erbtheilungsverfahren berechtigte, erlangt (S. 72, 73 u. 86). Es ist hier nicht so wie bei der Kollation. Bei dieser wird der Kollationspflichtige Erbe wie gewöhnlich und ist mit dem Tode des Erblassers allein die Pflicht vorhanden, zu konferiren, die Kollation selbst aber erfolgt erst bei der Erbtheilung. Der Pflichttheilsberechtigte wird dagegen überhaupt nur pflichttheilsberechtigt, wenn der Erblasser gar keine oder keine genügenden anzurechnenden Zuwendungen gemacht hat und ist mit dem Tode des Erblassers nicht blos eine Pflicht, sich anrechnen zu lassen, sondern die Anrechnung selbst vorhanden.

Weil die Anrechnung dahin führen kann, daß der an sich Pflichttheilsberechtigte nicht zur Nachlaßtheilung kommt, läßt sich die Möglichkeit der Anrechnung von Quanten auf den Pflichttheil auch nicht in der Art erklären, daß die Anrechnung erst, nachdem die Quote des Pflichttheilsberechtigten durch die Erbtheilung in ein Quantum aufgelöst worden ist, auf dieses Quantum stattfinde.

Was die Verweisung im §. 393 Thl. II. Tit. 2 anbetrifft, so ist diese nicht auf die Anrechnungen auf den Intestaterbtheil, sondern auf Vorschriften über Kollation gerichtet. Als solche aber ist sie bedeutunglos, weil es bei der landrechtlichen Kollation keine Anrechnung, sondern nur eine davon wesentlich verschiedene Ausgleichung giebt (S. 119) und allein die §§. 331 ff, welche nur die Grundsätze zur Bestimmung des Betrags des Konferendums enthalten und unbeschadet jener Verschiedenheit auf die Anrechnungen beim Pflichttheil zur Anwendung gebracht werden konnten, allegirt sind.

In gleicher Weise erledigt sich die Heranziehung der §§. 384—389 Thl. II. Tit. 2, indem kein Zweifel bestehen kann und auch noch nie bestanden hat, daß die in diesen Paragraphen behandelte Anordnung des Erblassers die Anordnung einer Kollation ist, für welche die leichtere Form einer divisio parentum inter liberos zugelassen und welche nur aus diesem Grunde vom Gesetz mit der divisio in Verbindung gebracht ist[12]). Das Anrechnen, von dem die §§. 384—389 in laxer, dem äußeren Anschein entsprechender Ausdrucksweise reden, ist daher eine Ausgleichung durch Vorwegnahme, kein wirkliches Anrechnen und nicht geeignet, die Anrechnungen auf den Pflichttheil zu erklären.

Es bleibt nun blos noch die Bezugnahme auf die Nachlaß-Vertheilungswillkühr des Erblassers und die in Folge derselben bestehende Zulässigkeit, Theilungsvorschriften zu treffen. Es mag dahin gestellt bleiben, ob wirklich hinsichtlich der Pflichttheilsquote dem Erblasser die gleiche Vertheilungswillkühr wie hinsichtlich der Intestaterbquote gegeben ist und nicht vielmehr der Umstand, daß das Pflichttheilsrecht der Willkühr des Erblassers im allgemeinen entzogen ist, zu einer Beschränkung auch der Vertheilungswillkühr führt. Jedenfalls würde die Parallele mit der Anrechnung bei der Theilungsvorschrift höchstens passen auf die Anrechnung von Zuwendungen mortis causa, bei denen der Erblasser die Anrechnung besonders vorgeschrieben hat. Hat der Erblasser eine solche Vorschrift nicht getroffen, deren es ja außer dem Fall des §. 395 Thl. II. Tit. 2 niemals zur Anrechnung bedarf, oder handelt es sich um Zuwendungen inter vivos, so fehlt es an demjenigen, was für die Theilungsvorschrift unbedingt erforderlich ist, einer ausdrücklichen Anordnung des Erblassers bezw. der noch vorhandenen Zugehörigkeit der Sache, auf welche sich die Theilungsvorschrift bezieht, zum Nachlaß.

Selbst wenn aber auch die Anrechnung der Quantitäten auf den Pflichttheil auf eine Theilungsvorschrift zurückgeführt werden könnte, wird die Möglichkeit der Anrechnung von Quantitäten auf eine Quote nicht dargethan, weil bei einer Theilungsvorschrift in Wirklichkeit eine Anrechnung ebenfalls nicht stattfindet. Um dies zu erweisen, muß kurz auf die rechtliche Natur der Theilungsvorschrift eingegangen werden.

§. 22.

Natur einer letztwilligen Theilungsvorschrift.

Wenn ein Erblasser unter seinen Testaments- oder Intestaterben den Nachlaß ganz oder zum Theil vertheilt in der Art, daß er dem einen oder dem andern eine bestimmte Nachlaß-Sache auf seinen Erb-

[12]) Bornemann: Civilrecht. Bd. VI. §. 396 S. 174; Koch: Erbrecht. §. 61 S. 626 u. §. 102 S. 1008; Gruchot: Erbrecht. Bd. III. S. 46, 47 u. 92; Förster: Privatrecht. Bd. IV. §. 274 S. 331.

theil zuweist, so hat eine derartige Vorschrift mit der Delation und dem Erwerb der Erbschaft nichts zu schaffen. Die zur Succession Berufenen werden Erben ganz so, wie sie es ohne die Theilungsanordnung geworden wären. Sie werden Miteigenthümer aller Nachlaßgegenstände zu ideellen Theilen, sodaß ein jeder von ihnen auch Miteigenthümer derjenigen Sache wird, welche der Erblasser durch die Theilungsvorschrift einem Erben allein zugewiesen hat. Dieser erlangt durch die Theilungsanordnung nur das Recht, von den übrigen Erben die Abtretung ihrer ideellen Antheile, die ihnen ipso jure angefallen waren, bei der Auseinandersetzung zu verlangen. Dieses Recht aber ist etwas, was er ohne die Theilungsvorschrift nicht haben würde und was die übrigen Erben nicht haben, denn das Miterbrecht an sich giebt nur die Befugniß, die Theilung bezw. den öffentlichen Verkauf der gemeinschaftlichen Sache, nicht aber die ausschließliche Ueberlassung derselben zu verlangen. Durch die Theilungsanordnung wird daher demjenigen Erben, zu dessen Gunsten sie getroffen ist, vor seinen übrigen Miterben ein Recht vorausbeschieden, mit andern Worten ihm ein Prälegat zugewendet.

Es wird aber weiter dem Begünstigten durch die Theilungsvorschrift die Sache nicht schlechthin zugewiesen, sondern sie wird ihm auf seinen Erbtheil zugewiesen. Die dadurch nothwendige Ausgleichung kann nur in der Art bewirkt werden, daß der Begünstigte den übrigen Erben den Werth der ihm abgetretenen Theile der Sache erstattet. Der Anspruch auf diese Werthserstattung ist etwas, was der Begünstigte nicht hat und was die übrigen Erben vor ihm voraus haben. Die letzteren erlangen daher durch die Theilungsanordnung gleichfalls ein Prälegat, dessen Gegenstand eben die Gewährung des Werths der von ihnen abgetretenen ideellen Antheile an der zugewiesenen Sache ist.

Die Bedeutung einer Theilungsvorschrift besteht sonach darin, daß sie zu wechselseitigen Vorvermächtnissen führt und ist diese ihre Natur auch im Römischen Recht anerkannt (l. 35 pr. u. §. 1 D. de her. inst. 28, 5, l. 90 §. 1 D. de leg. I. 30, l. 77 §. 8 D. de leg. II. 31, l. 33 D. fam. ercisc. 10, 2, l. 15 D. de his, quae ut indig. 34, 9, l. 3 §. 4 D. ad Sen. Trebell. 36, 1) und gemeinrechtlich stets von der herrschenden Meinung angenommen worden[1]).

[1]) Dagegen hat sich eigentlich nur Mühlenbruch: Fortsetzung von Glück's Kommentar. Bd. XLII. §. 1483 S. 241—243 ausgesprochen und ein bloßes praecipuum behauptet. Nur in beschränkter Weise ist für Prälegat von Buchholtz: Lehre von den Prälegaten. (1850) S. 235—243, namentlich S. 240. Unbedingt für Prälegat sind dagegen z. B. Brunnemann: Commentarius in Codicem (1708)

Die gleiche Konstruktion als die juristisch allein mögliche und zur Zeit der Redaktion des Landrechts in der gemeinrechtlichen Theorie ausschließlich geltende auch für das Landrecht aufzustellen, kann, obwohl das Gesetz dafür einen direkten Anhalt, wie es das Corpus juris thut, nicht gewährt, keinem Bedenken unterliegen.

Trotzdem die Theilungsvorschriften von großer praktischer Wichtigkeit sind — enthält doch faktisch fast jedes Testament deren mehr oder weniger —, ist die Frage nach ihrer rechtlichen Natur in der Litteratur des Preußischen Rechts ganz vernachlässigt. Allein Koch[2]) und Förster[3]) sprechen sich — zwar nur bei der divisio parentum inter liberos, indessen liegt kein Grund vor, warum bei diesen etwas anderes gelten sollte als bei Theilungen anderer Erblasser — über sie aus. Beide nehmen übereinstimmend kein Vorvermächtniß, sondern nur ein Voraus als Wirkung der Theilungsanordnung an. Aber dieses Voraus, welches mit dem praecipuum des von Förster auch citirten Mühlenbruch (Anm. 1) augenscheinlich identisch ist, ist doch offenbar ein viel zu unbestimmter Begriff, um zur rechtlichen Charakterisirung eines Rechtsinstituts dienen zu können. Auch das Prälegat ist ein Voraus. Ebenso wenig kann die von Förster noch außer dem Voraus gebrauchte Bezeichnung dessen, was das einzelne Kind bei ungleicher Theilung empfängt, als einer quantitativen Vergrößerung des Erbtheils acceptirt werden. Auch sie leidet an demselben Mangel wie das Voraus, an dem Mangel

---

lib. III. tit. 36. famil. ercisc. ad leg. 14. No. 10; Gail: Practicarum observationum libri duo. (1721) Lib. II. Observ. 116. no. 2. p. 525, beide mit dem Bemerken, daß ihre Ansicht die herrschende sei; Voet: Commentarius ad Pandectas. Tom. I. (1757) X. 2. §. I. i. f. p. 450; Derselbe: Liber singularis de erciscunda familia. (1717) cap. II. no. 3, 6, 14 und insbesondere 17 p. 49 u. 50; Stryk: Dissertationes juridicae de selectis utriusque juris materiis. Vol. II. (1699) Disp XIX. de jure testandi inter liberos. cap. III. No. 23. p. 23; Höpfner: Theoretisch-praktischer Commentar über die Heineccius'schen Institutionen. 7. Aufl. (1803) §. 460 Anm. 2 a. E. S. 493; Frankenfeld: Dissertatio inauguralis de discrimine nudae divisionis et testamenti parentum inter liberos. (1792) §. 11 p. 21 u. 22; Glück: Erläuterung der Pandekten. Bd. XI. (1809) §. 733 S. 73; Heimbach in Weiske's Rechtslexikon. Bd. III. (1844) s. v. Erbschaftstheilung. S. 953 Anmerk. 77; Bachofen: Das Römische Pfandrecht. Bd. I. (1847) S. 129 Anm. 11; Neuner: Die heredis institutio ex certa re. (1853) S. 167—193, insbesondere 174, 175 u. 178; Windscheid: Pandekten. Bd. III. §. 608 Anm. 16a. S. 223; Unger: Privatrecht. Bd. VI. §. 55 Anm. 11. S. 257.

Am eingehendsten ist Neuner, auf den deshalb besonders verwiesen wird.

[2]) Erbrecht. §. 61 S. 627 a. E. u. 628.

[3]) Privatrecht. Bd. IV. §. 249 S. 105 a. E. u. 106.

juristischer Klarheit und Bestimmtheit. Als Gründe gegen das Prälegat werden angeführt formell, daß in einer Erbvertheilung überhaupt Legate, also auch Prälegate nicht vermacht werden könnten[4]) und materiell, daß der Erbe dem Legatar in der Regel nicht für Eviktion einzustehen habe, wogegen die Miterben wegen der bei der Theilung zugewiesenen Sachen einander zur Gewährleistung gehalten seien[5]). Der erstere Einwand ist bereits von Mühlenbruch a. a. O. für das Gemeine Recht erhoben worden und wird durch dasjenige, was Neuner a. a. O. (Anm. 1) S. 180 dagegen bemerkt, auch für das Preußische Recht vollständig widerlegt, daß nämlich eine divisio anderer Personen als Eltern nur in einem förmlichen Testament oder Codicill zulässig ist und, wenn für die Theilungen der Eltern unter Kindern eine privilegirte Form gestattet ist, das Privilegium eben darin besteht, daß in dieser Form die in der Theilung stillschweigend enthaltenen, des Erblassers Kinder betreffenden Prälegate, wenn auch nicht sonstige Vermächtnisse, errichtet werden können. Bei dem zweiten, materiellen Grunde ist zu berücksichtigen, daß bei den Vermächtnissen nur in der Regel keine Gewähr geleistet wird und eine solche in Folge besonderer Anordnung des Erblassers oder nach gesetzlicher Vorschrift (§. 397 Thl. I. Tit. 12 Landrechts) auch hier sehr wohl vorkommen kann und daß andrerseits auch bei der Theilungsanordnung den Erben die zu leistende Gewähr nach §. 126 Thl. I. Tit 17 erlassen werden kann. Die Nichtleistung der Gewähr dort und die Leistung derselben hier ist mithin nichts Wesentliches und die in Bezug auf sie als Regel bestehende Verschiedenheit daher nicht geeignet, die sonst vorhandene Gleichheit auszuschließen.

Es ist demnach auch nach dem Landrecht die letztwillige Theilungsanordnung als wechselseitiges Vorvermächtniß zu charakterisiren.

§. 23.

Anrechnungen auf den Pflichttheil (Fortsetzung).

Ist aber die Theilungsvorschrift ein wechselseitiges Vorvermächtniß, so findet bei ihr ein wirkliches Einrechnen einer Sache oder des Werths einer Sache in die Erbquote oder ein Abrechnen derselben von der Quote und überhaupt ein Anrechnen nicht statt. Denn die durch das Vorver-

---

[4]) von Koch a. a. O. S. 627.

[5]) Koch a. a. O. S. 628; Förster a. a. O. S. 106.

mächtniß Honorirten rechnen sich den Gegenstand desselben nicht auf ihre Quoten an, sondern nehmen ihn wie bei jedem andern Prälegat vorweg vor den Quoten aus dem Nachlaß heraus und die Onerirten entrichten das Legat zwar von ihren Quoten, rechnen es aber von den Quoten ebensowenig ab, als man von der Abrechnung irgend eines andern Legats von dem Erbtheil desjenigen, der es zu entrichten hat, sprechen kann.

Man könnte aufstellen, daß, auch wenn die Anrechnungen auf den Pflichttheil nicht aus einer Theilungsvorschrift zu erklären sind, es doch nicht ausgeschlossen sei, die Konstruktion der Theilungsvorschrift als wechselseitiges Vorvermächtniß auch bei ihnen anzuwenden und auf diese Weise den Widerspruch der Einrechnung von Quanten auf eine Quote zu vermeiden. Allein dem steht wieder entgegen, daß ein mit genügenden Anrechnungen ausgestatteter Pflichttheilsberechtigter als solcher ohne weiteres ganz ausscheidet und daher auch nicht kraft Pflichttheilsrechts Erbe sein kann, der mit einem Prälegat einerseits bedacht, andrerseits belastet ist. Bei unzureichenden Zuwendungen könnte der Pflichttheilsberechtigte zwar Erbe, Honorirter dagegen nur sein, wenn die Zuwendung mortis causa gemacht ist. Bei andern Zuwendungen hat er bereits das vollständige Eigenthum und erlangen die eingesetzten Erben an denselben durch den Tod des Erblassers kein Recht, das sie abtreten und dessen Abtretung Gegenstand eines Vorvermächtnisses für den Pflichttheilsberechtigten sein könnte. Mit einem Prälegat onerirt aber würde er, abgesehen davon, daß Gegenstand dieser Belastung bei Zuwendungen unter Lebenden nicht der Werth an ihn abgetretener Antheile, sondern höchstens der der ganzen Zuwendung sein könnte und auch wohl bei Zuwendungen von Todeswegen der ganze Werth sein müßte, überhaupt nicht sein können, weil der Pflichttheilsberechtigte die Aufhebung einer ihm auferlegten Last in Ansehung des Pflichttheils verlangen kann, das Prälegat auf seinem Pflichttheil ruht und er daher dasselbe insoweit beseitigen könnte, wenn man die ausdrückliche Beifügung der Socinischen Kautel auch im Preußischen Recht für nothwendig hält[1]), ohne die bei Lebzeiten des Erblassers von diesem erlangte Sache bezw. das Recht auf Abtretung der ideellen Antheile der eingesetzten Erben an der letztwillig zugewendeten Sache zu verlieren und wenn man der Ansicht ist, daß das Gesetz die Kautel von selbst

---

[1]) wie z. B. Gruchot: Erbrecht. Bd. III. S. 146 u. 147 und Brüning in Hinschius: Zeitschrift für Gesetzgebung und Rechtspflege in Preußen. Bd. I. (1867) S. 757 ff.

in sich schließt[2]), mit der Wirknng, daß er der Sache bezw. des Rechts verlustig geht. Im erstern Fall würde man zu dem verkehrten Resultat kommen, daß der Pflichttheilsberechtigte die anzurechnende Sache vor dem Pflichttheil vorweg und außer demselben erhält, zur Entschädigung der eingesetzten Erben aber nicht verpflichtet wäre und im letzteren Fall zu dem nicht minder unrichtigen, daß er die Sache gar nicht, sondern den reinen Pflichttheil erlangt.

Es ist also überall keine Möglichkeit, nach §. 393—397 Thl. II. Tit. 2 Quanten auf den Pflichttheil zur Anrechnung zu bringen, wenn nicht der Pflichttheil selbst ein Quantum und keine Quote, das Recht auf ihn daher kein Erbrecht, sondern ein Forderungsrecht ist.

§. 24.

4. Subsidiäre Beitragspflicht der Legatare.

Geht man die Vorschriften des Landrechts über das Pflichttheilsrecht nach dem §. 397 durch, so zeigt sich, daß sie zur rechtlichen Natur desselben gar keine Beziehung haben mit alleiniger Ausnahme derjenigen, welche die Geltendmachung des Pflichttheilsrechts betreffen. Auch diese bestimmen nichts über die Natur der anzustellenden Klage, noch über die Person des Beklagten[1]), zwei Punkte, die für die Ermittlung des Charakters des geltend gemachten Rechts selbst natürlich höchst wesentlich sein würden, sondern nur etwas über das Verhältniß, in welchem die eingesetzten Erben und Legatarien zur Entrichtung oder Ergänzung des Pflichttheils beizutragen haben. Es sind dies die §§. 434 und 435 Thl. II. Tit. 2, mit denen einerseits noch der §. 334 Thl. I. Tit. 12 zu verbinden ist, von denen aber andrerseits der §. 435 nicht weiter in Betracht gezogen werden kann, weil er eine ganz singuläre, noch dazu ziemlich unklare Ausnahme ist und als solche sowohl in den Rahmen des Erbrechts wie in den des Forderungsrechts eingefügt werden müßte.

§. 434 und §. 334 bilden aber wiederum einen Beweis für die Eigenschaft des Pflichttheilsrechts als eines Forderungsrechts.

Zwischen beiden Paragraphen, von denen §. 434 die Legatare

---

[2]) so Erkenntniß des Ober-Tribunals vom 15. April 1864 (Entsch. Bd. 52. Nr. 24. S. 164, auch in Gruchot's Beiträgen. Bd. VIII. S. 379); Brüning a. a. O. Bd. II. (1868) S. 617 ff.; Gerhardt in Gruchot's Beiträgen. Bd. XIII. S. 406 ff.

[1]) Koch: Erbrecht. §. 45 S. 468 und Förster: Privatrecht. §. 248 S. 83.

schlechthin, §. 334 aber nur im Fall der Unzulänglichkeit des Nachlasses als beitragspflichtig bezeichnet, wird allgemein ein Widerspruch angenommen und dieser von den einen in der Art gehoben, daß sie den §. 334, soweit er den Beitrag zum Pflichttheil betrifft, für eine lex fugitiva erklären und nach §. 434 die Legatare für unbedingt zum Beitrag verbunden halten[2]), während die andern umgekehrt den §. 434 nur als eine Wiederholung des allein maßgebenden §. 334 ansehen und auf Grund dessen annehmen, daß die Pflicht der Legatare erst eintrete, wenn der Nachlaß zur Befriedigung des Pflichttheilsberechtigten nicht ausreicht[3]). Bei der erstern Ansicht ist der §. 334, bei der letztern der §. 434 ganz bedeutungslos. Eine Gesetzes-Auslegung, die zu solchem Resultat führt, ist erst im äußersten Nothfall erlaubt und hat vor ihr jede Interpretation, die beiden Bestimmungen ihre Geltung läßt und die Anomalie zu einer blos scheinbaren macht, unbedingt den Vorzug. Eine derartige Interpretation ist aber sehr wohl möglich.

Wie bereits erwähnt (§. 17 S. 95), hat man im §. 434 alle Fälle erschöpfen wollen, in welchen die Entrichtung oder Ergänzung des Pflichttheils verlangt werden kann. Wenn nun der Erblasser, ohne eine Erbeseinsetzung vorzunehmen, durch Aussetzung von Legaten über seinen Nachlaß so verfügt hat, daß der Pflichttheilsberechtigte den Pflichttheil nicht oder nicht vollständig freibehält, so wird der Pflichttheilsberechtigte als nächster Intestaterbe regelmäßig[4]) zur alleinigen Succession berufen und kann wegen der Pflichttheilsverletzung nur gegen die Legatare eine Klage haben. Es ist dies eine Klage auf Entrichtung oder Ergänzung des Pflichttheils und nicht etwa auf Aufhebung einer auf denselben gelegten Last oder Einschränkung. Denn eine ohne jede äußere Beziehung zum Pflichttheil durch Legate über den Nachlaß getroffene Disposition ist ebensowenig wie die durch Erbeseinsetzung eine Last oder Einschrän-

[2]) z. B. Gärtner S. 441 Anm. 55; Bornemann: Civilrecht. Bd. VI. §. 399 S. 199; Koch: Erbrecht. §. 42 S. 428 u. 429; Gruchot: Erbrecht. Bd. I. S. 606; Förster: Privatrecht. Bd. IV. §. 248 Anm. 182. S. 82 (vgl. jedoch die folgende Anmerk. 2); Zitelmann S. 372.

[3]) Bielitz: Praktischer Kommentar zum Allg. Landrecht. Bd. V. (1827) S. 530; Erkenntniß des Ober-Tribunals vom 22. Mai 1854 (Präj. Sammlung. Bd. II. S. 23, Entsch. Bd. 28. Nr. 6. S. 86) und vom 15. Februar 1856 (Arch. Bd. 19. Nr. 85. S. 355); Förster: Privatrecht. Bd. IV. §. 276 Anm. 74. S. 347.

[4]) Ausnahmen finden nur statt bei pflichttheilsberechtigten Großeltern und Ehegatten, insofern als neben jenen halbbürtige Geschwister und deren Descendenten, neben diesen aber alle Verwandten bis zum sechsten Grade als Intestaterben konkurriren können.

kung des Pflichttheils, sondern eine gänzliche oder theilweise Entziehung desselben. Das Gleiche folgt auch noch daraus, daß das Urtheil bei der Klage wegen Belastung dahin geht, daß die Last oder Einschränkung, soweit sie auf dem Pflichttheil ruht, für aufgehoben zu erachten (§. 433 Thl. II. Tit. 2), ein solches Urtheil aber für den Pflichttheilsberechtigten wenig Werth hätte. Denn was nützt ihm dasselbe, wenn z. B. der Legatar sich bereits im Besitz des vermachten Nachlaßgegenstandes befindet. Oder welchen Sinn und Erfolg hat es, das Vermächtniß eines Grundstücks, in welchem der Nachlaß hauptsächlich besteht, in Höhe des Pflichttheils für aufgehoben zu erklären. Die Sache stellt sich vielmehr so, daß der Pflichttheilsberechtigte in seiner Eigenschaft als Intestaterbe die Vermächtnisse wie gewöhnlich zu gewähren hat und seinerseits von den Vermächtnißnehmern die Entrichtung oder Ergänzung seines Pflichttheils verlangt. Hierbei aber kann es eine blos subsidiäre Beitragspflicht der Legatare nicht geben, weil die Legatare in dem in Rede stehenden Fall eben die einzigen Verpflichteten sind. Sollte daher der §. 434 auch diesen Fall umfassen, so konnte er gar nicht die Subsidiarität der Haftung der Legatare anordnen, sondern mußte sich darauf beschränken, lediglich das allgemeine Prinzip dieser Haftung auszusprechen. Wie sich dann dasselbe bei der Anwendung auf besondere Verhältnisse gestaltete, das konnte nur bei Normirung dieser Verhältnisse selbst ausgeführt werden und ist für den Fall, wo der Pflichttheil durch ein Erbeinsetzung und Entrichtung von Vermächtnissen enthaltendes Testament verletzt ist, eben im §. 334 geschehen. §. 434 und 334 stehen daher in dem Verhältniß des Allgemeinen zum Besondern. Ein wirklicher Widerspruch ist zwischen ihnen nicht vorhanden. Für den speziellen Fall, wo der Erblasser sich durch Testament einen Erben ernannt hat, ist allein §. 334 maßgebend. Derselbe ist in sich vollkommen klar und deutlich. Er bedarf keiner weitern Interpretation und ist dem gegenüber die Bemerkung von Suarez in der Anmerkung zum §. 322 Thl. I. Tit. 2 des gedruckten Entwurfs, welche als das Hauptargument, weshalb der §. 334 dem §. 434 nachstehen müsse, angeführt wird, irrelevant. Aus ihr[5]) geht vielleicht hervor, daß man eine unbeschränkte Beitragspflicht der Vermächtnißnehmer hat anordnen wollen, aber sie allein genügt nicht, um von dem ausdrücklichen und zweifellosen Wortlaut des Gesetzes abzugehen, nach welchem die Legatare nicht wie die eingesetzten

---

[5]) s. dieselbe oben §. 5 S. 29.

Erben sofort, sondern erst, wenn der Nachlaß unzulänglich ist, zum Pflichttheil beitragen.

So aber tragen die Vermächtnißnehmer zu den Nachlaßschulden bei. Daraus folgt, daß auch die Entrichtung des Pflichttheils eine Nachlaßschuld, das Recht auf ihn ein Forderungsrecht ist. Nur dann konnte in derselben Weise, wie bei den Schulden, mußte aber auf der andern Seite auch aus denselben Gründen, wie bei den Schulden in erster Linie dem Erben die Befriedigung des Pflichttheilsberechtigten auferlegt werden. Bei einer Erbberechtigung des Pflichttheilsberechtigten treffen diese Gründe, welche darin bestehen, daß die Nachlaßschulden an sich dem Erben allein obliegen, weil nur er Repräsentant und Träger der Erbschaft ist, daß dagegen die Legatare als bloße Singular-Successoren mit den Schulden nichts zu thun haben, sondern von denselben nur soweit berührt werden, als der dem Erben verbliebene Theil der Erbschaft nicht ausreicht, der Erblasser also nach Abzug der Schulden nicht soviel zu verschenken hatte, wie er in den Legaten thatsächlich verschenkt hat[6]): diese Gründe treffen beim Erbrecht nicht zu. Denn dann steht der eingesetzte Erbe dem Pflichttheilsberechtigten nicht als Vertreter des Nachlasses gegenüber. Der letztere nimmt vielmehr selbst zu seiner Pflichttheilsquote an der Repräsentation der Erbschaft Theil. Wenn der Pflichttheilsberechtigte ein Erbrecht hat, fallen für ihn Erbeseinsetzung und Vermächtniß vollständig unter den gleichen Gesichtspunkt von auf dem Willen des Erblassers beruhenden Verfügungen über den Nachlaß, welche, soweit sie mit dem Pflichttheilsrecht kollidiren, auch in gleicher Weise ungültig sein müssen. Es ist nicht eine einzelne Erbeseinsetzung oder ein einzelnes Legat oder gar blos die Erbeseinsetzung, sondern die Gesammtheit der Erbeseinsetzungen und Legate, welche das Erbrecht des Pflichttheilsberechtigten verletzt. Die Erbeseinsetzungen allein unter der Geltendmachung dieses Rechts leiden zu lassen, wäre daher nicht blos unbegründet, sondern sogar inkonsequent. Die verschiedene Stellung der eingesetzten Erben und Legatare ist nur bei einem Forderungsrecht des Pflichttheilsberechtigten, dem blos die eingesetzten Erben und nicht auch die Vermächtnißnehmer als Vertreter des Nachlasses gegenüberstehen, gerechtfertigt.

---

[6]) Gruchot: Erbrecht. Bd. I. S. 603 u. 604.

§. 25.

5. Vorabzug der Schulden.

Es bleibt noch ein Beweis für das Forderungsrecht, welcher zuletzt gelassen ist, weil das Landrecht den Rechtssatz, aus dem er hergeleitet wird, nicht ausdrücklich ausgesprochen hat.

In l. 8 §. 9 D. de inoff. test. 5, 2 heißt es: quarta i. e. legitima autem accipietur scilicet deducto aere alieno et funeris impensa. Es steht ferner für das Römische Recht fest, daß nicht der Ueberschuß der Aktiva über die Passiva die Erbschaft bildet, sondern dieselbe beides, Aktiva und Passiva gleichmäßig umfaßt, daß die hereditas und die bona, quae intelliguntur deducto aere alieno (l. 39 §. 1 D. de V. S. 50, 16) Gegensätze sind und daß nur in die ersteren, nicht aber in die letzteren als bloße Quanten eine Universalsuccession stattfindet (l. 24 D. de V. S. 50, 16, l. 62 D. de R. J. 50, 17). Die an ihrem Orte (oben §. 20 S. 112) mitgetheilte Ansicht der Gemeinrechtlichen Theorie, daß der Pflichttheil kein Erbtheil sei, wird daher durchgängig mit dem Vorabzug der Schulden motivirt: legitima non debetur nisi omni aere alieno prius deducto, ideoque quota pars bonorum et non hereditatis est, non successionis, non hereditatis quota est sed bonorum[1]).

Daß auch nach Landrecht, trotzdem es nicht mit ausdrücklichen Worten gesagt ist, beim Pflichttheil der Vorabzug der Schulden stattfindet, ist außer Zweifel. Es fragt sich daher, ob derselbe, von dem wir bereits gesehen haben (§. 18 S. 102), daß aus ihm nichts gegen das Forderungsrecht folgt, ebenso wie im Römischen Recht direkt dafür spricht, daß der Pflichttheil kein Erbtheil, sondern ein Quantum, das Pflichttheilsrecht also ein Forderungsrecht ist.

Diese Frage ist zu bejahen.

Auch nach dem Landrecht ist Erbschaft und Erbrecht nur an der Gesammtheit der Aktiva und Passiva, nicht aber an demjenigen, was nach Abzug der Schulden vom Nachlasse als Ueberschuß bleibt, möglich. Dies ergiebt sich ohne weiteres daraus, daß die Erbschaft ein Rechtsbegriff ist (§. 21 S. 116 u. 117). Es ist allerdings nicht zu leugnen, daß eine Reihe von Stellen vorhanden ist, welche das Gegentheil zu besagen

---

[1]) Vgl. die Citate in den Anmerkungen 10 und 11 des §. 20, namentlich Faber, Gail, Voet, Leyser, Mühlenbruch und Neuner.

scheinen. So wird z. B. in §. 333 u. 358 Thl. I. Tit. 12 und §. 134 u. 135 Thl. I. Tit. 17 Landrechts und in §. 67 u. 73 Thl. I. Tit. 51 der Allg. Gerichts-Ordnung von demjenigen, was nach Berichtigung der Schulden und Vermächtnisse übrig bleibt, als dem Erbtheil, im §. 618 Thl. II. Tit. 1 Landrechts von Abrechnung der Schulden noch vor der Theilung der Verlassenschaft und im §. 621 daselbst vom reinen Nachlaß geredet, auch spricht Suarez einmal gradezu den Satz: hereditas non intelligitur nisi deducto aere alieno, aus[2]). Allein in allen diesen Fällen hat man es nur mit einer unjuristischen Auffassung der Erbschaft zu thun, indem statt des rechtlichen Verhältnisses das thatsächliche materielle Resultat, daß der Erbe durch die Erbschaft einen Vermögens-Zuwachs erlangt, bezeichnet und berücksichtigt wird[3]). Im juristischen Sinn und auf diesen kommt es allein an, wo es sich um die rechtliche Natur eines Rechtsinstituts handelt, können auch nach Landrecht die nach Abzug der Schulden bleibenden Bestandtheile des Nachlasses, die bona, quae intelliguntur deducto aere alieno, nur durch Singularsuccession, nicht durch Erbfolge erworben werden, kann derjenige, der allein auf einen Theil dieser bona berechtigt ist, nicht Erbe sein.

Nur in einem Theil dieser bona aber besteht der Pflichttheil des Landrechts. Der Abzug der Schulden tritt nicht blos da ein, wo es sich um Feststellung handelt, ob der mit Sachen oder Summen bedachte Pflichttheilsberechtigte in seinem Pflichttheil verletzt ist oder nicht[4]). Er findet vielmehr schlechthin statt und gehört zum Begriff des Pflichttheils an sich. Er gehört dazu so sehr, daß von einem Pflichttheil nicht mehr die Rede sein kann, wenn die Masse durch Schulden absorbirt ist: imo si tota hereditas debitis exhauriatur, tantum abest, ut legitima liberis sit salva, ut etiam nec alimenta retineant[5]). Der Satz: legitima non intelligitur nisi deducto aere alieno d. h. der Pflicht-

---

[2]) in der Schlußrevision S. 56.

[3]) Göppert: Beiträge zur Lehre vom Miteigenthum. (1864) S. 134 u. 135; Förster: Privatrecht. Bd. IV. §. 266 S. 254.

[4]) wie anscheinend Zitelmann S. 367 will.

[5]) Stryk: Tractatus de cautelis testamentorum. Edit. V. (1738) Cap. XVII. membr. II. §. 6 p. 636. Auch Gruchot: Erbrecht. Bd. III. S. 126. Daß Verfügungen unter Lebenden gegenüber das Recht des Pflichttheilsberechtigten auch dann bestehen kann, wenn gar kein Nachlaß vorhanden ist (vgl. Förster: Privatrecht. Bd. IV. §. 248 S. 89 bei Anm. 219), steht dem obigen nicht entgegen, weil die Verfügung hier ungültig, das Verschenkte für den Pflichttheilsberechtigten nicht mit rechtlicher Wirksamkeit verschenkt und aus dem Vermögen des Erblassers ausgeschieden, insofern also rechtlich Nachlaß vorhanden ist.

theil kann nicht blos nicht berechnet, sondern überhaupt nicht gedacht werden ohne den vorherigen Abzug der Schulden, er erstreckt sich begriffsmäßig auf die Passiva nicht mit, sondern nur auf den Ueberschuß der Aktiva über die Passiva, auf den schuldenfreien Theil des Nachlasses, gilt daher wie im Römischen Recht, so auch für das Landrecht. Er ist mithin ein Quantum und nicht eine Quote des Nachlasses, ein Erbtheil. Wäre er letzteres, so könnte er nicht bei Insuffienz des Nachlasses fortfallen, sondern müßte stets vorhanden sein, wo es eine Erbschaft giebt und eine Erbschaft giebt es unzweifelhaft noch, wenn die Passiva die Ativa übersteigen: hereditatis appellatio sine dubio continet etiam damnosam hereditatem (l. 119 D. de V. S. 50, 16; I. 3 pr. D. de bon. poss. 37, 1).

Was früher aus der Möglichkeit der Hinterlassung des Pflichttheils durch Quanten und der Anrechnung von Quanten auf ihn indirekt geschlossen worden ist, daß der Pflichttheil nämlich selbst ein Quantum sei, das ergiebt sich sonach auch noch direkt aus seinem Begriff.

Wenn der Erblasser anordnet, daß der Erbe nach Berichtigung aller Schulden und Lasten des Nachlasses von dem reinen Betrage eine Quote einem dritten herausgeben soll, so wird allgemein anerkannt, daß der dritte dann nicht Erbe, sondern Vermächtnißnehmer ist. Genau so liegt ja aber die Sache beim Pflichttheil, nur daß die Stelle einer Anordnung des Erblassers durch das Gesetz vertreten wird und daher statt Vermächtnißnehmer Gläubiger zu setzen ist. Förster, dieser Hauptvertreter der Erbrechts-Theorie, deducirt für jene Anordnung des Erblassers: „Es ist in diesem Fall doch in Wirklichkeit nur ein Quantum zugewendet, freilich ein noch unbestimmtes, insofern seine Größe abhängig gemacht ist von dem Abzug der Schulden. Grade diese Operation bewirkt aber die Feststellung des Nachlasses auf seinen quantitativen Betrag und von diesem soll der Bedachte einen Theil erhalten. Er succedirt in Wirklichkeit nicht in eine Quote des Nachlasses, sondern in eine Quote des reinen Nachlasses d. h. in ein Quantum und darum ist er nicht Erbe, sondern Legatar[6])." Alles das ist gewiß richtig, trifft aber ebenso gewiß für den Pflichttheil und den Pflichttheilberechtigten zu.

---

[6]) Privatrecht. Bd. IV. §. 252 S. 139 a. E. u. 140.

§. 26.

Widersprüche bei der Erbrechts- und Anfechtungsrechts-Theorie: 1. mit dem System des landrechtlichen Erbrechts.

Das dritte Glied in der Kette der Beweisführung für das Forderungsrecht bilden Widersprüche und Inkonsequenzen, welche die Eigenschaft des Pflichttheils als eines Erbtheils und die Annahme eines Erbrechts des Pflichttheilsberechtigten zur Folge haben würden.

Zwar das wird man nicht mit Grund der Erbrechts=Theorie entgegenhalten können, daß sie zu einer Zweitheilung der Pflichttheilsklage in eine Klage auf einen Erbtheil und in eine suppletorische Klage führe, wie mit Rücksicht darauf, daß auch die Klage des Pflichttheilsberechtigten, der ein Erbrecht hat, bei bloßer Verkürzung nur auf Zahlung einer bestimmten Geldsumme gehen soll[1]), behauptet worden ist[2]). Denn nicht das Objekt, sondern das Fundament entscheidet über die Gleichheit oder Ungleichheit der Klagen. Das Fundament der Klage auf die zur Ergänzung erforderliche Summe Geldes hört wegen des Objekts nicht auf, das Erbrecht des Pflichttheilsberechtigten zu sein, vorausgesetzt, daß dieser überhaupt ein solches hat. Auch die Erbschaftsklage des Testaments= oder Intestaterben kann unter Umständen blos auf Geld gehen und bleibt doch immer noch dieselbe Klage. Es liegen daher nur verschiedene Objekte, aber nicht zweierlei Klagen vor.

Befremdender ist, daß eine Erbschaftsklage zu ihrem alleinigen Gegenstand die Aufhebung einer Last haben soll[3]). Indessen, es ist nicht unmöglich und daher ebenfalls nicht weiter zu betonen.

Ebenso wenig kann etwas aus dem Satz: nemo pro parte testatus pro parte intestatus decedere potest, hergeleitet werden, dessen Beseitigung im Landrecht von den Anhängern der Erbrechts=Theorie mit dem angeblichen Erbrecht des Pflichttheilsberechtigten in Zusammenhang gebracht worden ist[4]), wogegen wieder Mühlenbruch bemerkt hat[5]),

[1]) Gärtner: S. 426; Koch: Anleitung zur Preußischen Prozeßpraxis. Thl. I. (1860) §. 281 S. 1184 u. 1186; Förster: Privatrecht. Bd. IV. §. 248 S. 57 u. 79.

[2]) von Zitelmann S. 338.

[3]) Gärtner S. 426; Förster: Privatrecht. Bd. IV. §. 248 S. 79.

[4]) Vgl. Gärtner S. 418, 419; Bornemann: Civilrecht. Bd. VI. §. 355 S. 7; Brüning in der Zeitschrift für Gesetzgebung und Rechtspflege in Preußen. Bd. II. (1868) S. 617; Erkenntniß des Ober=Tribunals vom 22. März 1858 (Entsch. Bd. 38. Nr. 28. S. 202) u. a. m.

[5]) Fortsetzung von Glück's Kommentar. Bd. XXXVIII. (1835) §. 1425 f. S. 54.

dieselbe sei nur so ausgesprochen, daß der Erblasser über einen Theil seines Nachlasses verfügen und es in Ansehung des Ueberrestes bei der gesetzlichen Erbfolge lassen könne, die Aufhebung der Regel: nemo pro parte u. s. w. beweise daher nichts und entscheide vielmehr eine andre Regel, wonach die gesetzliche Erbfolge nicht eintrete, wenn der Testirer einen Universalerben ernannt habe.

Es ist allerdings wichtig, daß, wenn das Pflichttheilsrecht ein Erbrecht ist, jeder, der pflichttheilsberechtigte Verwandte hinterläßt, ohne denselben den vollen Pflichttheil zugewendet zu haben, stets nothwendig und wider seinen Willen pro parte testatus pro parte intestatus stirbt[6]), daß die im Landrecht ausgesprochene Aufhebung der Römischen Regel diese nur insoweit trifft, als sie die Konkurrenz der testamentarischen und gesetzlichen Erbfolge durch den Willen des Erblassers hindert[7]), daß, wenn die Regel einen weitern Umfang hat und auch das Eintreten dieser Konkurrenz ohne und selbst wider den Willen des Erblassers ausschließt, sie insoweit im Preußischen Recht nicht ausdrücklich beseitigt sein und daher das Erbrecht des Pflichttheilsberechtigten mit dem stehengebliebenen Theile derselben kollidiren würde. Allein grade darüber, ob der Grundsatz: nemo pro parte u. s. w. die gleichzeitige testamentarische und Intestaterbfolge ganz allgemein oder nur für den Willen des Erblassers unmöglich macht, hat von jeher Streit bestanden. Welche von beiden Ansichten[8]) die richtige sei, ist schwer zu entscheiden.

---

[6]) Gärtner S. 423.

[7]) Es kommen in Betracht die §§. 45 u. 46, 256—260 u. 285 Thl. I. Tit. 12 Landrechts, in welchen dem Erblasser das Recht, auch blos über einen Theil seines Nachlasses zu verfügen, gegeben, also lediglich das in der Römischen Regel für den Willen des Erblassers liegende Hinderniß beseitigt wird. Damit stimmt die Motivirung in der Schlußrevision S. 79, in welcher allein von Aufhebung des Römischen Grundsatzes in Ansehung der auf dem Willeu des Erblassers beruhenden Erbeseinsetzung die Rede und nur das Widersinnige desselben, soweit er den Willen des Erblassers beschränkt, hervorgehoben ist.

[8]) Für die erstere Ansicht sind z. B. Huschke: Ueber die Rechtsregel Nemo pro parte u. s. w. im Rheinischen Museum für Jurisprudenz. Bd. VI. (1834) Nr. VI. S. 257 ff. namentlich S. 336 u. 338—339; Francke: Recht der Notherben. §. 21 S. 272 u. 273; Beckhaus: Grundzüge des gemeinen Erbrechts. Abthlg. I. (1860) §. 5 S. 6 u. 7; Schirmer: Handbuch des römischen Erbrechts. (1863) §. 5 S. 58. Für die letztere sind bereits die Glosse ad §. 5 Inst. de her. inst. 2, 14; Cujacius: Commentarius in Lib. XIV. Quaest. Papin. ad l. 15 §. 2 de inoff. test. (Opera. (Ausgabe von 1758) Tom. IV. p. 369) und Commentarius in Tit. XVII. de Reg. Jur. ad leg. 7. (Opera. Tom. VIII. p. 662 u. 663) und Donellus: Commentarius de jure civili. Lib. XIX. cap. X. no. VII. (Opera. (Ausgabe von 1846) Tom. V.

Zu einer communis opinio ist es in dieser Beziehung nie gekommen, insbesondere hat eine solche zur Zeit der Redaktion des Landrechts nicht bestanden. Es ist daher sehr wohl möglich, daß die Verfasser des Landrechts sich der letztern Ansicht angeschlossen und durch Gewährung des Rechts, über einen Theil des Nachlasses letztwillig zu verfügen, den andern aber der Intestaterbfolge zu überlassen, geglaubt haben, die Römische Regel in ihrem ganzen Umfange aufzuheben. Außerdem würde es nicht zu weit gegangen sein, wenn man in der Charakterisirung des Pflichttheilsrechts als eines Erbrechts eine indirekte Anerkennung der in Folge derselben eintretenden getheilten Erbfolge und eine stillschweigende Aufhebung der Römischen Regel auch insoweit, als dieselbe über den Willen des Erblassers hinaus eine Schranke für die gleichzeitige gesetzliche und testamentarische Succession bildet, finden wollte.

Aus diesen Gründen konnte auf den vermeintlichen Widerspruch des Erbrechts des Pflichttheilsberechtigten mit dem Satz: nemo pro parte testatus pro parte intestatus decedere potest kein sonderliches Gewicht gelegt werden.

Dagegen muß behauptet werden, daß dieses Erbrecht mit dem System des landrechtlichen Erbrechts nicht im Einklang steht.

Wenn der Pflichttheilsberechtigte Erbe ist, so hat er, gleichviel ob er, wie nach der Erbrechts-Theorie ohne weiteres oder wie nach der Anfechtungsrechts-Theorie auf dem Umwege und mit Hülfe eines Anfechtungsrechts Erbe wird, die Rechte eines gewöhnlichen Intestaterben. Er tritt als solcher dem vom Erblasser berufenen Erben als Miterbe an die Seite und erlangt am Nachlaß selbst ein Miteigenthumsrecht. Soweit dieses Miteigenthumsrecht reicht, ist die letzwillige Verfügung bei der Erbrechts-Theorie nichtig, bei der Anfechtungsrechts-Theorie anfechtbar, in jedem Fall ungültig (§. 16 S. 88 u. 89). Der Erblasser kann also über einen Theil seines Nachlasses nicht gültig verfügen. Erbrechts- und Anfechtungsrechts-Theorie führen mithin im Resultat zu ebendem, was nach den Germanischen Rechten, dem Moslemischen Recht und dem Code civil gilt. Nach diesen Rechten muß der Erblasser seinen nächsten Verwandten einen Theil seines Vermögens lassen

---

p. 610 u. 611), ferner Seuffert im Archiv für die civilistische Praxis. Bd. III. Nr. XV. S. 217—221; v. Vangerow: Lehrbuch der Pandekten. 7. Aufl. Bd. II. (1867) §. 397 Anm. S. 10; Mühlenbruch: Fortsetzung von Glück's Kommentar. Bd. XL. (1838) §. 1440 S. 143—164; Puchta: Vorlesungen über das heutige römische Recht. 5. Aufl. Bd. II. (1863) S. 322; Windscheid: Pandekten. Bd. III. §. 537 S. 24 u. 25.

und kann nur über den Rest verfügen (§. 3 S. 11 ff.). Im Landrecht würde nach der Erbrechts- und Anfechtungsrechts-Theorie der Satz zwar umgekehrt dahin lauten: der Erblasser kann über einen Theil seines Nachlasses verfügen und muß den Rest seinen Verwandten lassen. Aber das bleibt dasselbe. Denn es ist doch schließlich gleich, ob man sagt: der Erblasser kann über einen Theil seines Nachlasses nicht verfügen, über den andern kann er verfügen, oder ob man sagt: der Erblasser kann über einen Theil seines Nachlasses verfügen, über den andern kann er nicht verfügen. Ein Unterschied würde nur durch das verschiedene Verhältniß, in welchem der verfügbare und der nicht verfügbare Theil des Nachlasses dem Umfange nach zu einander stehen, bewirkt werden können. Ein solches verschiedenes Verhältniß ist aber nicht vorhanden. Denn nach den erwähnten Rechten beträgt der verfügbare Theil im allgemeinen theils ein Drittel, theils die Hälfte, theils sogar bis zu drei Vierteln des gesammten Nachlasses, sodaß theils zwei Drittel, theils die Hälfte, theils nur ein Viertel nicht verfügbar sind. Nach Landrecht bilden die Pflichttheile von einem oder zwei Kindern ein Drittel, von drei oder vier Kindern oder von Ascendenten ersten Grades die Hälfte und von mehr als vier Kindern zwei Drittel des Nachlasses, sodaß also ebenfalls nur höchstens zwei Drittel nicht verfügbar sind.

Die Germanischen Rechte, das Moslemische Recht und der Code civil halten sämmtlich im Prinzip die Verwandten- oder Intestat-Erbfolge fest.

Die Germanischen Rechte haben diesen Standpunkt, weil die Deutschen ursprünglich nur die ausschließliche Verwandten-Erbfolge kannten (§. 3 S. 10), hiermit das System des Römischen Rechts, mit welchem sie später in Berührung kamen und welches die willkührliche Verfügung über den Nachlaß, wenn auch mit einzelnen Beschränkungen, gestattete und auf dem Standpunkt der prinzipiellen Testaments-Erbfolge stand (§. 4 S. 17), kollidirte und man den Römischen Einfluß weder ganz abweisen, noch ihm ganz nachgeben, noch auch ihn innerlich mit dem bisherigen System verarbeiten wollte oder konnte. Man begnügte sich damit, beide Systeme unvermittelt und nur sich gegenseitig im Umfang beschränkend neben einander zu stellen, was sich auch ganz gut mit den sonstigen mangelhaft entwickelten Rechtsanschauungen vertrug, in denen der Rechtsbegriff der Erbschaft noch vollständig fehlte, das Vermögen vielmehr mit dem Tode seines Eigenthümers sofort in seine verschiedenen Bestandtheile zerfiel und es daher auch keinen Anstoß erregen konnte, einen Theil des Nachlasses kraft Gesetzes den Verwandten und den andern

Theil oder wenigstens einzelne Gegenstände dem freien Willen des Erblassers zu überlassen.

Das Moslemische Recht ist zu seinem System gekommen, weil der Koran den Anhängern Muhameds die Verbreitung seiner Lehre zur ersten Pflicht machte und denjenigen, die Heimath und Familie verlassen sollen, um für den Glauben fremde Länder zu erobern und fremde Völker zu unterwerfen, eine gewisse selbständige Individualität und Gleichgültigkeit gegen die Familie zugestanden werden mußte, andrerseits aber man sich doch nicht von den Orientalischen Ansichten über die enge Zusammengehörigkeit der Familie, das Aufgehen des Individuums in der Familie und das Familien-Erbrecht als das normale loszusagen vermochte.

Der Code civil hatte die Aufgabe, zwischen der gewillkührten Erbfolge, die in den pays du droit écrit, und der alleinigen Verwandten-Erbfolge, die in den pays du droit coutumier galt, zu vermitteln. Die letztere hatte erst noch kurz zuvor die erheblichsten Begünstigungen erfahren (§. 3 S. 14 bei Anm. 18). Dadurch kam es, daß der Code sich ihr im Princip anschloß und die Willkühr nur in Gestalt von Beschränkungen der Intestaterbfolge aufnahm.

Das System der gedachten Rechte ist sonach theils Folge mangelhafter Ausbildung, theils Folge einer als bestehend vorgefundenen Kollision der ausschließlichen Verwandten-Erbfolge mit der gewillkührten Erbfolge. Der Gesichtspunkt einer mangelhaften Ausbildung ist selbstredend für das Landrecht ausgeschlossen und auch der einer Kollision trifft nicht zu. Das Landrecht fand nicht wie der Code die Intestat- und Testaments-Erbfolge als zwei neben einander geltende Systeme, sondern es fand einzig und allein die der Willkühr mit geringen Beschränkungen überlassene Erbfolge des Römischen Rechts vor. Das Verhältniß der Intestat- zur Testaments-Erbfolge war daher eine rein doktrinäre Frage, die als solche für das Gesetzbuch kein Interesse hatte. Dieses hat vielmehr lediglich die gewillkührte Erbfolge des Römischen Rechts beibehalten (§. 1, 9 und 65 Tit. 12. Thl. I. des Allg. Landrechts). Wo es sich vom Römischen Recht entfernt hat, ist dies höchstens in der Richtung geschehen, daß es Beschränkungen der Willkühr beseitigte und die Willkühr in noch höherem Maße zuließ, so namentlich dadurch, daß es das formelle Notherbenrecht und die hierin liegende Pflicht, die nächsten Verwandten zu Erben zu ernennen, aufhob.

Das Erbsystem, von welchem jene Rechte ausgehen und dasjenige, von welchem das Landrecht ausgeht, sind daher durchaus verschieden.

So verschiedene Ausgangspunkte aber — auf der einen Seite also principielle Intestaterbfolge und auf der andern Seite principielle Testaments-Erbfolge — können doch nicht wieder zu demselben Resultat führen, sondern entweder ist das Resultat wirklich das gleiche, dann können aber die Systeme nicht verschiedene sein oder das Resultat kann nicht das gleiche sein und sich nur mit dem einen, aber nicht mit dem andern System vertragen. Und letzteres ist denn auch in der That der Fall. Nur bei grundsätzlicher Verwandten-Erbfolge kann ein unter allen Umständen und gegen den erklärten Willen des Erblassers eintretendes Erbrecht der nächsten Verwandten bestehen. Es ist der konsequente Ausdruck dieses Systems. Mit dem System der Willkühr dagegen ist ein Erbrecht der pflichttheilsberechtigten Verwandten unvereinbar, mag die Willkühr auch noch so beschränkt sein. Dieses Erbrecht, wenngleich das Gesetz nicht, wie bei dem formellen Notherbenrecht, verlangt, daß es der Erblasser ausspricht, macht den Pflichttheilsberechtigten doch in ganz gleicher Weise wie den formellen Notherben zum nothwendigen Erben des Erblassers und zwar nicht blos wie beim Notherbenrecht auf ein Minimum, sondern auf einen ganz bedeutenden Theil des Nachlasses. Es nimmt insoweit das Recht, sich willkührlich einen Erben zu ernennen, dem Erblasser ganz und beschränkt nicht blos dieses Recht. Es läßt ihm nur noch ein Recht bezüglich des Restes des Nachlasses, nicht ein beschränktes Recht bezüglich des ganzen Nachlasses. Von einer bloßen Beschränkung kann um so weniger gesprochen werden, als derjenige Theil des Nachlasses, über welchen sich die Willkühr des Erblassers nicht erstrecken kann, sich, wie bemerkt, auf den dritten Theil und die Hälfte, ja in vielen Fällen sogar auf mehr als die Hälfte, auf ganze zwei Drittel des gesammten Nachlasses beläuft. Es ist doch nicht mehr möglich, von einem System beschränkter Willkühr zu reden, wenn der größere Theil des Nachlasses der Willkühr vollständig entzogen ist, nicht möglich, principielle Testamentserbfolge anzunehmen, wenn in den größern Theil des Nachlasses regelmäßig Intestaterbfolge stattfindet. Eine wirkliche Beschränkung des Rechts, über den Nachlaß zu verfügen und sich beliebig einen Erben zu ernennen, ist vielmehr nur dann, aber auch dann vorhanden, wenn derjenige, zu dessen Gunsten die Beschränkung gemacht ist, ein unmittelbares Recht am Nachlaß selbst nicht erlangt, sondern nur ein persönliches Recht gegen denjenigen hat, der den Nachlaß vom Erblasser erhalten hat. Hier ist die Willkühr in ihrem Wesen intakt, denn sie ergreift den ganzen Nachlaß und verschafft demjenigen, dem sie den Nachlaß zuwenden will, denselben auch in der That vollständig und sie ist beschränkt, denn trotz ihrer kann der Begünstigte kraft seines persönlichen Rechts an den Erben von diesem die Herausgabe eines Theils des Nachlasses erlangen.

§. 27.

2. Widerspruch mit dem Princip des landrechtlichen Erbrechts.

Wie zu dem System, so tritt das Erbrecht des Pflichttheilsberechtigten auch zu dem Princip des landrechtlichen Erbrechts in einen Gegensatz.

Das Landrecht erkennt für die gesammte Erbfolge nur einen Grund an: den Willen des Erblassers, welcher bei der Vertrags- und testamentarischen Erbfolge als ein ausdrücklich erklärter und bei der gesetzlichen Erbfolge als ein mit Rücksicht auf vorhandene Liebe, Dankbarkeit oder Wohlwollen vermutheter erscheint[1]). Die Verfasser des Landrechts haben sich hier wiederum an die Naturrechtslehrer und die sogenannten Praktiker angeschlossen, welche, soweit sie nicht überhaupt das gesetzliche Erbrecht lediglich für ein Institut des positiven Rechts erklärten (§. 1. Anm. 1), es durchweg auf den muthmaßlichen Willen des Erblassers, daß derjenige sein Vermögen erhalte, qui tempore mortis firmissima amicitia a defuncto dilectus erat, zurückführten[2]). Es wird nicht nur ausdrücklich ausgesprochen, daß „das Gesetz bei der Intestaterbfolge nur den präsumtiven Willen des Erblassers ergänzen solle[3])" und „die voluntas praesumta des Erblassers das ganze Fundament der Intestat-Erbfolge" sei[4]), sondern dieses Princip auch überall angewendet. So hat die vorhin besprochene Aufhebung der Beschränkung des Erblassers in der Verfügung über seinen Nachlaß durch die Regel

---

[1]) Göppert: Beiträge zur Lehre vom Miteigenthum. (1864) S. 5 u. 6; Koch: Erbrecht. §. 3 S. 26; Förster: Privatrecht. Bd. IV. §. 258 S. 204 u. 205; Unger: Privatrecht. Bd. VI. §. 4 Anm. 1 S. 18.

[2]) z. B. Pufendorff: De jure naturae et gentium. (1672) lib. IV. cap. 11 §. 1 p. 545; Hugo Grotius: De jure belli ac pacis. Ausg. von Cocceji (1751) Tom. II. lib. II. cap. 7 §. 3 p. 369; Thomasius: Institutiones jurisprudentiae divinae. (1730) lib. II. cap. 10 p. 206; Heineccius: Elementa juris naturae et gentium. (1738) lib. I. §. 295 p. 238—239; Daries; Institutiones jurisprudentiae naturalis. 5. Aufl. (1757) §. 498—500 p. 262 u. 263 u. a. m. Von den Praktikern besonders Leyser: Meditationes ad Pandectas. Ausg. von 1778. Vol. V. Spec. 351. med. 6 p. 584.

[3]) Anm. zum Abschnitt 6. Tit. 2. Thl. I. des Entwurfs zum allg. Gesetzbuch S. 217 u. 218.

[4]) Schlußrevision S. 168.

nemo pro parte testatus pro parte intestatus decedere potest nur darin ihren Grund, daß diese Regel zu einem andern Resultat führt, als der Erblasser gewollt hat[5]). So wird die Accrescenz auf die Präsumtion, daß der Testator diejenigen, die er im Testament zu seinen Erben ernannte, mehr geliebt habe, als seine heredes ab intestato, gegründet[6]). So werden mit Rücksicht auf den muthmaßlichen Willen des Erblassers die Eltern vor den Geschwistern[7]) und die vollbürtigen Geschwister vor den Großeltern[8]) zur Erbfolge berufen, wird die Succession der Descendenten nach Linien geordnet[9]) und der überlebende Ehegatte im Verhältniß zum Römischen Recht erheblich begünstigt[10]) u. dgl. Ueberall ist der muthmaßliche Wille das bestimmende Moment und der alleinige Grund des ganzen Erbrechts.

Ganz anders stände es bei dem Erbrecht des Pflichttheilsberechtigten. Dessen Grund würde lediglich die Thatsache der Blutsverwandtschaft und beim Ehegatten des ehelichen Verhältnisses sein und könnte der muthmaßliche Wille des Erblassers namentlich dann ganz und gar nicht sein, wenn der Pflichttheilsberechtigte unter Angabe einer unwahren oder unzulässigen Ursache enterbt, oder wissentlich übergangen oder ausdrücklich nur geringfügig bedacht ist[11]): legitima non ex judicio aut arbitrio testatoris proficiscitur sed ex provisione legis[12]). Dasselbe würde daher das ganze so streng festgehaltene und mit seltener Konsequenz zur Anwendung gebrachte Princip des Erbrechts im Landrecht total durchbrechen. Und wenn dies auch an sich nicht zu den Unmöglichkeiten gehörte, jedenfalls konnten doch dann die Redaktoren nicht so allgemein, wie sie gethan haben, den Willen des Erblassers als den alleinigen Grund der Intestaterbfolge hinstellen. Daß dies geschehen, daß nirgends auch nur mit einem Wort angedeutet ist, wie es doch ein Erbrecht giebt, welches nicht auf dem Willen des Erblassers beruht, zeigt klar, daß die Redaktoren nicht daran gedacht haben, dem Pflichttheilsberechtigten ein Erbrecht beizulegen und giebt dem Widerspruch zwischen dem Grund,

---

[5]) Schlußrevision S. 79.

[6]) Ebenda.

[7]) Anm. zum Entwurf a. a. O. S. 217; Schlußrevision S. 167.

[8]) Schlußrevision S. 167 u. 168.

[9]) Anm. zu §. 28 Tit. 3. Thl. I. des Entwurfs S. 256 u. Schlußrevision S. 147.

[10]) Anm. zu §. 362 Tit. 1. Thl. I. des Entwurfs S. 90 und Schlußrevision S. 120 u. 121.

[11]) Gärtner S. 424.

[12]) Stryk: Tractatus de cautelis testamentorum Edit. V. (1738) Cap. XVII. membr. 2. §. 1 p. 631.

welchen dieses Erbrecht haben würde und dem Grund, welchen das Erbrecht sonst im Landrecht hat, die Bedeutung eines gewichtigen Arguments gegen jenes Erbrecht.

§. 28.

3. Widerspruch mit dem Recht, Vermächtnisse an einzelnen Nachlaßsachen zu errichten.

Noch mehr gerathen die Erbrechts- nnd Anfechtungsrechts-Theorie mit dem Recht des Erblassers, über einzelne Sachen seines Nachlasses mittelst Vermächtniß besondere Verfügung zu treffen, in Widerspruch.

Wenn der Pflichttheil ein Erbtheil und das Pflichttheilsrecht ein Erbrecht ist oder zu einem Erbrecht führt, so würde der Pflichttheilsberechtigte, da er dann Miterbe ist und der Miterbe an jeder einzelnen Nachlaßsache in Höhe seiner Erbquote ein Miteigenthum erlangt (§. 21 Anm. 6. S. 120), ebenfalls an jedem einzelnen Nachlaßgegenstande zu einem durch die Höhe seiner Pflichttheilsquote bestimmten ideellen Antheile ein Miteigenthum haben. Dieses Miteigenthum müßte als unmittelbarer Ausfluß und wesentlicher Inhalt des Pflichttheilsrechts der Willkühr des Erblassers nothwendig ebenso entrückt sein, wie das Pflichttheilsrecht selbst, eine Verfügung, die dieses Miteigenthum entzieht oder beschränkt, daher ebenso nichtig oder anfechtbar sein, wie die Verfügung, welche das Pflichttheilsrecht nimmt oder verkürzt. Das Vermächtniß, durch welches der Erblasser einem dritten das ausschließliche Eigenthum an einer Nachlaßsache zuwendet, ist aber eine Verfügung, welche dem Pflichttheilsberechtigten sein Miteigenthum nimmt. Es würde daher in Höhe dieses Miteigenthums ungültig sein. Was dem Erblasser gültig zu thun allein zustände, das wäre nur die Disposition über die nach Abzug des Antheils des Pflichttheilsberechtigten bleibende Eigenthumsquote. Dann aber würde der Pflichttheilsberechtigte stets als Miteigenthümer neben denjenigen treten, dem diese Eigenthumsquote zugewiesen worden, grade so wie er als Miterbe neben den eingesetzten Erben tritt, und nach den Grundsätzen von der Theilung gemeinschaftlichen Eigenthums auf den öffentlichen Verkauf der Sache dringen können, es also jeder Zeit in der Hand haben, die Disposition des Erblassers zu vereiteln, mit andern Worten, das Erbrecht des Pflichttheilsberechtigten würde eine wirksame Verfügung des Erblassers über eine einzelne Nachlaßsache durch Legat vollständig und selbst dann, wenn der Betrag des

Pflichttheils durch das Vermächtniß gar nicht berührt wird, unmöglich machen.

Daß dies ein Resultat ist, welches dem Gesetz durchaus fremd und auch von keinem Anhänger der Erbrechts- und Anfechtungsrechts-Theorie gewollt ist, liegt auf der Hand. Aber es ist die nothwendige Folge der Eigenschaft des Pflichttheils als eines Erbtheils und zeigt daher durch seine offenbare Unrichtigkeit am klarsten die Unrichtigkeit dieser Eigenschaft selbst. So gewiß das Erbrecht Eigenthum, das Miterbrecht Miteigenthum an jeder einzelnen Nachlaßsache giebt, so gewiß ferner das Pflichttheilsrecht der Willkühr des Erblassers entrückt ist, so gewiß würde der Erblasser, wenn der Pflichttheil ein Erbtheil und das Pflichttheilsrecht ein Erbrecht wäre, einem dritten durch Vermächtniß das ausschließliche Eigenthum an einer Nachlaßsache nicht zuwenden und dem Pflichttheilsberechtigten seinen ideellen Eigenthums-Antheil an derselben nicht nehmen können.

Alles, was man geltend gemacht hat, um auch bei einem Erbrecht des Pflichttheilsberechtigten das Bestehenbleiben der Vermächtnisse zu rechtfertigen, ist unhaltbar. Denn was beweist es, wenn gesagt wird, daß, sofern die Erblasserin das Eigenthum eines ihr gehörigen Grundstücks in dem Testament einem dritten ausschließlich übertragen, den Pflichttheilsberechtigten also von dem Miteigenthum an solchem ausdrücklich ausgeschlossen hat, dem letztern gar kein Recht zustehe, diese Verfügung anzufechten, sobald ihm ohne Umstoßung derselben sein voller Pflichttheil gewährt werden könne[1]) oder, wenn das Recht, die Naturaltheilung der Nachlaßsachen, über welche im Testament besondere Bestimmungen getroffen sind, zu verlangen, dem Pflichttheilsberechtigten um deswegen versagt wird, weil nach §. 436 Thl. II. Tit. 2 Allg. Landrechts alle letzwilligen Bestimmungen, soweit der Pflichttheilsberechtigte dadurch nicht verletzt werde, bei Kräften bleiben sollen[2]). Es kann ja ohne Umstoßung des Legats dem Pflichttheilsberechtigten sein voller Pflichttheil gar nicht gewährt werden. Der volle Pflichttheil erstreckt sich als Erbtheil eben auf ein jedes Stück des Nachlasses nach Proportion seines Betrages. Nur wenn er an jedem Nachlaßgegenstand einen verhältnißmäßigen

---

[1]) in dem Erkenntniß des Ober-Tribunals vom 9. Oktober 1854 (Arch. Bd. 15. Nr. 19 S. 87).

[2]) Erkenntnisse des Ober-Tribunals vom 23. Januar 1852 (Arch. Bd. 4. Nr. 61 S. 284, Entsch. Bd. 22. Nr. 28 S. 246) und vom 23. Juni 1856 (Arch. Bd. 21. Nr. 72 S. 303 u. 304); Förster: Privatrecht. Bd. IV. §. 248 S. 83; Zitelmann S. 387.

Theil erlangt, hat der Pflichttheilsberechtigte seinen vollen Erbtheil, den ihm als Pflichttheil gebührenden Erbtheil. Sowie ihm auch nur der Antheil an einer einzigen Sache entzogen ist, ist er im Pflichttheil verletzt. §. 436 aber läßt die Umstoßung grade sowcit zu, als die Verletzung reicht.

Bauer[3]) hebt zunächst sehr richtig hervor, daß der Pflichttheilsberechtigte als Erbe an sich Miteigenthum an den einzelnen den Nachlaßinbegriff bildenden Sachen überkommt und der Testator ihm daher dies sein Miteigenthum an den einzelnen Nachlaßgegenständen konsequenter Maßen so wenig würde entziehen dürfen, als er einen Fremden dadurch zum Aufgeben seines Eigenthums verbinden könne, daß er dessen Sache jemandem in seinem Testament vermacht und fährt dann fort: „Ist aber der Fremde, dessen Sache vom Testator legirt ist, gleichzeitig zur Erbfolge berufen und schlägt er die Erbschaft nicht aus, so muß er die Sache dem Legatar verabfolgen, aber — weil die Sache sein und nicht des Testators Eigenthum war — nur gegen eine ihm aus dem Nachlasse zu gewährende Abfindung, vorausgesetzt natürlich, daß er Beneficial-Erbe ist (§. 374—376 I. 12. ALR.). In völlig analoger Weise muß der Pflichtheilsberechtigte die sein Miteigenthum an den einzelnen Gegenständen der Verlassenschaft ausschließenden letztwilligen-Nachlaßvertheilungs-Anordnungen des Erblassers sich gefallen lassen und zwar ebenso wie der heres extraneus, dessen Sache legirt ist, gegen eine Abfindung zum gemeinen Werthe." Die behauptete Analogie besteht jedoch in keiner Weise. Die Vorschrift der §§. 374—376 stammt aus dem Römischen Recht (l. 67 §. 8 D. de leg. II. 31) und beruht auf der Erwägung, daß ein eingesetzter Erbe, der den Willen des Erblassers, soweit es ihm vortheilhaft ist, durch Annahme der Erbschaft anerkannt hat, denselben auch insoweit anerkennen muß, als ihm dadurch eine Last auferlegt wird, daß ein Erbe, der sein Erbrecht dem Willen des Erblassers verdankt, diesen Willen nicht beliebig theilen darf, sondern nur entweder ganz oder gar nicht gelten lassen muß. Sie paßt blos auf den eingesetzten Erben, für den sie auch ausdrücklich allein gegeben ist, und nicht auf den Pflichttheilsberechtigten, dessen Recht lediglich im Gesetz begründet ist, der, wenn er überhaupt Erbe wird, Erbe ohne und selbst wider den Willen des Erblassers wird und der daher, wie er seinerseits nicht statt des gesetzlichen Miteigenthumsrechts an allen Nachlaßsachen das ausschließliche Eigenthum an einer einzelnen Sache ver-

[3]) S. 46 u. 47 seiner Abhandlung.

langen kann, so auch nicht, weil nach dem Willen des Erblassers ein dritter das ausschließliche Eigenthum an einer solchen einzelnen Sache erlangen soll, sich die Abfindung mit dem gemeinen Werth seines Miteigenthumsrechts gefallen zu lassen braucht.

Gleich wenig ist dasjenige stichhaltig, was Koch[4]) ausführt. Derselbe erklärt den Pflichttheilsberechtigten für einen von keines Menschen Willkühr abhängigen Erben und daher an sich auch wohl befugt, Naturaltheilung zu begehren und bemerkt dann, daß dazu aber nicht in allen Fällen die auf Kosten der Natur der Sache neu erfundene Theorie des Allgemeinen Landrechts passe, namentlich damit der Satz des §. 436 in Kollision trete. Wenn das Testament über einzelne Gegenstände besondere Verfügungen treffe, diese einer gewissen Person zuwende u. dgl., so müsse freilich ein Ausweg gefunden werden, der solche Verfügung schone und dazu bediene man sich der künstlichen Werthsermittlung (Taxe). Wenn aber dergleichen besondere Verfügungen nicht vorhanden seien, alsdann müsse dem Recht des Zwangserben vollständige Rechnung getragen werden. Allein, wenn der Pflichttheilsberechtigte an sich wohlbefugt ist, Naturaltheilung zu begehren, wie soll ihm, „dem von keines Menschen Willkühr abhängigen Erben", durch des Erblassers Willkühr, dadurch, daß dieser willkührlich über eine Nachlaßsache verfügt, dieses Recht wieder entzogen werden können, des Erblassers Willkühr hindern können, daß seinem Recht vollständige Rechnung getragen werde? Und wenn gesagt ist, daß zum Erbrecht des Pflichttheilsberechtigten nicht in allen Fällen die Theorie des Allg. Landrechts, namentlich nicht der Satz des §. 436 passe, so kann die Folgerung, welche hieraus zu ziehen ist, nur die sein, daß, weil die einzelnen Vorschriften des Landrechts mit dem Erbrecht in Kollision treten, dieses aber nirgends ausdrücklich ausgesprochen ist, das Erbrecht eben nicht anerkannt und anzunehmen ist.

Koch begeht dabei den Fehler, an welchem die Annahme eines Erbrechts des Pflichttheilsberechtigten überhaupt leidet, daß man nämlich, theilweise offenbar beeinflußt durch das deutschrechtliche nothwendige Erbrecht der nächsten Verwandten und die damit in enger Verbindung stehende Lehre des Code civil von der réserve und der portion disponible, mit einer vorgefaßten Meinung an das Landrecht herangetreten ist, statt zuerst die positiven Bestimmungen desselben ins Auge zu fassen und zu untersuchen, ob aus diesen sich ein Erbrecht ergiebt. Doch wie dem auch sein mag: daraus, daß die über einzelne Nachlaßsachen getroffenen

---

[4]) Kommentar Bd. III. Anm. 90 zu §. 433 II. 2 S. 307 u. 308.

Verfügungen des Erblassers regelmäßig gültig bleiben, folgt nothwendig, daß der Pflichttheilsberechtigte kein Miteigenthum an den sämmtlichen Bestandtheilen der Erbschaft erlangt, hieraus aber wieder, daß er nicht Erbe und der Pflichttheil kein Erbtheil ist.

§. 29.

4. Widerspruch mit den Bestimmungen über die Inventarisirung des Nachlasses.

Weitere Schwierigkeiten zeigen sich, sobald die speziellen Vorschriften, die das Gesetz für das Erbrecht aufgestellt hat, auf das Pflichttheilsrecht als Erbrecht angewendet werden sollen. Es mag genügen, dies an einem Beispiel, an den wichtigen Bestimmungen über die Inventarisirung des Nachlasses, nachzuweisen.

Bekanntlich muß jeder Erbe binnen sechs Monaten vom Ablauf der Ueberlegungsfrist beim Nachlaßgericht ein Inventar einreichen, widrigenfalls er als Erbe ohne Vorbehalt gilt und insbesondere die Schulden des Erblassers vollständig zu tragen hat, ohne sich mit dem Einwande, daß dieselben das Aktivvermögen der Erbschaft übersteigen, schützen zu können. Sind Miterben vorhanden, so liegt einem jeden derselben bei Vermeidung des gedachten Nachtheils die Inventurpflicht ob[1]).

Werden diese Vorschriften auf das Erbrecht des Pflichttheilsberechtigten angewendet, so könnte es kommen, daß er, dem durch das Pflichttheilsrecht ein Vortheil verschafft werden soll, den das Gesetz bevorzugen will, nur den Vorzug genießt, aus seinem eigenen Vermögen zu den Schulden des Erblassers beitragen zu dürfen, ein Widerspruch, der auch dadurch nicht gehoben wird, daß man die Folgen der unterlassenen Inventur für eine Strafe der Nachlässigkeit erklärt. Einem Erben gegenüber, der kein Recht auf den Nachlaß hat, der sein Erbrecht lediglich von dem Willen des Erblassers herleitet, kann das Gesetz wohl die Rechte der Gläubiger dieses Erblassers soweit wahrnehmen, daß es im Interesse derselben dem Erben eine sein Erbrecht beschränkende

---

[1]) Gruchot: Erbrecht. Bd. I. S. 150. Dagegen nehmen Koch: Erbrecht. §. 148 S. 1169 unter 2 und Förster: Privatrecht. Bd. IV. §. 270 Anm. 68. S. 287 an, daß das von einem Erben gelegte Inventar die übrigen Miterben schützt. Doch bleiben selbst, wenn man den letzteren beitritt, die Ausführungen im Text bestehen, indem zwar nicht schon, wenn der Pflichttheilsberechtigte allein, wohl aber, wenn auch der eingesetzte Erbe die Inventarisirung unterläßt, die Folgen davon den Pflichttheilsberechtigten treffen würden.

Pflicht auferlegt und bei deren Unterlassung Nachtheile androht, die ihm nicht nur jeden Vortheil aus der Erbschaft entziehen, sondern sogar direkten Schaden verursachen. Aber einem Erben gegenüber, der wie der Pflichttheilsberechtigte selbst ein festes Recht auf den Nachlaß hat, ist dies nicht angebracht. Dort giebt es nur ein Recht am Nachlaß, das der Gläubiger, hier ist außer diesem Recht noch ein anderes, ebenso starkes des Pflichttheilsberechtigten vorhanden. Die einseitige Berücksichtigung der Rechte der Gläubiger, die dort nur vielleicht eine Härte des Gesetzes ist[2]), würde hier geradezu Willkühr sein. Das Erbrecht des Pflichttheilsberechtigten den Vorschriften über die Inventarisirung des Nachlasses unterwerfen, hieße daher in der ungerechtfertigsten Weise gegen das Wesen des Pflichttheilsrechts handeln. Andrerseits verbietet die Allgemeinheit dieser Vorschriften, sie auf nichtpflichttheilsberechtigte Erben zu beschränken[3]).

§. 30.

5. Widerspruch mit den Ansichten über Miteigenthum.

Endlich, um auch noch das zu berühren, verträgt sich das Erbrecht des Pflichttheilsberechtigten auch nicht mit Ansichten auf andern Rechtsgebieten außer dem Erbrecht, namentlich nicht mit den Anschauungen, die das Landrecht bezüglich des Miteigenthums vertritt.

Zur Zeit des Landrechts war man im Anschluß an einige Stellen des Corpus juris civilis (l. 26 D. de serv. praed. urb. 8, 2, u. l. 77 §. 20 D. de leg. II. 31) ganz allgemein davon überzeugt, daß das Miteigenthum eine Quelle von Streitigkeiten und ein wirthschaftlich und social schädliches Institut sei und deshalb soviel wie möglich vermieden und beseitigt werden müsse[1]). Auch die Verfasser des Landrechts nahmen dies an, Suarez spricht[2]) von „dem sehr richtigen Principio des römischen Rechts, quod communio sit mater rixarum" und der gedruckte Entwurf enthält sogar direkt eine dahin gehende gesetzliche Bestimmung, indem es heißt: „Die Theilung des gemeinschaftlichen Eigenthums wird zur Beförderung der Freiheit des Eigenthümers, sein Ver-

---

[2]) Vgl. Gruchot: Erbrecht. Bd. I. S. 155 u. Förster: Privatrecht. Bd. IV. §. 270 S. 287.

[3]) Gärtner S. 434, namentlich Anm. 46, spricht sich direkt für ihre Anwendung auf das Pflichttheilsrecht aus.

[1]) Göppert: Beiträge zur Lehre vom Miteigenthum S. 33.

[2]) in der Schlußrevision S. 57.

mögen auf die vortheilhafteste Art zu nutzen, in den Rechten begünstigt" (§. 50 Thl. II. Tit. 14). Letztere Bestimmung ist zwar in das Landrecht nicht übergegangen, indessen kann es nach der Art und Weise, wie dasselbe das Miteigenthum behandelt, nicht zweifelhaft sein, daß auch das Landrecht sich dem Miteigenthum gegenüber durchaus feindlich verhält[3]).

Mit dieser Abneigung gegen das Miteigenthum tritt die Annahme eines Erbrechts des Pflichttheilsberechtigten, durch welches derselbe jedenfalls soweit, als nicht besondere Verfügungen über einzelne Nachlaßsachen getroffen sind, ein Miteigenthum am ganzen Nachlaß neben dem eingesetzten Erben erlangen würde, entschieden in Konflikt. Der Konflikt ist um so größer, wenn man erwägt, daß nicht blos subjektiv der eingesetzte Erbe und der ihn theilweise verdrängende und für ihn als Eindringling erscheinende Pflichttheilsberechtigte meist sich feindlicher gegenüberstehen und zum gütlichen Vertragen noch weniger geneigt sein werden, als andere Miteigenthümer, sondern auch objektiv das Miteigenthum des Pflichttheilsberechtigten und des eingesetzten Erben in ganz besonders hohem Maße zu Streitigkeiten Gelegenheit und Veranlassung bietet, weil es nicht an einer einzelnen Sache oder einer Anzahl gewisser Sachen, sondern an dem ganzen Nachlaß und all den verschiedenartigen Gegenständen, die zu demselben gehören, besteht.

In Folge dieses Miteigenthums nimmt, um nur noch eins hervorzuheben, der Pflichttheilsberechtigte auch an den Vermehrungen und Verminderungen des Nachlasses[4]) bzw. wenigstens des Nachlasses nach Ausscheidung derjenigen Gegenstände, über welche der Erblasser besonders disponirt hat[5]), vom Todestage ab bis zur Auseinandersetzung Theil und ist namentlich von den erstern einen aliquoten Theil zu fordern berechtigt, wenn die Theilung des Nachlasses erfolgt. Befindet sich nun der eingesetzte Erbe im Besitz des Nachlasses und dies wird regelmäßig der Fall sein, umsomehr als das Testament ihm ein Recht auf den Besitz giebt (§. 244 Thl. I. Tit. 12 Landrechts), so ist er hinsichtlich des Antheils des Pflichttheilsberechtigten an der Erbschaft nur Ver-

---

[3]) Förster: Privatrecht. Bd. III. §. 182 S. 264.

[4]) Erk. des Ober-Tribunals vom 17. September 1851 (Arch. Bd. 2. Nr. 74. S. 361) und vom 4. April 1855 (Arch. Bd. 16. Nr. 70. S. 323 a. E. u. 324 u. Entsch. Bd. 31. Nr. 5. S. 41) sowie des Appellationsgerichts zu Hamm vom 20. Januar 1859 in Gruchot's Beiträgen. Bd. III. S. 453.

[5]) Erk. des Ober-Tribunals vom 1. Juli 1859 (Arch. Bd. 34. Nr. 27. S. 126 u. 127); Förster: Privatrecht. Bd. IV. §. 248 Anm. 27. S. 55.

walter und daher zur Rechnungslegung über den Nachlaß während der angegebenen Zwischenzeit verbunden[6]). Die Pflicht der Rechnungslegung aber ist ganz besonders geeignet, zu Streitigkeiten zu führen.

Ja noch mehr! Auch wenn noch gar kein Pflichttheilsberechtigter sich gemeldet hat und wenn nur die bloße Möglichkeit obwaltet, daß ein solcher vorhanden ist und sich melden könnte, muß der eingesetzte Erbe über alle Veränderungen des Nachlasses Rechnung führen, um sich zu sichern, falls noch etwa ein Pflichttheilsrecht geltend gemacht werden sollte. Denn da der Pflichttheilsberechtigte alle Mal vom Todestage ab Erbe ist, so ist er von dieser Zeit ab auch Miteigenthümer und an den Vermehrungen und Verminderungen des Nachlasses betheiligt. Erst mit dem Ablauf der zweijährigen Frist des §. 440 Thl. II. Tit. 2 ist der Erbe sicher, daß eine Verbindlichkeit zur Rechnungslegung für ihn nicht eintritt. Bis dahin ist er gezwungen, um die Veränderungen des Nachlasses kontrolliren zu können, denselben von seinem eigenen Vermögen getrennt zu halten. Welche großen Unzuträglichkeiten aber eine derartige lange Ausschließung der Konfusion der Erbschaft und des eigenen Vermögens hat, bedarf keiner weitern Ausführung und bestätigt auch dies wieder, daß ein Miteigenthum und Erbrecht des Pflichttheilsberechtigten von dem Landrecht und seinen Verfassern nicht gewollt sein kann.

§. 31.

Widerlegung von Einwendungen gegen die Forderungsrechts-Theorie.

Es erübrigt noch, die besondern Einwendungen zu widerlegen, die gegen das Forderungsrecht gemacht worden sind oder gemacht werden könnten oder vielmehr den einen Einwand, der geltend gemacht worden ist, denn mehr als dieser eine ist bisher nicht erhoben. Förster bemerkt nämlich gegen die Forderungsrechts-Theorie, daß der Pflichttheilsberechtigte nicht ein Gläubiger sei, wie andere Gläubiger des Nachlasses, die ihre dem Betrage nach feststehende Forderung gegen den Nachlaß verfolgen, unbekümmert um die Größe des Nachlasses und um das Recht anderer Gläubiger[1]). Indessen ist nicht abzusehen, wie hieraus etwas gegen das Forderungsrecht als solches folgen soll. Denn es ist selbst-

[6]) Erk. des Ober-Tribunals vom 18. Mai 1848 (Rechtsfälle. Bd. 4. Nr. 51. S. 105) und das Anm. 4 angezogene Erkenntniß von Hamm S. 454.

[1]) Privatrecht. Bd. IV. §. 248 S. 56.

verständlich, daß der Betrag einer Forderung nicht von vornherein feststehen braucht, sondern sich durch spätere Verhältnisse bestimmen kann und daß dadurch der Gläubiger nicht aufhört, Gläubiger zu sein oder ein Gläubiger von abweichender Art als die anderen Gläubiger wird. Uebrigens steht auch der Betrag, der dem Pflichttheilsberechtigten gebührt, an sich sofort mit der Entstehung des Pflichttheilsrechts, dem Todestage des Erblassers fest. Die vorhandene Unbestimmtheit hat nur in der subjektiven Ungewißheit der Interessenten über die Größe des Nachlasses und die Rechte der Nachlaßgläubiger ihren Grund.

Sonst läßt sich nur noch zweierlei finden, was mit einigem Anschein dem Forderungsrecht entgegengehalten werden könnte.

Einmal die von Suarez über die kurze Verjährungsfrist für die Pflichttheilsklage gethane Aeußerung, daß die übrigen Interessenten über den Nachlaß nicht mit Sicherheit disponiren, sich nicht theilen, die Legate nicht berichtigen könnten 2c., so lange sie noch nicht wüßten, ob nicht vielleicht der Enterbte das Testament anfechten und durch ein erhaltenes obsiegliches Urtel eine gänzliche Veränderung in der Lage der Sache bewirken werde (oben §. 20 S. 110). Bei näherer Betrachtung ist hiermit jedoch nichts gesagt, was dem Forderungsrecht widerspräche. Denn wenn auch bei diesem die Unzuträglichkeiten für den oder die eingesetzten Erben nicht so groß, wie bei einem Erbrecht des Pflichttheilsberechtigten sind (§. 30 S. 150), groß genug bleiben sie noch immer, um eine kurze Verjährungsfrist für die Geltendmachung des Pflichttheilsrechts zu rechtfertigen, und so, wie von Suarez geschehen, sprechen zu können, um so mehr als Suarez hauptsächlich den Fall im Auge hat, daß der Pflichttheilsberechtigte ganz übergangen oder enterbt ist und die Alternative vorliegt, daß entweder gar nichts oder der volle Pflichttheil zu entrichten ist. Insbesondere können die Legate nicht mit Sicherheit berichtigt werden, weil diese bei Unzulänglichkeit des übrigen Nachlasses zum Pflichttheil, auch wenn das Recht auf diesen ein Forderungsrecht ist, beizusteuern haben, daher möglicher Weise nicht vollständig geleistet werden dürfen und wenn die Erben sie unverkürzt ausgezahlt haben, wieder theilweise zurückgefordert werden müßten, wobei jeder Ausfall die Erben treffen würde. Auch diese selbst können sich nicht mit Sicherheit in den Nachlaß theilen. Denn zu vertheilen ist unter sie nur der Nachlaß nach Abzug des Pflichttheils. Haben sie den ganzen Nachlaß vertheilt, so müssen entweder alle oder einzelne von ihnen von dem Empfangenen wieder herausgeben und kann dadurch in der That eine vollständige Aenderung der angelegten Theilung bewirkt werden, namentlich dann, wenn bei dieser Prälegate, Konferenden u. dgl. zu berücksichtigen waren oder dasjenige, was als Pflichttheil herauszugeben ist, die Hälfte oder gar zwei Drittel der Aktivmasse beträgt.

Der zweite mögliche Einwand könnte dahin gehen, daß, wenn das Pflichttheilsrecht ein Forderungsrecht, der Pflichttheil also eine pars quanta und nicht eine pars quota der Erbschaft sei, die Einsetzung in den Pflichttheil niemals eine Erbeseinsetzung sein könnte[2]), mithin, da das Gesetz den schlechthin in den Pflichttheil Eingesetzten entschieden als wirklichen Erben ansehe[3]), das Forderungsrecht zu einem unrichtigen Resultat führen würde. Dem gegenüber ist darauf hinzuweisen, daß für die Frage, ob eine wirkliche Erbeseinsetzung vorhanden ist, es allein darauf ankommt, ob der Erblasser den Willen gehabt hat, den Bedachten zur Nachfolge in den ganzen Inbegriff seines Nachlasses oder einen quoten Theil desselben zu berufen, daß sehr wohl die Zuwendung des Pflichttheils, auch wenn derselbe nicht eine Quote der Erbschaft ist, als Ausdruck dieses Willens erscheinen und der Erblasser dabei die Absicht haben kann, dem Pflichttheilsberechtigten nicht sowohl die Quanta, die er durch und in dem Pflichttheil bekommen würde, als vielmehr den zur Bezeichnung des Pflichttheils dienenden und ihm entsprechenden Bruchtheil des Nachlasses als Bruchtheil des gesammten Nachlasses, also als Quote zuzuwenden und daß, wenn diese Absicht erhellt, man nicht blos berechtigt, sondern verpflichtet ist, eine wahre Erbeseinsetzung anzunehmen. Ob der Pflichttheilsberechtigte durch die Zuwendung des Pflichttheils wirklich als Erbe auf einen Erbtheil von dieser Größe instituirt ist, das wird daher wesentlich von den Umständen des einzelnen Falls insbesondere davon abhängen, wie der Erblasser im übrigen über sein Vermögen disponirt hat. Es wird z. B. unbedenklich dann anzunehmen sein, wenn der Pflichttheilsberechtigte mit andern Erben zunächst ganz allgemein berufen und erst hinterher die Beschränkung auf den Pflichttheil ausgesprochen ist. Wenn dagegen der Erblasser durch Erbeseinsetzung seinen ganzen Nachlaß ohne Rücksicht auf den Pflichttheilsberechtigten erschöpft und demnächst bestimmt hat, daß die berufenen Erben dem letzteren den Pflichttheil gewähren sollen, so wird man meist ebenso

---

[2]) Für das Gemeine Recht ist dies z. B. von Faber: De erroribus Pragmaticorum. Pars I. Decad. XIV. err. 6 und von Fein: Das Recht der Collation. §. 65 Anm. 22. S. 385 in Verbindung mit §. 64 Nr. 2. S. 377 behauptet worden.

[3]) Anh. §. 164 zu §. 574 Thl. II. Tit. 18 Allg. Landrechts. Vgl. Hinschius in der Preußischen Anwaltszeitung. Bd. V. (1866) Nr. 50. Sp. 794.

unbedenklich hierin eine Erbeseinsetzung des Pflichttheilsberechtigten nicht finden[3]).

§. 32.

Rechtliche Natur des Pflichttheilsrechts bei Belastung und bei Verletzung durch Verfügung unter Lebenden.

Nach Alledem ist also das Pflichttheilsrecht in den Fällen der nicht irrthümlichen Uebergehung, der ungültigen Enterbung und der unzulänglichen Zuwendung ein Forderungsrecht.

Als solches wird es, wie bereits erwähnt (§. 13 S. 67), durch den Willen des Erblassers und eine von diesem an den Pflichttheilsberechtigten gemachte letztwillige Zuwendung in ein Erb- oder Legaten-Recht umgewandelt. Wann dies eintritt, darüber entscheiden lediglich die gewöhnlichen Regeln über Ernennnung zum Erben oder Legatar. Wegen des §. 164 des Anhangs ist zwar behauptet worden, daß die Einsetzung in den Pflichttheil schlechthin, von der so eben festgestellt worden ist, daß sie eine Erbeseinsetzung sein kann, unter allen Umständen eine Erbeseinsetzung sei[1]). Es ist dies aber nicht richtig. Die Quelle des §. 164, das Rescript vom 13. Oktober 1794 sollte und konnte das Landrecht überhaupt nicht (§. 15 S. 84 u. 85) und am wenigsten in Bezug auf die Grundsätze über Erbeseinsetzungen abändern und heißt es in ihm auch ausdrücklich, daß der Pflichttheil ohne Bestimmung eines gewissen Quanti titulo institutionis verschrieben worden sei (§. 15 S. 84). Wenn der §. 164 den in den Pflichttheil Eingesetzten als Erben ansieht, so setzt er daher voraus, daß in dieser Einsetzung nach allgemeinen Vorschriften eine Erbeseinsetzung liegt und ist die Zuwendung des Pflichttheils ohne Festsetzung auf eine bestimmte Summe oder Sache nur dann eine Erbeseinsetzung, wenn der Erblasser dadurch dem Pflichttheilsberechtigten eine Quote seines Nachlasses hat zuwenden wollen[2]).

Weil das Pflichttheilsrecht in den Hauptfällen seiner Existenz ein

---

[3]) Vgl. über Erbeseinsetzung in den Pflichttheil nach Gemeinem Recht besonders Neuner: Die heredis institutio ex certa re. (1853) S. 532 u. 533 und nach Landrecht Gruchot: Erbrecht. Bd. I. S. 313 u. 314 u. Bd. III. S. 207 Anm., auch Evelt: Ueber wechselseitige Testamente im Neuen Archiv für Preuß. Recht und Verfahren. Jahrgang VI. (1839) Nr. VI. S. 114.

[1]) Hinschius an dem §. 31 Anm. 2 angeführten Orte.

[2]) Gruchot: Erbrecht. Bd. III. S. 206 Anm.

Forderungsrecht ist, ist das Recht, welches dem irrthümlich übergangenen und nach §. 444—446 Thl. II. Tit. 2 den eingesetzten Erben accrescirenden Pflichttheilsberechtigten auf das ihm nach der Accrescenz am Pflichttheil noch Fehlende zusteht, für welches Recht früher dargethan worden, daß es die Natur des gewöhnlichen Pflichttheilsrechts habe (§. 14 S. 78), ebenfalls ein Forderungsrecht.

Ist der Pflichttheilsberechtigte im Princip Gläubiger, der nur durch den Willen des Erblassers zum Erben oder Legatar wird, so folgt weiter, daß das ihm bei unzulässiger Belastung des Pflichttheils gegebene Recht ein Anfechtungsrecht ist. Die Annahme der Erbrechts-Theorie, daß er auch in diesem Fall Erbe sei, fällt mit der Erbrechts-Theorie von selbst und kann dann der Pflichttheilsberechtigte nur dasjenige, was er, abgesehen von der Geltendmachung seines Rechts auf Beseitigung der Last nach Maßgabe der letztwilligen Verfügung, welche die Belastung enthält, ist, nämlich Erbe, wenn der Erblasser ihn zum Erben ernannt hat oder es bei der Intestaterbfolge hat bewenden lassen und Legatar, wenn der Erblasser ihm ein Vermächtniß zugewendet hat, und sein Recht auf nichts anderes als die Beseitigung der Last, soweit sie den Pflichttheil verletzt, gerichtet, also nur Anfechtungsrecht sein[3]).

Dagegen ist das Pflichttheilsrecht in dem letzten noch zu behandelnden Fall, der Verletzung durch Verfügung unter Lebenden theils ein Anfechtungsrecht theils ein Forderungsrecht. In dieser Weise ist seine Natur bereits nach Römischem Recht bestimmt worden (§. 10 S. 54 ff.) und trifft das dort Gesagte entsprechend auch für das Landrecht zu. Dieses spricht zwar von einem Recht des Pflichttheilsberechtigten, die Schenkung zu widerrufen und stellt dasselbe mit dem Widerrufsrecht des Schenkers selbst wegen Uebermaßes, Undanks und nachgeborner Kinder zusammen (§. 1113 ff. Thl. I. Tit. 11), welches nicht nur von einem Forderungsrecht, sondern auch von einem Anfechtungsrecht begrifflich verschieden ist, indem das Anfechtungsrecht nur bei ungültigen, ein Widerrufsrecht aber umgekehrt nur bei vollkommen gültigen Rechtsgeschäften stattfindet[4]). Beides erklärt sich jedoch durch die laxe Sprachweise des Landrechts und dessen mangelhafte Systematik, die häufig innerlich nicht verwandte Institute lediglich wegen gleichen Zwecks oder Erfolgs oder aus sonstigen äußern Gründen in Verbindung bringt und ist bedeutungslos, wie ja denn auch das Recht der Gläubiger,

---

[3]) Zitelmann S. 357 u. 358.

[4]) Förster: Privatrecht. Bd. II. §. 122 S. 23.

Schenkungen ihres in Konkurs gerathenen Schuldners anzufechten, welches unzweifelhaft ein wahres Anfechtungsrecht ist, an der gleichen Stelle abgehandelt und ebenfalls ein Recht, Schenkungen zu widerrufen, genannt wird (§. 1129—1131 a. a. O.). Eine Bestätigung findet das Vorstehende noch durch die Bemerkung von Suarez[5]), daß man die Römische Theorie von der querela inofficiosae donationis im wesentlichen beibehalten habe, woraus mithin hervorgeht, daß, wenn man auch das Römische Recht im einzelnen nicht unerheblich geändert hat, doch der Charakter, welchen nach diesem das Recht des Pflichttheilsberechtigten gegen pflichtwidrige Schenkungen hat, nicht hat geändert werden sollen.

Namentlich gilt gleichmäßig für das Landrecht, daß die Pflichttheilsverletzungen durch Schenkung derselben kurzen Verjährungsfrist wie die durch Verfügung von Todeswegen unterliegen[6]) und daher der Pflichttheilsberechtigte, wennschon er die verschenkte Sache besitzt oder durch Versprechen geschenkt ist, die Klage anstellen muß, welche lediglich auf Aufhebung der Schenkung gerichtet sein kann. Und wenn auch zweifellos in anderen Fällen die Klage gleich mit auf Zurückgabe des zuviel Verschenkten gehen kann[7]) und der Klageantrag und das Urtheil vielleicht nur auf diese Zurückgabe gehen, so ist darum das Pflichttheilsrecht noch nicht stets ein Forderungsrecht. Denn indirekt ist in dem Antrag und Urtheil doch immer zunächst und nothwendig die Aufhebung der Schenkung enthalten bezw. ausgesprochen[8]) und bildet den alleinigen Gegenstand des Pflichttheilsrechts. Die Zurückgabe ist erst eine weitere Folge der Aufhebung und nicht mehr Ausfluß des Pflichttheilsrechts als solchen, sondern des Erbrechts, welches den Pflichttheilsberechtigten zum alleinigen Rechtsnachfolger des Erblassers macht.

Andrerseits kann aber auch nach Landrecht das Recht des Pflichttheilsberechtigten nicht immer blos ein Anfechtungsrecht, sondern muß unter Umständen ein Forderungsrecht sein. Denn es ist auch nach Landrecht, und zwar, da nach diesem die in einem Testament getroffene Erbeseinsetzung niemals umgestoßen werden kann, nicht nur in den für das Römische Recht hervorgehobenen Fällen, sondern schon stets, sobald der Erblasser sich einen andern Erben ernannt hat und ferner selbst ohne letztwillige Verfügung, sobald neben pflichttheilsberechtigten Groß-

[5]) Schlußrevision S. 25.

[6]) Gruchot in seinen Beiträgen. Bd. XIII. S. 848 u. 849. Anderer Meinung ohne Begründung Förster: Privatrecht. Bd. IV. §. 248 S. 89.

[7]) §. 1114 Thl. I. Tit. 11 spricht direkt von Zurückgeben.

[8]) Vgl. die analog anwendbaren Ausführungen bei Zitelmann S. 363—367.

eltern oder dem Ehegatten halbbürtige Geschwister und deren Descendenten bezw. Verwandte bis zum sechsten Grade zur Erbfolge berufen sind (§. 24 Anm. 4 S. 129), sehr wohl möglich, daß der durch die Schenkung verletzte Pflichttheilsberechtigte gar nicht oder nicht allein Erbe ist und deshalb an der bloßen Aufhebung der Schenkung kein Interesse hat, da ihm das in Folge derselben eintretende Zurückfallen des Verschenkten an die Rechtsnachfolger des Schenkers gar nicht oder nicht in dem erforderlichen Umfange zu Statten kommen würde. Es muß daher hier ebenfalls mit der Aufhebung der Schenkung zugleich die Zurückgabe des zuviel Verschenkten verlangt werden, kann das Recht, die Zurückgabe zu fordern, nur dem verletzten Pflichttheilsberechtigten zustehen und ist dieses Recht wegen des Mangels eines andern Rechts, aus dem es hervorgehen könnte, nothwendig ein Ausfluß der Pflichttheilsberechtigung.

§. 33.

Resultat.

Das Endergebniß der gesammten bisherigen Erörterungen ist:

Soweit überhaupt ein Pflichttheilsrecht vorhanden und die Frage nach der rechtlichen Natur des Pflichttheilsrechts im Allgemeinen Landrecht möglich ist, hat dasselbe regelmäßig die Eigenschaft eines Forderungsrechts. Von dieser Regel giebt es drei Modifikationen, indem erstens der Erblasser durch seine ausdrückliche Erklärung den Pflichttheilsberechtigten aus einem Gläubiger zu einem Testamentserben oder Legatar machen kann, wobei die Erklärung, um diesen Erfolg zu haben, den gewöhnlichen Erfordernissen einer Ernennung zum Erben bezw. Legatar entsprechen muß, zweitens eine solche Ernennung zum Erben bei einem pflichttheilsberechtigten Descendenten[1]), welchen der Erblasser nur aus Irrthum übergangen und von dessen Existenz er nicht mehr rechtzeitig Kenntniß erlangt hat, in Höhe desjenigen, was dem am mindesten begünstigten Testamentserben durch das Testament ausgesetzt ist, fingirt wird (§. 14 S. 76) und drittens das Pflichttheilsrecht im Fall der Verletzung durch Belastung die Natur eines Anfechtungsrechts, in dem der Verletzung durch Verfügung unter Lebenden aber bald die Natur eines Anfechtungsrechts bald die eines Forderungsrechts hat.

So charakterisirt ist bei dem Pflichttheilsrecht alles erreicht, was

---

[1]) nicht auch Ascendenten und Ehegatten (vgl. z. B. Koch: Privatrecht. Bd. II. §. 863 S. 902 u. Erbrecht. §. 66 S. 725 ff.).

die Verfasser des Landrechts als Zweck der von ihnen vorgenommenen Aenderungen des Römischen Rechts und Ziel ihrer Gesetzgebung hingestellt haben.

Sie haben zunächst offenbar dem Pflichttheilsberechtigten in den verschiedenen Fällen von Pflichttheilsverletzung nicht ein verschiedenes Recht, sondern überall das gleiche Recht geben wollen. Schon die Zusammenfassung der verschiedenen Arten von Pflichttheilsverletzung in den §§. 432 und 433 Thl. II. Tit. 2 zeigt dies zur Genüge, wenn sonst darüber ein Zweifel bestehen könnte. Die Gleichheit des Rechts aber ist vorhanden. Denn Forderungs- und Anfechtungs-Recht sind nahe verwandt mit einander und fallen beide unter den weitern Begriff des persönlichen Rechts. Das Pflichttheilsrecht ist also stets das gleiche persönliche Recht. Daß bei einer ausdrücklich erklärten oder fingirten Zuwendung des Erblassers nicht das persönliche Recht, sondern ein Erbrecht oder Legatenrecht vorhanden ist, steht der Einheit des Rechts in den verschiedenen Fällen der Pflichttheilsverletzung nicht entgegen, weil insoweit das Pflichttheilsrecht gar nicht verletzt ist.

Grade diese Möglichkeit, den Pflichttheilsberechtigten theilweise zum Testamentserben und Legatar machen zu können, spricht direkt für das Forderungsrecht. Nach dem früher festgestellten Begriff des Pflichttheilsrechts ist dasselbe ein subsidiäres Recht in der Art, daß, wenn der Erblasser genügende Zuwendungen gemacht hat, der an sich Pflichttheilsberechtigte lediglich nach Maßgabe dieser Zuwendungen berechtigt wird und ein Pflichttheilsrecht nicht hat (§. 8 S. 42 u. §. 14 S. 72 u. 73). Die Konsequenz verlangt, daß, was genügende Zuwendungen bewirken können, nicht genügende Zuwendungen, die ebenso wenig wie jene ausgeschlagen oder wieder aufgegeben werden können, soweit bewirken müssen, als sie reichen, daß also der Pflichttheilsberechtigte nach Maßgabe der unzulänglichen Zuwendung berechtigt wird und insoweit ein wirkliches Pflichttheilsrecht nicht hat. Das tritt aber nur bei der Theorie vom Forderungsrecht ein. Bei der Erbrechts-Theorie ist trotz der Zuwendung der Pflichttheilsberechtigte stets Intestaterbe auf seinen vollen Pflichttheil[2]) und auch nach der Anfechtungsrechts-Theorie wird er, wenn ihm ein unzulängliches Legat hinterlassen oder er auf eine Quote des Nachlasses, die kleiner als der Pflichttheil ist, eingesetzt ist, nicht in Höhe des Zugewendeten Legatar oder Testamentserbe und hat nur in Bezug auf das Fehlende ein Pflichttheilsrecht, sondern er wird ebenfalls in Höhe der

---

[2]) Förster: Privatrecht. Bd. IV. §. 248 S. 56 u. 57.

ganzen Pflichttheilsquote pflichttheilsberechtigt und Intestaterbe[3]). Allein bei der Forderungsrechts-Theorie haben also Zuwendungen des Erblassers immer die gleiche Wirkung und wird der an sich Pflichttheilsberechtigte durch sie wegen seines Pflichttheilsrechts in gleicher Weise abgefunden, ganz, wenn die Zuwendung dazu ausreicht, theilweise, wenn die Zuwendung nicht ausreicht und soweit sie ausreicht. Hier ist daher allein die nothwendige Uebereinstimmung der Natur des Pflichttheilsrechts mit dem Begriff desselben vorhanden.

Bei der Forderungsrechts-Theorie wird ferner in Folge einer Verletzung des Pflichttheilsrechts die Disposition des Erblassers in der That „nur soweit sie gesetzwidrig ist, ungültig[4])." Denn gesetzwidrig ist das Testament insofern, als es den Erben schlechtweg zum ganzen Nachlaß statt zum Nachlaß mit der Verpflichtung, dem Pflichttheilsberechtigten das ihm gebührende Pflichttheilsquantum aus dem Nachlaß herauszugeben, beruft und ungültig wird es in der Art, daß trotz der unbeschränkten Einsetzung die Verpflichtung eintritt, der Erbe genöthigt ist, den Pflichttheil zu verabfolgen „und also den verkürzten Kindern zu dem, was das Gesetz ihnen anweist, verholfen wird[5])". Aber „in allen übrigen Stücken behält das Testament seine Gültigkeit und ist zu befolgen[6])."

Weil in dieser Weise trotz der unbeschränkten Verfügung des Erblassers dem Pflichttheilsberechtigten sein Pflichttheil verbleibt und aus dem Nachlaß zu entrichten ist, stellt sich das Verfügungsrecht des Erblassers auch beim Forderungsrecht im Resultat nur als eine Befugniß dar, „über den Rest seines Vermögens nach Gutfinden zu disponiren[7])."

Ebenso ist die „verwickelte Römische Theorie, die schon zu so vielen weitläuftigen und verderblichen Prozessen Anlaß gegeben hat", in Wahrheit „simplificirt[8])". Denn was kann es einfacheres geben als das bloße Forderungsrecht, das sich in der praktischen Anwendung überall auf das leichteste handhaben läßt und bei welchem namentlich die schwierigen Verhältnisse des Miterben- und Miteigenthums-Rechts nicht vorhanden sind und weder der Pflichttheilsberechtigte in die Liquidation des Nach-

---

[3]) Zitelmann S. 384 u. 387.

[4]) Anm. zu §. 322 Thl. I. Tit. 2 des Entwurfs (oben S. 28).

[5]) daselbst.

[6]) Schlußrevision S. 164 (oben S. 33).

[7]) daselbst.

[8]) ebenda.

lasses verwickelt, noch der eingesetzte Erbe bei derselben durch die Theilnahme des Pflichttheilsberechtigten gehindert wird.

Und wer wollte endlich leugnen, daß durch Charakterisirung des Pflichttheilsrechts als eines Forderungsrechts dasselbe „auf dem gesunden Menschenverstande einleuchtende Grundsätze zurückgebracht ist[9])?“ Dem Laienverstande muß es als ein innerer Widerspruch erscheinen, daß das Gesetz dem Erblasser gestattet, über seinen ganzen Nachlaß Verfügung zu treffen, die von demselben demgemäß ausdrücklich über den ganzen Nachlaß getroffene Verfügung aber dann doch blos für einen quoten Theil der Erbschaft gelten und jemand, den der Erblasser nicht zum Erben hat haben wollen, den zur Erbfolge zu berufen er nach dem Gesetz auch durchaus nicht verpflichtet ist, dennoch sein Erbe werden soll. Man frage nur einmal den gemeinen Mann, was er als Gegenstand des Rechts des Pflichttheilsberechtigten ansieht, und er wird als solchen sicher nicht einen Erbtheil, sondern eine Summe Geldes, zahlbar aus dem Nachlaß, bezeichnen.

---

[9]) Schlußrevision S. 164 (oben S. 33).

III.

Rechts- und Streitfragen im Anschluß an die Kontroverse über die rechtliche Natur des Pflichttheilsrechts.

§. 34.

Vorbemerkung.

Es liegt auf der Hand, daß die zunächst rein theoretische Bestimmung des Charakters, welchen ein Rechtsinstitut hat, auch auf die praktische Anwendung, welche dieses Institut findet, einen großen Einfluß ausübt, daß von der Art und Weise, wie jene erfolgt, die Entscheidung einer mehr oder weniger großen Zahl praktischer Rechtsfragen abhängig ist. Für das Pflichttheilsrecht gilt dies in ganz besonderem Maße, weil das Landrecht grade hier so wenig Detailbestimmungen hat und daher häufiger als sonst auf den Charakter des Rechts selbst zurückgegriffen werden muß. Es läßt sich fast behaupten, daß beinahe alle wichtigeren Fragen auf dem Gebiet des Pflichttheilsrechts mit der rechtlichen Natur desselben zusammenhängen.

Auf diese praktischen Rechtsfragen, von denen die eine und die andere bereits gelegentlich berührt worden ist, soll in dem Nachstehenden näher eingegangen werden, ohne jedoch dabei irgendwie vollständig sein zu wollen. Vielmehr sollen nur solche Fragen besprochen werden, die an sich oder in Verbindung mit anderen von hervorragender Wichtigkeit erscheinen oder dadurch besondere Bedeutung erlangt haben, daß sie bereits in Theorie oder Praxis zu Streitfragen geworden sind.

Durch diese Erörterung wird zugleich der Beweis geführt, wie viel leichter und einfacher im Verhältniß zu der Erbrechts- und Anfechtungsrechts-Theorie[1]) sich die Forderungsrechts-Theorie in der Praxis handhabt. Damit wird aber wieder die Richtigkeit der Forderungsrechts-Theorie

[1]) Daß die Anfechtungsrechts-Theorie sehr verwickelt ist, bemerkt Zitelmann selbst S. 325 u. 389.

dargethan. Denn den besten Prüfstein für eine Theorie bildet ihre praktische Brauchbarkeit.

Daß für das Folgende der Fall einer unzulänglichen Zuwendung soweit die Zuwendung reicht, ausscheidet, bedarf nach der früheren Ausführung, wonach der Pflichttheilsberechtigte insoweit wegen seines Pflichttheilsrechts abgefunden ist, er lediglich nach Maßgabe der für die Zuwendung geltenden gewöhnlichen Regeln berechtigt wird und kein Pflichttheilsrecht hat, nicht weiter der Erwähnung. Es sind nur die Fälle zu berücksichtigen, wo ein wirkliches Pflichttheilsrecht in Gestalt eines Forderungsrechts oder eines Anfechtungsrechts vorliegt.

§. 35.

Gegenstand des Pflichttheilsrechts. Sachen und Rechte der Erbschaft, die keinen Geldwerth haben. Vermehrungen und Verminderungen des Nachlasses. Rechnungslegung. Oeffentlicher Verkauf von Nachlaßsachen.

Was den Gegenstand des Pflichttheilsrechts anbetrifft, so ist derselbe bei dem Anfechtungsrecht sofort gegeben. Es ist die Beseitigung der Last bzw. die Aufhebung der Verfügung unter Lebenden und ist etwas weiteres dabei nicht zu bemerken.

Bei dem Forderungsrecht, welches der Pflichttheilsberechtigte gegen Schenkungen hat, ist der Gegenstand seines Rechts aus dem §. 1165 Thl. I. Tit. 11 des Allgemeinen Landrechts zu entnehmen. Derselbe steht zwar unter dem Marginale: Allgemeine Regeln vom Widerrufe, bezieht sich aber offenbar auf das Recht des Pflichttheilsberechtigten mit, obwohl dieses kein Widerrufsrecht ist. Nach ihm findet die Wiedererstattung d. i. die Zurückgabe nur soweit statt, als sich die geschenkte Sache zur Zeit des Widerrufs d. i. hier der Geltendmachung des Pflichttheilsrechts noch in dem Vermögen oder Nachlasse befindet oder diese durch den daraus gelösten Werth noch wirklich reicher sind.

Eine Bereicherung läßt sich nur in Gelde bemessen. Es ist daher, wenn blos die Bereicherung aus der Schenkung verlangt werden kann, eine Summe Geldes Gegenstand des Pflichttheilsrechts.

Dasselbe wird unbedenklich auch dann zu gelten haben, wenn die Schenkung nur zum Theil aufgehoben und daher nur zum Theil zurückzugewähren, der verschenkte Gegenstand aber nicht theilbar ist. Denn die theilweise Zurückgabe kann hier nur in der Art ausgeführt werden, daß ein dem zurückzugebenden Theil des Gegenstandes entsprechender Theil des Geldwerthes zurückgegeben wird. Es wäre zwar an sich denkbar, daß der ganze Gegenstand zurückverlangt werden dürfte und der Pflichttheilsberechtigte für den nicht aufgehobenen Theil der Schenkung den verhältnißmäßigen Betrag des Geldwerthes erstattete. Diese Möglichkeit kann jedoch, da darin eine Erweiterung der Rechte des Pflichttheilsberechtigten liegen würde, nicht ohne ausdrückliche Bestimmung, an der es fehlt, angenommen werden.

Anders ist es aber, wenn entweder die Schenkung vollständig aufgehoben worden und daher die ganze noch vorhandene Sache zurückzugeben ist oder zwar die Aufhebung nur theilweise erfolgt ist, das Verschenkte aber getheilt werden kann. Gemeinrechtlich wird allerdings auch hier behauptet, daß eine Pflicht zur Zurückgabe nicht in Natur, sondern nur in Gelde bestehe[1]), dabei jedoch zugegeben, daß es an einer dahin gehenden gesetzlichen Vorschrift mangele[2]). Eine solche ist auch im Landrecht nicht vorhanden. Es hätte ihrer aber bedurft, um entgegen der allgemeinen Rechtsregel an die Stelle der Sache selbst deren Werth treten lassen zu können. Es wird deshalb wie bei dem eigentlichen Widerrufsrecht[3]), so auch für das Pflichttheilsrecht dabei verbleiben müssen, daß das Verschenkte in seiner individuellen Gestalt zurückzugewähren, also eine Sache herauszugeben, ein Recht zurückzucediren u. s. w. ist.

Soweit dagegen das Pflichttheilsrecht Forderungsrecht bei letztwilligen Verfügungen ist, ist zunächst soviel klar, daß Gegenstand desselben weder eine einzelne Sache des Nachlasses, noch eine Anzahl von Nachlaßsachen, noch ein Antheil an solchen und überhaupt nicht Erbschaftssachen in Natur sein können, sondern wieder nur eine Summe Geldes ist[4]). Es interessirt daher für das Forderungsrecht des Pflichttheilsberechtigten der Nachlaß lediglich seinem Geldwerthe nach.

Die nächste Folge hiervon ist, daß Nachlaß-Sachen und Rechte, die keinen Geldwerth haben, an denen der Pflichttheilsberechtigte aber als Erbe trotzdem berechtigt werden würde (§. 19 S. 104 u. 106), für ihn als bloßen Gläubiger ganz ausscheiden[5]).

---

[1]) Francke: Recht der Notherben. §. 44 S. 533 und Schröder §. 60 S. 507.

[2]) Schröder a. a. O.

[3]) Förster: Privatrecht. Bd. II. §. 122 S. 29.

[4]) Darüber, daß auch bei der actio suppletoria eine Summe Geldes den Gegenstand des Rechts des Pflichttheilsberechtigten bildet, vgl. z. B. Francke: Recht der Notherben. §. 25 S. 337 und Schröder §. 58 S. 498.

[5]) Zitelmann S. 368.

Es folgt weiter, daß nur der Zustand des Nachlasses zur Zeit des Todes maßgebend ist und allein maßgebend bleibt.

Im Gemeinen Recht ist man darüber einig, daß die Berechnung des Pflichttheils sowohl, soweit es dabei auf die Zahl der Intestaterbberechtigten als, soweit es auf die Größe des Vermögens des Erblassers ankommt, lediglich nach der Zeit des Todes und ohne Rücksicht auf spätere Ab- und Zugänge des Nachlasses zu erfolgen hat[6]). Dasselbe gilt unzweifelhaft auch nach dem Landrecht[7]). Bestimmt sich aber der Pflichttheil an sich nach der Zeit des Todes des Erblassers, so kann der Pflichttheilsberechtigte ein Recht auf die nach dieser Zeit erwachsenen Vermehrungen des Nachlasses nur haben und von dessen Verminderungen

---

[6]) Manzius: Tractatus rationalis de legitima. (1658) Quaest. 17—19; Stryk: Tractatus de cautelis testamentorum. (Edit. V von 1738) Cap XVII. membr. II. §. 23; Chifletius: De portionibus legitimis liber singularis in Otto: Thesaurus juris Romani. Tom. V. (1744) p. 732; Voet: Commentarius ad Pandectas. Tom. I. (1757) in Tit. de inoff. test. §. 54 u. 55; Glück: Erläuterung der Pandekten. Bd. VII. (1804) S. 67; Francke: Recht der Notherben. §. 18 S. 228; Mühlenbruch: Fortsetzung des Kommentars von Glück. Bd. XXXV. (1832) §. 1421 c S. 277; Seuffert: Praktisches Pandektenrecht. 2. Aufl. (1849) Bd. III. §. 653; Bluntschli: Erbfolge. §. 20 S. 167; Arndts in Weiske's Rechtslexikon. Bd. VIII. S. 129; Puchta: Pandekten. 9. Aufl. (1863) §. 489 S. 705; Sintenis: Das Praktische gemeine Civilrecht. 3. Aufl. (1869) Bd. III. §. 196 S. 601; Windscheid: Pandekten. Bd. III. §. 581 Anm. 11 u. 12. S. 140; Schröder §. 36 S. 271, §. 38 S. 295 u. §. 58 S. 498 u. a. m.

Die Gründe sind die Analogie der Quarta Falcidia (§. 2 J. de leg. Falc. 2,22), welche für die Feststellung des Umfangs der legitima das Vorbild gewesen ist (Francke a. a. O. S. 170 u. 171; Bluntschli: Erbfolge. S. 162) und die Bestimmungen in l. 6 C. de inoff. test. 3, 28, l. 3 §. 20 u. l. 44 §. 2 D. de bon. lib. 38, 2.

Bei älteren Rechtslehren findet sich zuweilen eine abweichende Meinung, so z. B. bei von Berger: Oeconomia juris. Edit. VII. (1771) Lib. II. Tit. IV. th. 16 n. 7. p. 279 u. th. 48 n. 9. p. 355, der annimmt, daß ein augmentum rerum hereditariarum, quod post mortem accessit, etiam augere legitimam, si fuerit intrinsecum, cujusmodi est, quod fit per alluvionem und bei Hotomanus: Disputatio de quarta legitimaria. Cap. IV. §. 23, welcher nicht den Todestag, sondern die Zeit, wo der Erbe angetreten hat oder wo der Werth der Erbschaft am höchsten gewesen ist, für maßgebend hält. Gegen letzteren namentlich Westenberg: Dissertatio tertia de portione legitima in seinen Opera omnia. Tom. I. (1746) Cap. 5. §. 5 sq. Auch Stryk a. a. O. will den Pflichttheil wachsen lassen, si bona augeantur post mortem testatoris antequam legitima soluta sit, et bona ista fuerint mutata intrinsece.

[7]) Koch: Erbrecht. §. 47 u. 48 S. 493; Gruchot: Erbrecht. Bd. III. S. 120 u. 125; Förster: Privatrecht. Bd. IV. §. 248 S. 67.

nur betroffen werden, wenn der Pflichttheil eine wirkliche Quote der Erbschaft, die et accessionem et decessionem in se recipit et vel maxime fructibus augetur (l. 178 §. 1 D. de V. S. 50, 16), und er selbst an der Substanz des Nachlasses berechtigt ist. Der Pflichttheilsberechtigte würde dann wie ein gewöhnlicher Miterbe und Miteigenthümer an den Vermehrungen und Verminderungen des Nachlasses vom Todestage ab bis zur Auseinandersetzung mit den eingesetzten Erben Theil nehmen und namentlich von den ersteren, wenn die Theilung stattfindet, einen aliquoten Theil jedenfalls soweit fordern können, als der Erblasser nicht über einzelne Nachlaßgegenstände spezielle Verfügung getroffen und diese dadurch zum besonderen Eigenthum eines dritten gemacht und dem Miteigenthum des Pflichttheilsberechtigten entzogen hat[8]). Hat er dagegen blos ein persönliches Recht, so bewendet es bei der Feststellung des Pflichttheils nach und mit dem Todestage in der Art, daß er nur den so festgestellten Pflichttheil fordern und höchstens durch einen Verzug zu einem Mehr berechtigt werden kann. Dieses Mehr, welches er hier erlangt, sind aber nicht die unabhängig von der mora solvendi entstehenden und als accessio rei zu betrachtenden Vermehrungen des Nachlasses, sondern die davon durchaus verschiedenen, eine accessio obligationis bildenden Vortheile des Verzuges.

Weil der Pflichttheil sich mit dem Todestage fixirt und alle späteren Veränderungen des Nachlasses für den Pflichttheilsberechtigten gleichgültig sind, kann es auch für ihn ein Recht auf Rechnungslegung, wie er es bei einem Erbrecht haben würde (§. 30 S. 150), nicht geben.

---

[8]) Die Theilnahme des Pflichttheilsberechtigten an den Vermehrungen und Verminderungen des Nachlasses bis zur Theilung ist seitens der Anhänger der Erbrechts-Theorie anerkannt, s. oben §. 30. Anm. 4 u. 5 S. 149. Warum aber, wie Förster a. a. O. aufstellt, die zwischen dem Todestage und dem Theilungstage dem Nachlaß zugewachsenen Accessorien dem Pflichttheilsberechtigten insofern, als sie denjenigen Bestandtheilen oder Stücken des Nachlasses zugewachsen sind, welche er bei der Theilung angenommen hat, gebühren und die Accessorien derjenigen Nachlaßstücke, welche dem eingesetzten Erben verbleiben, nicht die Nachlaßmasse zu Gunsten des Pflichttheilsberechtigten erhöhen, ist nicht erfindlich. Die Art der spätern Theilung kann hier so wenig, wie sonst beim Miteigenthum, für das Theilnahmerecht bis zur Theilung den Ausschlag geben.

Entsprechend seinem erbrechtlichen Standpunkt hat das Oestreichische Gesetzbuch im §. 786 ausdrücklich den Pflichttheilsberechtigten an den Veränderungen der Verlassenschaft betheiligt (oben §. 6 S. 34 a. E.) und ist diese Vorschrift, auch nachdem jener Standpunkt aufgegeben worden (§. 11 S. 60), in Geltung geblieben. Vgl. über die hierin liegende Inkonsequenz Unger: Privatrecht. Bd. VI. §. 85 Anm. 3. S. 361.

Es folgt endlich, daß der Pflichttheilsberechtigte kein Recht hat, den öffentlichen Verkauf von Nachlaßsachen zu verlangen.

Bereits bei einer andern Gelegenheit wurde ausgeführt, daß dieses in Theorie und Praxis äußerst streitige[9]) Recht in zwei verschiedenen Beziehungen gegeben sein könnte, für die Ermittlung des Vorhandenseins einer Pflichttheilsverletzung und für die Auseinandersetzung des Pflichttheilsberechtigten mit dem eingesetzten Erben und ist für die erstere das Recht verneint worden (§. 15 S. 85 ff.). Es kann insoweit auf das früher Gesagte verwiesen werden. Was nunmehr noch die zweite Beziehung anlangt, so müßte, wenn der Pflichttheilsberechtigte Miterbe und Miteigenthümer des eingesetzten Erben ist, er in derselben Weise auf Auktion und Subhastation der Nachlaßsachen antragen können, wie es jeder Miteigenthümer zum Zweck der Theilung kann. Denn diese Theilung ist seine Auseinandersetzung mit dem eingesetzten Erben. Er müßte also nach der Erbrechts-Theorie stets und namentlich auch dann, wenn ihm ein unzureichendes Quantum zugewendet ist, ein Recht auf den öffentlichen Verkauf haben, da er auch hier in Höhe seiner Pflichttheilsquote Erbe wird und er müßte dieses Recht auch hinsichtlich solcher Sachen haben, über welche in dem Testament besondere Bestimmungen zu Gunsten dritter getroffen sind, weil er in strenger Konsequenz der Erbrechts-Theorie an diesen Sachen ebenfalls ein Miteigenthum zwar nicht mit dem eingesetzten Erben, wohl aber mit demjenigen, zu dessen Gunsten die besondere Bestimmung getroffen ist, erlangt und zur Aufhebung dieses Miteigenthums, die allerdings keine Auseinandersetzung mit dem eingesetzten Erben, sondern eine Auseinandersetzung mit dem Legatar ist, auf den Verkauf dringen kann (§. 28 S. 143 ff.). Nach der Anfechtungsrechts-Theorie aber müßte er dieses Recht haben, wenn er ganz übergangen oder enterbt oder nicht ausreichend bedacht ist, da er in diesen Fällen[10]) nach durchgesetzter Anfechtungsklage Miterbe wird und er müßte es konsequenter Weise ebenfalls auch in Ansehung solcher Sachen haben, die der Erblasser einem andern ausdrücklich überwiesen hat, weil in den gedachten Fällen das Testament in Höhe des ganzen Pflichttheils rescindirt und für den Pflichttheilsberechtigten die Intestat-

---

[9]) Vgl. namentlich Koch: Erbrecht. §. 48 S. 494; Gruchot: Erbrecht. Bd. III. S. 214—216; Förster: Privatrecht. Bd. IV. §. 248 S. 83; Bauer S. 43; Zitelmann S. 387 u. 388, sowie die Citate bei denselben.

[10]) Der Fall der Einsetzung auf die volle Pflichttheilsquote, welchen Zitelmann S. 388 noch anführt, gehört nicht hierher, weil insofern ein Pflichttheilsrecht nicht besteht.

erbfolge in diesen ganzen Pflichttheil als einen freigewordenen Erbtheil eröffnet wird, der Pflichttheil aber den Vermächtnissen vorgeht und als Erbtheil daher ein Theil der die besonders vermachten Sachen noch enthaltenden Erbschaft ist, mithin hier dasselbe wie nach der Erbrechts-Theorie gilt.

Bei der einen wie der andern Theorie ist der alleinige Grund für das Recht auf Verkauf das Miteigenthum und Erbrecht, welches der Pflichttheilsberechtigte am Nachlaß hat bzw. mit Hülfe seines Anfechtungsrechts erlangt. Bei der Forderungsrechts-Theorie ist ein solches Miteigenthum und Erbrecht nicht vorhanden. Die Auseinandersetzung mit dem eingesetzten Erben besteht hier lediglich in der Auszahlung des den Pflichttheil bildenden Theils des Geldbetrages des Nachlasses und kann für die Ausmittlung dieses Geldbetrages gleichfalls nur der §. 116 Thl. I. Tit. 2 des Landrechts maßgebend sein, nach welchem in allen Fällen, wo nicht die Gesetze ein anderes ausdrücklich vorschreiben, der Werth einer Sache bei entstehendem Streit durch die Abschätzung vereideter Sachverständiger bestimmt wird. Ein Gesetz, welches ein anderes als die Taxe ausdrücklich vorschriebe, giebt es nicht. Der §. 164 des Anhangs, der allein in Frage kommen könnte, setzt, soweit er von der Zulässigkeit der Subhastation behufs Theilung spricht, zweifellos einen im Pflichttheil eingesetzten Erben, der durch diese Einsetzung auch nach der Forderungsrechts-Theorie ein Testamentserbrecht und dadurch Miteigenthum erlangt hat, voraus. Es kann daher der Pflichttheilsberechtigte als Gläubiger auch bei der Auseinandersetzung mit dem eingesetzten Erben nur eine Taxation und nicht den Verkauf der Nachlaßsachen verlangen.

Es geschieht also sowohl die Ausmittlung des Werths des Nachlasses für die Feststellung, ob eine Pflichttheilsverletzung vorliegt, als die für die Auseinandersetzung mit dem eingesetzten Erben auf gleiche Weise nicht durch Feilbietung, sondern durch Taxe. Ja es erfolgen nicht blos beide Ausmittlungen auf die gleiche Weise, es findet sogar in Wirklichkeit überhaupt nur eine Ausmittlung statt. Denn auch für die erstere ist lediglich der Zustand des Nachlasses zur Zeit des Todes zu berücksichtigen und scheiden Sachen und Rechte, die keinen Geldwerth haben, aus. Und noch mehr, es sind nicht nur beide Ausmittlungen identisch, sondern es fällt mit ihnen auch noch die Inventur des Nachlasses zusammen, welche der Erbe vornehmen muß, um sich den Erbschaftsgläubigern gegenüber die Eigenschaft als Beneficialerbe zu wahren. Dieselbe Werthsermittlung, welche bei Hinterlassung von Quanten oder dem Vorhandensein von anzurechnenden Zuwendungen unter Lebenden erforderlich ist, um zu ermitteln, ob der Pflichttheil verletzt ist, ergiebt daher gleichzeitig für diese Fälle sowie für die Einsetzung auf eine zu kleine Quote auch, wie viel der Pflichttheilsberechtigte als das an seinem Pflichttheil noch Fehlende, und für die vollständige Uebergehung oder ungültige Enterbung, wie viel er überhaupt als Pflichttheil zu bekommen hat und schützt den Erben außerdem davor, daß er die Nachlaßschulden über die Kräfte der Erbschaft hinaus entrichten muß.

Das sind gewiß praktische und einfache Verhältnisse und es wird durch sie ebenso für das Interesse des Erben wie für das des Pflichttheilsberechtigten gesorgt. Der Erbe kann regelmäßig sofort nach dem Tode des Erblassers genau feststellen, wie viel er dem Pflichttheilsberechtigten zu zahlen hat. Sind Zuwendungen unter Lebenden vorhanden, die anzurechnen sind und deren Werth er nicht kennt, so kann er doch feststellen, wie viel er im schlimmsten Fall zu zahlen hat und wenn er die Existenz oder Zahl der Pflichttheilsberechtigten nicht oder nicht gewiß kennen sollte, so kann er wenigstens feststellen, wie viel er zu zahlen haben wird, wenn Pflichttheilsrechte geltend gemacht werden sollten, in keinem Falle wird er durch das Pflichttheilsrecht in der Verfügung über den Nachlaß weiter als durch die Existenz gewöhnlicher Forderungen an die Erbschaft, d. i. als unbedingt nothwendig ist, gehindert. Der Pflichttheilsberechtigte aber kann ebenfalls sofort wissen, worin sein Recht besteht und wie viel es werth ist. Er hat ein sicheres, fest bestimmtes Recht, welches sich gleich mit dem Moment seiner Entstehung, dem Tode des Erblassers, fixirt und nicht durch jede zufällige Veränderung des Nachlasses bis zur Auseinandersetzung mitverändert wird. Der materielle Inhalt seines Rechts wird auf eine sachgemäße, zuverlässige und einen Mißbrauch nicht zulassende Art mittelst Taxe und nicht durch öffentliche Feilbietung gefunden, bei welcher der sich ergebende Werth von zufälligen Umständen abhängt, ein pretium imaginarium, affectatum, simulatum, multis ansam dans fraudibus ist, wie es in einem alten Erkenntniß heißt[11]). Er bedarf, um dieses Recht zu realisiren, keiner umständlichen Auseinandersetzung mit dem eingesetzten Erben.

---

[11]) S. dasselbe bei Gruchot: Erbrecht. Bd. III. S. 216.

§. 36.

Person des Verpflichteten. Haftung der Legatare und des Erbschaftsbesitzers. Mehrere Erben und mehrere Legatare. Testamentsexekutor.

Zu weiteren Rechtsfragen führt die Feststellung der Person desjenigen, der dem Pflichttheilsberechtigten als Verpflichteter gegenübersteht.

Bei der Belastung ist es derjenige, für welchen die Belastung getroffen ist[1]). Das Urtheil auf die Klage des Pflichttheilsberechtigten geht hier nicht dahin, daß der Verklagte verpflichtet sei, die Last zu beseitigen, in welchem Fall der eingesetzte Erbe als Verklagter mit in Frage kommen würde, sondern dasselbe erklärt, wie es allein dem Charakter des Rechts als Anfechtungsrechts entspricht und im §. 433 Thl. II. Tit. 2 des Landrechts ausdrücklich bestimmt ist, direkt die Last oder Einschränkung für aufgehoben, beseitigt also selbst sofort die Last[2]). Das aber hat nur dem durch die Belastung Begünstigten gegenüber einen Sinn bezw. ist nur diesem gegenüber möglich, nicht aber dem eingesetzten Erben gegenüber. Jener ist daher derjenige, gegen den das Recht geltend zu machen, der der Verpflichtete ist. Nicht einmal in der Art kann der eingesetzte Erbe verpflichtet sein, daß außer gegen den Begünstigten kumulativ auch gegen ihn die Klage gerichtet werden dürfte[3]). Denn die Klage gegen ihn ist eben ganz zwecklos. Dagegen muß dieselbe auch gegen den Rechtsnachfolger des zunächst Begünstigten zulässig sein, da es der letztere sonst in seiner Hand hätte, durch Abtretung seines Rechts aus der Belastung das Recht des Pflichttheilsberechtigten vollständig zu vereiteln. Denn selbst wenn man annehmen könnte, daß der Pflichttheilsberechtigte aus der Abtretung gegen den Begünstigten einen Entschädigungsanspruch erlangte, würde dieser das Recht auf Befreiung von der Last nicht ersetzen und bei Insolvenz des Begünstigten für den Pflichttheilsberechtigten ganz werthlos sein.

Bei pflichttheilsverletzenden Verfügungen unter Lebenden ist das

---

[1]) Ebenso Erkenntnisse des Ober-Tribunals vom 30. September 1861 (Arch. Bd. 43. Nr. 32. S. 135) und 14. März 1870 (Arch. Bd. 78. Nr. 16. S. 80, Entsch. Bd. 64. Nr. 26. S. 195 u. 196, auch in Gruchot's Beiträgen. Bd. XIV. S. 820 u. 821). Vgl. ferner Temme: Lehrbuch des Preuß. Civilrechts. 2. Ausg. (1846) Bd. II. §. 308 S. 221 a. E. u. 222 oben und Hinschius in Koch: Kommentar. Bd. III. Anm. 87a zu §. 432 II. 2 S. 307.

[2]) Zitelmann S. 358.

[3]) von Zitelmann S. 373 angenommen.

Pflichttheilsrecht nur gegen den Beschenkten und die Universalsuccessoren desselben gegeben. Daß es nicht auch gegen den dritten Besitzer vorhanden ist, wird im Gemeinen Recht jetzt fast allgemein anerkannt[4]) und ist auch für das Landrecht anzunehmen[5]).

Es kommen zur Anwendung die §§. 1164 u. 1165 Thl. I. Tit. 11, von denen der erstere dem Beschenkten dessen Erben ausdrücklich gleichsetzt und der zweite als Voraussetzung für das Widerrufsrecht und damit auch für das Recht des Pflichttheilsberechtigten hinstellt, daß die geschenkte Sache oder die an Stelle derselben tretende Bereicherung zur Zeit der Geltendmachung des Pflichttheilsrechts noch bei dem Beschenkten oder dessen Erben vorhanden sind (oben §. 35 S. 161). Es liegt hierin scheinbar eine Abweichung von der Belastung, bei welcher nichts weiter verlangt ist, als die Belastung, aber nur scheinbar, da die Belastung von selbst und nothwendig fortdauert, bis der Pflichttheilsberechtigte sein Recht dagegen geltend gemacht hat, das Erforderniß, daß das Verschenkte oder die Bereicherung noch vorhanden sei, aber nichts weiter bedeutet, als daß die Schenkung als solche bis zur Geltendmachung des Pflichttheilsrechts fortdauern muß. Dagegen besteht ein wesentlicher Unterschied insofern, als der Beschenkte in der That das Pflichttheilsrecht vereiteln kann, wenn er das Verschenkte vernichtet oder ohne Aequivalent weggiebt oder bei entgeldlicher Veräußerung die erlangte Bereicherung in gleicher Weise wieder aufhebt, wie auch dasselbe durch zufälligen Untergang des Verschenkten wegfällt. Denn wenn bei bereits ausgeführter Schenkung durch Geben, um die es sich hier handelt, nach durchgesetzter Anfechtung nichts zurückgefordert werden kann, so ist die ganze Anfechtung zwecklos und deshalb ein Anfechtungsrecht so wenig wie ein Forderungsrecht vorhanden. Diese Verschiedenheit rechtfertigt sich jedoch durch die grundsätzliche Verschiedenheit, die zwischen dem Pflichttheilsrecht gegen eine Belastung als Verfügung von Todeswegen und dem Pflichttheilsrecht gegen Schenkungen als Verfügungen unter Lebenden besteht und sachgemäß bestehen muß.

Daraus aber, daß das Pflichttheilsrecht in dem letztern Fall voraussetzt, daß das Verschenkte oder eine Bereicherung noch bei dem Be-

---

[4]) Francke: Recht der Notherben. §. 44 S. 520 u. 521; Mühlenbruch: Fortsetzung des Kommentars von Glück. Bd. XXXVI. S. 70; Arndts in Weiske's Rechtslexikon. Bd. VIII. S. 164; Puchta: Pandekten. 9. Aufl. (1863) §. 491 S. 709; Windscheid: Pandekten. Bd. III. §. 586 S. 156; Schröder §. 60 S. 504 u. §. 61 S. 513.

[5]) Förster: Privatrecht. Bd. IV §. 248 S. 89.

schenkten oder dessen Erben vorhanden sei, erhellt, daß nur von diesen etwas zurückverlangt werden kann und nur diesen gegenüber das Anfechtungs- bezw. Forderungsrecht gegeben ist.

In allen andern Fällen, also wo das Pflichttheilsrecht durch letztwillige Verfügung verletzt ist und die Natur eines Forderungsrechts hat, sind der vom Erblasser eingesetzte Erbe und die an seine Stelle tretenden Universalsuccessoren desselben die Verpflichteten. Der Pflichttheilsberechtigte ist hier Gläubiger des Nachlasses und hat die gleiche Stellung wie jeder andere Nachlaßgläubiger. Sein Recht geht daher gegen denjenigen, der die Erbschaft vertritt, und das ist allein der eingesetzte Erbe.

Es kann deshalb, wie auch schon nach der Erbrechts-Theorie fast durchgängig angenommen wird[6]), jedenfalls nach der Forderungsrechts-Theorie keinem Zweifel unterliegen, daß die Vermächtnißnehmer, wenn und soweit sie zum Pflichttheil beizutragen haben, hierzu doch nur dem Erben und nicht dem Pflichttheilsberechtigten gegenüber verbunden sind und von dem Pflichttheilsberechtigten nicht direkt auf ihren Beitrag in Anspruch genommen werden können. Auch im Römischen Recht durfte die persönliche actio suppletoria nur gegen die eingesetzten Erben und nicht auch die Legatare angestrengt werden[7]).

Selbst wenn der dem Pflichttheilsberechtigten entzogene Erbtheil ausdrücklich einem Legatar beschieden ist und dieser nach §. 435 Thl. II. Tit. 2 Landrechts den Pflichttheilsberechtigten allein abfinden muß, hat es bei dem Vorstehenden sein Bewenden. Auch der §. 435 regelt wie der vorhergehende §. 434 nur das Verhältniß zwischen dem eingesetzten Erben und dem Legatar und zwar dahin, daß der Erbe, der den Pflichttheil entrichtet hat, sich wegen der vollständigen Erstattung desselben an den betreffenden Legatar halten kann bezw. halten muß. Er giebt durch seinen Wortlaut und Inhalt vom Standpunkt der Forderungsrechts-Theorie aus gewiß keine Veranlassung, abweichend von dem Grundsatz, daß der Erbschaftsgläubiger es nur mit dem Erben zu thun hat, einen Legatar zum Verpflichteten des Pflichttheilsberechtigten zu machen[8]).

---

[6]) Vgl. Koch: Erbrecht. §. 45 S. 468; Förster: Privatrecht. Bd. IV. §. 248 S. 82; Zitelmann S. 373.

[7]) Valett: Das Recht der nothwendigen testamentarischen Berücksichtigung gewisser Verwandten. (1826) §. 70 S. 107; Francke: Recht der Notherben. §. 25 S. 331 u. 332; Mühlenbruch: Fortsetzung des Kommentars von Glück. Bd. XXXVI. (1833) §. 1421 f. S. 21; Arndts in Weiske's Rechtslexikon. Bd. VIII. (1854) S. 139; Windscheid: Pandekten. Bd. III. §. 548 S. 145; Schröder §. 58 S. 491.

[8]) Uebereinstimmend Temme: Lehrbuch des Preuß. Civilrechts. (1846) Bd. II.

Nur in einem Fall steht der Legatar dem Pflichttheilsberechtigten als Verpflichteter gegenüber, nämlich wenn es in der letztwilligen Verfügung an einer Erbeseinsetzung fehlt und dem Pflichttheilsberechtigten durch Vermächtnisse der Pflichttheil entzogen oder verkürzt ist (oben §. 24 S. 129). Hier kann nicht der eingesetzte Erbe der Verpflichtete sein, weil es eben einen eingesetzten Erben nicht giebt. Aber auch der eintretende gesetzliche Erbe kann es nicht sein, wie behauptet worden ist[9]), denn das ist regelmäßig der Pflichttheilsberechtigte selbst (§. 24 Anm. 4 S. 129). Es bleibt daher hier nur der Legatar als Verpflichteter übrig.

Der Erbschaftsbesitzer ist niemals Verpflichteter und kann gegen ihn der Pflichttheilsberechtigte sein Recht nicht geltend machen. Dasjenige, was hierfür angeführt worden ist[10]), daß es sich bei der Pflichttheilsklage ebenso verhalte wie bei der Vindikationsklage, wie ja auch das Landrecht die hereditatis petitio unter die Grundsätze von der rei vindicatio in der That und nicht mit Unrecht stelle, fällt nach der Forderungsrechts-Theorie unbedingt fort und bleibt bei dieser allein der Satz, daß die Erbschaftsgläubiger sich nur an den wahren Erben, nicht aber auch an einen bloßen Erbschaftsbesitzer, der nicht Erbe ist, halten können[11]), maßgebend. Aus welchem Grunde der Erbschaftsbesitzer besitzt, ob pro herede oder pro possessore, ist dabei ganz gleichgültig.

Sind mehrere eingesetzte Erben vorhanden, so kann es keinen Anstand haben, die Vorschriften der §§. 127 ff. Thl. I. Tit. 17 Landrechts Platz greifen zu lassen, da dieselben sich auf alle „die Erbschaft betreffenden Schulden und Lasten" beziehen und hierzu zweifellos die Verbindlichkeit aus dem Pflichttheilsrecht gehört. Es gilt dies selbst dann, wenn der dem Pflichttheilsberechtigten entzogene Erbtheil ausdrücklich einem der mehreren Erben beschieden ist und der letztere wiederum nach §. 435 allein den Pflichttheilsberechtigten abfinden muß. Auch hier hat der Pflichttheilsberechtigte sich nicht an diesen Miterben allein zu halten,

---

§. 308 S. 221 u. 222, sowie Koch, Förster und Zitelmann an den Anm. 6 angeführten Stellen, abweichend die Erkenntnisse des Ober-Tribunals vom 30. September 1861 (Arch. Bd. 43. Nr. 32. S. 135) und vom 14. März 1870 (Arch. Bd. 78. Nr. 16. S. 79, Entsch. Bd. 64. Nr. 26. S. 195, auch in Gruchot's Beiträgen. Bd. XIV. S. 820), sowie Gruchot: Erbrecht. Bd. III. S. 211.

[9]) von Förster: Privatrecht. Bd. IV. §. 248 S. 81.

[10]) von Koch: Erbrecht. §. 45 S. 467. Vgl. dazu Förster a. a. O. und Hinschius in Koch: Kommentar. Bd. III. Anm. 87a zu §. 432 II. 2 S. 306 u. 307.

[11]) Bornemann: Civilrecht. Bd. VI. §. 416 S. 291; Gruchot: Erbrecht. Bd. I. S. 196.

sondern er hat sein Recht in gewöhnlicher Weise gegen alle Erben und die Anordnung des Erblassers ist nur von Einfluß auf die Art, wie die Erben sich unter sich ausgleichen[12]).

Ebenso können in dem Fall, wo der Pflichttheil nur durch Legat ohne Erbeseinsetzung ganz oder theilweise entzogen ist, mehrere Vermächtnißnehmer vorhanden sein und fragt es sich, wie diese haften. Klar ist einerseits, daß auch hier wieder eine Bestimmung des Erblassers, durch welche einem der Legatare der Erbtheil des Pflichttheilsberechtigten allein zugewiesen wird[13]), für den Pflichttheilsberechtigten irrelevant ist und andrerseits, da die verschiedenen Vermächtnisse zu gleicher Zeit Wirksamkeit erlangen, daß die Vermächtnißnehmer sämmtlich neben einander und nicht etwa, wie bei Schenkungen unter Lebenden, nach einander zur Entrichtung oder Ergänzung des Pflichttheils verpflichtet sind. Es können ferner die §§. 127 ff. Thl. I. Tit. 17 des Landrechts keine analoge Ausdehnung auf den vorliegenden Fall finden. Dieselben sind durchaus singulärer Natur, handeln ausdrücklich nur von der Verpflichtung der Erben und müssen auf diese beschränkt bleiben. Die Analogie würde schon thatsächlich nicht durchführbar sein, da, wenn verschiedene Vermächtnisse gemacht sind, eine Gemeinschaft zwischen den Vermächtnißnehmern gar nicht eintritt, eine Theilung unter ihnen nicht stattfindet und die einen wesentlichen Bestandtheil jener Vorschriften bildenden §§. 131 ff. schlechtweg außer Anwendung gelassen werden müßten. Nicht minder ist es unzulässig, auf die Bestimmungen über die Haftung mehrerer Verpflichteter aus Verträgen oder letztwilligen Verordnungen zurückzugreifen. Denn der Grund der Verpflichtung ist hier ausschließlich das Gesetz. Bei gesetzlichen Verpflichtungen aber gilt mit wenigen, nicht weiter interessirenden Ausnahmen die Regel, daß die Verpflichtung weder eine gemeinschaftliche, noch eine solidarische, noch eine korreale, sondern eine antheilsweise ist, daß nomina ipso jure divisa sind.

Diese Regel ist denn auch bei dem Pflichttheilsrecht entscheidend und kann sich der Pflichttheilsberechtigte wegen seiner Forderung an jeden Vermächtnißnehmer nur pro rata halten. Der Antheil der einzelnen

---

[12]) Temme: Lehrbuch des Preuß. Civilrechts. (1846) Bd. II. §. 308 S. 221; Förster: Privatrecht. Bd. IV. §. 248 S. 83.

[13]) Der §. 435 kann also in dreifacher Weise Anwendung finden, wenn eingesetzte Erben und Legatare, wenn nur Erben und wenn nur Legatare vorhanden sind. In allen drei Fällen betrifft er gleichmäßig nur das Beitrags-Verhältniß der genannten Personen unter einander, nicht das Verhältniß derselben zum Pflichttheilsberechtigten.

Vermächtnißnehmer wird durch Veranschlagung der sämmtlichen Vermächtnisse nach dem allgemeinen Werthmesser Geld und Vergleichung der Werthe der Vermächtnisse unter einander gefunden.

Daß die blos antheilsweise Verpflichtung der Vermächtnißnehmer irgendwie Schwierigkeiten für den Pflichttheilsberechtigten hätte, läßt sich nicht sagen. Derselbe ist als Erbe in der Lage, leicht den Werth der ausgesetzten Legate und dadurch das Quantum, welches er von jedem Vermächtnißnehmer zu fordern hat, zu ermitteln. Noch weniger können ihm Nachtheile erwachsen. Denn er selbst hat die Vermächtnisse zu entrichten und kann sie so lange zurückhalten, bis er seinerseits von dem Vermächtnißnehmer wegen seines Pflichttheilsrechts befriedigt ist. Nur in dem seltenen Fall, daß der Legatar beim Tode des Erblassers bereits im Besitz des vermachten Gegenstandes sich befindet, würde die Möglichkeit eines Verlustes für den Pflichttheilsberechtigten vorhanden sein, wenn der Vermächtnißnehmer vor der Geltendmachung des Pflichttheilsrechts das Legat und sein ganzes Vermögen durchgebracht haben sollte. Indessen würde den Pflichttheilsberechtigten doch hierbei meist eine Schuld treffen insofern, als er nicht sofort nach dem Tode des Erblassers, wie er konnte, sein Recht geltend gemacht hat und jedenfalls ist der Fall nicht dazu angethan, um seinetwegen ohne gesetzlichen Anhalt eine Korrealschuld anzunehmen.

Mit den Erörterungen über die Person des Verpflichteten hängt die Frage eng zusammen, ob in den Fällen, wo der oder die Erben die zur Entrichtung oder Ergänzung des Pflichttheils Verpflichteten sind, die Klage statt gegen dieselben gegen einen vom Erblasser bestellten Testaments-Exekutor zu richten ist.

Geht man davon aus, daß der Testaments-Exekutor Vertreter der Erben zur Vollziehung des letzten Willens ist, so würde er bei der Erbrechts- und Anfechtungsrechts-Theorie niemals Verklagter sein können. Denn der Prozeß ist bei der erstern Theorie direkt, bei der letztern wenigstens indirekt ein Streit über das Erbrecht des Pflichttheilsberechtigten. Der Streit über ein Erbrecht aber kann nur mit den Erben selbst geführt werden [14]). Derselbe gehört zur Vollziehung des Testaments d. i.

---

[14]) Erkenntnisse des Ober-Tribunals vom 25. Januar 1856 (Arch. Bd. 21. Nr. 2. S. 5 u. 6) und vom 23. Juni 1856 (Arch. Bd. 21. Nr. 72. S. 296 u. 297 u. Entsch. Bd. 33. Nr. 6. S. 43 u. 44); Gruchot: Erbrecht. Bd. II. S. 236; Hinschius: Die rechtliche Stellung der Testaments-Exekutoren in der Preußischen Anwalts-Zeitung. Bd. V. (1866) Sp. 794; Koch: Erbrecht. §. 36 S. 362 a. E.; Förster: Privatrecht. Bd. IV. §. 255 S. 178.

der Besorgung solcher Geschäfte, welche dazu führen, daß die Anordnungen des Erblassers über sein Vermögen verwirklicht werden, so wenig, daß die Klage nicht einmal dann gegen den Testaments-Vollstrecker zulässig sein würde, wenn der Erblasser denselben ausdrücklich zur Vertretung der Erben in Prozessen ermächtigt haben sollte. Denn die Befugnisse des Vollstreckers können nur auf solche Geschäfte ausgedehnt werden, welche zur Ausführung des letzten Willens dienlich sind, nicht aber auf solche, welche, wie die Erlangung eines Erbrechts gegen das Testament und neben den eingesetzten Erben, vollständig außerhalb der begrifflichen Grenzen der Testaments-Vollstreckung liegen[15]).

Als Gläubiger tritt der Pflichttheilsberechtigte dagegen zu dem Testaments-Exekutor in dasselbe Verhältniß wie die Erbschafts-Gläubiger überhaupt. Er kann deshalb jedenfalls durch die vom Erblasser vorgenommene Ernennung eines Testaments-Vollziehers nicht gehindert werden, die Erben zu belangen. Diese sind und bleiben für ihn die eigentlichen Verpflichteten und vermag der Erblasser hieran einseitig nichts zu ändern[16]). Es ist ferner die Entrichtung der Schulden und damit die des Pflichttheils nicht unbedingt erforderlich, um den letzten Willen des Erblassers zu vollziehen. Sie fällt daher an sich nicht unter die Befugnisse des Testaments-Exekutors und hat der Pflichttheilsberechtigte auch hier nicht ohne weiteres ein Recht, gegen den letzteren klagbar zu werden. Wohl aber wird man ihm dieses Recht zusprechen müssen, wenn der Erblasser den Vollzieher ausdrücklich mit der prozessualischen Vertretung der Erben beauftragt hat. Diese Vertretung, soweit sie sich auf die bloße Geltendmachung von Forderungsrechten an den Nachlaß beschränkt, geht, wenn sie auch nicht von selbst in den Obliegenheiten des Testaments-Vollstreckers enthalten ist, nicht in der Weise über dieselben hinaus, daß sie nicht bei ausdrücklicher Anordnung des Erblassers mit bindender Kraft für die Erben sollte stattfinden können[17]).

Es ist also, wenn ein Testaments-Vollzieher ernannt ist, der Pflichttheilsberechtigte doch stets berechtigt, sein Recht gegen die verpflichteten Erben selbst zu verfolgen und er kann dasselbe auch gegen den Testa-

---

[15]) Förster a. a. O. S. 175 bei Anm. 31.

[16]) Daselbst S. 178; Hinschius a. a. O. Sp. 796.

[17]) Erkenntnisse des Ober-Tribunals vom 15. Februar 1861 (Arch. Bd. 41. Nr. 5. S. 18 u. 19) und vom 27. November 1863 (Arch. Bd. 52. Nr. 31. S. 125, 127 u. 128); Hinschius a. a. O. Sp. 795; Koch: Erbrecht. §. 36 S. 366 u. 367; Förster: Privatrecht. Bd. IV. §. 255 S. 175 a. E., 178 u. 179 oben.

ments-Exekutor dann, aber nur dann geltend machen, wenn dieser zur Vertretung der Erben in Prozessen besonders ermächtigt ist.

Klagt er gegen die Erben, so braucht er nur gegen sie allein zu klagen und nicht die Klage gegen den Testaments-Exekutor mitzurichten[18]). An seinem Rechte kann der Erblasser eben gar nichts ändern und ihn daher durch einseitige Ernennung eines Vollziehers auch nicht nöthigen, neben dem eigentlichen Verpflichteten noch eine andere Person verklagen zu müssen. Auch ist der Testaments-Exekutor nur Vertreter der Erben und muß ein jeder bloße Vertreter dasjenige, was gegen den von ihm Vertretenen gültig festgestellt worden ist und festgestellt werden konnte, anerkennen. Das gegen die Erben ergangene Urtheil bindet deshalb den Vollstrecker ebenfalls.

Andererseits bedarf es, wenn der Pflichttheilsberechtigte gegen den Testaments-Exekutor klagen kann und klagt, auch nicht der Zuziehung der Erben[19]), weil, soweit der Erblasser den Testaments-Exekutor zum Vertreter der Erben machen konnte, alles, was gegen den Vollstrecker in seiner Stellung als solcher festgestellt wird, gegen die Erben gelten muß.

§. 37.

Recht auf Erbauseinandersetzung, Siegelung, Inventur und Manifestationseid. Eigenthums-Eintragung.

Nachdem vorstehend das Pflichttheilsrecht seinem Gegenstande und dem Verpflichteten nach näher bestimmt worden, läßt sich prüfen, ob einige besondere Befugnisse, welche man als Ausfluß desselben angesehen hat oder ansehen könnte, wirklich in ihm enthalten sind.

Unbedenklich ist in dieser Beziehung zunächst, daß der Pflichttheilsberechtigte auf Erbauseinandersetzung, sei es gerichtliche oder private, nicht antragen kann, weder bei Verletzung seines Rechts durch Belastung oder Schenkung, noch sonst. Die Erbsonderung ist die Aufhebung eines Miteigenthums und Miterbenrechts am Nachlaß. Sie kann daher nur von demjenigen, der Miteigenthümer und Miterbe ist, und könnte von

---

18) wie Hinschius a. a. O. aufstellt.

19) wie ebenfalls Hinschius annimmt. Der von demselben erwähnte Fall, wo der Pflichttheilsberechtigte in die Lage komme, gegen den Exekutor allein klagen zu müssen, wenn er nämlich auf den Pflichttheil eingesetzt ist, aber der Testator ihn den Dispositionen des Testaments-Exekutors unterworfen hat, gehört nicht hierher, weil in diesem Fall die Klage nicht auf Entrichtung oder Ergänzung des Pflichttheils gegen die Erben als solche, sondern auf Aufhebung einer unzulässigen Belastung geht.

dem Pflichttheilsberechtigten bei der Erbrechts-Theorie stets sofort und bei der Anfechtungsrechts-Theorie wenigstens, sobald er nach durchgesetzter Anfechtungsklage Erbe geworden ist, gefordert werden. Aber einem bloßen Gläubiger, wie es der Pflichttheilsberechtigte ist, steht ein Recht auf sie nicht zu.

Dagegen hat der Pflichttheilsberechtigte ein Recht auf Siegelung oder eine derselben gleichstehende Sicherstellung des Nachlasses. Zwar nicht, soweit er nur ein Anfechtungsrecht gegen den durch eine Belastung des Pflichttheils Begünstigten hat, weil regelmäßig bei einer solchen z. B. bei der Anordnung des Erblassers, daß der Pflichttheil erst nach einer gewissen Zeit entrichtet werden soll, die Erhaltung des Nachlasses in seinem Bestande zur Zeit des Todes für ihn und sein Recht ohne Interesse ist. Auch nicht, wenn er durch eine Schenkung unter Lebenden benachtheiligt worden ist. Hier kann er nur als Intestaterbe, der er zugleich ist, zum Antrag auf Siegelung befugt sein, aber seine Eigenschaft als Pflichttheilsberechtigter giebt ihm ein solches Recht nicht. Denn obschon die Zulässigkeit der Anfechtung und die Zurückgabe des zuviel Verschenkten von dem Betrage des Nachlasses und dem Verhältniß, in welchem dieser zu dem Betrage des verschenkten Gegenstandes steht, abhängig sind, äußert sich diese Abhängigkeit doch nicht in der Richtung, daß durch eine Verringerung des Nachlasses — und nur gegen eine solche soll ja die Siegelung Schutz gewähren — das Pflichttheilsrecht geschädigt werden könnte. Im Gegentheil, je geringer der Nachlaß ist, um so pflichtwidriger erscheint die Schenkung, um so eher ist das Anfechtungs- bzw. Forderungsrecht gegeben und in so größerm Umfange ist es vorhanden. Derjenige, der in Ansehung des Pflichttheilsrechts ein Interesse daran hat, daß der Nachlaß nicht verringert werde, ist hier höchstens der Beschenkte, also der Verpflichtete, nicht der Berechtigte.

Wohl aber wird dem Pflichttheilsberechtigten das Recht auf Siegelung in denjenigen Fällen, in denen er ein Forderungsrecht gegen letztwillige Verfügungen hat, nicht versagt werden können. Sein Recht ist von der Höhe des Nachlasses zur Zeit des Todes hier in umgekehrter Weise, wie bei den Verfügungen unter Lebenden, nämlich in der Art abhängig, daß je größer der Nachlaß um so größer auch das Pflichttheilsrecht ist. Er ist in Folge dessen wesentlich dabei interessirt, daß der Nachlaß nicht verringert werde und muß daher unter denselben Voraussetzungen, unter denen jeder Interessent, auch ein ganz Fremder und namentlich ein Erbschaftsgläubiger auf Siegelung antragen kann, also kurz nach dem Tode ohne weiteres (§. 8 Thl. II. Tit. 5 der Allg.

Gerichtsordnung) und sonst, sofern die Bedingungen eines Arrestgesuchs vorliegen (§. 9—11 daselbst u. §. 387 Thl. I. Tit. 9 des Allg. Landrechts), die Siegelung nachsuchen dürfen.

Wenn für das Forderungsrecht der oder die Legatare die Verpflichteten sind (§. 36 S. 171), läuft neben dem Recht auf Siegelung, welches der Pflichttheilsberechtigte in dieser Eigenschaft hat, natürlich noch das Recht, welches er als gleichzeitiger Intestaterbe darauf hat, nebenher.

Es gehört hierher ferner das Recht auf Legung eines Nachlaßinventars[1]).

In den Fällen, in welchen der Pflichttheilsberechtigte ein Forderungsrecht gegen den oder die Erben hat, ist die Feststellung des Geldwerths des Nachlasses zur Todeszeit theils zur Prüfung, ob eine Pflichttheilsverletzung vorliegt, theils zur Ermittlung dessen, was als Pflichttheil oder als Ergänzung des am Pflichttheil Fehlenden zu zahlen ist, theils zu beiden Zwecken erforderlich (§. 35 S. 165 u. 166). Ohne diese Feststellung könnte der Pflichttheilsberechtigte gar nicht beurtheilen, ob er ein Pflichttheilsrecht hat oder wie viel dasselbe beträgt. Sie ist ein nothwendiges Zubehör des Pflichttheilsrechts und folgt daraus, daß die Erben zum Pflichttheilsrecht verpflichtet sind, daher sofort, daß sie auch verpflichtet sind, dem Pflichttheilsberechtigten die unentbehrliche Unterlage seines Rechts durch Angabe der Bestandtheile des Nachlasses zur Todeszeit d. i. durch Aufstellung eines Nachlaßinventars zu gewähren.

Es hat also in den erwähnten Fällen der Pflichttheilsberechtigte gegen den oder die eingesetzten Erben ein Recht auf ein vollständiges Nachlaßinventar.

Anders verhält es sich, wenn das Forderungsrecht desselben gegen Legatare geht. Die Feststellung des Nachlasses ist zwar hier für den Pflichttheilsberechtigten ebenso wesentlich. Aber die ihm verpflichteten Legatare sind nicht in der Lage, ein Inventar des gesammten Nachlasses aufzustellen und die Erben, die allein dazu im Stande sind, sind wieder nicht die Verpflichteten und können zur Inventur doch nicht verpflichtet sein, weil der Pflichttheilsberechtigte ein Recht gegen die Legatare hat.

---

[1]) Vgl. über dieses Recht Gruchot: Erbrecht. Bd. III. S. 216 u. 217 und die Allegate daselbst, denen namentlich noch das Erkenntniß des Appellationsgerichts zu Hamm vom 20. Januar 1859 (Gruchot: Beiträge. Bd. III. S. 453) und das des Ober-Tribunals vom 17. Dezember 1855 (Arch. Bd. 19. Nr. 47. S. 196) hinzuzufügen sind. Für das Gemeine Recht insbesondere Schröder §. 38 S. 297 und §. 58 S. 492.

Dieser muß deshalb hier zusehen, wie er sich anderweit die erforderliche Kenntniß von dem Bestande des Nachlasses verschafft und er kann dies auch ganz leicht, weil er Erbe ist und, sofern sich damit nicht schon von selbst das Bedürfniß nach einem Inventar erledigt, als alleiniger Erbe von einem dritten Erbschaftsbesitzer und als Miterbe von den andern Erben regelmäßig ein Inventar des ganzen Nachlasses wird verlangen können.

Ganz gleich liegt die Sache bei dem Anfechtungs- und Forderungsrecht gegen Schenkungen, indem auch hier der Pflichttheilsberechtigte zwar den Betrag des Nachlasses wissen muß, um prüfen zu können, ob und in welcher Höhe eine Schenkung pflichtwidrig ist, die auf sein Recht verpflichteten Beschenkten aber ihm kein Inventar zu besorgen vermögen.

Bei Belastungen fehlt es regelmäßig an einem Interesse an dem Betrage des Nachlasses und erledigt sich aus diesem Grunde, wie das Recht auf Siegelung, so auch das auf ein Inventar.

Soweit hiernach der Pflichttheilsberechtigte von den Erben die Legung eines Inventars über den Nachlaß zur Todeszeit verlangen kann, ist er auch die Beeidigung des gelegten Inventars zu fordern befugt. Denn ohne diese hat das Inventar keinen Werth und erfüllt seinen Zweck, einen festen Anhalt für die Ausmittlung des Nachlasses zu geben, nicht (vgl. §. 440 Thl. I. Tit. 9 Landrechts u. §. 28 u. 29 Nr. 3 Thl. I. Tit. 22 Allg. Gerichtsordnung)[2]).

Dagegen ist sehr fraglich, ob der Pflichttheilsberechtigte in gleichem Umfange auch ein Recht auf gerichtliche Aufnahme des Nachlaßinventars hat. Ist zur Zeit derselben der Erbe noch nicht im Besitz der Erbschaft, so steht entgegen, daß, wenn der Pflichttheilsberechtigte ein Recht auf die gerichtliche Inventur hätte, er ein Recht gegen jemand haben würde, der ihm gar nicht verpflichtet ist und mit dem er in keinem Verhältniß steht, nämlich gegen den Erbschaftsbesitzer (oben §. 36 S. 171), und ist der Erbe bereits im Besitz, so steht entgegen, daß die gerichtliche Inventur im Vergleich zu der Privat-Inventur sich als ein Mehr darstellt, zu welchem das Pflichttheilsrecht keine Veranlassung giebt, da die Zwecke desselben durch ein zu beeidendes Privat-Inventar vollständig und durch ein gerichtliches Inventar nicht besser erreicht werden. Es wird deshalb nur dann dem Pflichttheilsberechtigten ein Recht auf gerichtliche Inventur zugestanden werden können, wenn auch die Erbschaftsgläubiger ein solches

---

[2]) Gruchot: Erbrecht. Bd. I. S. 173 u. 174.

haben. Hierbei scheidet jedoch gleich noch ein Fall aus, nämlich derjenige, in welchem die Gläubiger auf gerichtliche Inventur zu dringen deshalb für berechtigt erklärt sind, weil sie wahrscheinliche Gründe zur Besorgniß, daß der Nachlaß unzureichend sein werde, nachweisen können (§. 437 Thl. I. Tit. 9 Landrechts). Denn wollte sich der Pflichttheilsberechtigte hierauf berufen, so würde er, da er bei einer Insufficienz des Nachlasses gar kein Pflichttheilsrecht hat (§. 25 S. 133), durch die Behauptung einer solchen Insufficienz sein Recht und damit die Voraussetzung seines Antrags selbst verneinen. Es bleibt daher das Recht auf eine gerichtliche Inventur für ihn allein dann, wenn der Nachlaß zu seiner Sicherheit gerichtlich versiegelt worden war (§. 437 Thl. I. Tit. 9 Landrechts, §. 40 Thl. II. Tit. 5 Gerichtsordnung). Insoweit hat er es aber ohne Unterschied, ob der Erbe oder ein dritter sich im Besitz des Nachlasses befindet, da ja auch die Erbschaftsgläubiger gegen den Erbschaftsbesitzer die Inventur beantragen können, obwohl sie gegen ihn ebenfalls kein Recht haben, das Gesetz mithin die Möglichkeit, gegen jemand gerichtlich inventarisiren lassen zu dürfen, der für das Recht, welches die Befugniß zu dem Antrag auf Inventur giebt, nicht der Verpflichtete ist, insoweit ausdrücklich anerkennt.

Daß bei dem gerichtlich aufgenommenen Inventar der Manifestationseid in gewöhnlicher Weise, also dann, wenn die Siegelung später als 24 Stunden, nachdem der Erblasser verstorben oder dessen Ableben bekannt geworden, nachgesucht ist (§. 441 Thl. I. Tit. 9 Landrechts), verlangt werden kann, daß ein jedes Inventar mit einer Sachverständigen-Taxe versehen sein muß und daß gegen dasselbe sowohl, was die Vollständigkeit des Verzeichnisses der Nachlaßgegenstände als, was die Richtigkeit der Werthsangabe betrifft, Ausstellungen gemacht bzw. im Wege des Prozesses die Unvollständigkeit oder Unrichtigkeit dargethan werden können, bedarf keiner weitern Ausführung.

Erwähnt sei hierbei noch, daß, wenn auch die Erben zur Legung eines Inventars verpflichtet sind, doch eine Inventurpflicht in der Art, wie sie im allgemeinen den Erbschaftsgläubigern gegenüber vorhanden ist, dem Pflichttheilsberechtigten gegenüber nicht bestehen kann. Das Recht desselben ist begrifflich auf einen Theil des Aktiv-Nachlasses beschränkt. Eine Haftung über die Kräfte des Nachlasses hinaus hat dabei ebenso wenig einen Sinn, wie bei einer sonstigen Forderung auf einen Theil der Aktiv-Masse oder eine einzelne zur Erbschaft gehörige Sache.

Zweifellos ist schließlich, daß der Pflichttheilsberechtigte als blos persönlich am Nachlaß Berechtigter weder seine Eintragung als Eigenthümer der Nachlaßgrundstücke beantragen noch der Eintragung der eingesetzten Erben widersprechen kann, wozu er bei der Erbrechts-Theorie unbedingt und bei der Anfechtungsrechts-Theorie wenigstens, sobald er mit der Klage durchgedrungen ist, berechtigt sein würde[3]).

§. 38.

Beginn der Ueberlegungsfrist für den eingesetzten Pflichttheilsberechtigten. Belastung des Pflichttheils.

Eine häufig behandelte und mit der Natur des Pflichttheilsrechts in Verbindung gebrachte Kontroverse ist die, ob für einen Pflichttheilsberechtigten, der im Testament zum Erben eingesetzt ist, die Ueberlegungsfrist erst von der Eröffnung des Testaments oder schon von der erlangten Kenntniß des Todes des Erblassers ab läuft[1]).

Es ist zu unterscheiden, je nachdem der Pflichttheilsberechtigte auf eine den Pflichttheil erreichende oder übersteigende Quote eingesetzt ist oder nicht.

Im erstern Fall ist der Pflichttheilsberechtigte wegen des Pflichttheilsrechts abgefunden und tritt nicht als Pflichttheilsberechtigter, sondern lediglich als eingesetzter Erbe auf. Der Anfang der Ueberlegungsfrist ist daher für ihn wie für jeden andern eingesetzten Erben zu bestimmen d. i. nach der Zeit der Eröffnung des Testaments und hat die Frage mit der Natur des Pflichttheilsrechts nichts zu thun.

Ist dagegen die Einsetzung nicht in Höhe des Pflichttheils erfolgt, so hängt die Entscheidung allerdings von dem Charakter des Pflichttheilsrechts ab.

Die Ueberlegungsfrist beginnt mit erlangter Wissenschaft des Erbanfalls (§. 384 Thl. I. Tit. 9 Landrechts). Das entscheidende Moment dafür, wann die Wissenschaft als erlangt anzunehmen ist, bietet an sich zwar das Vorhandensein einer letztwilligen Verfügung dergestalt, daß nur, wenn es an einer solchen fehlt, für das dann eintretende gesetzliche

---

[3]) Vgl. die Rescripte vom 18. April 1797 und 8. Januar und 26. Februar 1836 in der Anm. 33 des §. 13 S. 71 u. 72, sowie Koch: Kommentar. Bd. II. Anm. 8 zu §. 4 I. 12 S. 3 und Anm. 1 zu §. 117 I. 17 S. 451.

[1]) Koch: Kommentar. Bd. I. Anm. 38 zu §. 384 I. 9 S. 471 u. 472 und Erbrecht §. 145 S. 1149 u. 1150; Gruchot: Erbrecht. Bd. I. S. 78; Förster: Privatrecht. Bd. IV. §. 269 S. 270 u. 271 und in Koch: Kommentar. Bd. I. Anm. 38 zu §. 384 I. 9 S. 472; Zitelmann S. 375 u. 376 und die hier Allegirten.

Erbrecht, sobald der Erbe den Tod des Erblassers erfahren hat, andernfalls und für das testamentarische Erbrecht, erst sobald das Testament eröffnet ist, die Frist zu laufen beginnt. Da aber das Pflichttheilsrecht nach der Erbrechts-Theorie kein erst dann, wenn es an einer letztwilligen Verfügung fehlt, eintretendes, sondern ein stets sofort und ohne Rücksicht auf diese Verfügung und auch bei theilweiser Erbeseinsetzung vorhandenes gesetzliches Erbrecht ist, so kann für dasselbe das Vorhandensein des Testaments nicht weiter in Betracht kommen, sondern muß die Ueberlegungsfrist für den Pflichttheilsberechtigten stets schon von der Zeit, wo ihm der Tod des Erblassers bekannt geworden ist, anfangen. Was man hiergegen eingewendet hat[2]), um auch vom Standpunkt der Erbrechts-Theorie aus ein anderes Resultat zu gewinnen, ist nicht überzeugend. Insbesondere ist gleichgültig, ob der Pflichttheilsberechtigte erst von der Eröffnung des Testaments weiß, daß ihm nur der Pflichttheil gebührt, daß er sich also nur über Annahme oder Ausschlagung dieser Quote zu erklären hat und erst von da ab die Kenntniß von dem Anfall der konkreten Erbschaft in der von dem Erblasser gewollten Art erlangt. Das Pflichttheilsrecht ist, wenn es ein Erbrecht ist, immer in derselben Weise ein gesetzliches Erbrecht, gleichviel welchen Willen der Erblasser gehabt hat. Es giebt bei ihm gar keine konkrete Erbschaft in der vom Erblasser gewollten Art, sondern nur eine unabänderliche, gesetzliche Art der Erbschaft. Das Recht auf diese hat der Pflichttheilsberechtigte nicht blos sofort, sondern er weiß, sobald ihm der Tod des Erblassers bekannt geworden, daß er es hat und haben muß. Während der gewöhnliche Intestaterbe erst nach der Eröffnung der letztwilligen Verfügung weiß, ob überhaupt und welchen Antheil am Nachlaß er hat, ist dasjenige, was der Pflichttheilsberechtigte durch die Publikation des Testaments erfährt, nur, ob er sein gesetzliches Erbrecht als Pflichttheilsberechtigter behält oder in Folge einer hinlänglichen Zuwendung statt des Pflichttheilsrechts ein mindestens gleich großes testamentarisches Erbrecht oder Legat erlangt. Er kann niemals weniger als, was das Pflichttheilsrecht ihm giebt, erhalten und kann der Umstand, daß sich erst nach der Testaments-Eröffnung herausstellt, ob er durch das Testament nicht etwa mehr bekommt, ihn nicht hindern, sich darüber schlüssig zu machen, ob er wenigstens dasjenige, was ihm das Pflichttheilsrecht mindestens giebt, also das gesetzliche Erbrecht auf die Pflichttheilsquote haben will, das Vorhandensein des Testaments und die Möglichkeit, daß darin eine un-

---

[2]) Förster a. a. O.

zulängliche und deshalb wirkungslose Einsetzung enthalten sei, also kein Grund sein, die Ueberlegungsfrist für den Pflichttheilsberechtigten erst von der Eröffnung des Testaments ab zu datiren.

Anders nach der Forderungsrechts-Theorie. Bei dieser ist der Pflichttheilsberechtigte, soweit die Einsetzung reicht, durch dieselbe wegen seines Pflichttheilsrechts grade so wie durch die Einsetzung auf die volle Quote abgefunden und er Erbe durch den Willen des Erblassers (§. 33 S. 157). Er kann daher für dieses Erbrecht die Ueberlegungsfrist erst von da an haben, wo er den Willen des Erblassers erfahren hat und ist vollständige Uebereinstimmung mit dem Fall der Einsetzung auf die ganze Pflichttheilsquote vorhanden.

Bei der Erbrechts-Theorie fehlt die Uebereinstimmung und ist dieser Mangel wohl die Ursache, weshalb man gegen die Konsequenz der Theorie auch bei ihr zu dem Zeitpunkt des eröffneten Testaments gelangen möchte. Die Verschiedenheit ist aber hier ebenso nothwendig, wie bei der Forderungsrechts-Theorie die Uebereinstimmung, weil nach der Erbrechts-Theorie die Ernennung des Pflichttheilsberechtigten zum Erben überall nicht die gleiche Wirkung hat, sondern, wenn sie auf die volle Pflichttheilsquote erfolgt, ein testamentarisches Erbrecht begründet, wenn sie aber nicht auf die ganze Quote erfolgt, ein solches nicht giebt und geben kann.

Wenn übrigens der Beginn der Ueberlegungsfrist erst von der Eröffnung des Testaments als eine Härte für die Gläubiger bezeichnet worden ist[3]), so ist dabei übersehen, daß die Gläubiger die Eröffnung des Testaments beantragen können (§. 213 Thl. I. Tit. 12 Landrechts) und wenn sie dies unterlassen, die Nachtheile, die ihnen daraus erwachsen, daß die nächsten pflichttheilsberechtigten Verwandten die Publikation verzögern, sich selbst zuzuschreiben haben.

Auch darauf, ob eine vom Erblasser getroffene Anordnung als eine unzulässige Belastung des Pflichttheils anzusehen ist, muß die Natur des Pflichttheilsrechts einen bestimmenden Einfluß ausüben. Denn unter einer unzulässigen Belastung ist alles zu verstehen, was bei sonst gehöriger Zuwendung des Pflichttheils die Befugnisse, welche das Pflichttheilsrecht als solches giebt und auf welche daher der Pflichttheilsberechtigte unter allen Umständen Anspruch hat, schmälert oder beschränkt. Es kommt also wesentlich darauf an, welche Befugnisse der Pflichttheilsberechtigte in Gemäßheit des rechtlichen Charakters des Pflichttheilsrechts

[3]) Zitelmann S. 376.

hat und ergiebt sich aus dem größern Inhalt des Pflichttheilsrechts als Erbrechts im Verhältniß zum Forderungsrecht (§. 19 S. 105), daß bei der Erbrechts- und Anfechtungsrechts-Theorie eine Belastung eher vorhanden sein müßte, als bei der Forderungsrechts-Theorie. Zwar eine Bedingung, eine Substitution oder die Einräumung eines Nießbrauchs am Pflichttheil würde gleichmäßig eine Belastung bilden, mag der Pflichttheil ein Erbtheil oder ein Quantum sein[4]). Wohl aber ist z. B. beim Forderungsrecht die Anordnung, welche, ohne den Pflichttheil in einer bestimmten Summe Geldes festzusetzen, verfügt, daß der Pflichttheilsberechtigte nicht Erbschaftssachen in Natur, sondern nur Geld erhalten soll, keine Belastung, weil der Pflichttheilsberechtigte als Gläubiger gesetzlich blos ein Recht auf Geld und ein Recht auf Nachlaßsachen in Natur nur wenn und soweit hat, als es ihm vom Erblasser freiwillig und ausdrücklich eingeräumt worden ist[5]).

Ein Unterschied zeigt sich ferner darin, daß, während das Pflichttheilsrecht als Erbrecht vom Todestage ab gegeben ist und sofort behufs seiner Realisirung und Auseinandersetzung mit den eingesetzten Erben die Theilung verlangt werden kann, eine Frist dabei also regelmäßig ganz ausgeschlossen ist, beim Forderungsrecht nicht unbedingt jede Befristung unzulässig ist. Hier sind Erwerb und Erfüllung des Rechts zu unterscheiden. Entstanden und erworben ist das Forderungsrecht auch sofort mit dem Tode, die Erfüllung desselben d. i. die Zahlung der den Pflichttheil bildenden Summe kann aber nicht sofort verlangt werden. Die eingesetzten Erben haben den Pflichttheil **aus** dem Nachlaß zu entrichten. Es muß ihnen daher eine angemessene Zeit gelassen werden, um die den Pflichttheil bildende Summe Geldes aus dem Nachlaß flüssig machen zu können und ist eine Frist, welche diese Zeit nicht überschreitet, keine Belastung. Eine Verweisung schlechthin auf künftige Revenüen, Früchte oder Renten ist aber auch hier unstatthaft.

Dasselbe wird von einer Bestimmung, daß die Erben kein Inventar zu legen oder dasselbe nicht zu beeidigen brauchen, oder daß nicht eine Taxe, sondern ein vom Erblasser selbst angegebener Werth für die Ausmittlung des Betrags des Pflichttheils maßgebend sei, oder von einem Verbot der gerichtlichen Siegelung und Inventur in den Fällen, in

---

[4]) **Gruchot** Bd. III. S. 138—142.

[5]) Daß dagegen die oben gedachte Anordnung eine unzulässige Belastung des Pflichttheils bildet, wenn dieser ein Erbtheil ist, vgl. de **Wernher**: Selectae observationes forenses. Tom. I. (1756) Pars I. Observ. 185 p. 193 u. 194

welchen der Pflichttheilsberechtigte ein Recht auf diese hat, zu gelten haben (§§. 393, 399 u. 404 Thl. II. Tit. 18 Landrechts)[6]).

§. 39.

Vererblichkeit und Uebertragbarkeit des Pflichttheilsrechts, Exekutionsfähigkeit desselben und Geltendmachung im Konkurse.

Die letzte Erörterung sei die, ob das Pflichttheilsrecht bezw. die Geltendmachung desselben an die Person des Pflichttheilsberechtigten gebunden ist oder auf dritte übergehen kann. Es knüpfen sich hieran vier Einzelfragen. Zunächst die nach der Vererblichkeit des Pflichttheilsrechts.

Man hat für diese den §. 453 Thl. II. Tit. 2 Landrechts angezogen[1]), in welchem von der Befugniß der Erben eines im Testament irrthümlich übergangenen Kindes, auf den Nachlaß des Testators aus dem §. 444 Anspruch zu machen, die Rede ist. Allein dasjenige Recht, welches der §. 444 Thl. II. Tit. 2 giebt, ist nicht ein Pflichttheilsrecht, sondern ein Erbrecht aus fingirter Einsetzung (§. 14 S. 76 u. 77). Der §. 453 betrifft daher nur die Vererblichkeit dieses testamentarischen Erbrechts, nicht die des Pflichttheilsrechts. Dennoch kann über die letztere, welche allgemein anerkannt ist[2]), jedenfalls nach der Forderungsrechts-Theorie kein Zweifel obwalten.

Das Pflichttheilsrecht hat zwar seinen Grund in der Verwandtschaft, also in einem Zustands-Verhältniß. Dieses ist jedoch nur die

---

[6]) Vgl. Gruchot: Erbrecht. Bd. III. S. 142 u. 218.

Weder die gerichtliche Siegelung noch die gerichtliche Inventur finden im Interesse des Pflichttheilsberechtigten von Amtswegen, sondern nur auf Antrag statt. Dieser Antrag enthält die bei der Belastung des Pflichttheilsrechts nothwendige Anfechtung. Es hat deshalb auch hier das Pflichttheilsrecht den Charakter eines Anfechtungsrechts und ist der Unterschied nur der, daß zur Anfechtung nicht, wie gewöhnlich, eine Klage erforderlich ist und die Last nicht durch ein Urtheil, sondern durch eine Verfügung, nämlich die Verfügung, welche trotz des entgegenstehenden Verbots des Erblassers die Siegelung oder Inventur anordnet, aufgehoben wird.

[1]) Gärtner S. 447 Anm. 62; Gruchot: Erbrecht. Bd. III. S. 212; Zitelmann S. 371.

[2]) Gärtner S. 446; Gruchot: Erbrecht. Bd. III. S. 212; Förster: Privatrecht. Bd. IV. §. 248 S. 80; Zitelmann S. 371; Hinschius in Koch: Kommentar. Bd. III. Anm. 87a zu §. 432 II. 2 S. 307; Erkenntnisse des Ober-Tribunals vom 16. Dezember 1861 (Arch. Bd. 43. Nr. 59. S. 277) und 16. April 1866 (Entsch. Bd. 56. Nr. 37. S. 255) u. sonst. Gegen die Vererblichkeit ist nur Förster: Privatrecht. Bd. I. §. 51 Anm. 10. S. 246, im Widerspruch mit sich selbst und wohl nur aus Versehen.

Voraussetzung der Entstehung. Ist das Recht einmal mit dem Tode des Erblassers entstanden, so ist der Grund seiner Entstehung gleichgültig und kommt rechtlich nur sein Inhalt in Betracht. Nach seinem Inhalt aber, wie derselbe durch Zweck und Gegenstand bestimmt wird, gehört das Pflichttheilsrecht lediglich dem Vermögensrecht an. Denn sein Zweck ist stets, dem Pflichttheilsberechtigten einen materiellen Vortheil zu verschaffen und es hat, wo es Forderungsrecht ist, diesen Vermögens-Vortheil unmittelbar zum Gegenstande und wo es Anfechtungsrecht ist, hat es bei Schenkungen, da es hier die Erlangung eines Theils des verschenkten Vermögens vorbereitet, indirekt und bei Belastungen, da die Beseitigung einer auf einer Vermögens-Zuwendung ruhenden Last, die hier erstrebt wird, als ein unmittelbarer materieller Vortheil sich darstellt, wiederum direkt einen Vermögens-Vortheil zum Gegenstande. Gehört das Pflichttheilsrecht an sich dem Vermögensrecht an, so gehört das mit dem Tode des Erblassers begründete Pflichttheilsrecht eines bestimmten Pflichttheilsberechtigten zu dessen Vermögen. Alles aber, was zum Vermögen gehört, geht, sofern nicht ausdrückliche Ausnahmen gemacht sind, auf die Erben über (§. 103 Einleitung zum Allg. Landrecht).

Wenn für die Vererblichkeit des Pflichttheilsrechts von einer Seite[3]) die Beschränkung gemacht worden ist, daß die Klage von dem ursprünglich Berechtigten jam coepta vel praeparata sein müsse, so ist für diese bei der querela inofficiosi testamenti im Römischen Recht geltende Vorschrift im Landrecht nicht nur kein Anhalt gegeben, sondern folgt gradezu die Unzulässigkeit derselben daraus, daß die landrechtliche Pflichttheilsklage mit der querela inofficiosi testamenti, in deren Besonderheiten die Nothwendigkeit der Präparation allein ihre Erklärung findet, nichts gemein hat und lediglich mit der actio suppletoria, die ebenfalls eine persönliche Vermögens-Klage und unbedingt vererblich war[4]), verwandt ist (§. 20 S. 108 ff.).

Daß das Pflichttheilsrecht vererblich ist, beweist noch nicht, daß es auch von dem Pflichttheilsberechtigten auf andre übertragen werden kann. Denn Vererblichkeit und Uebertragbarkeit der Rechte entsprechen einander nicht so sehr, daß, wo Universalsuccession stattfindet, auch die Singularsuccession unbedingt zulässig wäre[5]). Bei der Erbrechts-Theorie

[3]) Bauer S. 70.

[4]) z. B. Francke: Recht der Notherben. §. 25 S. 335; Windscheid: Pandekten. Bd. III. §. 584 Anm. 5. S. 145; Schröder §. 58 S. 497.

[5]) Gruchot in seinen Beiträgen. Bd. XI. S. 529.

könnte überhaupt nur von einer Uebertragung der Pflichttheilsklage, von der des Rechts selbst als eines Erbrechts aber gar nicht oder höchstens mit den beschränkten Wirkungen und unter den besondern Voraussetzungen des eigentlichen Erbschaftskaufs die Rede sein. Bei der Anfechtungsrechts-Theorie würde sowohl die Uebertragung des Rechts als die der Klage erheblichen Bedenken unterliegen, weil in den Hauptfällen der Enterbung und Verkürzung beide nur dazu führen, daß das Testament in Höhe des Pflichttheils rescindirt und in einen dadurch frei gewordenen Erbtheil die Intestaterbfolge eröffnet wird, zu dieser aber doch nicht derjenige, dem allein das Anfechtungsrecht und die Anfechtungsklage cedirt ist, berufen sein kann, sondern der Pflichttheilsberechtigte in seiner Eigenschaft als Intestaterbe, welche er, da weder das Recht, Erbe zu sein noch das Recht, Erbe zu werden, sich auf andere Personen übertragen lassen[6]), nicht abtreten kann, berufen bleibt, mithin die Uebertragung für denjenigen, an den sie erfolgt, keinen Werth und Zweck hat. Dagegen kommt bei der Forderungsrechts-Theorie die Uebertragbarkeit wie für die Klage, so auch für das Recht selbst in Frage und wird in beiden Beziehungen, die sich hier insofern decken, als bei einem persönlichen Recht das Recht von seiner Ausübung, der Klage, sich nicht trennen läßt und eine Uebertragbarkeit des Rechts ohne die der Klage oder umgekehrt, wenigstens nach moderner Rechtsanschauung, nicht stattfindet, angenommen werden müssen[7]).

Als Mittel der Uebertragung würde bei dem Pflichttheilsrecht als persönlichem Recht die Cession zu dienen haben. Diese ist nach §. 382 Thl. I. Tit. 11 Landrechts bei allen persönlichen Rechten, welche nicht an die Person des Inhabers gebunden sind, möglich. An die Person des Berechtigten aber ist das Pflichttheilsrecht wie nicht hinsichtlich der Vererbung, so auch nicht im Sinne des §. 382 gebunden. Das persönliche Verhältniß des Pflichttheilsberechtigten zum Erblasser giebt, wie bemerkt, nur den Entstehungsgrund des Pflichttheilsrechts ab. Nachdem dasselbe entstanden, ist die Individualität weder für die Qualität noch

---

[6]) Unger: Privatrecht. Bd. I. §. 64 Anm. 11. S. 571.

[7]) Die Uebertragbarkeit der Pflichttheilsklage wird durchweg zugegeben: Erk. des Ober-Tribunals vom 1. Dezember 1862 (Entsch. Bd. 49. Nr. 25. S. 215, Arch. Bd. 46. Nr. 62. S. 341); Gärtner S. 447; Förster: Privatrecht. Bd. I. §. 99 S. 644 u. Bd. IV. §. 248 S. 80; Bauer S. 70; Zitelmann S. 369; Hinschius in Koch: Kommentar. Bd. III. Anm. 87a zu §. 432 II. 2 S. 307 und Dalcke daselbst Bd. I. Anm. 6 lit. k. zu §. 382 I. 11 S. 659. Der Uebertragbarkeit des Pflichttheilsrechts selbst wird nirgends gedacht.

für die Quantität des Rechts, sondern höchstens nach der Richtung von Bedeutung, daß der Berechtigte sich aus persönlichen Rücksichten veranlaßt sehen könnte, sein Recht nicht geltend zu machen. Dies aber erledigt sich damit, daß der Pflichttheilsberechtigte durch die Uebertragung seines Rechts auf einen andern bereits zu erkennen giebt, daß er die Geltendmachung desselben wolle oder jedenfalls, was auch schon genügt, mit der Geltendmachung einverstanden sei.

Soweit das Pflichttheilsrecht Anfechtungsrecht ist, macht indessen auch bei der Forderungsrechts-Theorie die Natur der Verhältnisse eine Beschränkung der Uebertragbarkeit nöthig. Es trifft hier dasjenige, was vorhin für die Anfechtungsrechts-Theorie ausgeführt worden ist, daß nämlich die Abtretung des Anfechtungsrechts oder der Klage an sich kein Interesse für denjenigen hat, an den die Abtretung erfolgt ist, analog zu. Denn auch wenn bei der Belastung der Cessionar die Aufhebung der Last — den alleinigen Gegenstand des Anfechtungsrechts — erreicht, so würde er davon doch keinen Vortheil haben, dieser vielmehr unbeschadet der Abtretung lediglich dem Pflichttheilsberechtigten als demjenigen, der die belastete Zuwendung hat, zu Gute kommen. Und ebenso ist es bei dem Anfechtungsrecht gegen Schenkungen. Auch bei diesem hat die Anfechtung nur den Erfolg, daß die Schenkung ganz oder theilweise aufgehoben wird, das zuviel Verschenkte selbst wird dem Pflichttheilsberechtigten nicht als Pflichttheilsberechtigten und durch sein Anfechtungsrecht verschafft, sondern kommt ihm als Intestaterben und daher nicht dem Cessionar des Anfechtungsrechts zu. Anders als bei der Anfechtungsrechts-Theorie läßt sich jedoch hier ein Interesse an der Abtretung begründen, da die Zuwendung, auf welcher die Last ruht, wenigstens sobald sie nicht in einem Erbtheil besteht, und bei Schenkungen das Recht auf Zurückgabe des zuviel Verschenkten abgetreten werden können. Erfolgt die letztere Abtretung, so hat dann die Cession des Anfechtungsrechts weiter keinen Anstand. Ohne jene aber hat diese keinen Sinn und ist deshalb allein nicht statthaft.

Die dritte Frage ist die, ob das Pflichttheilsrecht Gegenstand einer exekutivischen Ueberweisung und Uebereignung an die Gläubiger des Pflichttheilsberechtigten sein kann[8]). Es fehlt hier dasjenige, was die

---

[8]) Dieselbe wird verneint vom Ober-Tribunal in den Erkenntnissen vom 1. Dezember 1862 (Arch. Bd. 46. Nr. 62. S. 339, Entsch. Bd. 49. Nr. 25. S. 213) und vom 23. Oktober 1874 (Arch. Bd. 92. Nr. 57. S. 318 u. 320, auch in Gruchot's Beiträgen. Bd. XIX. S. 520); Hinschius in der Preuß. Anwalts-Zeitung. Jahrgang III. (1864) S. 79; Hanow: Kann die Pflichttheilsklage ohne ausdrückliche

Vererblichkeit rechtfertigte, der Uebergang auf Personen, welche in allen vermögensrechtlichen Beziehungen an die Stelle des Pflichttheilsberechtigten treten und es fehlt ebenso dasjenige, was für die Annahme der Uebertragbarkeit mitwirkte, daß der Uebergang mit und durch den Willen des Pflichttheilsberechtigten selbst herbeigeführt wird. Dennoch muß vom Standpunkt der Forderungsrechts-Theorie aus auch die Zulässigkeit der Ueberweisung und Uebereignung behauptet werden.

Derselben unterliegen nach §. 1 des Gesetzes vom 4. Juli 1822 und §. 17 des Gesetzes vom 20. März 1854 Aktivforderungen, welche eine bestimmte Geldsumme oder andere körperliche Sachen zum Gegenstande haben.

Ein Erbrecht ist weder eine Aktivforderung, noch hat es eine bestimmte Geldsumme oder körperliche Sache zum Gegenstande. Nach der Erbrechts-Theorie ist daher das Pflichttheilsrecht begrifflich der Ueberweisung und Uebereignung entzogen und nicht minder die Pflichttheilsklage als Erbschaftsklage. Wie jedoch jedes Erbrecht, so kann auch das Pflichttheilsrecht obligatorische Forderungen enthalten oder zu obligatorischen Forderungen führen und in diese obligatorischen Forderungen würde, sofern sie sich sonst ihrem Gegenstande nach dazu eignen, die Exekution nicht schlechthin ausgeschlossen sein. Gehören z. B. zum Nachlaß Forderungen auf bestimmte Geldsummen oder körperliche Sachen, so ist der Pflichttheilsberechtigte als Erbe in Höhe seiner Pflichttheilsquote an ihnen berechtigt und könnte sein Antheil seinen Gläubigern im Wege der Exekution in gleicher Weise überwiesen werden, wie es bei dem Antheil eines andern Erben an einer zur Erbmasse gehörigen Forderung möglich ist[9]). Namentlich aber kann das Pflichttheilsrecht als Erbrecht bei der Auseinandersetzung mit den eingesetzten Erben und der zu diesem Zweck erfolgenden Erbschaftstheilung in eine Forderung auf ein Quantum

---

Zustimmung des Berechtigten durch eine andere Person angestellt werden, in der Deutschen Gerichts-Zeitung, Neue Folge. Bd. II. (1867) S. 78—87; Bauer S. 54 ff.; Zitelmann S. 370 u. 371, in der Regel verneint von Förster: Privatrecht. Bd. IV. §. 248 S. 80 und Hinschius in Koch: Kommentar. Bd. III. Anm. 87 a zu §. 432 II. 2 S. 307 und bejaht von R. Koch in der Deutschen Gerichts-Zeitung. Jahrgang VI. (1864) S. 44 und in derselben Zeitschrift, Neue Folge. Bd. II. (1867) S. 322 u. 323; Gruchot: Erbrecht. Bd. III. S. 213 und in dem Erkenntniß des Appellationsgerichts zu Hamm vom 1. Mai 1874 (Gruchot: Beiträge. Bd. XIX. S. 269).

Als das Objekt der Exekution wird übrigens dabei meist nicht das Pflichttheilsrecht selbst, sondern nur die Pflichttheilsklage bezeichnet.

[9]) Erk. des Ober-Tribunals vom 20. Februar 1855 (Arch. Bd. 17. Nr. 10. S. 47) und vom 16. September 1864 (Arch. Bd. 55. Nr. 41. S. 233).

an den einen oder den andern der eingesetzten Erben umgewandelt bzw. aufgelöst werden und würde in diese Forderung die Exekution zulässig sein[10]).

Bei der Anfechtungsrechts-Theorie ist die Exekution in das Pflichttheilsrecht ganz unmöglich. Es ergiebt sich dies unmittelbar daraus, daß das Anfechtungsrecht, welches allein den Gegenstand der Ueberweisung und Uebereignung bilden würde, nicht blos nicht auf eine bestimmte Geldsumme oder eine bestimmte körperliche Sache geht, sondern überhaupt kein direktes Vermögensrecht ist, vielmehr nur zu einem solchen führen kann. Wie bereits bei der Frage nach der Abtretbarkeit hervorgehoben worden, hat es daher an sich für einen dritten keinen Werth und erlangt für den Pflichttheilsberechtigten selbst Werth erst dadurch, daß derselbe zugleich zur Intestaterbfolge berufen ist. Dieses Recht, Erbe zu werden, aber kann wie nicht abgetreten, so auch nicht überwiesen oder übereignet werden.

Ist hingegen das Pflichttheilsrecht nach der Forderungsrechts-Theorie ein Forderungsrecht, so ist es sofort mit dem Tode des Erblassers gegeben und bedarf, um existent zu werden, namentlich nicht einer Erklärung des Pflichttheilsberechtigten, es haben zu wollen. Der Wille des Pflichttheilsberechtigten kommt vielmehr erst dann in Betracht, wenn es sich um die Ausübung des Rechts handelt. Nur für diese, also für die Geltendmachung und nicht für die Entstehung des Pflichttheilsrechts hat derselbe Bedeutung. Da dieses sofort vorhandene Forderungsrecht auf eine Summe Geldes geht, so ist unzweifelhaft die eine Bedingung, daß das zu überweisende oder zu übereignende Recht eine Aktivforderung sei, erfüllt und auch das zweite Erforderniß, daß die Summe Geldes, welche die Aktivforderung zum Gegenstande hat, eine bestimmte sei, ist vorhanden. Denn die Bestimmtheit braucht nicht eine absolute und bereits feststehende zu sein, es genügt, wenn die Geldsumme relativ bestimmt ist und es zur Feststellung ihres Betrages auch noch einer vorherigen Ermittlung bedarf[11]). In dieser Weise aber ist die Summe,

---

[10]) Letzteren Fall haben wohl Förster und Hinschius im Auge, wenn sie a. d. a. O. aufstellen, die Pflichttheilsklage sei dann ein im Wege der Rechtshilfe in Anspruch zu nehmendes Vermögensobjekt, wenn der Pflichttheil bereits als eine bestimmte Summe festgestellt worden sei. Die Polemik von Zitelmann S. 370 Anm. 103 gegen Förster scheint daher nur insofern gerechtfertigt, als es nicht mehr das eigentliche Pflichttheilsrecht und die eigentliche Pflichttheilsklage sind, welche hier überwiesen werden, sondern ein obligatorisches Recht, welches Ausfluß des Pflichttheilsrechts aber nicht identisch mit demselben ist.

[11]) Rescript vom 15. August 1834 in v. Rönne: Ergänzungen und Erläute-

welche den Pflichttheil bildet, sofort bei der Entstehung des Pflichttheilsrechts mit dem Tode des Erblassers bestimmt (oben §. 31 S. 151).

Mehr als eine Aktivforderung und eine bestimmte Geldsumme verlangt das Gesetz vom 4. Juli 1822 nicht. Es gestattet die Exekution ausdrücklich in alle und jede Aktivforderungen des zu Exequirenden, aus welchem Titel sie auch entspringen mögen. Das Pflichttheilsrecht fällt daher unter das Gesetz und kann dem gegenüber auf die persönlichen und sittlichen Verhältnisse, welche bei und zu ihm mitwirken und um derentwillen hauptsächlich man geglaubt hat, die Zulässigkeit der Exekution verneinen zu müssen[12]), kein Gewicht gelegt werden. Bei der Natur des Pflichttheilsrechts als eines Forderungsrechts kann nicht davon die Rede sein, daß „der Hauptzweck und Gegenstand der Pflichttheilsklage in der Feststellung der dem Notherben durch die Enterbung abgesprochenen persönlichen Qualifikation zu suchen sei", oder daß die Pflichttheilsklage in erster Linie „auf Rettung der eigenen persönlichen Würdigkeit abziele" oder beabsichtige, den in der Pflichttheilsverletzung liegenden „ungegründeten Vorwurf einer den Pflichttheilsberechtigten in der öffentlichen Achtung herabsetzenden Nichtqualifikation zur Erbfolge und die dadurch zugleich involvirte Kränkung der Ehre" zu beseitigen. Vielmehr ist und bleibt hier der Hauptzweck des Pflichttheilsrechts, dem Pflichttheilsberechtigten einen materiellen Vortheil zu verschaffen und hat dasselbe vorwiegend die Eigenschaft eines Vermögensrechts. Hinter diesem Zweck und hinter dieser Eigenschaft treten jene persönlichen Verhältnisse zurück und interessiren nicht weiter als in den beiden erwähnten Beziehungen: als Entstehungsgrund und als etwaiges Motiv für die Nichtgeltendmachung des Rechts. Der Entstehungsgrund eines Rechts ist überall gleichgültig und daß der Pflichttheilsberechtigte selbst vielleicht sein Recht nicht geltend gemacht haben würde, kann es nicht rechtfertigen, das Pflichttheilsrecht entgegen dem allgemeinen Wortlaut des Gesetzes vom 4. Juli 1822 von dem letzteren auszunehmen. Als Klage auf eine Summe Geldes ist die Pflichttheilsklage nicht erheblich mehr geeignet, „den Frieden der Familie zu untergraben und die intimsten und zartesten Verhältnisse, die Pietät und Ehre auf das Empfindlichste zu berühren", als es auch bei andern Klagen unter Familienmitgliedern, man denke z. B. an Klagen aus

rungen. 5. Ausg. Bd. III. (1865) zu §. 101—105 I. 24 A. G. O. S. 435; Erk. des Ober-Tribunals vom 2. Januar 1851 (Arch. Bd. 1. Nr. 30. S. 154); Koch: Prozeßordnung. 5. Aufl. (1864) Anm. 61 zu §. 1 des Gesetzes vom 4. Juli 1822 S. 633.

[12]) so namentlich Bauer S. 57—60 u. 66 und Zitelmann S. 371.

Schenkungen u. dgl. möglich ist. Auch bei andern Forderungen können für den Entschluß, die Klage anzustellen, Motive bestimmend sein, „welche völlig außerhalb des Vermögensgebiets liegen und daher nur für den Berechtigten selbst von Einfluß sind". Auch bei andern Forderungen kann „der Berechtigte ein kräftiger Mann mit guten Erwerbsaussichten für später, die Verpflichteten aber unversorgte Schwestern oder ein kranker Bruder" sein. Und doch hat noch Niemand daran gedacht und hat namentlich das Gesetz nicht daran gedacht, aus solchen Erwägungen, die kaum mehr auf den Namen juristischer Argumentation Anspruch machen können, die Exekution in eine Forderung versagen zu wollen. Nicht die „hungrigen" Gläubiger sind es, für welche die Exekution stattfinden soll, sondern Gläubiger, welche rechtmäßig Befriedigung zu verlangen haben. Warum man diese Gläubiger in ihren wohlerworbenen Rechten benachtheiligen will, sei es im Interesse des Schuldners, damit derselbe nicht etwa mit seinen Verwandten in Unfrieden gerathe — eine Möglichkeit, die um so entfernter ist, als die Verwandten sich durch die Geltendmachung des Pflichttheilsrechts verständiger Weise dem Pflichttheilsberechtigten gegenüber gar nicht verletzt fühlen können, da die Geltendmachung nicht durch diesen, sondern durch dritte, denen die ungünstige pekuniäre Lage des Pflichttheilsberechtigten das Recht dazu giebt, erfolgt — oder sei es im Interesse der Verwandten, damit diese eine Pflicht, die der Pflichttheilsberechtigte aus Großmuth vielleicht nicht geltend gemacht haben würde, die ihnen aber das Gesetz positiv auferlegt, nicht zu erfüllen brauchen, ist nicht erfindlich. Das feste Recht der Gläubiger muß dem nur möglichen Interesse des Schuldners und der Verwandten vorgehen. Was für die letztern vielleicht eine billige Rücksichtnahme sein würde, ist für jene unter allen Umständen die ungerechtfertigste Unbilligkeit und Härte.

Zweifelhafter als solchergestalt beim Forderungsrecht erscheint die Zulässigkeit der Exekution in das Pflichttheilsrecht, wenn es ein Anfechtungsrecht gegen Belastungen und Schenkungen ist. Zunächst deshalb, weil dieses Anfechtungsrecht an sich für den Gläubiger kein Interesse hat und nicht im Stande ist, ihm Befriedigung zu verschaffen (S. 187). Es kann jedoch in das Recht auf die Zuwendung, welche belastet ist, bezw. in die Zuwendung selbst die Exekution stattfinden und dasselbe ist bei dem Recht auf Zurückgabe des zuviel Verschenkten möglich. Ist diese Exekution statthaft und wird sie von dem Gläubiger nachgesucht, so fällt das Hinderniß des mangelnden Interesses für die Ueberweisung des Anfechtungsrechts fort. Es bleibt aber noch das zweite Bedenken, daß das Anfechtungsrecht keine Aktivforderung auf eine bestimmte Geldsumme oder körperliche Sache ist. Indessen auch hierüber wird man hinwegkommen.

Bei den Schenkungen hängt das Anfechtungsrecht auf das engste mit dem Recht auf Zurückgabe des zuviel Verschenkten zusammen. Beide Rechte gehen nicht blos gegen dieselben Verpflichteten, sondern es ist die Ausübung des erstern gradezu Bedingung für das letztere, sodaß ohne jene ein Recht auf Zurückgabe gar nicht besteht und die Anfechtung auch äußerlich meist nicht als Gegenstand einer selbständigen Klage, sondern als bloßer Incidentpunkt der Klage auf die Zurückgabe des zuviel Verschenkten figurirt. Wenn daher in das Recht auf das zuviel Verschenkte die Exekution möglich ist, so muß sie auch in das Anfechtungsrecht als die nothwendige Voraussetzung für dieses Recht und das Mittel, um zu demselben zu gelangen, möglich sein.

Ebenso stehen bei den Belastungen das Recht auf die Zuwendung oder, wenn der Pflichttheilsberechtigte nicht erst blos ein obligatorisches Recht auf die Zuwendung, sondern wie bei einem Vermächtniß, welches er sofort mit dem Tode des Erblassers zu eigen erwirbt, bereits das Eigenthum und nur noch ein Recht auf Herausgabe oder weil letztere schon geschehen oder nicht nöthig ist, auch nicht einmal mehr dieses Recht hat, die Zuwendung selbst und das Recht auf die Aufhebung der darauf gelegten Last in engster Verbindung mit einander. Wenn auch das Anfechtungsrecht hier nicht das Mittel ist, um in die Zuwendung Exekution zu haben, so ist es doch das Mittel, um diese Exekution in vollem Umfange zu haben, um die Zuwendung ganz d. h. ohne die Last in Anspruch nehmen zu können und muß wegen dieses Zusammenhanges mit der Zuwendung und weil in die Zuwendung die Exekution stattfindet, auch in das Anfechtungsrecht Exekution stattfinden können. Daß das Recht auf die Zuwendung und das Anfechtungsrecht nicht gegen dieselben Personen gegeben, für das erstere vielmehr die Erben, für das letztere dagegen die durch die Last Begünstigten die Verpflichteten sind, steht nicht entgegen. Es erschwert dies dem Gläubiger die Exekution, indem er, um Befriedigung zu erhalten, sowohl jene wie diese belangen muß, giebt aber keine Veranlassung, die Exekution ganz zu versagen.

Die Exekution in das Pflichttheilsrecht gegen Schenkungen, wenn es hier Anfechtungsrecht ist, und gegen Belastungen ist sonach an eine doppelte Voraussetzung geknüpft, einmal, daß die Exekution in das Recht auf die Zurückgabe des zuviel Verschenkten bezw. in das Recht auf die belastete Zuwendung oder die Zuwendung selbst statthaft ist, was sich nach der Art der Schenkung und Zuwendung entscheidet und zweitens, daß der Gläubiger diese Exekution bereits nachgesucht hat oder gleichzeitig nachsucht. Sind beide Voraussetzungen vorhanden, so unterliegt auch das Pflichttheilsrecht der Exekution, weil die Exekution in dasselbe keine besondere, für sich bestehende Exekution, sondern Theil jener andern Exekution ist und deshalb stattfinden muß, wenngleich sie nur in der Form einer Ueberweisung des Anfechtungsrechts stattfinden kann und keine Aktivforderung auf eine bestimmte Summe oder körperliche Sache vorliegt. Weil sie nur Theil einer andern Exekution ist, muß diese andere Exekution bereits schweben oder wenigstens gleichzeitig eintreten. Es kann die für sich allein zwecklose Ueberweisung des Anfechtungsrechts nicht erfolgen schon mit Rücksicht darauf, daß der Gläubiger möglicher Weise später die Exekution auch in die Zuwendung oder das zuviel Verschenkte nachsuchen könnte. Andrerseits ist selbstverständlich, daß für die Zulässigkeit der letztern Exekution nicht blos die Gesetze vom 4. Juli 1822 und 20. März 1854, sondern die Vorschriften über alle Arten der Exekution maßgebend sind.

Die vorstehend festgestellte Möglichkeit der Exekution in das Pflichttheilsrecht steht übrigens sowohl mit der Abtretbarkeit des Pflichttheilsrechts als mit dem Grundsatz, daß regelmäßig alle Vermögensrechte eines Schuldners der Exekution unterworfen sind und unterworfen sein müssen, im Einklang.

Aus dieser Zulässigkeit der Exekution in das Pflichttheilsrecht ergiebt sich endlich von selbst die Beantwortung der vierten Frage, ob bei einem Konkurse des Pflichttheilsberechtigten der Konkursverwalter berechtigt ist, das Pflichttheilsrecht des Gemeinschuldners ohne oder gegen dessen Willen geltend zu machen[13]). Der Konkurs ist ein allgemeines

---

[13]) Verneint in den Erkenntnissen des Ober-Tribunals vom 16. April 1866 (Entsch. Bd. 56. Nr. 37. S. 256) und 18. Juni 1866 (Arch. Bd. 63. Nr. 53. S. 241) und ferner von Hanow in der Deutschen Gerichts-Zeitung, Neue Folge Bd. II. (1867) S. 83 ff.; Förster: Privatrecht. Bd. IV. §. 248 Anm. 174. S. 80; Hinschius in Koch: Kommentar. Bd. III. Anm. 87a zu §. 432 II. 2. S. 307 u. Zitelmann S. 370.

Bejaht von Paris: Ueber die Befugniß des Massenverwalters zur Anstellung einer dem Kridar zustehenden Querela inofficiosi testamenti in der Deutschen Gerichts-Zeitung. Jahrgang VII. (1865) S. 71—72; R. Koch: Kann der Konkursmassenverwalter auf Verabfolgung (Ergänzung) des dem Gemeinschuldner gebührenden Pflichttheils klagen, in der Preuß. Anwalts-Zeitung. Jahrgang V. (1866) Sp. 638 bis 640 und demselben: Ist das Recht, den Pflichttheil zu fordern, auf die Person des Berechtigten beschränkt, in der Deutschen Gerichts-Zeitung. Jahrgang VIII. (1866) S. 102—103.

Exekutions-Verfahren und erstreckt sich auf das gesammte der Exekution unterliegende Vermögen, welches der Gemeinschuldner zur Zeit der Eröffnung des Konkurses besitzt oder während der Dauer des Konkurses erlangt (§. 1 der Konkurs-Ordnung vom 8. Mai 1855). Er umfaßt daher das Pflichttheilsrecht, wenn dasselbe Forderungsrecht ist, unbedingt und wenn es Anfechtungsrecht ist, sofern das Recht auf das zuviel Verschenkte, das Recht auf die Zuwendung oder die Zuwendung selbst der Exekution unterworfen sind und in Folge dessen vom Konkurse mitergriffen werden. Soweit in dieser Weise das Pflichttheilsrecht zur Konkursmasse gehört, ist dann natürlich der Verwalter zur Geltendmachung desselben unabhängig von der Zustimmung des Pflichttheilsberechtigten befugt.

IV.

Zur Neugestaltung des Pflichttheilsrechts.

---

§. 40.

Vorbemerkung.

Das Pflichttheilsrecht des Allgemeinen Landrechts, wie es in der zweiten und dritten Abhandlung zum Gegenstande der Betrachtung gemacht worden ist, geht seiner Aufhebung entgegen. In dem Folgenden soll versucht werden, Vorschläge für die neue Gesetzgebung zu machen. Es konnte dabei aber weder ein förmlicher Entwurf eines Pflichttheilsrechts aufgestellt, noch auch nur eine erschöpfende Erörterung aller einschlägigen Fragen vorgenommen werden, weil das Pflichttheilsrecht kein für sich allein stehendes Rechtsinstitut ist, sondern einen Theil des größeren Organismus des Erbrechts bildet, dasjenige aber, was über das letztere und seine Gestaltung im neuen Gesetz bekannt geworden, zu wenig ist, um einen genügenden Anhalt für die Anknüpfung zu bieten. Es werden daher nur solche Punkte behandelt werden, die eine gewisse Selbständigkeit haben und deren Feststellung ohne Kenntniß der Beschaffenheit des übrigen Rechts angänglich erschien.

§. 41.

Beibehaltung des Pflichttheilsrechts.

Das erste, worüber man sich bei der neuen Gesetzgebung schlüssig zu machen haben wird, ist natürlich, ob das Pflichttheilsrecht beizubehalten ist oder nicht.

Es hängt dies von zweierlei ab. Zunächst davon, ob man überhaupt die Nothwendigkeit einer materiellen Berücksichtigung der nächsten Verwandten annehmen oder nicht vielmehr ganz freie Verfügung über den Nachlaß gestatten soll.

Jene Nothwendigkeit, wie es seiner Zeit der Entwurf zum Allgemeinen Gesetzbuch hinsichtlich des Pflichttheilsrechts gethan hat (§. 5 S. 27), allein damit zu rechtfertigen, daß dieses überall in Geltung sei und nichts Nachtheiliges enthalte[1]), ist nicht genug. Wohl aber beweist die Thatsache, daß die unbegrenzte Testirfreiheit gesetzlich nirgends besteht und niemals dauernd bestanden hat (§. 2 S. 2), daß dieselbe den menschlichen Anschauungen nicht entspricht. Und so ist es in der That. Ein reiner Idealismus könnte allenfalls sich nur an die Empfindungen der Liebe und Zuneigung, wie sie unter Verwandten herrschen sollen, halten und es dem Erblasser überlassen, ob und wie weit er sich dadurch bestimmen lassen will, freiwillig seine Verwandten zu bedenken, von diesen aber fordern, daß sie sich nöthigenfalls mit jenen Empfindungen allein ohne alles materielle Substrat begnügen. Die menschliche Natur ist aber nicht so ideal. Sie verlangt eine Bethätigung der persönlichen Gefühle durch etwas materielles und fühlt sich verletzt, wenn es an einer solchen fehlt, wenn diejenigen, welche dem Erblasser im Leben durch die natürlichen Bande des Bluts oder aus ähnlichen Verhältnissen am nächsten standen und auf seine Zuneigung den ersten Anspruch hatten, nach dem Tode desselben ganz leer ausgehen und andere, ferner Stehende die ganze Hinterlassenschaft allein erhalten, blos weil es der Erblasser so gewollt hat, gewollt hat ohne gegründete Ursache und vielleicht gar blos in augenblicklicher Aufregung oder vorübergehender Mißstimmung. Dieser realen Richtung der menschlichen Natur hat das Gesetz, welches für die Menschen, wie sie nun einmal sind und nicht wie sie in idealen Zuständen sein sollten, bestimmt ist, Rechnung zu tragen und es muß deshalb das, was zunächst nur eine sittliche Liebespflicht ist, die materielle Berücksichtigung der Verwandten, zu einer rechtlichen Nothwendigkeit machen.

Gilt aber diese Nothwendigkeit, so fragt es sich weiter, ob man dieselbe in der Weise herbeiführen soll, daß man die Verwandten als die eigentlichen Erben ansieht und dem Erblasser nur ein beschränktes Recht der Verfügung über den Nachlaß giebt oder so, daß man ihm an sich die freie Verfügung über den Nachlaß gestattet und nur diese freie Verfügung zu Gunsten der Verwandten einschränkt, ob man also das System der beschränkten Verwandtenerbfolge (oben §. 3) oder das der beschränkten Willkühr (oben §. 4) annehmen soll.

---

[1]) Auf demselben Standpunkt steht noch der Gesetzrevisor (Gesetzrevision Pensum XVI. Entwurf der das Erbrecht betreffenden Gesetze (1835), Motive zu §§. 111—118 des Entwurfs S. 304 u. 305).

Das erstere System, neben welchem ein besonderes Pflichttheilsrecht nicht bestehen kann (§. 8 S. 44), hat viel Anhänger gefunden[2]).

Daß bei demselben der Gegensatz zwischen dem Recht der Familie und dem Recht des Individuums geringer sei oder besser vermittelt werde, ist jedoch nicht richtig. Es soll dies der Fall sein, weil es dasjenige, was den Verwandten zukomme und was der Erblasser vergeben könne, von vornherein trenne und so den Gegensatz gleich bei seinem Beginnen auflöse. Die Trennung erfolgt aber in ganz gleicher Weise auch bei dem System der beschränkten Willkühr, welches ebenfalls von vornherein scheidet, wie viel der Erblasser von seinem Nachlaß beliebig vergeben kann und wie viel er davon seinen Verwandten lassen muß. Es hat daher in dieser Beziehung kein System etwas voraus.

Wenn ferner für das System der beschränkten Verwandten-Erbfolge in die Wagschaale geworfen wird, daß es das des ältern Deutschen Rechts und deshalb das wahre Deutsche sei, so kann diesem in neuerer Zeit sehr beliebten Argument ganz und gar kein Gewicht beigelegt werden. Das ältere Deutsche Recht, man mag sagen, was man will, war ein erst mangelhaft ausgebildetes, das wohl die Keime der Entwicklung in sich trug und wenn nicht die Reception des Römischen Rechts dazwischen getreten wäre, sich auch wohl weiter entwickelt haben würde, das aber doch zu dieser Entwicklung thatsächlich nicht gelangt ist und ebenso der nothwendigen Ausbildung entbehrt, wie unseren Anschauungen und unserem Bewußtsein fremd geblieben ist. Es ist daher nicht gerechtfertigt, eine Anknüpfung an dasselbe zu suchen und einer Rechtsbildung schon um deswegen den Vorzug geben zu wollen, weil sie mit dem vor Jahrhunderten und unter ganz andern socialen Verhältnissen in Deutschland geltend gewesenen Recht übereinstimmt. Vielmehr kann de lege ferenda nur der Gesichtspunkt entscheidend sein, was paßt zu unsern heutigen Verhältnissen und befriedigt unsere heutigen Bedürfnisse?

Aus diesem Grunde kann es auch nicht darauf ankommen, ob die

---

[2]) z. B. Gans: Erbrecht. Bd. III. S. 369 und in seinen Beiträgen zur Revision der Preußischen Gesetzgebung (1830—1832) S. 126—128; Unger: Privatrecht. Bd. VI. §. 78 Anm. 2. S. 334 u. 335; Förster: Privatrecht. Bd. IV. §. 243 S. 3 bis 5 und namentlich Binding S. 128, 129 u. 140. Gegen Gans besonders Gärtner S. 407 Anm. 25.

Mommsen ist für das System der beschränkten Willkühr (vgl. §. 17 seines Entwurfs, nach welchem die gesetzliche Erbfolge erst eintritt, wenn und insoweit der Erblasser nicht gültig über seinen Nachlaß verfügt hat, also das sekundäre ist), jedoch ohne nähere Begründung.

Verwandten-Erbfolge der Vernunft und Sittlichkeit als solcher mehr entspreche. So wenig wie die Privatrechts-Gesetzgebung Politik zu treiben und patriotische Tendenzen zu verfolgen hat, ebenso wenig ist sie dazu da, um philosophische Theorien zu verwirklichen. Nicht das an sich Vernünftige und Sittliche, Begriffe, die überhaupt mehr subjektiv als objektiv sind, sondern das, was nach Maßgabe der gegebenen Zustände des bestimmten Volks und der bestimmten Zeit, für welche das Gesetz erlassen wird, wirklich vernünftig und sittlich ist, sind das Ziel der Gesetzgebung. Das Gesetz soll nicht eine abstrakte Ordnung der Dinge sein, sondern für das reale Leben des Volks praktische Anwendung und Geltung haben. Um ein brauchbares und erzwingbares zu sein, muß es als solches allgemein anerkannt sein und zu dem Zweck an die vorhandenen Verhältnisse und Anschauungen angeschlossen werden.

Thut man aber letzteres, so gelangt man zu dem System der beschränkten Willkühr, welches, als es aus dem Römischen Recht und mit diesem recipirt wurde, damals vielleicht nicht zu den bestehenden Verhältnissen gepaßt hat, aber jetzt theils in Folge der langen Gewöhnung, theils und hauptsächlich in Folge der Veränderung des socialen Zustandes passend geworden ist.

Aeußere Einflüsse, die zur Aufnahme des Systems der beschränkten Verwandten-Erbfolge führen könnten, etwa solche, wie die Aufnahme desselben in den Code civil veranlaßt oder wenigstens erheblich dazu mitgewirkt haben (§. 26 S. 139), bestehen für die neue Gesetzgebung nicht. Seine innere Begründung aber würde dieses System lediglich in einer besondern Engheit des verwandschaftlichen Bandes und Gebundenheit des Eigenthums finden. Diese sind bei uns nicht mehr in dem erforderlichen Maße vorhanden[3]). Der Zug der neuern Zeit geht entschieden auf das Gegentheil, eine möglichst weite Ausbildung der Freiheit und Selbständigkeit des Individuums und seines Vermögens. Vor diesem Zuge sind die Leibeigenschaft und Gutsunterthänigkeit, das Lehnswesen, die Zwangs- und Bannrechte, die Gewerbebeschränkungen, die ganzen Gemeinheiten, die Vorkaufs-, Erbpachts- und Erbzins-Rechte und

---

[3]) Anders ist es in dem Gebiet des Gesetzbuchs für den Kanton Zürich, welches besonders Binding vielfach als Vorbild hinstellt. In den engen Grenzen desselben haben die Familien- und Vermögens-Verhältnisse einen weit geschlosseneren und stabileren Charakter bewahrt, als es in dem weiten Deutschland der Fall sein konnte. Deswegen und weil vorher die Testirfreiheit nur in äußerst beschränktem Umfange anerkannt war, hat das Zürcher Gesetzbuch das System der Verwandten-Erbfolge angenommen und konnte es annehmen.

vieles andere gefallen und hat durch ihn auch innerhalb der Familie das Individuum größere Selbständigkeit erlangt. Diese Selbständigkeit ist nicht blos thatsächlich vorhanden, sondern auch von der Gesetzgebung bereits in wesentlichen Beziehungen z. B. durch Aufhebung der Nothwendigkeit der Einwilligung der Eltern zur Eheschließung von über 25 bezw. 24 Jahre alten Kindern anerkannt worden und wird von der neuen Gesetzgebung in noch weiteren Beziehungen anerkannt werden müssen. Es kann jetzt nicht mehr von einem Aufgehen des Individuums in der Familie und davon, daß das Vermögen in der Familie und durch die gemeinschaftliche Anstrengung der Familie erworben oder auch nur erhalten und gesichert werde, die Rede sein. Im Gegentheil, sobald ein Familienglied zur Fähigkeit des Erwerbs gelangt ist, scheidet es jetzt aus der Familie in der Art aus, daß es dasjenige, was es erwirbt, weder mit seinen Verwandten erwirbt, noch seinen Verwandten miterwirbt, sondern nur durch sich und deshalb auch nur für sich erwirbt. Das Vermögen ist jetzt vorwiegend Produkt der eigenen Kraft, ist Individual-Vermögen und können daher nicht die Verwandten als Miterwerber und Miterhalter die eigentlichen Erben desselben sein, sondern es muß demjenigen, der es durch seine alleinige Thätigkeit zusammengebracht und zusammengehalten hat, von dessen Persönlichkeit es so zu sagen durchdrungen ist, auch freistehen, wie unter Lebenden, so auch principiell von Todeswegen darüber beliebig zu verfügen[4]).

Nicht einmal für den engsten Kreis der Verwandten, den der Eltern und Kinder, kann eine vermögensrechtliche Gemeinschaft, wie sie als Grund der Verwandten-Erbfolge behauptet worden ist und kraft deren die Kinder bereits bei Lebzeiten des Vaters wahre Miteigenthümer an dessen Vermögen sein und dieses beim Tode des Vaters nicht erst erwerben, weil sie es schon haben, sondern einfach die vorhanden gewesene Vermögensgemeinschaft nur ohne den Vater fortsetzen sollen[5]), zugegeben werden. Es wäre das eine Gemeinschaft, zu welcher der eine Theil, die Kinder, nichts beisteuern würden. Derjenige, der erwirbt, ist nur der Vater. Und wenn derselbe auch nicht für sich ausschließlich erwirbt, sondern dabei auch an seine Kinder denkt, so kann für diese hieraus doch noch kein Recht an dem Erwerbe entstehen. Ein solches könnte für sie nur dadurch begründet werden, daß sie zu dem Erwerbe

---

[4]) Aehnlich Bluntschli in dem Excerpt bei Gruchot: Erbrecht. Bd. III. S. 106 Anm. 3 und Förster: Privatrecht. Bd. IV. §. 243 Anm. 2. S. 5.

[5]) so z. B. Gans in seinen Beiträgen a. a. O. S. 135 und Binding S. 403 und 404.

mitbeitrügen. Dies thun sie aber nicht, weil sie, sobald sie erwerbsfähig werden, sich regelmäßig selbständig machen und für sich erwerben. Das Recht an dem Erwerbe muß auch hier lediglich bei demjenigen, dessen alleiniger Kraftanstrengung und Fleiß der Erwerb zu danken ist, dem Vater, sein, der daher auch seinen Kindern gegenüber im Princip die freie Verfügung über den Erwerb behält.

Von den vorhandenen Verhältnissen und Anschauungen würde die Gesetzgebung nur dann nicht blos abgehen können, sondern abgehen müssen, wenn die Berücksichtigung derselben zu einer Verschlechterung der socialen und sittlichen Zustände führte. Das läßt sich aber dem System der beschränkten Willkühr doch füglich nicht nachsagen. In den 4 Jahrhunderten, die es nun schon in Deutschland gilt, hat es einen schädlichen Einfluß nicht geäußert und es kann ihn nicht äußern, namentlich kann es nicht zu einer übermäßigen Lockerung des Familienbandes führen. Was die Verwandten bei dem System der Verwandten-Erbfolge in unmittelbarer Folge der Thatsache der Verwandtschaft als angebornes Recht und ohne eigenes Verdienst haben und selbst dann behalten, wenn sie sich gegen den Erblasser nicht so betragen haben, wie sie sich als Verwandte betragen sollten, das müssen sie sich, wenn im Princip freie Verfügung über den Nachlaß gegeben ist, erringen dadurch, daß sie sich auch als Verwandte beweisen und müssen durch ihr Verhalten die Liebe und Zuneigung des Erblassers in dem Grade zu erwerben suchen, daß er sie für werth hält, sie freiwillig zu seinen Erben zu machen. Dieses Streben aber ist, selbst, wenn es nicht vollständig in selbstloser Absicht geschieht, gewiß geeignet, die Familie nicht zu trennen, sondern an einander zu schließen und jedenfalls hierzu mehr geeignet, als das Bewußtsein, auf die Erbfolge unter allen Umständen ein festes Recht zu haben.

Aus diesen Erwägungen wird das Pflichttheilsrecht als ein besonderes, zu Gunsten der Verwandten oder denselben gleichgestellter Personen die Testirfreiheit materiell beschränkendes und ein Aequivalent für das durch die Testirfreiheit entzogene gesetzliche Erbrecht bildendes Recht beizubehalten sein.

Als Aequivalent für ein gesetzliches Erbrecht kann das Pflichttheilsrecht erst dann vorhanden sein, wenn das gesetzliche Erbrecht gegeben sein würde, d. i. beim Tode des Erblassers. Ein Pflichttheilsrecht bei Lebzeiten desjenigen, aus dessen Vermögen der Pflichttheil gewährt werden muß, ist ein juristisches Unding und noch weniger ein praktisches Bedürfniß und namentlich auch in der Gestalt, welche es im Allgemeinen

Landrecht als Pflichttheilsrecht der Kinder aus geschiedenen Ehen erhalten hat, zweifellos zu verwerfen.

Dagegen muß das Pflichttheilsrecht gegen freigebige Verfügungen unter Lebenden aufgenommen werden. Denn dieses bildet den nothwendigen Begleiter des Pflichttheilsrechts gegen letztwillige Verfügungen und ist es nicht zufällig, daß dasselbe in allen Rechten, die ein Pflichttheilsrecht haben, anerkannt ist. An sich ist ja allerdings das Pflichttheilsrecht nur eine Beschränkuug der Testirfreiheit, der Freiheit zur letztwilligen Verfügung über den Nachlaß und berührt daher Verfügungen unter Lebenden zunächst nicht. Aber es würde aufhören, ein Recht zu sein und ganz illusorisch werden, wenn der Erblasser bei Lebzeiten über sein Vermögen vollständig frei verfügen könnte, da es derselbe dann in der Hand hätte, das Recht auf einen Pflichttheil aus dem Nachlasse beliebig zu vereiteln. Zwar verliert bei den Verfügungen unter Lebenden der Erblasser mit und wird sich zu ihnen deshalb vielleicht weniger leicht entschließen als zu einer erst nach seinem Tode wirkenden letztwilligen Verfügung. Die Möglichkeit ihrer Vornahme bleibt jedoch und der Erblasser darf auch nicht einmal die Möglichkeit haben, das begrifflich von seiner Willkühr unabhängige Pflichttheilsrecht wieder in irgend einer Weise willkührlich zu nehmen oder zu schmälern. Außerdem liegt für ihn selbst insofern eine wirkliche Beschränkung der Verfügung unter Lebenden nicht vor, als der Pflichttheilsberechtigte sein Recht gegen die getroffene Verfügung, wie das Pflichttheilsrecht überhaupt, erst nach dem Tode des Erblassers geltend machen kann[6]).

Das aber ist bei dem Recht des Pflichttheilsberechtigten gegen Verfügungen unter Lebenden stets festzuhalten, daß dasselbe zwar ein nothwendiges Zubehör, aber doch blos ein Zubehör des Pflichttheilsrechts und kein selbständiges Recht, sondern Ausfluß des Rechts auf einen Pflichttheil aus dem Nachlaß und nur zu dessen Schutz gegeben ist. Es reicht daher nicht weiter, als erforderlich ist, um das letztere Recht intakt zu erhalten. Daraus folgt, daß es nur gegen solche Verfügungen besteht, die das Vermögen und damit den künftigen Nachlaß, aus welchem der Pflichttheil zu gewähren ist, lediglich verringern. Es ist daher bei allen entgeltlichen Geschäften ausgeschlossen und auch bei den freigebigen Verfügungen ist es nicht unbedingt, sondern nur dann gegeben, wenn die Schenkung wirklich das Recht auf den Pflichttheil aus dem Nachlaß beeinträchtigt, also eine pflichtwidrige ist.

---

[6]) Binding S. 171.

Schenkungen auf den Todesfall werden dem Pflichttheilsberechtigten gegenüber unbedenklich den Vermächtnissen gleichzustellen sein. Ebenso unbedenklich sind entgeltliche Geschäfte, bei denen die Entgeltlichkeit nur zum Schein, um eine Schenkung zu verdecken, dient, vollständig, sog. gemischte Schenkungen aber d. i. Schenkungen, die mit einem entgeltlichen Geschäft verbunden sind, wenigstens soweit sie Schenkungen und als solche beabsichtigt sind, als Schenkungen zu behandeln.

Dasselbe wird für die belohnenden Schenkungen gelten müssen, sofern bei diesen nicht der Empfänger einen rechtlichen Anspruch auf die Belohnung als eine Gegenleistung hatte, in welchem Fall das Geschäft auch für das Pflichttheilsrecht aufhört, Schenkung zu sein und als entgeltlicher Vertrag anzusehen sein wird. Die eigentlichen belohnenden Schenkungen dagegen, bei denen der Geber die Belohnung, ohne dazu rechtlich verbunden zu sein, aus reiner Liberalität vornimmt, unterscheiden sich von andern Schenkungen nur dadurch, daß ihnen ein besonderes Motiv, das der Dankbarkeit für einen geleisteten Dienst zum Grunde liegt. Erscheint es nun schon zweifelhaft, ob es angemessen ist, diesem Beweggrunde in der Art Rechnung zu tragen, daß man dem Geber selbst die Aufhebung der Schenkung erschwert, diese also namentlich in Ansehung der Form und der Unzulässigkeit des Widerrufs privilegirt[7]), so ist es gewiß ungerechtfertigt, die belohnende Schenkung dritten gegenüber zu einer bevorzugten Klasse von Schenkungen zu machen. Dies muß ganz besonders hinsichtlich der Pflichttheilsberechtigten gelten. Denn diese haben nicht blos ein festes Recht auf ihren Pflichttheil, während dem Empfänger der belohnenden Schenkungen ein solches nicht zur Seite steht, sondern es hat das Pflichttheilsrecht auch in mindestens gleichem Maße, wie die Begünstigung des für einen geleisteten Dienst Beschenkten, eine sittliche Grundlage. Die Begünstigung des Beschenkten kann daher nicht so weit gehen, daß jenes Recht darunter leidet. Die Vorschrift des §. 28 des Anhangs zum §. 1113 Thl. I. Tit. 11 des Allg. Landrechts, die sich auch in keinem der andern neuern Gesetze findet, wird mithin nicht beizubehalten sein.

---

[7]) z. B. Gruchot: Ueber belohnende Schenkung in seinen Beiträgen. Bd. VII. S. 160 ff., insbesondere S. 162.

§. 42.

Rechtliche Natur des Pflichttheilsrechts.

Bei der Normirung des Pflichttheilsrechts im einzelnen werden drei Punkte wohl zu Meinungsverschiedenheiten keine Veranlassung geben, daß es einen Pflichttheil erst nach Abzug der Schulden, also nur aus dem Aktiv-Nachlasse giebt, daß der Erblasser den Pflichttheilsberechtigten nicht zum Erben zu ernennen braucht, sondern den Pflichttheil auch titulo singulari zuwenden darf und daß die Verletzung des Pflichttheilsrechts weder die gänzliche noch eine theilweise Umstoßung der letztwilligen Verfügung zur Folge haben kann.

Das Pflichttheilsrecht soll einen materiellen Vortheil aus dem Nachlasse verschaffen. Das kann es nur dann, wenn ein materieller Bestand des Nachlasses vorhanden ist. Bei einer Insufficienz des Nachlasses ist dieser Zweck ausgeschlossen. Hier giebt es zwar noch ein gesetzliches Erbrecht. Dasselbe hat aber keinen materiellen Werth. Es bedarf daher ebensowenig eines materiellen Aequivalents für den Verlust desselben, wie es nicht möglich ist, ein solches materielles Aequivalent aus dem Nachlaß zu gewähren. Der Begriff des Pflichttheilsrechts führt von selbst zum Vorabzug der Schulden (§. 18 S. 102, §. 25 S. 133 u. 134)[1]).

Das Pflichttheilsrecht soll einen materiellen Vortheil, aber zweitens auch nur einen materiellen Vortheil verschaffen. Daraus folgt, daß der Pflichttheilsberechtigte kein Recht auf Erbeseinsetzung hat, welche ihm nicht blos einen materiellen Vortheil geben, sondern ihn in Höhe dieses Vortheils auch noch zum Repräsentanten der vermögensrechtlichen Persönlichkeit des Erblassers machen würde. Unserm Rechtsbewußtsein ist zwar die große Bedeutung, welche die Römer der Ernennung zum Erben als einer persönlichen Ehrenbezeugung (summus honos) beilegten[2]), im allgemeinen fremd und sehen wir bei derselben weniger auf die persönliche als die vermögensrechtliche Seite. Aber so ganz ist das persönliche Element in ihr doch nicht fortgefallen und kann nicht fortfallen und namentlich wird immer das bleiben, daß die Erbeseinsetzung mehr

---

[1]) Mommsen §. 480 Abs. 2 des Entwurfs und Motive dazu S. 462; Binding S. 179.

[2]) Vgl. z. B. Bluntschli: Erbfolge. §. 19 S. 159 u. 160 und Bruns: Das heutige römische Recht in von Holzendorff's Encyklopädie der Rechtswissenschaft. (1870) S. 369.

als ein bloßer Vermögensgewinn ist, schon weil sie zur Theilnahme auch an Sachen und Rechten beruft, welche vererblich sind, ohne einen Geldwerth zu haben (§. 19 S. 106). Dem Pflichttheilsberechtigten ein Recht darauf, daß er zum Erben eingesetzt werde, geben, wie es die Novelle 115 gethan hat, hieße daher einen glücklich beseitigten Formalismus wieder zurückführen. Dem materiellen Charakter des Pflichttheilsrechts entspricht allein, daß dasselbe durch eine blos materielle Zuwendung des Pflichttheils, also auch durch Zuwendungen titulo singulari befriedigt wird[3]).

Nothwendige Konsequenz dieses materiellen Charakters ist dann drittens noch, daß die letztwillige Verfügung wegen Pflichttheilsverletzung nicht umgestoßen werden kann[4]). Was die Verfasser des Landrechts ausgesprochen haben: „Daraus, daß Eltern den Kindern ihren Pflichttheil nicht sollen entziehen können, folge offenbar nur soviel, daß, wenn sie solches dennoch thun, die Disposition, so weit sie gesetzwidrig ist, ungültig sei und also den verkürzten Kindern zu dem, was das Gesetz ihnen anweist, verholfen werden müsse, nicht aber folge daraus eine Nichtigkeit der Verordnung, so weit sie dem Gesetz nicht zuwider sei" (oben §. 5 S. 28) und ferner: „es folge ja offenbar nicht, daß weil der eine Theil der testamentarischen Verordnung nicht gelten könne, um deßwillen auch alle übrigen, worin nichts gesetzwidriges enthalten sei, ungültig sein müßten und es würde, wenn man diese Vorschrift als eine Strafe für die Uebertretung des Gesetzes ansehen wolle, diese Strafe nicht den Uebertreter, sondern die ganz unschuldigen Miterben und Legatarien treffen" (S. 33), ist sehr richtig und gilt noch heute. Soll das Pflichttheilsrecht ein materielles und blos ein materielles Recht sein, so kann der Pflichttheilsberechtigte unter allen Umständen immer nur auf den Pflichttheil ein Recht haben und nicht deshalb, weil der Erblasser der Pflicht, den Pflichttheil zuzuwenden, nicht genügt hat, mehr als den Pflichttheil bekommen. Dies hätte vielleicht einen Sinn, wenn der Nachtheil daraus denjenigen, der sich der mangelhaften Pflichterfüllung gegen den Pflichttheilsberechtigten schuldig gemacht hat, den Erblasser selbst, träfe. Der ist jedoch zu der Zeit, wo der Nachtheil eintreten könnte, bereits todt und würde der Nachtheil in der That nur unschuldige dritte treffen. Das aber wäre ganz ungerechtfertigt.

Dies vorausgeschickt, kann weiter erwogen werden, welche Natur dem Pflichttheilsrecht, das sich also nach dem Vorstehenden in seiner

---

[3]) Mommsen §. 482 ff. Entw. und Motive S. 463.

[4]) Bruns a. a. O. S. 372; Mommsen: Motive S. 449 u. 476.

maßgebenden Erscheinungsform als ein Recht auf den Pflichttheil darstellt (vgl. §. 11 S. 59), de lege ferenda zu geben ist. Es werden nicht blos die Verfasser des neuen Gesetzbuchs sich hierüber klar werden müssen, sondern es macht der große Einfluß, den die rechtliche Natur des Pflichttheilsrechts auf die wichtigsten praktischen Fragen hat, es zu einer entschiedenen Nothwendigkeit, diese Natur, wenn nicht mit ausdrücklichen Worten, so doch sonst in unzweideutiger Weise im Gesetz selbst zum Ausdruck zu bringen. Soll dies nun in der Art geschehen, daß das Pflichttheilsrecht als Erbrecht oder als Anfechtungsrecht oder als Forderungsrecht gestaltet wird, soll also der Pflichttheilsberechtigte unmittelbar oder wenigstens mittelbar zum Erben auf den Pflichttheil und der Pflichttheil zu einem Erbtheil oder soll der Pflichttheilsberechtigte nur zum Gläubiger und der Pflichttheil zu einer pars bonorum et non hereditatis gemacht werden? Die Entscheidung kann nach dem früher Ausgeführten nicht zweifelhaft sein.

Schon dasjenige, was vorhin (§. 41 S. 198 ff.) für das System der beschränkten Willkühr geltend gemacht wurde, daß die ganzen von der individuellen Thätigkeit mehr als früher abhängigen Verkehrs-Verhältnisse der Neuzeit auch eine größere Freiheit der individuellen Willensbestimmung über das Vermögen nach dem Tode fordern und andererseits die Lockerung der Familiengemeinschaft es rechtfertigt, die Rechte der Verwandten zu beschränken, spricht auch dafür, den Verwandten den ihnen gebührenden Pflichttheil aus dem Nachlasse nicht durch das umfassendere Recht der Erbfolge, sondern nur durch das geringere, die Verfügungsbefugniß weniger beschränkende Forderungsrecht (§. 19 S. 104 u. 105) zukommen zu lassen.

Abgesehen hiervon haben die für die Forderungsrechts-Theorie geltend gemachten Argumente zum größern Theil eine über den Kreis der Anwendung und Auslegung des Allgemeinen Landrechts hinausgehende Tragweite und führen insoweit auch de lege ferenda zum Forderungsrecht.

Dies gilt zunächst davon, daß zu dem System der beschränkten Willkühr überhaupt nur das Forderungsrecht paßt, weil nur dieses das Verfügungsrecht blos beschränkt, während bei dem Erbrecht und dem Anfechtungsrecht über einen Theil des Nachlasses eine gültige Verfügung gar nicht getroffen werden kann, das Verfügungsrecht also nicht blos beschränkt, sondern theilweise ganz entzogen ist (§. 26 S. 137, 139, u. 140).

Es wird sodann unzweifelhaft auch nach dem neuen Gesetz die

Erbschaft ein Rechtsbegriff sein, der von dem Vorhandensein oder Nichtvorhandensein materieller Bestandtheile und deren Ab- oder Zunahme unabhängig ist, auch noch besteht, wenn es an solchen ganz fehlt und sich über Aktiva und Passiva gleichmäßig erstreckt. Diese Eigenschaften müßte daher der Pflichttheil ebenfalls haben, um Erbtheil d. i. Quote der Erbschaft zu sein. Er kann aber wegen des beizubehaltenden Vorabzugs der Schulden und der Möglichkeit einer Zuwendung des Pflichttheils titulo singulari keine derselben haben. Der Vorabzug der Schulden enthält zweierlei, einmal, daß es an einem insufficienten Nachlaß kein Pflichttheilsrecht giebt, weil hier weder sein Grund, daß die nächsten Verwandten für den ihnen durch die Entziehung des gesetzlichen Erbrechts zugefügten Vermögens-Verlust entschädigt werden müssen, zutrifft, noch sein Zweck, einen materiellen Vortheil aus dem Nachlaß zu verschaffen, erreichbar ist und zweitens, daß der Pflichttheil an den Passivis der Erbschaft nicht besteht (§. 25 S. 132, 133 u. 134). Er bewirkt also, daß ein Pflichttheil ohne materielle Bestandtheile des Nachlasses nicht vorhanden ist und daß derselbe sich nicht gleichmäßig über die Aktiva und die Passiva erstreckt. Und die Möglichkeit, den Pflichttheil titulo singulari ohne Erbeseinsetzung zuzuwenden, in Folge wovon der Pflichttheilsberechtigte durch ausreichende Quantitäten wegen seines Pflichttheilsrechts abgefunden werden kann und unzulängliche Quantitäten auf den Pflichttheil anzurechnen sind (§. 21 S. 114 u. 115), gestattet einen Einfluß materieller Bestandtheile auf den Pflichttheil, wie er bei einem Rechtsbegriff nicht möglich ist, da ein Rechtsbegriff weder durch Quantitäten hinterlassen noch Quantitäten in ihn eingerechnet werden können (§. 21 S. 115, 117 u. 118). Beides, der Vorabzug der Schulden und die Zulässigkeit der Zuwendung titulo singulari machen daher von selbst und nothwendig den Pflichttheil zu einem Quantum und hindern, ihn zur Quote zu machen.

Weil der Erblasser das Recht behält, den Pflichttheilsberechtigten durch Quantitäten abzufinden, würde ferner ein Erbrecht des Pflichttheilsberechtigten mit dem hervorgehobenen materiellen Charakter des Pflichttheilsrechts, nach welchem dasselbe nicht durch eine Verletzung seitens des Erblassers größer werden kann, nicht weniger unvereinbar sein, als es die gänzliche oder theilweise Umstoßung der letztwilligen Verfügung wegen Pflichttheilsverletzung ist. Wenn der Pflichttheilsberechtigte vom Erblasser durch Quantitäten befriedigt werden kann, so kann er bei Unterlassung dieser Befriedigung auch nur ein Recht auf Quantitäten und nicht ein Recht auf eine Quote haben. Das Recht auf eine Quote würde wieder eine über den eigentlichen Inhalt des Pflichttheilsrechts hinausgehende Strafe für unschuldige dritte sein (§. 21 S. 117 u. 118).

Weiter ist es auch vom gesetzgeberischen Standpunkt aus nicht unerheblich, daß nur beim Forderungsrecht die Seitens des Erblassers gemachten Zuwendungen die gleiche Wirkung haben, daß dadurch der Pflichttheilsberechtigte wegen seines Pflichttheils abgefunden wird, ganz, wenn die Zuwendung dazu ausreicht und theilweise, wenn sie nicht ausreicht und soweit sie ausreicht (§. 33 S. 157 u. 158), eine Gleichheit, welche die Konsequenz fordert.

Ganz besonders entscheidend aber sind die Widersprüche mit anderweiten Rechtsgrundsätzen, zu denen die Eigenschaft des Pflichttheilsrechts als eines Erbrechts bezw. des Pflichttheils als eines Erbtheils führt und welche auch bei der neuen Gesetzgebung nicht möglich sein wird, zu vermeiden.

Zwar mit dem Princip des Erbrechts (§. 27) wird diese Eigenschaft wohl nicht mehr in Konflikt gerathen, weil man schwerlich wie im Landrecht den Willen des Erblassers zum alleinigen Grunde der Erbfolge machen und die gesetzliche Erbfolge nicht aus dem vermutheten Willen des Erblassers herleiten, sondern nach objektiven Kriterien regeln wird[5]). Ebenso möglicher Weise nicht mit den Bestimmungen über die Inventarisirung des Nachlasses (§. 29), weil die Pflicht, den Nachlaß zur Vermeidung der Haftung für die Erbschaftsschulden über die Kräfte der Erbschaft hinaus zu inventarisiren, vielleicht keine Aufnahme in das neue Gesetz finden wird[6]). Dagegen aber z. B. entschieden mit dem Recht, an einzelnen Nachlaßgegenständen Vermächtnisse zu errichten, mit welchem Recht namentlich auch im Sächsischen Gesetzbuch die hier dem Pflichttheilsberechtigten ausdrücklich beigelegte Erbqualität in unlösbaren Widerspruch tritt. Das Recht zu Vermächtnissen kann nicht versagt werden. Es kollidirt aber mit dem Erbrecht, weil dieses ein unentziehbares Miteigenthum an jeder einzelnen Erbschaftssache giebt (§. 28 S. 143 ff).

Endlich dürfen von einer neuen Gesetzgebung, deren Streben vor allem darauf gerichtet sein muß, klare und einfache Rechtsverhältnisse

---

[5]) Förster: Privatrecht. Bd. IV. §. 259 S. 212 u. Binding S. 414 ff.

[6]) Gegen dieselbe Binding S. 190 ff., dessen Begründung aber nicht beigetreten werden kann, namentlich auch nicht darin, daß für das Verhältniß der Verwandten unter einander und deren Erbrecht überhaupt das spezielle Verhältniß zwischen Eltern und Kindern zu Grunde zu legen sei.

zu schaffen, einerseits die Schwierigkeiten, welche das Erbrecht und das Anfechtungsrecht bei der praktischen Handhabung bieten und andrerseits die Leichtigkeit der Anwendung des Forderungsrechts nicht außer Acht gelassen werden. Was in dieser Beziehung früher bemerkt worden ist, wird im wesentlichen, da es auf allgemeinen Erwägungen beruht, auch nach dem neuen Gesetz noch zutreffend bleiben. Insbesondere bleibt, daß die Verhältnisse des Miterben- und Miteigenthumsrechts weit verwickelter sind als die des Forderungsrechts (§. 30 S. 149 u. §. 33 S. 158) und daß bei dem Forderungsrecht die beiden wichtigen Punkte der Ermittlung des Pflichttheils und der Auseinandersetzung mit den eingesetzten Erben sich ungleich richtiger und leichter erledigen lassen (§. 35 S. 166).

Vorstehende Deduktionen dürften es nicht blos rechtfertigen, das Recht auf den Pflichttheil als ein Forderungsrecht zu gestalten, sondern direkt dazu nöthigen.

Damit ist dann das Recht auf Ergänzung des Pflichttheils von selbst ebenfalls als ein Forderungsrecht bestimmt[7]).

Es kann auch weiter keinem Bedenken unterliegen, daß dem Recht gegen pflichtwidrige Schenkungen der Charakter eines Anfechtungsrechts bezw. eines Forderungsrechts zu geben ist (§. 32 S. 154—156).

Bei den Belastungen entsteht ein besonderer Zweifel noch insofern, als zu erwägen ist, ob dieselben etwa nach dem Vorbilde des Römischen Rechts (§. 10 S. 48), welchem das Oestreichische und Sächsische Gesetzbuch im §. 774 bezw. in den §§. 2584 u. 2585 gefolgt sind, soweit sie den Pflichttheil treffen, für ipso jure nichtig erklärt werden sollen[8]). Ein innerer Grund liegt hierzu nicht vor. Das Pflichttheilsrecht ist unabhängig von der Willkühr des Erblassers und ohne und selbst wider dessen Willen vorhanden. Es ist an und für sich auch unabhängig von dem Willen des Berechtigten insofern, als die Thatsachen der Verwandtschaft und der Entziehung des gesetzlichen Erbrechts genügen, um es als

---

[7]) In Bezug auf letzteres Recht stimmt Mommsen (Entw. §. 504 und Motive S. 479 zu §. 499 sowie S. 482 zu §. 504) überein. Dagegen soll nach ihm der Pflichttheilsberechtigte, wenn ihm gar nichts hinterlassen ist, verlangen können, daß er für den Pflichttheil als Erbe anerkannt werde (§. 499 und S. 479 u. 480), also ein Anfechtungsrecht haben. Daß diese Behandlung keineswegs „die natürlichste und einfachste ist und zugleich am meisten dem Interesse aller Betheiligten entsprechen dürfte", sondern eine ganz inkonsequente Verschiedenheit zwischen dem Recht auf die Ergänzung des Pflichttheils und dem Recht auf den Pflichttheil selbst statuirt, darüber wird nach den obigen und früheren Ausführungen kein Zweifel obwalten.

[8]) Dafür Mommsen: Entw. §. 486, 503 u. 504 und Motive dazu S. 464 und 482.

Aequivalent für diese Entziehung mit dem Tode des Erblassers von selbst und ohne daß es einer besondern Thätigkeit oder auch nur einer Erklärung des Pflichttheilsberechtigten, es haben zu wollen, bedarf, entstehen zu lassen. Aber darum muß doch noch nicht auch seine Geltendmachung von dem Willen des Pflichttheilsberechtigten unabhängig sein und eine Geltendmachung des Pflichttheilsrechts ist die Aufhebung der den Pflichttheil beschwerenden Belastung. Die Geltendmachung kann und muß dem Pflichttheilsberechtigten überlassen bleiben. Denn ob jemand von einem ihm zustehenden Recht Gebrauch machen will, ist regelmäßig lediglich seine Sache und hat das Gesetz ein Recht oder eine Pflicht, ohne und gar selbst wider den Willen des Pflichttheilsberechtigten das Pflichttheilsrecht zu realisiren um so weniger, als die persönlichen und sittlichen Momente, welche beim Pflichttheilsrecht mitspielen, ganz besonders leicht Veranlassung geben können, das Recht nicht geltend zu machen. In den andern Fällen der Pflichttheilsverletzung denkt man denn auch nicht nur nicht daran, die Geltendmachung des Pflichttheilsrechts ohne den Willen des Pflichttheilsberechtigten eintreten zu lassen, sondern man verlangt sogar, daß er seine Reaktion gegen die Pflichttheilsverletzung innerhalb einer gewissen kurzen Zeit vornehme, widrigenfalls es bei der Pflichttheilsverletzung bewendet. Von dieser Regel eine Ausnahme zu machen, giebt das Wesen der Belastung keinen Anlaß. Konsequenter Weise würde für diese sonst auch die kurze Verjährungsfrist keine Anwendung finden können[9]) und wäre das eine Privilegirung der Pflichttheilsverletzung durch Belastung, welche jeder Begründung entbehrt.

Ist aber die Belastung nicht ipso jure ungültig, so kann das Recht des Pflichttheilsberechtigten gegen dieselbe nur die Natur eines Anfechtungsrechts erhalten (§. 32 S. 154).

Demnach erscheint die Charakterisirung des Pflichttheilsrechts, welche das Allg. Landrecht angenommen hat, auch vom legislativen Standpunkt aus überall als die richtige und ist beizubehalten. Der Tadel, den man deswegen gegen das Landrecht und seine Verfasser ausgesprochen hat[10]), ist daher nicht gerechtfertigt. Am landrechtlichen Pflichttheilsrecht ist höchstens auszusetzen, daß die demselben gegebene rechtliche Natur nicht in einer allem Zweifel entzogenen Weise erkennbar gemacht ist, wobei

[9]) Gruchot: Erbrecht. Bd. III. S. 138. Mommsen zieht die obige Konsequenz auch und unterstellt den Fall der Belastung der kurzen Verjährung nicht, vgl. §. 521 u. 524 seines Entwurfs.

[10]) z. B. Binding S. 134—136.

allerdings diesseits behauptet wird, daß eine eingehende Berücksichtigung aller in Betracht kommenden Momente, wie sie in der zweiten Abhandlung vorgenommen worden ist, in Wirklichkeit Zweifel nicht läßt, und daß verschiedene Detailbestimmungen hätten besser geordnet werden können. In seinen Grundzügen aber ist das Landrecht durchaus auf dem rechten Wege und namentlich hat es bei der Charakterisirung des Pflichttheilsrechts das Rechte getroffen.

Weil solchergestalt dieselbe rechtliche Natur, welche das Pflichttheilsrecht im Landrecht hat, auch für das neue Gesetzbuch beizubehalten ist, bleiben für dasselbe auch die Resultate der dritten Abhandlung maßgebend. Denn diese sind nichts weiter als Schlußfolgerungen aus der Natur des Pflichttheilsrechts und fragt sich dabei nur noch, wie weit man sie im Gesetz speziell hervorheben soll. Die Grenze hierfür wird da zu setzen sein, wo die Möglichkeit nicht ganz ungegründeter Zweifel anfängt.

Es bleibt daher zunächst, daß der Gegenstand des Pflichttheilsrechts bei Belastungen die Beseitigung der Last, bei Verfügungen unter Lebenden die Aufhebung der Schenkung, eine Summe Geldes oder das zuviel Verschenkte in Natur, im übrigen aber stets eine Summe Geldes ist, welche durch eine Abschätzung der zum Nachlaß beim Tode des Erblassers gehörenden geldwerthen Sachen und Rechte gefunden wird, daß der Pflichttheilsberechtigte an den Vermehrungen und Verminderungen der Erbschaft keinen Antheil hat und daß eine Rechnungslegung nicht stattfindet (§. 35). Einer besondern Hervorhebung wird hiervon nur die Unzulässigkeit des öffentlichen Verkaufs bedürfen, diese Hervorhebung sich aber wegen der Wichtigkeit des Punkts empfehlen. Es wird demgemäß auszusprechen sein, daß der Pflichttheilsberechtigte als solcher, also soweit er nicht etwa durch freiwillige Zuwendungen des Erblassers zum Erben oder Legatar gemacht ist und in dieser Eigenschaft besondere Rechte hat, zur Ermittlung des Betrages des Pflichttheils sowohl für die Feststellung, ob überhaupt eine Pflichttheilsverletzung vorliegt, als auch für die Auseinandersetzung mit dem eingesetzten Erben nur die Taxation, zu welcher er auf Verlangen hinzuzuziehen ist, und nicht den öffentlichen Verkauf des Nachlasses fordern kann. Damit würden der §. 784 des Oestreichischen Gesetzbuchs und der §. 164 des Anhangs zum Allgemeinen Landrecht erledigt sein.

Es bleibt ferner das über die Person des Verpflichteten Festgestellte (§. 36) im wesentlichen maßgebend.

Wenn das Recht gegen Belastungen ein Anfechtungsrecht ist, so kann das Urtheil auf die Pflichttheilsklage auch ohne eine spezielle Bestimmung, wie sie in dieser Beziehung im §. 433 Thl. II. Tit. 2 des Allg. Landrechts getroffen ist, nur dahin gehen, daß die Last für aufgehoben zu erklären, die Klage selbst daher nur gegen denjenigen gerichtet werden, der durch die Belastung begünstigt ist.

Was die Schenkungen anbetrifft, so ergiebt der Begriff der Schenkungen überhaupt, daß die Schenkung als solche zur Zeit der Geltendmachung des Pflichttheilsrechts noch bestehen, d. h. das Verschenkte selbst oder eine an dessen Stelle tretende Bereicherung zu dieser Zeit noch bei dem Beschenkten oder seinen Erben vorhanden sein muß. Gilt dies aber, so können dritte Besitzer nicht die Verpflichteten sein[11]). Es würde auch sonst gegen die nur von seltenen Ausnahmen durchbrochene Regel, daß ein im Wege einer Singularsuccession gemachter Erwerb in den Händen eines dritten, an welchen er in gleicher Weise gelangt ist, wegen Verletzung fremder Rechte durch denselben nicht mehr in Anspruch genommen werden kann, daß die Klagen aus persönlichen Rechten auf Sachen nicht in rem scriptae sind, verstoßen werden, wozu es besonderer rechtfertigender Gründe bedürfte.

Ebenso ergiebt sich dasjenige, was über die Person des Verpflichteten beim Pflichttheilsrecht, wenn dieses Forderungsrecht gegen letztwillige Verfügungen ist, gesagt worden, aus dem Wesen eines Forderungsrechts mit Nothwendigkeit. Als Erbschaftsgläubiger kann der Pflichttheilsberechtigte sich von selbst nur an den oder die eingesetzten Erben als die Vertreter des Nachlasses halten. Die Legatare haben zu seiner Befriedigung dann zwar in derselben Weise beizutragen, wie sie zu sonstigen Nachlaßschulden beizutragen haben werden, d. i. jedenfalls nur subsidiär, aber sie sind zu diesem Beitrag nur den Erben, nicht dem Pflichttheilsberechtigten gegenüber verpflichtet. Mehrere eingesetzte Erben ferner werden nach denselben Grundsätzen, nach denen sie für die gewöhnlichen Schulden der Erbschaft zu haften haben werden, dem Pflichttheilsberechtigten verpflichtet sein und in dem Fall, wenn nur Legatare vorhanden sind, in gleicher Weise lediglich die allgemeinen Bestimmungen, welche man über die gesetzlichen Verpflichtungen mehrerer Personen treffen und nach welchen man wohl auch nur eine antheilsweise Verpflichtung statuiren wird, Anwendung finden. Auch hinsichtlich der Geltendmachung gegen einen Testaments-Exekutor wird das Pflichttheilsrecht sonstigen Nachlaßforderungen gleichzustellen sein.

---

[11]) Ebenso Mommsen: Entw. §. 514 und dazu Motive S. 490.

Es handelt sich mithin bei dem Vorstehenden theils um sich sofort und klar ergebende Konsequenzen aus der Natur des Pflichttheilsrechts, theils um die einfache Anwendung anderweiter allgemeiner Rechtsregeln. Ein Bedürfniß zu Spezial-Vorschriften liegt daher nicht vor. Nur das wird zweckmäßig sein, hervorzuheben, daß die Vermächtnißnehmer neben eingesetzten Erben erst subsidiär zur Entrichtung oder Ergänzung des Pflichttheils beizutragen haben, wobei es sich weiter empfehlen möchte, noch auszusprechen, daß dies nur unter der Voraussetzung gilt, daß der Erblasser nicht mit ausdrücklichen Worten oder in sonst zweifelloser Weise etwas anderes angeordnet hat. Denn dem Erblasser kann es nicht verwehrt werden, dem einen oder dem andern der von ihm ernannten Erben oder Legatare die Befriedigung des Pflichttheilsberechtigten allein oder vorzugsweise zur Pflicht zu machen. Hierdurch wird der Pflichttheilsberechtigte allerdings nicht berührt, da dessen Recht eben der Willkühr des Erblassers entzogen ist und ihm derselbe nicht einen andern Verpflichteten geben kann. Aber es wird dadurch das Beitragsverhältniß der mehreren Erben und Legatarien und ihre Ausgleichung unter einander geändert und kann geändert werden, weil der Bedachte, welchem die Befriedigung des Pflichttheilsberechtigten auferlegt ist, sein Recht lediglich aus dem Willen des Erblassers herleitet und wenn er die Zuwendung angenommen hat, auch die Auflage anerkennen muß. Der §. 334 Thl. I. Tit. 12, soweit derselbe das Pflichttheilsrecht betrifft, und die §§. 434 u. 435 Thl. II. Tit. 2 des Allgemeinen Landrechts dürften daher in der Art Aufnahme finden können, daß einestheils bestimmt wird, Legatare hätten neben den eingesetzten Erben erst dann zur Entrichtung oder Ergänzung des Pflichttheils beizutragen, wenn der den Erben nach Auskehrung der Vermächtnisse bleibende Nachlaß nicht ausreicht und anderntheils ausgesprochen wird, der Erblasser könne das Verhältniß, in welchem die Legatare neben den Erben oder mehrere Erben unter sich oder mehrere Legatare unter sich zur Entrichtung oder Ergänzung des Pflichttheils beizutragen haben, ändern. Die letztere Berechtigung des Erblassers ist der an sich richtige, aber schlecht ausgedrückte Gedanke, welcher dem §. 435 zu Grunde liegt.

Mit diesen Ausführungen über die Person des Verpflichteten stimmt Mommsen nur theilweise überein.

Derselbe betrachtet zwar ebenfalls, soweit er das Pflichttheilsrecht als Forderungsrecht qualificirt (oben Anm. 7), die Erben als die Verpflichteten[12]), aber er ermächtigt die Erben, deren Erbtheile in Folge

[12]) §. 504 seines Entwurfs.

der Entrichtung oder Ergänzung des Pflichttheils eine Minderung erleiden, in demselben Verhältnisse, in welchem diese Minderung eintritt, die ihnen auferlegten Vermächtnisse zu kürzen[13]), nimmt also nicht blos eine subsidiäre, sondern eine mit der der Erben gleiche, principale Beitragspflicht der Vermächtnißnehmer an. Er geräth hierdurch mit sich selbst in Widerspruch, indem er zu andern Nachlaßschulden die Erben und Legatare nicht in gleicher Weise beitragen läßt. Seine Gründe, weshalb es beim Pflichttheilsrecht anders sein soll, sind: es würde sehr unbillig sein, wenn die Kürzung allein die Erben treffen sollte und es sei anzunehmen, daß der Erblasser die Vermächtnisse, welche er den Erben auferlegt hat, denselben eben mit Beziehung auf den Betrag des ihnen Zugewendeten auferlegt habe und daß er ihnen bei geringerer Zuwendung auch nicht soviel an Vermächtnissen auferlegt haben würde[14]). Allein abgesehen davon, daß, was vielleicht die Unbilligkeit für die Erben aufhebt, zu einer Unbilligkeit für die Vermächtnißnehmer werden würde, ist die Unbilligkeit für die Erben gar nicht vorhanden, weil diese überhaupt ungünstiger als die Vermächtnißnehmer dastehen, indem sie Rechte und Pflichten haben und begriffsmäßig für die Schulden der Erbschaft einstehen müssen, die Vermächtnißnehmer aber nur Rechte haben.

Das zweite Argument sodann begiebt sich auf das Gebiet der bloßen Vermuthungen, die in einem Falle vielleicht zutreffen, in andern Fällen aber nicht und die man nicht zum allgemeinen Rechtsprincip erheben darf. Mit demselben Recht könnte man die Vermächtnißnehmer, wenn die Erben mehr Schulden des Erblassers zu bezahlen haben, als der Erblasser selbst geglaubt hat, zu diesen Schulden mit den Erben beitragen lassen. Denn auch hier ist es möglich, daß der Erblasser die Vermächtnisse den Erben mit Bezug auf den Betrag des ihnen Zugewendeten auferlegt hat und ihnen, wenn er sich darüber klar gewesen wäre, daß die Zuwendung wegen der größern Schuldenlast geringer ausfällt, nicht soviel auferlegt haben würde.

Ferner stimmt Mommsen darin überein, daß er dem Erblasser gestattet, die Beitragspflicht anders festzusetzen[15]), aber er weicht wieder insofern ab, als der Pflichttheilsberechtigte, wenn der Pflichttheil oder das daran Fehlende Vermächtnißnehmern zugewendet ist, von diesen die

---

[13]) Entw. §. 499 Abs. 3 und §. 504.

[14]) Motive S. 480 zu §. 499. Vgl. die gleiche Argumentation bei den Verfassern des Landrechts oben §. 5 S. 29.

[15]) Entw. §. 499 Abs. 3 u. §. 500 und Motive dazu S. 480 u. 481.

Auszahlung des ihm zukommenden Betrags zu fordern hat[16]), in diesem Fall also die Vermächtnißnehmer, auch wenn eingesetzte Erben vorhanden sind, die Verpflichteten sein können. Das hierfür allein geltend gemachte Argument des muthmaßlichen Willens des Erblassers übersieht, daß der Pflichttheilsberechtigte von dem Willen des Erblassers unabhängig ist und daher durch den Willen des Erblassers nicht einen andern Verpflichteten erhalten kann, als er sonst hat.

Es behalten endlich die ganzen Ausführungen über das Recht auf Erbauseinandersetzung, Siegelung, Inventur und Manifestationseid, über die Eigenthums-Eintragung, über den Beginn der Ueberlegungsfrist für den eingesetzten Pflichttheilsberechtigten und über Belastung des Pflichttheils, über die Vererblichkeit und Uebertragbarkeit des Pflichttheilsrechts, die Exekutionsfähigkeit desselben und die Geltendmachung im Konkurse (§§. 37, 38 u. 39) ihre Geltung und bedarf es hier nirgends einer besondern gesetzlichen Vorschrift. Insbesondere ist eine solche auch für die Exekutionsfähigkeit und die Geltendmachung im Konkurse wegen der bereits vorhandenen Bestimmungen der Civil-Prozeßordnung vom 30. Januar 1877 und der Konkursordnung vom 10. Februar 1877 nicht erforderlich.

Nach der ersteren findet die Zwangsvollstreckung in Forderungen und andere Vermögensrechte regelmäßig statt (§. 729), die gemachten Ausnahmen (§. 749) umfassen das Pflichttheilsrecht nicht. Wird man, so lange die den Pflichttheil bildende Summe ihrem Betrage nach noch nicht feststeht, auch vielleicht das Pflichttheilsrecht nicht als eine Geldforderung im Sinn der §§. 730 u. 736 ansehen können, so wird es doch wenigstens dem §. 743, nach welchem, wenn die gepfändete Forderung eine bedingte oder betagte oder ihre Einziehung wegen der Abhängigkeit von einer Gegenleistung oder aus anderen Gründen mit Schwierigkeiten verbunden ist, das Gericht auf Antrag an Stelle der Ueberweisung eine andere Art der Verwerthung anordnen kann, zu unterstellen sein und jedenfalls unter den §. 754 fallen, welcher von der Zwangsvollstreckung in Vermögensrechte, über welche vorher nichts näheres bestimmt ist, handelt und vorschreibt, daß auf diese die vorstehenden Bestimmungen entsprechende Anwendung finden. Es würde darnach namentlich möglich sein, den Gläubiger des Pflichttheilsberechtigten zu ermächtigen, daß er gegen den Verpflichteten auf Legung eines Inventars

---

16) Entw. §. 500 u. 504 und Motive S. 480 u. 481.

und Zahlung der aus diesem Inventar sich ergebenden Pflichttheilssumme an ihn in Höhe seines Anspruchs Klage anstellt.

Nach der Konkursordnung vom 10. Februar 1877 §. 1 umfaßt das Konkursverfahren das gesammte, einer Zwangsvollstreckung unterliegende Vermögen des Gemeinschuldners, welches ihm zur Zeit der Eröffnung des Verfahrens gehört, und daher insoweit auch ein dem Gemeinschuldner zustehendes Pflichttheilsrecht.

Gegen Mommsen speciell, nach welchem der Pflichttheilsberechtigte, um sich eine Kunde davon zu verschaffen, ob und inwieweit das Pflichttheilsrecht verletzt ist, nicht blos in allen Fällen die Herausgabe eines Nachlaßverzeichnisses verlangen, sondern auch fordern kann, daß dieses Verzeichniß von dem Gericht aufgenommen werde und ferner, wenn er sein Pflichttheilsrecht für verletzt hält, die gerichtliche Regulirung der Erbschaft verlangen kann[17]), und welcher diese Bestimmungen durch den Zweck, den Pflichttheilsberechtigten zu schützen, motivirt[18]), dürfte einzuwenden sein, daß das Recht auf Erbregulirung und das Recht auf gerichtliche Aufnahme des Nachlaßverzeichnisses weit über jenen Zweck hinausgehen. Denn es heißt doch offenbar nicht mehr blos das Pflichttheilsrecht schützen, wenn die eingesetzten Erben, welche darüber einig sind, die unter ihnen bestehende Gemeinschaft weiter bestehen zu lassen, gezwungen werden, dieselbe aufzuheben und sich auseinanderzusetzen, und die Ermittlung des Pflichttheils kann ebenso gut und sicher durch ein beeidetes Privatinventar, wie durch ein gerichtliches Nachlaßverzeichniß erfolgen (§. 37 S. 178). Was zum Schutz des Pflichttheilsrechts nothwendig ist, ist allein dasjenige, was oben aus seinem Begriff und seiner Natur hergeleitet worden ist, und dazu gehört das Recht auf Erbregulirung gar nicht und das auf gerichtliche Aufnahme des Inventars nur, wenn und soweit als jeder Erbschaftsgläubiger dasselbe hat. Weil das letztere Recht sich insoweit ohne weiteres aus der rechtlichen Natur des Pflichttheilsrechts, das Recht auf Legung eines Privatinventars aber, soweit der Pflichttheilsberechtigte dieses Recht haben muß, aus dem Begriff des Pflichttheilsrechts ergiebt, erübrigt es sich, darüber besondere gesetzliche Vorschriften zu treffen.

---

17) Entw. §. 507.

18) Motive S. 484 zu §. 507.

§. 43.

Singuläre Gestaltungen des Pflichttheilsrechts.

Von der regelmäßigen Gestaltung des Pflichttheilsrechts finden sich überall Ausnahmen. Je sachgemäßer und richtiger jene ist, desto seltener werden diese sein und umgekehrt. Das Römische Recht hat in Folge seiner ungenügenden Ausbildung des Pflichttheilsrechts noch verhältnißmäßig viele Ausnahmen, die neueren Gesetze haben weniger.

Auch für die neue Gesetzgebung fragt es sich, ob und welche Ausnahmen man von der Gestaltung, welche nach dem Bisherigen dem Pflichttheilsrecht zu geben ist, zu machen haben wird.

Selbstverständlich ist, daß weder der äußere Umfang der Pflichttheilsverletzung, noch die Person des Berechtigten zu Abweichungen Veranlassung geben, wie im Römischen Recht der Fall ist, nach welchem die gänzliche und die theilweise Entziehung des Pflichttheils verschieden wirken und das Recht des unmündig Arrogirten und das der armen Wittwe singulär sind.

Auch wird es nicht zweifelhaft sein, daß das Pflichttheilsrecht Testamenten und Erbverträgen gegenüber in gleicher Weise vorhanden sein muß. Die im Gemeinen Recht über die Folgen einer Pflichttheilsverletzung durch Erbvertrag bestehende große Kontroverse (§. 4 S. 24) hat in letzter Linie ihren eigentlichen Grund darin, daß man das Anwendungsgebiet des Römischen Pflichttheilsrechts wegen dessen Mangelhaftigkeit nicht weiter ausdehnen und bei den Erbverträgen gern einer theoretisch als besser erkannten Gestaltung des Pflichttheilsrechts praktische Geltung verschaffen wollte. Dieser Grund ist durch die im Sinn der letztern bessern Gestaltung stattfindende allgemeine Abweichung vom Römischen Recht beseitigt und bleibt jetzt nur zu berücksichtigen, daß der Erblasser durch einen Erbvertrag grade so gut wie durch ein Testament seinen Intestaterben ihr gesetzliches Erbrecht nehmen kann, das Pflichttheilsrecht als Aequivalent für ein entzogenes Intestaterbrecht mithin hier ebenfalls eintreten muß, sowie, daß der Erbvertrag eine letztwillige Verfügung ist und das ihn von einem Testament unterscheidende Merkmal der Unwiderruflichkeit keine Bedeutung für das Pflichttheilsrecht hat, dieses daher im Fall einer Verletzung auch mit denselben Wirkungen wie bei einem Testament eintreten muß. Das Landrecht, das Oestreichische und das Sächsische Gesetzbuch stimmen denn auch darin überein, daß sie für das Pflichttheilsrecht keinen Unterschied zwischen Testamenten und Erbverträgen machen.

In einem dritten Fall, bei dem Pflichttheilsrecht gegen Pupillarsubstitutionen, weichen die verschiedenen Rechte sehr von einander ab, indem, abgesehen von dem Oestreichischen Gesetzbuch, welches das Institut der Pupillarsubstitutionen ganz beseitigt hat, das Römische Recht ihnen gegenüber gar kein Pflichttheilsrecht giebt (§. 4 S. 17), der Entwurf eines Allgemeinen Gesetzbuchs für die Preußischen Staaten umgekehrt es nicht nur gewährte, sondern sogar die Entziehung desselben vollständig ausschloß und wenn fremde d. i. zur Familie des Kindes nicht gehörige Personen berufen worden, dem Pflichttheilsberechtigten gestattete, die Aufhebung der ganzen Disposition zu verlangen (§. 5 S. 30), das Allgemeine Landrecht die Entziehung zuläßt, aber den ganzen gesetzlichen Erbtheil bezw. die Hälfte desselben zum Pflichttheil macht und bei Verletzung dieses Pflichttheils die letztwillige Verordnung ganz oder theilweise für nichtig erklärt (§. 5 S. 32, §. 14 S. 73) und das Sächsische Gesetzbuch sich darauf beschränkt, die Möglichkeit der Enterbung auszuschließen (§. 7 S. 38).

Will man die Pupillarsubstitutionen überhaupt beibehalten, wogegen allerdings die gewichtigsten Bedenken sprechen, so wird man doch nicht umhin können, den Gesichtspunkt der Stellvertretung, auf welchem sie beruhen, daß nämlich der Substituirende eine letztwillige Verfügung für und statt eines andern errichtet, konsequent und auch hinsichtlich des Pflichttheilsrechts durchzuführen. Es muß daher zunächst der Vertreter auch nur mit denselben Beschränkungen, wie es der Vertretene hätte thun können, also mit Vorbehalt des Pflichttheilsrechts verfügen dürfen. Warum sollen denn die Verwandten des Vertretenen darunter leiden, daß einem dritten im Interesse desselben oder auch im Interesse desjenigen, der an sich gar nicht letztwillig disponiren könnte, erlaubt wird, für diesen zu verfügen? Der Grund, aus welchem das Römische Recht die Nichtberücksichtigung der Pflichttheilsberechtigten des pupillus zugelassen hat, weil sie demjenigen, der die Disposition getroffen hat, gegenüber nicht pflichttheilsberechtigt sind und derjenige, dessen Pflichttheilsberechtigte sie sind, wieder die Disposition nicht getroffen hat, sie sich also nicht über eine Lieblosigkeit von Seiten desselben beklagen können (l. 8 §. 5 D. de inoff. test. 5,2), ist rein formal und hängt mit der Eigenschaft der querela inofficiosi testamenti als einer persönlichen „Klage" über Lieblosigkeit zusammen[1]). Er trifft nicht mehr zu, sobald das Pflicht-

---

[1]) Francke: Recht der Notherben. §. 36 S. 463; Schröder §. 69 S. 568 und 569.

theilsrecht lediglich ein materielles Recht am Nachlasse ist. Dann ist es unerheblich, wer über den Nachlaß verfügt, ob dies derjenige selbst ist, an dessen Nachlasse das Pflichttheilsrecht besteht oder ob an seiner Stelle für ihn ein dritter verfügt.

Hat aber der Substituirende mit denselben Beschränkungen zu verfügen, so muß er andrerseits auch mit denselben Rechten, wie der von ihm Vertretene, verfügen können, also auch das Recht haben, aus der Person dieses heraus eine Enterbung vorzunehmen. Das Recht der Enterbung ist gewiß ein persönliches, aber es ist doch nicht persönlicher als das Recht, eine letztwillige Disposition zu treffen. Findet hier eine Vertretung statt, so muß sie auch dort zulässig sein.

Noch weniger vermag der Umstand, daß für denjenigen, an dessen Nachlaß das Pflichttheilsrecht gegeben ist, ein andrer über den Nachlaß verfügen darf, Veranlassung bieten, den Pflichttheil höher als sonst zu bestimmen oder der Pflichttheilsverletzung größere Wirkungen als gewöhnlich beizulegen. Die Möglichkeit der Vertretung ist etwas, was nur die Verhältnisse des Vertretenen und des Vertreters berührt, aber nicht auf den Umfang der Rechte dritter von Einfluß sein kann.

Es wird sonach auch für die Pupillarsubstitutionen keinerlei Ausnahme zu treffen sein.

Dagegen verlangt die irrthümliche Uebergehung auch in dem neuen Gesetzbuch eine eigenthümliche Behandlung, wie sie eine solche durchweg erfahren hat.

Es herrscht hierbei in den Gesetzen wieder die größte Verschiedenheit. Das Römische Recht (§. 4 S. 19) fingirt eine Erbeseinsetzung des irrthümlich Uebergangenen. Der Entwurf des Allgemeinen Gesetzbuchs (§. 5 S. 29) ließ die letztwillige Verfügung ganz unkräftig werden und die gesetzliche Erbfolge eintreten. Das Allgemeine Landrecht (§. 5 S. 31) und das Oestreichische Gesetzbuch (§. 6 S. 35) haben theils Accrescenz in Folge fingirter Erbeseinsetzung theils Aufhebung des ganzen Testaments. Das Sächsische Gesetzbuch (§. 7 S. 38) erklärt die letztwillige Verfügung hinsichtlich des Uebergangenen in der Art für nichtig, daß demselben sein volles gesetzliches Erbrecht bleibt. Rechnet man hierzu noch die von Binding[2]) zur Nachahmung empfohlene Vorschrift des Gesetzbuchs für den Kanton Zürich, nach welcher für den irrthümlich

---

[2]) Hauptgrundlagen des künftigen Erbrechts S. 219. Derselbe Vorschlag findet sich schon in der Gesetzrevision. Pensum XVI. (1835) Motive zu §§. 159—166 des Entwurfs. S. 317 u. 318.

Uebergangenen nichts besonderes gilt, sondern derselbe nur das gewöhnliche Recht auf den Pflichttheil hat, so dürften damit füglich alle Möglichkeiten erschöpft sein, die Anspruch auf Berücksichtigung haben können.

Dasjenige Moment, welches bei der irrthümlichen Uebergehung besonders hervortritt und dieselbe von den andern Pflichttheilsverletzungen unterscheidet, ist eben, daß der Erblasser die Existenz des Pflichttheilsberechtigten nicht gekannt hat und lediglich durch Irrthum zur Verletzung des Pflichttheils geführt worden ist. Hier nur das gewöhnliche Pflichttheilsrecht geben, hieße dieses Moment ganz ignoriren, welches doch, da das Pflichttheilsrecht, wenn es auch nicht mehr eine persönliche Klage über Lieblosigkeit ist, immer noch seinem Begriff nach darauf basirt ist, daß die Nichtberücksichtigung der nächsten Verwandten als eine Härte und Lieblosigkeit erscheint, die das Gesetz nicht dulden darf, bei einem Irrthum aber eine Härte oder Lieblosigkeit nicht behauptet werden kann (§. 8 S. 42), begriffsmäßige Bedeutung hat und deshalb wesentlich ist und einen Unterschied begründen muß. Binding beruft sich für die von ihm vertretene Ansicht auf den Grundsatz, daß die Verletzung des Pflichttheils das Testament nicht zerstören dürfe, sondern in so weit nur beschränken solle und bemerkt: „derselbe müsse völlig genügen, um auch für den Irrthum keine Ausnahme davon zu machen; denn der Grundsatz beruhe ja doch einzig und allein nur auf dem Gedanken, daß der Notherbe mit dem Pflichttheil voll befriedigt sei. Dieser Gedanke verlange zwar gebieterisch, daß auch der Betrag des Pflichttheils dieser Forderung angemessen bestimmt sei; jedes Gesetz aber erkläre die von ihm gegebene Bestimmung desselben ausdrücklichst als angemessen. Es träte daher mit sich selbst in offenen Widerspruch, wenn es nun dennoch wieder für einen einzelnen Fall annähme, daß diese Angemessenheit gleichwohl fehle.“ Allein das Gesetz sieht den Pflichttheilsberechtigten durch den Pflichttheil nicht schlechthin, sondern nur dann für voll befriedigt an, wenn ihm der Erblasser nicht mehr hat zuwenden wollen. Ohne einen solchen Willen ist dasjenige, was der Pflichttheilsberechtigte beanspruchen kann und wodurch er allein befriedigt wird, nicht der Pflichttheil, sondern der ganze gesetzliche Erbtheil. Daß aber der Erblasser nicht mehr hat zuwenden wollen, grade dies steht bei der irrthümlichen Uebergehung nicht fest.

Nicht minder unrichtig, wie die Gleichstellung der irrthümlichen Uebergehung mit der absichtlichen, ist es, bei derselben auf den muthmaßlichen Willen des Erblassers zurückzugehen. Eine Präsumtion dessen, was der Erblasser ohne Irrthum gewollt oder nicht gewollt haben würde, fällt nothwendig ins Willkührliche und namentlich ist es willkührlich, allgemein zu vermuthen, daß der Erblasser den Uebergangenen zum Erben ernannt und dem am wenigsten Bedachten der eingesetzten Erben gleichgestellt haben würde.

Andrerseits geht es zu weit, die letztwillige Verfügung in ihrem ganzen Umfange für hinfällig zu erklären. Weil der Erblasser sich über die Existenz eines Pflichttheilsberechtigten im Irrthum befunden hat, läßt sich noch nicht annehmen, daß er ohne denselben gar keine letztwillige Verfügung getroffen haben würde oder daß von der errichteten Verfügung gar nichts seinem wirklichen Willen entspricht. Es ginge das über die Folgen des Irrthums weit hinaus und würde wieder eine willkührliche Präsumtion sein, daß der Erblasser etwas nicht gewollt habe.

Dasjenige, was, ohne nach der einen oder der andern Seite das schlüpfrige Gebiet der Vermuthungen zu betreten, das Gesetz allein bestimmen kann, ist vielmehr nur, daß es so angesehen wird, als ob der Erblasser in Ansehung des Uebergangenen, von dem er nichts gewußt hat, keinen letzten Willen gehabt hätte, dem Uebergangenen also das Recht bleibt, welches er ohne den letzten Willen gehabt haben würde. So allein wird kein bestimmter Wille oder Nichtwille präsumirt, sondern beschränkt man sich darauf, den vorhandenen Willen des Erblassers, soweit sein Irrthum sich erstreckt, d. i. für den Pflichttheilsberechtigten zu negiren. Es ist daher dem Uebergangenen der volle gesetzliche Erbtheil zu belassen und die Bestimmung des Sächsischen Gesetzbuchs die korrekteste[3]).

Indessen ganz korrekt ist auch sie nicht und zwar aus doppeltem Grunde nicht, einmal, weil sie in Höhe des gesetzlichen Erbtheils des Uebergangenen Nichtigkeit annimmt uud zweitens, weil sie als den ent-

---

[3]) Für diese auch Gruchot: Erbrecht. Bd. III. S. 250 und in der Hauptsache auch Mommsen: Entw. §. 498 Abs. 2 u. 3 und Motive S. 476—479. Vgl. außerdem über dieselbe Siebenhaar: Kommentar zu dem bürgerlichen Gesetzbuch. Bd. III. (1865) S. 407, der sie aber zu Unrecht damit rechtfertigt, daß nach ihr der gesetzliche Erbtheil als vom Erblasser präsumtiv gewollt angenommen werde. Den gesetzlichen Erbtheil erhält der nächste gesetzliche Erbe, der ja der Pflichttheilsberechtigte gleichzeitig ist, nicht weil der Erblasser es gewollt hat, sondern weil der Erblasser nichts anderes gewollt hat. Ihm den gesetzlichen Erbtheil geben, heißt daher nicht in Bezug auf ihn einen Willen des Erblassers präsumiren, sondern nur keine Präsumtion des Willens des Erblassers aufstellen.

Vorstehendes gilt auch gegen Mommsen, der die Bestimmung seines Entwurfs ebenfalls auf den muthmaßlichen Willen des Erblassers zurückführt.

scheidenden Zeitpunkt, zu welchem der Irrthum vorhanden sein muß, die Zeit der Errichtung der letztwilligen Verfügung betrachtet.

Ist die Geltendmachung des Pflichttheilsrechts in andern Fällen Sache des Pflichttheilsberechtigten (§. 42 S. 209), so liegt kein Grund vor, die Geltendmachung des dem irrthümlich Uebergangenen zustehenden Rechts ipso jure eintreten zu lassen, sondern muß es von diesem selbst, als demjenigen, der allein ein Interesse daran hat, abhängen, ob er sein Recht verfolgen will oder nicht. Es kann daher sachgemäß nicht Nichtigkeit, sondern blos Anfechtbarkeit gelten[4]).

Und ebenso kann nicht die Zeit der Testaments-Errichtung maßgebend sein. Von jemandem, der vor seinem Tode die Existenz des Pflichttheilsberechtigten noch so zeitig erfahren hat, daß er seine letztwillige Verfügung zu ändern im Stande war, kann man nicht mehr sagen, daß er nur durch Unkenntniß und Irrthum zu der Pflichttheilsverletzung geführt worden sei. Die Uebergehung hört hier auf, eine unbewußte zu sein. Sie wird der absichtlichen gleich[5]) und enthält das Moment, welches die Beschränkung auf den Pflichttheil rechtfertigt, daß nämlich der Erblasser den Pflichttheilsberechtigten nicht hat berücksichtigen wollen. Wenn hiergegen eingewendet wird[6]), wie daraus, daß der Erblasser nach der Errichtung seines letzten Willens von der Pflichttheilsberechtigung Kenntniß erlangt und dessen ungeachtet seinen letzten Willen nicht geändert habe, noch nicht hervorgehe, daß er nunmehr die Pflichttheilsverletzung gewollt habe, weil nicht ausgeschlossen sei, daß der Erblasser lediglich in der Hoffnung auf ein längeres Leben die Aenderung des letzten Willens verschoben habe und durch den für ihn unerwartet eingetretenen Tod daran gehindert worden sei, so würde dieses Argument in allen Fällen und selbst noch bei einer ausdrücklichen Entziehung des Pflichttheils zutreffen und es schließlich gar keine absichtliche Pflichttheilsverletzung mehr geben. Denn es ist nirgends ausgeschlossen, daß nicht der Erblasser gehofft hat, er werde den Pflichttheilsberechtigten überleben und damit die ausgesprochene Entziehung des Pflichttheils nicht wirksam werden. Was an dem Einwande richtig ist, ist nur das, daß die beiden Thatsachen der erlangten Kenntniß und der Nichtänderung allein nicht ausreichen, sondern noch hinzukommen muß, daß der Erblasser auch wirklich die letztwillige Verfügung ändern konnte. Das letztere wird

[4]) Vgl. Binding S. 218 a. E.

[5]) Bornemann: Civilrecht. Bd. VI. §. 399 S. 202; Koch: Erbrecht. §. 53 S. 526; Förster: Privatrecht. Bd. IV. §. 248 S. 78.

[6]) Siebenhaar: Kommentar a. a. O. S. 407.

dadurch noch nicht dargethan, daß seit der erlangten Kenntniß eine längere Zeit verstrichen ist. Unter Umständen kann eine lange Zeit nicht genügen z. B., wenn der Erblasser die Fähigkeit zur Testaments-Errichtung verloren hat, und unter Umständen bedarf es nur einer ganz kurzen Zeit. Eine bestimmte Zeitfrist läßt sich daher, abgesehen davon, daß diese in sich nur willkührlich bestimmt werden könnte, nicht festsetzen, sondern es muß lediglich auf die konkreten Verhältnisse ankommen. Auf diese Weise trägt allerdings das Recht des irrthümlich Uebergangenen viel thatsächliches an sich, das kann aber nicht Anstoß erregen, weil das ganze Vorhandensein eines Irrthums bei dem Erblasser etwas thatsächliches ist.

Der irrthümlich übergangene Pflichttheilsberechtigte muß also ein Recht haben, die letztwillige Verfügung mit der Wirkung anzufechten, daß er in Höhe seines gesetzlichen Erbtheils Erbe wird. Dabei sind noch drei Punkte zn erörtern.

Zunächst, welchen Einfluß dieses Anfechtungsrecht auf den sonstigen Inhalt des Testaments haben soll. Der entscheidende Grundsatz muß auch hier sein, daß die letztwillige Verfügung, soweit sie nicht mit dem Anfechtungsrecht und dem dadurch erlangten Erbrecht unvereinbar ist, bei Kräften erhalten wird. Es bleiben daher namentlich die Erbeinsetzungen bestehen, nur daß sich die von dem Erblasser ausgesprochenen Quoten wegen des Hinzutretens des Pflichttheilsberechtigten verhältnißmäßig reduciren. Ferner bleiben die Vermächtnisse, die nur dem einen oder dem andern der eingesetzten Erben allein auferlegt sind, denn davon wird der Pflichttheilsberechtigte nicht weiter berührt. Aber auch die Vermächtnisse müssen bleiben, welche auf dem ganzen Nachlaß ruhen und in Folge dessen dem Uebergangenen mit zur Last fallen[7]). Deshalb, weil der Erblasser sich über das Recht eines Pflichttheilsberechtigten geirrt hat, läßt sich noch nicht annehmen, daß diese Vermächtnisse seinem wirklichen Willen ohne den Irrthum nicht gemäß seien. Ihr Wegfall wäre daher wieder nur durch eine Präsumtion dessen, was der Erblasser gewollt oder nicht gewollt hat, zu erklären und ebenso wenig gerechtfertigt, wie es der Wegfall der ganzen letztwilligen Verfügung ist. Durch den Fortbestand der Vermächtnisse ist es zwar möglich, daß auch der irrthümlich Uebergangene nicht mehr als den Pflichttheil erhält. Dies kann aber dem Fortbestande selbst nicht entgegen stehen. Weniger als den Pflichttheil

[7]) Anders soll es nach Siebenhaar: Kommentar a. a. O. S. 408 im Sächsischen Recht sein, doch dürfte sich hierüber noch streiten lassen.

erlangt der Uebergangene natürlich auch hier nicht, weil ihm das gewöhnliche Recht des Pflichttheilsberechtigten gegen Belastungen des Pflichttheils selbstredend zusteht[8]).

Sodann fragt es sich, ob etwa Gewicht darauf zu legen ist, daß der Irrthum entschuldbar war. Es wird dies zu verneinen sein. Allerdings kann der Irrthum so sehr auf Leichtsinn oder Uebereilung beruhen, daß er nicht viel besser ist, als die Absicht sein würde. Aber ganz gleich stehen sich eine solche irrthümliche und eine absichtliche Uebergehung doch nicht. Es fehlt der ersteren, auch wenn sie noch so unentschuldbar ist, immer das zur Beschränkung auf den Pflichttheil wesentliche Erforderniß, daß der Erblasser die Nichtberücksichtigung des Pflichttheilsberechtigten direkt gewollt habe und ist in Folge dessen die Entschuldbarkeit oder Unentschuldbarkeit irrelevant.

Drittens ist zu bestimmen, wer zu den irrthümlich Uebergegangenen zu rechnen ist. Es ist dies einfach jeder Pflichttheilsberechtigte, dessen Pflichttheilsberechtigung der Erblasser bis zu der Zeit, wo er seinen letzten Willen ändern konnte, nicht gekannt hat. Warum er sie nicht gekannt hat, ob deshalb, weil ihm die Existenz des Pflichttheilsberechtigten ganz unbekannt geblieben ist, oder weil er zwar um seine Existenz gewußt, aber nicht gewußt hat, daß derselbe ein Pflichttheilsrecht habe oder weil er die erst später eingetretene Existenz oder Pflichttheilsberechtigung nicht mehr rechtzeitig erfahren oder endlich weil er die eine oder die andere für nachträglich wieder fortgefallen gehalten hat, ist dabei als bloßes Motiv und äußere Veranlassung des Irrthums gleichgültig. Unterschiede zwischen den verschiedenen Klassen der Uebergangenen sind daher nicht zu machen.

Dem Allgemeinen Landrecht eigenthümlich ist die Singularität, daß, wenn jemand nach errichtetem Testament einen andern förmlich an Kindesstatt angenommen, ohne wegen der Erbfolge desselben etwas verfügt zu haben, das Testament eben dadurch seine Kraft verliert (§. 456 Thl. II. Tit. 2). Die Bestimmung rührt aus dem Römischen Recht und zwar

---

[8]) Mommsen will nur diejenigen Vermächtnisse bestehen lassen, bei denen anzunehmen ist, daß der Erblasser sie ohne den Irrthum ebenfalls errichtet haben würde (Entw. §. 498 Abs. 2 und Motive S. 477). Das heißt eine mehr oder minder willkührliche Vermuthung an die Stelle eines festen Rechtsprinzips setzen. Will man ein solches, so müssen alle Vermächtnisse bleiben, nicht weil und soweit dies dem muthmaßlichen Willen des Erblassers gemäß ist, sondern weil der Irrthum hinsichtlich des Pflichttheilsberechtigten keinen Grund abgiebt, den in der Errichtung des Vermächtnisses enthaltenen ausdrücklichen Willen des Erblassers aufzuheben.

aus dem formellen Notherbrecht her (§ 14 S. 74). Sie ist mit der Beseitigung des letzteren grundlos geworden und hätte schon in das Landrecht nicht mehr aufgenommen werden sollen. Vom gesetzgeberischen Standpunkt aus ist die Ausnahme jedenfalls nicht, sondern allein gerechtfertigt, das Hinzutreten eines Pflichttheilsberechtigten durch eine Adoption nicht anders, wie das sonstige Hinzutreten eines Pflichttheilsberechtigten zu behandeln und dem Adoptirten entweder das Recht eines irrthümlich Uebergangenen oder nur das gewöhnliche Recht auf den Pflichttheil zu geben, je nachdem das Testament noch geändert werden konnte oder nicht[9]).

Wenn endlich das Landrecht in der Lehre vom Pflichttheilsrecht noch vorschreibt, daß die nicht berücksichtigten Abkömmlinge eines im Testament eingesetzten, aber vor dem Erblasser verstorbenen Kindes an dessen Stelle treten und also nicht für übergangen gelten sollen (§. 443 und 517 Thl. II. Tit. 2) und das Oestreichische Gesetzbuch in gleicher Weise anordnet, daß, wenn ein Kind vor dem Erblasser stirbt und Abkömmlinge hinterläßt, diese mit Stillschweigen übergangenen Abstämmlinge in Ansehung des Erbrechts an die Stelle des Kindes treten (§. 779), so handelt es sich hierbei theils um eine Interpretation des letzten Willens theils um ein gesetzliches Repräsentationsrecht[10]) und nicht um eine Ausnahme von dem regelmäßigen Pflichttheilsrecht.

Sonach wird für die neue Gesetzgebung nur in einem Fall eine ausnahmsweise Gestaltung des Pflichttheilsrechts nothwendig werden, nämlich bei der irrthümlichen Uebergehung. Eine wirkliche Ausnahme liegt jedoch hierin nicht, weil dieselbe, wie bemerkt, bereits durch den Begriff des Pflichttheilsrechts gegeben ist.

§. 44.

Pflichttheilsberechtigte.

Da das Pflichttheilsrecht ein Aequivalent für ein entzogenes gesetzliches Erbrecht sein soll, so versteht es sich von selbst, daß es nur solchen Personen zukommen kann, welche ein gesetzliches Erbrecht hinter dem Erblasser haben und daß, um im einzelnen Fall pflichttheilsberechtigt

---

[9]) Gruchot: Erbrecht. Bd. III. S. 256.

[10]) Gruchot: Erbrecht. Bd. III. S. 244 u. 245; Koch: Erbrecht. §. 45 S. 461; Unger: Privatrecht. Bd. VI. §. 87 Anm. 5. S. 371. Vgl. Mommsen: Entw. §. 130 und Motive dazu S. 228.

zu sein, außerdem erforderlich ist, daß der Berechtigte kraft seines gesetzlichen Erbrechts der nächste zur Erbfolge Berufene ist, also ohne die letztwillige Verfügung Erbe geworden sein würde.

Andrerseits kann nicht schon jeder, der ein gesetzliches Erbrecht hat, für pflichttheilsberechtigt erklärt werden. Vielmehr ist das Pflichttheilsrecht nur denjenigen von den gesetzlichen Erben zu geben, bei denen die Entziehung des gesetzlichen Erbrechts und die Nichtberücksichtigung sich wirklich als eine das allgemeine Rechtsgefühl verletzende Härte und Lieblosigkeit darstellen. Letzteres muß der entscheidende Gesichtspunkt sein und zwar unter Zugrundelegung unserer jetzigen Verhältnisse und Anschauungen. Nach diesen trifft derselbe aber nur in dem engsten Kreise der Gattung, der durch Ehe und Erzeugung gezogen wird, bei Erzeugten, Erzeugern und Erzeugenden zu, mit andern Worten nur Kinder, Eltern und Ehegatten können pflichttheilsberechtigt sein.

Giebt es überhaupt ein Pflichttheilsrecht, so muß es den Kindern zustehen. Diese sind von der Natur selbst den Eltern am nächsten gestellt. Nähere als sie sind gar nicht denkbar. Und wenn die Eltern auch nicht dasjenige, was sie erwerben, für die Kinder in der Art erwerben, daß das Erworbene diesen mit ihnen gemeinschaftlich würde (§. 41 S. 199), so sind die Vermögens-Verhältnisse der Eltern doch so sehr auf die gesammte Lebensstellung des Kindes von Einfluß, daß es ein durchaus berechtigtes Verlangen ist, wenn, sofern nicht besondere Gründe das Gegentheil rechtfertigen, wenigstens ein Theil dieses Vermögens den Kindern gelassen werden muß.

Bei den Eltern fällt der letztere Grund zwar fort. Auch reicht der Umstand, daß sie ein Recht auf Alimentation gegen die Kinder haben und haben müssen, nicht aus, um ihre Pflichttheilsberechtigung zu rechtfertigen; derselbe würde nur eine Verpflichtung der Erben des Kindes, den Eltern in gleicher Weise, wie das Kind selbst es hätte thun müssen, den nothwendigen Unterhalt zu reichen, begründen können. Dagegen ist zu berücksichtigen, daß die Kinder regelmäßig wenigstens einen Theil ihres Vermögens, jedenfalls aber ihr Dasein und ihre Erziehung den Eltern verdanken und es billig ist, daß sie den Dank, welchen sie den Eltern schulden, nicht blos mit Worten, sondern auch materiell durch die That beweisen und durch Zuwendung eines Theils ihres Vermögens abtragen. Die Nichtberücksichtigung der Eltern seitens der Kinder würde eine Verletzung der schuldigen Dankbarkeit und Pietät und deshalb ebenso gut eine Lieblosigkeit sein, wie es die Nichtberücksichtigung der Kinder seitens der Eltern ist.

Darüber, daß Eltern und Kinder pflichttheilsberechtigt sein müssen, besteht denn auch allseitiges Einverständniß und ist das Pflichttheilsrecht derselben fast überall gesetzlich anerkannt[1]).

Zweifelhafter ist das Pflichttheilsrecht der Eheleute. Namentlich kennt das Oestreichische Gesetzbuch ein solches nicht, sondern hat statt dessen dem Ehegatten, welchem für den Fall des Ueberlebens keine Versorgung bedungen worden ist, und so lange er nicht zur zweiten Ehe schreitet, nur ein Recht auf den mangelnden anständigen Unterhalt gegeben (§. 796). Erwägt man jedoch, daß die Eheleute einander persönlich doch mindestens ebenso nahe stehen, wie die Eltern den Kindern, so wird man den bloßen Alimentationsanspruch dem Wesen der Ehe nicht für angemessen halten können. Wenn für denselben geltend gemacht worden ist, daß dort, wo die wahre eheliche Gesinnung vorhanden ist, jeder Gatte den andern durch freiwillige Verfügung in entsprechender Weise bedenken werde, sodaß es vollkommen genüge, wenn nur dem überlebenden dürftigen Gatten ein gesetzlicher Anspruch auf Unterstützung aus dem Vermögen des verstorbenen Gatten für den Fall gewährt werde, daß nicht schon in anderer Weise für ihn gesorgt ist[2]), so würde diese Argumentation auch bei dem Pflichttheilsrecht der Kinder und Eltern angewendet und mit dem gleichen Recht überall der „wahren verwandtschaftlichen Gesinnung" überlassen werden können, die Kinder bezw. Eltern gehörig zu bedenken. Das kann aber eben nicht geschehen, weil der Standpunkt für unsere Verhältnisse zu ideal ist und die Menschen noch nicht zu der für diesen Idealismus erforderlichen Höhe der Entwicklung gelangt sind, sondern theils dasjenige, was sie nach dem Sittengesetz thun sollten, nicht einmal erkennen, theils, wenn sie sich auch an sich der Pflichten bewußt geworden sind, die sie haben, doch zu schwach sind, um darnach zn handeln. Deshalb muß das Gesetz eingreifen und das, was schon die Liebe thun sollte, in idealen Verhältnissen thun würde und in einer späteren, in der Civilisation weiter fortgeschrittenen Zeit auch wohl thun wird, die Zuwendung eines Theils des Vermögens, zu einer rechtlichen Nothwendigkeit machen und es muß dies ebenso gut bei der ehelichen wie bei der verwandtschaftlichen Liebe.

Den Kindern werden die weiteren Abkömmlinge gleichzustellen sein. Ist das Kind fortgefallen, und das muß es ja sein, wenn ein Pflicht-

[1]) Nur einige Schweizer Gesetzbücher haben es nicht und geben blos den Descendenten ein Pflichttheilsrecht, vgl. Binding S. 153.

[2]) Unger: Privatrecht. Bd. VI. §. 78 Anm. 7. S. 336.

theilsrecht der entfernteren Descendenten gegeben sein soll, da diese sonst nicht die nächsten gesetzlichen Erben sein würden, so rücken seine Abkömmlinge auf dem ganzen Gebiet des Erbrechts an seine Stelle. Sie treten an seine Stelle namentlich auch, worauf es hier am meisten ankommt, in dem persönlichen Verhältniß zum Erblasser und stehen diesem nunmehr ebenso nahe, wie ihm vorher das Kind gestanden hatte.

Anders ist es bei den weiteren Ascendenten. Bei diesen läßt sich nicht in umgekehrter Weise sagen, daß sie an die Stelle ihres fortgefallenen Kindes träten. Auch ist es in der That richtig, daß das Vermögen seinen Zug von dem ältern nach dem jüngern Geschlecht nehmen soll, welches es von neuem nutzen, mehren und damit zur allgemeinen Weiterentwicklung des menschlichen Geschlechts beitragen kann[3]). Wenn der Erblasser diesem berechtigten und von jeder Gesetzgebung, weil er wesentlich dazu dient, die Kontinuität der menschlichen Arbeit zu befördern, anzuerkennenden Zuge nachgiebt und lieber sein Vermögen anderen zuwendet, als denjenigen, welche bereits am Ende ihres Lebens stehen und nicht mehr die Zeit haben, weder das Vermögen selbst zu nutzen, noch es produktiv zu verwenden, so kann ihm daraus ein Vorwurf nicht gemacht werden. Er hat nur gethan, was in den menschlichen Verhältnissen selbst liegt. Das Gesetz hat daher keine Veranlassung, seine Verfügung in der Art zu Gunsten der Voreltern zu korrigiren, daß es diesen trotz der Verfügung einen Theil des Nachlasses, einen Pflichttheil, verschafft[4]).

---

[3]) Motive zum Hessischen Entwurf eines bürgerlichen Gesetzbuchs bei Binding S. 160 und daselbst S. 167.

[4]) Gegen das Pflichttheilsrecht der Voreltern waren bereits Suarez (vergl. Bornemann: Civilrecht. Bd. VI. §. 404 S. 209) sowie der Gesetzrevisor (Gesetzrevision. Pensum XVI. (1835) Motive zu Entw. §§. 190a—195 S. 321 u. 322 und sind jetzt auch Mommsen: Motive S. 451 und Binding S. 166 ff. und zwar der letztere, obwohl er sonst den Kreis der Pflichttheilsberechtigten sehr ausdehnt. Wenn Binding dabei hervorhebt (S. 167 a. E. u. 168), wie daraus, daß die Enkel und Urenkel den Großeltern und Urgroßeltern gegenüber ein Pflichttheilsrecht haben, nicht vermöge des Princips der Gegenseitigkeit des Erbrechts ein Pflichttheilsrecht für die Voreltern folge, wegen der nothwendigen Unterscheidung, die zwischen Erb- und Pflichttheilsberechtigung zu machen sei, so ist dies an sich richtig, aber es ist nicht richtig von dem Standpunkt der Verwandtenerbfolge aus, auf welchem Binding steht und nach welchem das Pflichttheilsrecht nicht ein Aequivalent für das entzogene gesetzliche Erbrecht und ein von diesem verschiedenes Recht, sondern, weil der Pflichttheilsberechtigte trotz der letztwilligen Verfügung nach wie vor der wahre und Haupterbe bleibt (Binding S. 132 a. E.), das unentziehbare gesetzliche Erbrecht selbst ist, ein Unterschied zwischen Erb- und Pflichttheilsberechtigung daher nicht gemacht werden kann.

Wenn die Großeltern nicht mehr pflichttheilsberechtigt sind, so können es auch die Geschwister nicht sein. Das Band, welches dieselben verbindet, ist kein so enges, wie das zwischen Eltern und Kindern, weil sie weder auf einander solchen Einfluß ausüben, wie die Eltern es auf die persönlichen und Vermögens-Verhältnisse der Kinder thun, noch eine Pflicht zur Dankbarkeit, wie sie Kinder ihren Eltern gegenüber haben sollen, vorhanden ist. Meist trennen sich ihre Wege sofort mit dem Eintritt der Selbständigkeit und stehen sie sich ferner als die Großeltern den Enkeln, jedenfalls regelmäßig nicht näher. Auf besondere Umstände aber, die wohl vorkommen und dann die Regel nicht mehr zutreffen lassen, kann das Gesetz keine Rücksicht nehmen, sondern es muß und kann hier erwarten, daß der Erblasser von selbst der Ausnahme Rechnung tragen wird[5]).

Personen, die mit dem Erblasser weder durch Verwandtschaft noch durch Ehe verbunden sind, ein Pflichttheilsrecht einzuräumen, liegt kein Grund vor. Insbesondere fehlt es an einem solchen auch bei den juristischen Personen der Versorgungs- und Verpflegungs-Anstalten, die z. B. nach Sächsischem Recht theilweise pflichttheilsberechtigt sind (§. 7 S. 39). Denn wenn der Erblasser gegen Entgelt in die Anstalt aufgenommen war, so ist gewiß kein Grund für ein gesetzliches Erbrecht, geschweige denn für ein Pflichttheilsrecht vorhanden. Und wenn die Aufnahme unentgeltlich stattgefunden hat, so folgt daraus doch auch nur ein Recht auf Ersatz der aufgewendeten Verpflegung und noch kein Erbrecht[6]). Glaubt man jedoch hier ein Erbrecht der Anstalt neben oder gar vor den sonstigen gesetzlichen Erben annehmen zu müssen, so kann dasselbe doch nur auf dem Gedanken beruhen, daß die gesetzlichen Erben wegen der unterlassenen Verpflegung des Erblassers weniger würdig sind, seinen Nachlaß zu erhalten, als die Verpflegungs-Anstalt. Dieser Gesichtspunkt trifft aber bei dem Erben, den der Erblasser ernannt hat, nicht zu. Denn man kann nicht allgemein aufstellen, daß die Anstalt, sei es auch nur in Bezug auf einen Theil des Nachlasses, auch würdiger sei, als derjenige, den der Erblasser selbst für würdig befunden hat, sein gesammtes Vermögen zu erhalten. Selbst bei der nuentgeltlichen Aufnahme wird daher der Anstalt wenigstens ein Pflichttheilsrecht nicht beizulegen sein.

---

[5]) Gegen das Pflichttheilsrecht der Geschwister auch Mommsen: Motive zu §§. 468—470 S. 453 und fast alle neueren Gesetze, für dasselbe sowie das der Geschwisterkinder Binding S. 155 ff. und das Zürcher Gesetzbuch §. 2028—2034.

[6]) Mommsen S. 497 der Motive zu seinem Entwurf.

Ist das Pflichttheilsrecht auf die Kinder und die denselben gleichstehenden weiteren Abkömmlinge, die Eltern und den Ehegatten beschränkt, so kann der Widerspruch, daß Nichtpflichttheilsberechtigte ein näheres gesetzliches Erbrecht haben als Pflichttheilsberechtigte, welcher Widerspruch z. B. im Landrecht bei den Geschwistern und Großeltern besteht, nicht eintreten. Denn man kann die Eltern den Geschwistern doch nicht nachstellen, sondern nur entweder sie denselben vorgehen lassen oder muß sie wenigstens mit ihnen in die gleiche Erbklasse setzen. Im erstern Fall ist jeder Widerspruch ausgeschlossen und auch im letztern Fall ist ein solcher nicht vorhanden, weil die Zusammenstellung in derselben Erbklasse noch nicht vollständige Gleichheit der betreffenden Erben und Gleichstellung derselben, sondern nur bedeutet, daß die Verschiedenheit nicht so groß ist, um eine Verschiedenheit der Erbklassen zu rechtfertigen und damit sehr wohl vereinbar ist, daß das Recht des einen Erben nur gegen Gewährung des Pflichttheilsrechts, das des andern aber beliebig entzogen werden kann. Läge an dieser gleichzeitigen Berufung von Pflichttheilsberechtigten und Nichtpflichttheilsberechtigten in einer Klasse wirklich ein Widerspruch[7]), so würde derselbe, da der Ehegatte doch in keinem Fall vor, sondern nur neben den Großeltern oder Geschwistern berufen wird und ein Pflichttheilsrecht hat, während Großeltern und Geschwister nicht pflichttheilsberechtigt sind, auf dem Gebiet des Pflichttheilsrechts gar nicht zu vermeiden sein, daraus jedenfalls hervorgehen, daß er nicht von besonders großer Bedeutung ist und er deshalb immerhin auch bei den Eltern und Geschwistern bestehen können.

Bei der Verwandtschaft, von welcher bisher gehandelt worden, wurde vorausgesetzt, daß sie eine eheliche sei.

Bei unehelicher Verwandtschaft muß der Kreis der Pflichttheilsberechtigten noch enger gezogen werden, weil dieselbe naturgemäß ein weniger nahes Verhältniß, wie die auf einer Ehe beruhende Verwandtschaft begründet, ihre Nichtberücksichtigung daher eher zulässig sein muß als die der letztern. Der Mutter gegenüber werden allerdings, wie überhaupt für das gesetzliche Erbrecht, so auch unbedenklich für dessen Aequivalent, das Pflichttheilsrecht, die unehelichen Kinder den ehelichen gleichgestellt werden können, aber nicht dem Vater gegenüber. An dem Nachlasse dieses wird man dem unehelichen Kinde vielleicht nicht ein-

[7]) wie Binding S. 156 behauptet.

mal ein gesetzliches Erbrecht geben[8]), jedenfalls erscheint ein Pflichttheilsrecht nicht gerechtfertigt. Die uneheliche Erzeugung bewirkt regelmäßig gar keine näheren persönlichen Beziehungen zwischen dem Erzeuger und dem Erzeugten, insbesondere übt weder der Vater einen bestimmenden Einfluß auf die Lebensstellung des Kindes aus, noch hat das letztere in der Weise wie ein eheliches Kind Veranlassung zur Dankbarkeit gegen seinen Vater. Die Entziehung des gesetzlichen Erbrechts ist daher hier keine Härte oder Lieblosigkeit und würde ein Pflichttheilsrecht somit seines Grundes entbehren. Für das Gesetz aber besteht keine Veranlassung, diesen thatsächlichen Verhältnissen entgegen eine zum Pflichttheilsrecht führende nähere Verbindung zwischen Erzeuger und Erzeugtem anzunehmen, weil es nach dem Prinzip der Ehe keine unehelichen Kinder wollen darf und daher den Unterschied zwischen ehelicher und unehelicher Verwandtschaft streng aufrecht erhalten muß.

Ganz ähnlich liegt die Sache, soweit es sich um das Verhältniß des unehelichen Kindes zu den Ascendenten der Mutter handelt. Auch diesem geht die zur Pflichttheilsberechtigung erforderliche Engheit ab.

Es werden mithin nur die Mutter einer- und das uneheliche Kind bezw. dessen eintrittsberechtigte Abkömmlinge andrerseits für gegenseitig pflichttheilsberechtigt zu erklären sein.

Eine Ausnahme wird jedoch bei einer putativen Ehe zu machen sein, nicht weil man die Kinder nicht für das Vergehen der Eltern büßen lassen darf, denn das würde schließlich dahin führen, allen unehelichen Kindern die Rechte der ehelichen zuzusprechen, da die unehelichen Kinder niemals dafür können, daß sie nicht in gültiger Ehe erzeugt sind, sondern weil die putative Ehe,. wenn sie auch rechtlich keine Ehe ist, doch faktisch wie eine Ehe gehandhabt worden ist und wirkt, namentlich in persönlicher wie vermögensrechtlicher Beziehung zwischen den durch sie verbundenen Personen dasselbe Verhältniß wie eine wahre Ehe begründet und das Gesetz hier, wo es sich nicht, wie bei der einfachen unehelichen Geschlechtsverbindung um eine allseitig bewußte Unsittlichkeit handelt, die thatsächliche Engheit der Verbindung nicht zu ignoriren braucht. Die putative Ehe muß daher auch für das Pflichttheilsrecht der wirklichen Ehe gleichstehen und die auf ihr beruhende Verwandtschaft als eheliche gelten und zwar nicht blos zu Gunsten der Kinder, sondern auch der Eltern und aller andern Betheiligten, nur mit der wohl selbstverständlichen Beschränkung, daß derjenige, dem bei Eingehung der Ehe deren

[8]) Dagegen z. B. Mommsen: Motive. S. 152, dafür Binding S. 113.

Ungültigkeit bekannt war, wie im allgemeinen nicht die auf ihr beruhenden besonderen Rechte, so auch nicht das Pflichttheilsrecht weiter in Anspruch nehmen darf, als er es bei einer gewöhnlichen unehelichen Geschlechtsverbindung könnte.

Daß der ehelichen Erzeugung die Legitimation durch nachfolgende Ehe gleichzusetzen ist, bedarf keiner Erwähnung. Bei der Legitimation durch Rescript und der Adoption wird es darauf ankommen, welche gesetzlichen Erbrechte man dadurch wird entstehen bezw. bei der Adoption in der leiblichen Familie wird bestehen lassen. Soweit ein solches gesetzliches Erbrecht vorhanden ist und der Betreffende bei ehelicher Verwandtschaft zu den Pflichttheilsberechtigten gehören würde, wird es dann kein Bedenken haben, auch ein Pflichttheilsrecht anzunehmen.

Nach dem Allg. Landrecht kommt den Ascendenten und Ehegatten das größere Recht bei der irrthümlichen Uebergehung nicht zu (oben §. 33 Anm. 1. S. 156) und besteht im Oestreichischen Gesetzbuch für die Ascendenten nicht blos die gleiche Zurücksetzung, sondern auch noch die, daß sie das Anfechtungsrecht gegen pflichtwidrige Schenkungen nicht haben (§. 6 S. 35 u. 36). Beides wird nicht zu acceptiren sein. Denn die Gründe, welche zu der besondern Gestaltung des Pflichttheilsrechts bei der irrthümlichen Uebergehung führen, treffen für jeden Pflichttheilsberechtigten zu und der Schutz des Pflichttheilsrechts gegen Schenkungen ist zu sehr ein nothwendiges Zubehör des Pflichttheilsrechts und zu dessen Erhaltung erforderlich, als daß man es einzelnen Pflichttheilsberechtigten versagen könnte, ohne nicht damit zugleich deren ganze Pflichttheilsberechtigung zu negiren[9]).

§. 45.

Betrag des Pflichttheils.

Wie es nicht möglich ist, den Pflichttheilsberechtigten ein für alle Mal auf bestimmte Nachlaßsachen anzuweisen, sondern das Quantum, welches den Gegenstand des Pflichttheilsrechts als Forderungsrechts bildet, nur das allgemeine Verkehrsobjekt, Geld, sein kann, so ist es auch nicht möglich, den Geldbetrag, in welchem der Pflichttheil bestehen soll, ein für alle Mal fest zu fixiren. Derselbe muß sich vielmehr in jedem einzelnen Fall nach den Umständen richten. Um dies aber zu erreichen, bleibt nichts anderes übrig, als ihn nach einer Quote in der Art zu

[9]) Mit Recht bezeichnet daher Binding S. 172 die Ausschließung der Ascendenten von dem Anfechtungsrecht gegen Schenkungen als grundsätzlich unrichtig.

bestimmen, daß der Geldwerth der in dieser Quote enthaltenen Vermögensgegenstände den Pflichttheil bildet und kann diese Quote nur entweder eine Quote des Nachlasses oder eine Quote des jedesmaligen Intestaterbtheils des Pflichttheilsberechtigten sein (vergl. oben §. 18 S. 101).

Welche von beiden Quoten man wählt, ist nicht gleichgültig und ebenso wenig ist es eine blos zufällige geschichtliche Entwicklung des Römischen Pflichttheilsrechts, daß dieses die Erbtheils-Quote angenommen hat[1]), noch ist es zufällig, daß die sämmtlichen neueren Gesetze, welche ein wirkliches Pflichttheilsrecht haben, hierin dem Römischen Recht gefolgt sind. Es handelt sich vielmehr um eine principielle Frage.

Lediglich wenn man von dem System der beschränkten Verwandten-Erbfolge ausgeht, kann man zu einer Nachlaßquote und nur zu einer Nachlaßquote gelangen, nicht als Pflichttheil, denn ein eigentliches Pflichttheilsrecht giebt es ja neben diesem System nicht, sondern als denjenigen Theil des Nachlasses, welcher den Verwandten bleiben muß und über welchen der Erblasser nicht verfügen kann. Bei dem System der beschränkten Willkühr muß dagegen mit gleicher Nothwendigkeit der Pflichttheil nach einer Quote des Intestaterbtheils bestimmt werden. Hier wird nicht dem Erblasser zu Gunsten der Verwandten die Verfügung über einen Theil des Nachlasses entzogen, sondern er wird in der letztwilligen Disposition über sein Vermögen in der Art beschränkt, daß jeder pflichttheilsberechtigte Verwandte trotz der Verfügung statt seines entziehbaren und ihm entzogenen gesetzlichen Erbrechts ein Recht auf einen Pflichttheil erhält. Dieses Recht auf den Pflichttheil hat jeder einzelne Pflichttheilsberechtigte für sich besonders und unabhängig von anderen außer und neben ihm etwa noch pflichttheilsberechtigten Personen. Der Gegenstand des Rechts muß daher auch für einen jeden Pflichttheilsberechtigten besonders d. i. nach seiner Erbquote bestimmt werden. Nur wenn derselbe sich so nach dem Erbtheil richtet, der ohne die letztwillige Verfügung vorhanden gewesen sein würde, und mit diesem steigt und fällt, ist das Pflichttheilsrecht wirklich ein Ersatz für das Erbrecht, das ohne die letztwillige Verfügung vorhanden gewesen sein würde.

Daß bei Annahme der Nachlaßquote der Pflichttheilsberechtigte in Form eines Pflichttheils mehr als durch seinen ursprünglichen gesetzlichen Erbtheil erhalten kann, mag nach dem System der Verwandten-Erb-

[1]) wie Binding S. 180 meint.

folge nicht prinzipienwidrig sein[2]), nach dem System der beschränkten Willkühr ist es unbedingt widersinnig. Denn, wenn jemandem ein Recht, das gesetzliche Erbrecht, entzogen werden kann, und er sich mit einem andern Recht, dem Pflichttheilsrecht, als Ersatz dafür begnügen muß, so kann das letztere Recht doch nicht größer sein, als dasjenige, welches es ersetzen soll.

Da es also eine Nachlaßquote nur bei der Verwandten-Erbfolge, bei dieser aber wieder keinen Pflichttheil und bei der beschränkten Willkühr zwar einen Pflichttheil, aber keine Nachlaßquote giebt, so muß der Pflichttheil ein Bruchtheil der Intestatportion sein[3]).

Selbst wo man an sich den Pflichttheil in dieser Weise richtig bestimmt hat, hat man doch mehrfach geglaubt, hiervon wenigstens beim Ehegatten abweichen zu müssen und zwar theils so, daß man nicht blos einen Bruchtheil seines Erbtheils sondern diesen ganz zum Pflichttheil gemacht, theils so, daß man den Pflichttheil nach einer Quote der Erbschaft bestimmt hat. Das erstere gilt nach dem Sächsischen Gesetzbuch für den Fall, daß der Ehegatte mit Abkömmlingen zusammentrifft (oben §. 7 S. 37) und im Römischen Recht war sogar dasjenige, was die arme Wittwe bei Intestatsuccession zu beanspruchen hatte, stets auch Pflichttheil (§. 4 S. 21); ebenso ist im Märkischen Provinzialrecht der Erbtheil des überlebenden Ehegatten zugleich schlechtweg zu dessen Pflichttheil erklärt[4]). Als Quote der Erbschaft aber ist der Pflichttheil des Ehegatten im Sächsischen Gesetzbuch dann bestimmt, wenn neben dem Ehegatten keine Abkömmlinge oder Verwandte der zweiten und dritten Erbklasse konkurriren (a. a. O. S. 37).

Die Abweichung des Römischen Rechts erklärt sich dadurch, daß das Pflichttheilsrecht der armen Wittwe dem Recht des impubes arrogatus nachgebildet worden ist, welches bei Intestat- und testamentarischer Erbfolge stets dasselbe und überhaupt singulär war (§. 4 S. 21). In

---

[2]) Binding S. 180.

[3]) Binding S. 179 ist also von seinem Standpunkt aus konsequent, wenn er in Uebereinstimmung mit dem Code civil, der die Nachlaßquote haben muß, weil er die Testirfreiheit des Erblassers nicht beschränkt, wie Mommsen S. 454 sagt, sondern in Bezug auf einen Theil des Nachlasses überhaupt nicht zuläßt, sich für die Nachlaßquote ausspricht, nur daß dieser Theilbetrag blos dem Wort nach ein Pflichttheil ist und nicht „dem wahren Begriff des Pflichttheils entspricht"; einen solchen kann es für Binding gar nicht geben.

[4]) v. Scholtz u. Hermensdorf: Das bestehende Provinzialrecht der Kurmark Brandenburg. 2. Aufl. (1854) Bd. II. S. 134 und v. Kunow: Das jetzt bestehende Provinzialrecht der Neumark. (1836) S. 154.

gleicher Weise ist das Märkische Provinzialrecht nur durch äußere Einflüsse zu seiner Vorschrift geführt worden, namentlich hat darauf die sog. statutarische Portion des überlebenden Ehegatten eingewirkt, deren Unentziehbarkeit und gleiche Geltung gegenüber der Intestaterbfolge und gegenüber einem sie nicht berücksichtigenden letzten Willen sich durch die herkömmliche Häufigkeit von Eheverträgen, die Annahme eines condominium in solidum zwischen den Ehegatten und dergleichen besondere Umstände herausgebildet hatte[5]). Innere Gründe gehen sowohl dem Römischen wie dem Märkischen Recht ab und fehlen auch bei der Vorschrift des Sächsischen Gesetzbuchs. Mommsen, welcher sich der letzteren angeschlossen hat, vermag dafür nur anzuführen[6]): „Erwägt man, daß bei der Feststellung des gesetzlichen Erbtheils des Ehegatten im Fall des Zusammentreffens desselben mit Abkömmlingen der Gesichtspunkt, denselben einigermaßen sicher zu stellen und von den Abkömmlingen nicht ganz abhängen zu lassen, maßgebend ist, so wird es sich rechtfertigen, daß für den angegebenen Fall der Pflichttheil in gleicher Größe, wie der gesetzliche Erbtheil festgestellt ist". Der Vordersatz hiervon mag richtig und es zweckmäßig sein, den gesetzlichen Erbtheil des Ehegatten im Verhältniß zu den Abkömmlingen nicht zu gering zu bemessen, aber der Nachsatz ist nicht konkludent. Denn bei dem Pflichttheilsrecht handelt es sich nicht sowohl um das Verhältniß zwischen dem überlebenden Ehegatten und den Abkömmlingen des Erblassers, sondern um das Verhältniß des überlebenden zu dem verstorbenen Ehegatten und dieses ist doch gewiß nicht ein näheres, als das der Kinder zu den Eltern. Kann der Erblasser seinen Kindern den gesetzlichen Erbtheil mit der Wirkung entziehen, daß diese statt dessen nur einen in einem Bruchtheil ihres Erbtheils bestehenden Pflichttheil erhalten, so muß er dasselbe Recht auch gegen seinen Ehegatten haben und kann für diesen nicht der ganze gesetzliche Erbtheil Pflichttheil sein. Es wäre das auch ein innerer Widerspruch. Soll der Erblasser befugt sein, das gesetzliche Erbrecht zu nehmen und der Pflichttheilsberechtigte sich statt des Erbrechts mit dem bloßen Pflichttheilsrecht als einer Abfindung begnügen müssen, so kann das Pflichttheilsrecht, wie es nicht mehr als das Erbrecht geben kann, auch niemals ebensoviel geben. Das Recht der Entziehung des gesetzlichen Erbrechts würde sonst thatsächlich aufgehoben. Denn man kann doch

---

[5]) Runde: Deutsches eheliches Güterrecht. (1841) S. 375 ff.; Schmitthenner: Deutsches Güterrecht der Ehegatten. S. 200 ff.

[6]) Motive zu §. 479 S. 461.

nicht mehr von einem Recht, etwas zu nehmen, sprechen, wenn der Berechtigte statt dessen gleichviel geben muß. Und wenn auch das Genommene, der gesetzliche Erbtheil, und das zu Gebende, der Pflichttheil, in ihrer rechtlichen Natur verschieden sind, so ist, wenn der Pflichttheil die Größe des Erbtheils hat, die Verschiedenheit im materiellen Resultat, auf welches ja schließlich alles hinausläuft, doch zu unwesentlich, um das Pflichttheilsrecht wirklich nur noch als eine bloße Abfindung für das entziehbare Erbrecht ansehen zu können.

Selbstverständlich betrifft das Vorstehende nur den Erbtheil, welchen der überlebende Ehegatte aus dem Nachlasse des Verstorbenen zu beanspruchen hat und den Pflichttheil, den er für dessen Verlust bekommen soll. Bei einer bestandenen Gütergemeinschaft zerfällt mit der Auflösung der Gemeinschaft durch den Tod des einen Ehegatten die gemeinschaftliche Masse in zwei Theile, welche die bis dahin ideellen und jetzt realisirten Antheile der beiden Theilnehmer der Gemeinschaft darstellen. Nur der eine Theil davon bildet den Nachlaß des Verstorbenen. Den andern hat der Ueberlebende kraft eigenen Rechts und nicht als Erbe, über ihn kann der Erblasser als über ein fremdes Vermögen letztwillig nicht verfügen und ihn daher auch dem Ueberlebenden nicht nehmen[7]). Es könnte sein, daß man in dem neuen Gesetzbuch dem überlebenden Ehegatten in dem einen oder andern Fall an dem Antheil des Verstorbenen kein Recht gewähren, sondern ihn auf seinen eigenen Antheil beschränken wird. Dann würde er überhaupt kein Erbrecht haben und sich damit die Frage nach seinem Pflichttheilsrecht und dem Betrage seines Pflichttheils erledigen. Erhält er aber ein Erbrecht an dem den Nachlaß bildenden Theil der gemeinschaftlichen Masse, so gilt das Gesagte für dieses Erbrecht so gut, wie für das Erbrecht, welches bei getrennten Gütern an dem Nachlaß des verstorbenen Ehegatten gegeben ist.

Für die zweite Ausnahme, die Bestimmung des Pflichttheils des Ehegatten nach einer Nachlaßquote, ist gar kein Grund ersichtlich.

---

[7]) Daß die Hälfte, welche dem überlebenden Märkischen Ehegatten zukommt, nicht sein Antheil an der gemeinschaftlichen Masse in dem obigen Sinn, sondern ein wirklicher Erbtheil ist, das Märkische Recht daher als Beispiel für die Erklärung eines ganzen Erbtheils zum Pflichttheil angeführt werden konnte, siehe §. 8 Abtheilnng II. des Erbschafts-Edikts vom 30. April 1765 (N. C. C. Thl. III. No. 42 von 1765 S. 689 u. Rabe: Sammlung. Bd. I. Abthlg. III. S. 102 ff.); Heydemann: Die Elemente der Joachimischen Konstitution vom Jahre 1527. (1841) S. 341; v. Scholtz u. Hermensdorf a. a. O. Bd. II. S. 83, 84 u. 90; v. Kunow a. a. O. S. 121 und 122.

Mommsen, der auch hier dem Sächsischen Gesetzbuch gefolgt ist, giebt ebenfalls keinen an[8]). Namentlich ist nicht erfindlich, wie gerade die persönliche Eigenschaft der Miterben des Ehegatten als Abkömmlinge oder Nicht-Abkömmlinge des Erblassers einen Einfluß darauf haben kann, nach was für einer Quote der Pflichttheil zu bestimmen ist. Jedenfalls bleibt der Satz, daß, weil der Pflichttheil ein Ersatz des gesetzlichen Erbtheils sein soll, er sich nach diesem richten und bestimmen und zu dem Zweck eine Quote des Erbtheils selbst sein muß, auch für den Ehegatten maßgebend.

Steht die Nothwendigkeit, den Pflichttheil zum Bruchtheil des Intestaterbtheils zu machen, durchweg fest, so fragt es sich weiter, ob dieser Bruchtheil mit der Zahl der Intestaterben zunehmen oder sich ohne Rücksicht darauf, in wie viele Intestaterbtheile der Nachlaß geht, stets gleichbleiben soll.

Gegen das Zunehmen der Quote, welches sich für alle Pflichttheilsberechtigte im neueren Römischen Recht und für die Abkömmlinge auch im Landrecht und im Sächsischen Gesetzbuch findet, spricht zunächst schon, daß dabei Inkonvenienzen kaum zu vermeiden, wenigstens in keinem der genannten drei Rechte vermieden sind. Denn nach der Novelle 18 und dem Sächsischen Gesetzbuch (oben §. 4 S. 21 bezw. §. 7 S. 37) ist die Skala $^1/_3$, $^1/_6$, $^1/_9$, $^1/_{12}$, $^1/_{10}$, $^1/_{12}$ der Erbschaft u. s. w. Es erhält also eins von vier Kindern nur ebensoviel, wie eins von sechsen und eins von fünfen mehr als eins von vieren, was doch widersinnig ist. Und im Allg. Landrecht (§. 5 S. 30) ist die Progression $^1/_3$, $^1/_6$, $^1/_6$, $^1/_8$, $^2/_{15}$, $^2/_{18}$, $^2/_{21}$ des Nachlasses u. s. w., sodaß nicht blos eins von zwei Kindern nicht mehr als eins von dreien, sondern auch wieder eins von fünf Kindern mehr als eins von vieren erhält. In keinem Fall läßt sich das Zunehmen in seiner vollen Konsequenz durchsetzen. Denn diese Konsequenz würde schließlich dahin führen, den ganzen Erbtheil zum Pflichttheil zu machen. Es muß also bei irgend einer gewissen Zahl von Erben mit der weitern Zunahme der Quote einmal aufgehört werden, was willkührlich ist.

Abgesehen hiervon ist aber der Satz, daß, je kleiner wegen der größern Zahl der Intestaterben die Intestatportion werde, um so höher die Quote des Pflichttheils zu bestimmen sei, in sich selbst nicht richtig. Denn wenn der Pflichttheil eine Entschädigung für den verlorenen Erbtheil sein soll, so können beide nicht in umgekehrtem Verhältniß, welches

---

8) §. 479 seines Entwurfs und Motive dazu S. 460 u. 461.

die Verkleinerung des Erbtheils durch eine Vergrößerung der Pflichttheilsquote ausgleicht, sondern sie müssen stets in demselben Verhältniß zu einander stehen. Ist dasjenige, wofür ein Aequivalent zu geben ist, größer, so muß auch das Aequivalent größer sein, und ist jenes geringer, so muß dieses ebenfalls geringer werden. Es ist ein Widerspruch, wenn, je weniger man zu verlangen hat, die dafür zu gewährende Entschädigung nicht um gleichviel geringer sein soll. Bleibt die Quote immer dieselbe, so kann es bei einer sehr großen Anzahl von Intestaterben allerdings kommen, daß der Pflichttheilsberechtigte nur wenig aus dem Nachlaß erhält, obwohl dieser nicht unbedeutend ist, aber er hätte hier auch als gesetzlicher Erbe nur wenig erhalten und rechtfertigt jener Grund, aus welchem die Novelle 18 von dem älteren Römischen Recht und das Landrecht von dem Entwurf eines Allgemeinen Gesetzbuchs[9]) abgegangen sind[10]), nicht, die Pflichttheilsquote wechseln zu lassen, sondern nur, sie von vornherein nicht zu niedrig festzusetzen.

Wie hoch ist dieselbe nun zu bestimmen? Dreierlei Erwägungen sind hierbei von Einfluß. Einmal, daß der Pflichttheil nicht zu hoch sein und dem gesetzlichen Erbtheil nicht nahezu gleichkommen darf, damit das Recht auf ihn das letztwillige Verfügungsrecht nicht in einem Grade beschränkt, welcher gegenüber dem Umstande, daß die Familienverbindung nicht mehr so übermäßig eng und das Vermögen vorwiegend Individual-Vermögen ist, nicht gerechtfertigt ist. Andrerseits darf der Pflichttheil auch nicht ein zu niedriger Bruchtheil des Erbtheils sein. Denn sonst hört er auf, ein Ersatz für diesen zu sein. Als drittes Moment aber kommt in Betracht, daß man nicht die sämmtlichen Pflichttheilsberechtigten gleichstellen kann, sondern jedenfalls zwischen den Abkömmlingen und den Eltern einen Unterschied machen muß, da das Recht der Eltern auf einen Pflichttheil unbedingt so sehr ein schwächeres als das der Kinder auf einen solchen ist, daß es nicht blos erst nach

---

[9]) Der Entwurf ist damit motivirt worden, daß die Anzahl der Kinder an und für sich in dem Verhältniß der Eltern gegen sie nichts ändert und also auch keinen hinreichenden Grund, den Betrag des Pflichttheils verschieden festzusetzen, enthalten kann (Anm. zu §. 306 Thl. I. Tit. 2 des Entwurfs S. 208). Das ist nicht unrichtig, aber das eigentliche Argument bleibt doch immer das aus der Eigenschaft des Pflichttheils als eines Aequivalents für den Erbtheil, wonach die Verringerung des Erbtheils auch eine entsprechende Verringerung des Pflichttheils zur Folge haben muß.

[10]) Vgl. die Einleitung der Novelle 18 und Suarez in der Schlußrevision S. 165 (oben §. 5 S. 30 a. E. u. 31).

diesem eintreten, sondern, wenn es in Ermanglung von Abkömmlingen gegeben ist, auch in einer geringern Quote des Erbtheils bestehen muß. Unter Berücksichtigung dieser Gesichtspunkte dürfte es das richtigste sein, den Pflichttheil für die Kinder und Descendenten auf die Hälfte, den der Eltern aber auf den dritten Theil der Intestatportion zu normiren[11]).

Die Ehegatten stehen sich vielleicht nicht ganz so nahe und sind vielleicht nicht in ganz so starkem Maße pflichttheilsberechtigt, wie die Kinder gegen ihre Eltern, aber sie sind doch auch wieder mehr berechtigt als die Eltern gegen die Kinder. Man müßte daher für sie eigentlich einen Mittelsatz zwischen $1/2$ und $1/3$ des Intestaterbtheils statuiren. Indessen würde dies auf praktische Schwierigkeiten stoßen und wird es angemessen sein, da das Verhältniß der Ehegatten zu einander dem der Kinder zu den Eltern erheblich näher kommt, als dem der Eltern zu den Kindern, von dem nicht großen Unterschiede, der zwischen ihnen und den Abkömmlingen noch bleibt, ganz abzusehen und den Pflichttheil für sie ebenfalls auf die Hälfte ihres gesetzlichen Erbtheils festzusetzen.

Erhalten sie in dieser Weise stets und selbst neben Abkömmlingen die höchste überhaupt vorkommende Pflichttheilsquote, so kann es einen Wechsel derselben, wie er im Sächsischen Gesetzbuch und nach diesem von Mommsen[12]) dahin angenommen ist, daß die Quote geringer ist, wenn der Ehegatte mit Abkömmlingen zusammentrifft, und zunimmt, wenn nur entferntere Verwandte des Erblassers vorhanden sind, nicht geben. Gewiß steht der Ehegatte dem Erblasser näher als entfernte Verwandte und wird man daher seinen Intestaterbtheil größer machen, je entfernter diese Verwandten sind und zuletzt sogar durch ihn die Verwandten ganz ausschließen lassen. Aber man kann deswegen nicht die Quote seines Pflichttheils höher setzen als die der Kinder, welche unter allen Umständen das meiste und stärkste Recht auf einen Pflichttheil haben.

Bezüglich der Eltern ist noch zweier besonderer Vorschläge Erwähnung zu thun. Binding[13]) will nämlich, während er den Pflicht-

---

[11]) Ebenso das Oestreichische Gesetzbuch (oben §. 6 S. 34); Bruns: Das heutige römische Recht in v. Holtzendorff's: Encyklopädie der Rechtswissenschaft. (1870) S. 370; Mommsen: Entwurf §. 471 u. 476 und der Hessische Entwurf Art. 114 u. 115; für den Pflichttheil der Eltern auch das Sächsische Gesetzbuch §. 2569 und soweit es sich um den Pflichttheil der Descendenten handelt, der Gesetzrevisor Pensum XVI. Motive zu Entw. §. 112 S. 305.

[12]) Entwurf §. 479.

[13]) S. 183 seiner Abhandlung.

theil beider Eltern zusammen auf die Hälfte des Nachlasses festsetzt, wenn nur eins der Eltern noch lebt und wegen des Mangels von nach der Parentelenordnung eintretenden Nachkommen des andern alleiniger Erbe ist, den Pflichttheil nur auf ein Viertel der Erbschaft bestimmen, nach dem Vorgang des Code civil, nach welchem die réserve der Ascendenten, wenn solche in jeder Linie vorhanden sind, die Hälfte und, wenn sie nur in einer Linie vorhanden sind, ein Viertel des Vermögens beträgt (oben §. 3 S. 14). Und nach Mommsen[14]) soll dadurch, daß der eine der Eltern sich des Erbrechts unwürdig macht oder von dem Erblasser rechtmäßig enterbt wird oder, sei es auch bei Lebzeiten des Erblassers, auf sein Erbrecht verzichtet und, weil keine Geschwister oder Geschwisterkinder da sind, der gesetzliche Erbtheil des andern der Eltern größer wird, doch der Pflichttheil des letztern nicht vergrößert werden.

Beide Vorschläge treffen darin zusammen, daß durch den Wegfall des einen der Eltern zwar der gesetzliche Erbtheil, nicht aber der Pflichttheil des andern größer werden soll und sie treten gleichmäßig in Widerspruch wieder mit der Eigenschaft des Pflichttheils als eines Aequivalents für den entzogenen Erbtheil. Denn wenn der eine der Eltern in Folge des Wegfalls des andern ein größeres gesetzliches Erbrecht hat, so muß ihm für die Entziehung desselben auch eine größere Abfindung gewährt d. h. es muß auch hier der Pflichttheil zu der gewöhnlichen Quote von dem wirklich vorhandenen Intestaterbtheil berechnet werden. Es kann weder die Quote geringer sein als sonst, noch die Quote an sich die gewöhnliche sein, aber von dem genommen werden, was dem Parens zugekommen sein würde, wenn der andere Parens nicht weggefallen wäre oder Nachkommen hinterlassen hätte. Das ist nicht der gesetzliche Erbtheil des Parens, ein Bruchtheil davon deshalb auch nicht ein Ersatz für den Verlust des gesetzlichen Erbtheils.

Daß Mommsen einen Wegfall wegen Unwürdigkeit, rechtmäßiger Enterbung oder Verzicht verlangt, macht seinen Vorschlag nicht annehmbarer. Seine Argumentation, daß die Vergrößerung des Pflichttheils dem unwürdigen Theil zu Gute kommen beziehungsweise die Wirkung des von einem der Eltern erklärten Verzichts beseitigen würde[15]), ist so allgemein nicht richtig. Wenn z. B. der unwürdige oder verzichtende Parens die Ehefrau ist und diese mit ihrem Mann in getrennten Gütern lebt, so ist nicht abzusehen, wie ihr, die an dem Ver-

---

[14]) Entwurf §. 476 Abs. 2.
[15]) Motive S. 460 zu §. 476.

mögen des Mannes keine Rechte und von demselben auch nicht ohne weiteres Vortheile hat, die Erlangung des Pflichttheils seitens des Ehemannes zu Gute kommen soll. Immer aber liegt die Sache doch nur so, daß dem unwürdigen oder verzichtenden Theile die Vergrößerung des Pflichttheils mit zu Gute kommt und kann der Umstand, daß die Erlangung eines größern Pflichttheils nicht blos dem Pflichttheilsberechtigten sondern indirekt auch noch einem dritten zum Vortheil gereicht, der den Vortheil nicht verdient, doch nicht berechtigen, auch dem eigentlichen Pflichttheilsberechtigten den größern Pflichttheil zu versagen und ihn mit einem Pflichttheil abzufinden, der seinem gesetzlichen Erbtheil nicht entspricht und nicht mehr ein Aequivalent für diesen bildet.

§. 46.

Enterbung.

Da das Pflichttheilsrecht blos ein Ersatz für das entzogene gegesetzliche Erbrecht sein soll, ein Ersatz aber voraussetzt, daß das zu Ersetzende wirklich vorhanden ist, so kann das Pflichttheilsrecht bei einer Erbunwürdigkeit des Pflichttheilsberechtigten nicht gegeben sein. Denn bei einer solchen ist ein gesetzliches Erbrecht nicht vorhanden.

Verschieden von den Gründen dieser Erbunwürdigkeit sind die sog. Enterbungsgründe d. h. die besondern Gründe, aus denen der Erblasser speziell das Pflichttheilsrecht entziehen und damit sich die freie Verfügung über seinen Nachlaß verschaffen kann. Die Verschiedenheit ist eine doppelte, indem die Enterbungsgründe einmal nur das Pflichttheilsrecht treffen und zweitens ihre Wirksamkeit nicht kraft Gesetzes sondern lediglich durch den Willen des Erblassers eintritt. Sogenannte Enterbungsgründe aber sind es, weil das Pflichttheilsrecht kein Erbrecht die Entziehung desselben daher keine Enterbung ist. Die Bezeichnung, welche aus dem Römischen Recht stammt (§. 17 S. 94), kann jedoch als einmal eingebürgert beibehalten werden.

Der Code civil und der Hessische Entwurf haben Enterbungsgründe nicht. Es ist dies nur konsequent und müßten eigentlich alle diejenigen, welche gleichfalls für das System der beschränkten Verwandten-Erbfolge sind, sich auf die Indignität beschränken. Denn bei diesem System decken sich Pflichttheilsrecht und gesetzliches Erbrecht und beruht das letztere direkt und ausschließlich auf dem Gesetz, so daß der Wille des Erblassers es weder hindern noch etwas dazu beitragen kann. Der

Wille des Erblassers kann daher auch keinen Einfluß auf seinen Verlust haben, sondern es muß, wie es lediglich durch das Gesetz entsteht, umgekehrt auch lediglich aus Gründen, welche unabhängig von dem Willen des Erblassers und allein vermöge des Gesetzes wirken, verloren gehen. Derjenige, der Erbe wird, einzig und allein durch das Gesetz, der kann auch nur einzig und allein durch das Gesetz und niemals, selbst nicht blos ausnahmsweise, durch den Willen des Erblassers von der Erbschaft ausgeschlossen werden.

Bei dem System der beschränkten Willkühr ist dagegen der Wille des Erblassers prinzipiell frei. Der Erblasser kann das gesetzliche Erbrecht nehmen und muß auch das Pflichttheilsrecht nehmen können, wenn die Erwägungen, welche zu dieser Beschränkung seines Willens führen, nicht zutreffen. Die besondern Enterbungsgründe erscheinen hier sogar nicht blos zulässig, sondern nothwendig, weil die Beschränkung des Willens des Erblassers durch das Pflichttheilsrecht eben eine Ausnahme ist, die als solche nur Platz greifen kann, wenn sie gerechtfertigt ist, sobald aber die Ausnahme nicht mehr gerechtfertigt ist, es bei der Regel d. i. der prinzipiellen Freiheit des Willens bewenden muß.

Die Gründe für eine Enterbung müssen andere sein, als die der Indignität. Dies folgt von selbst aus der Verschiedenheit der Enterbung und der Indignität. Auch würde, wollte man die Gründe dieselben sein lassen[1]), von einem besondern Enterbungsrecht nicht wohl mehr gesprochen werden können, sondern das Recht des Erblassers nur darin bestehen, daß er dasjenige, was bereits ohne seinen Willen kraft Gesetzes eintritt, auch noch besonders aussprechen und so zu erkennen geben darf, daß er es ebenfalls will. Sein Wille würde nicht mehr die bestimmende Veranlassung für den Fortfall des Pflichttheilsrechts sein, was er bei der Enterbung sein soll und ist, sondern nur die geringe Bedeutung einer Bestätigung des bereits durch das Gesetz bewirkten Fortfalls des Pflichttheilsrechts haben (vgl. §. 8 S. 45 u. 46).

Um einer Thatsache die Eigenschaft eines Enterbungsgrundes beizulegen, ist jedenfalls erforderlich, daß sie die Grundlage des Pflichttheilsrechts trifft, das heißt, sie muß so wirken, daß in der Nichtberücksichtigung der Verwandten in Wahrheit eine Lieblosigkeit oder Härte nicht liegt. Dies kann sie in doppelter Weise, entweder weil der Pflichttheilsberechtigte die Berücksichtigung, auf welche die nächsten Verwandten an sich Anspruch haben, wegen seines Benehmens nicht verdient, oder

[1]) was Binding S. 143 ff. befürwortet.

weil die Nichtberücksichtigung zum Besten des Pflichttheilsberechtigten mehr als die Berücksichtigung beitragen soll und beiträgt und die Nichtberücksichtigung deshalb sich nicht als Härte oder Lieblosigkeit darstellt.

Zunächst von der ersteren Enterbung, der sog. Enterbung zur Strafe.

Es scheint als ein jedem Zweifel entzogener Grundsatz angesehen zu werden, daß das Gesetz die Enterbungsgründe speziell und erschöpfend aufzählen müsse. Wenigstens verfahren alle Gesetze so und ist bisher von keiner Seite etwas hiergegen eingewendet worden. Und doch möchte das Gegentheil richtig sein.

Es ist zweierlei möglich. Entweder man faßt die einzelnen Enterbungsgründe sehr allgemein und vage. Damit öffnet man aber einer schwankenden Interpretation Thür und Thor und schafft einen Zustand der Halbheit, der entschieden gefährlicher und schädlicher ist, als wenn man die Gründe gar nicht spezialisirt. Oder man faßt die Gründe exakt und präcis. Dann ist es aber trotz der größten Sorgfalt und auch wenn man sich noch so sehr bemüht, vollständig zu sein, bei der übergroßen Mannigfaltigkeit und Veränderlichkeit der menschlichen Verhältnisse nicht zu vermeiden, daß ein Grund, der ebenso schwerwiegend ist oder auch nur es im Laufe der Zeit wird, wie derjenige, der genannt ist, nicht genannt ist und das Gesetz in Willkühr und Formalismus verfällt.

Auf eine Analogie der Ehescheidungsgründe, bei denen man allerdings nie wird umhin können, sie bestimmt zu präcisiren, kann man sich nicht berufen. Bei der Ehescheidung handelt es sich um die Aufhebung eines Verhältnisses, welches eines der wichtigsten Fundamente des Staatsorganismus bildet, vollständig und in jeder Beziehung. Diese Aufhebung muß daher einerseits auf das äußerste erschwert werden und bedarf es andrerseits für sie der unbedingtesten Gleichförmigkeit in der praktischen Handhabung, selbst wenn diese Gleichförmigkeit nur auf Kosten des materiellen Rechts zu erlangen ist. Anders liegt die Sache beim Pflichttheilsrecht. Enterben heißt nicht, „sich von dem Familiengliede völlig lossagen" oder „das die nächsten Verwandten umschlingende Band völlig zerreißen[2])", noch jemandem „jeden Vortheil, der ihm in Folge des verwandtschaftlichen Verhältnisses zufließen könnte[3])", nehmen, sondern die Enterbung ist nur die Aufhebung eines bestimmten einzelnen aus der

---

[2]) wie z. B. Gärtner S. 406, die Motive zum Großherzogl. Hessischen Entwurf S. 82 und Binding S. 146 sagen.

[3]) Mommsen S. 469.

Verwandtschaft fließenden Vermögensrechts, welches in keiner Weise das verwandtschaftliche Verhältniß erschöpft, dessen Aufhebung daher noch nicht eine Aufhebung der Verwandtschaft überhaupt ist und an welchem der Staat füglich kein größeres Interesse hat, als an einem sonstigen vermögensrechtlichen Anspruch, welches namentlich nicht wie die Ehe zur Existenz des Staates nothwendig ist. Denn ein Staat läßt sich nicht ohne das Institut der Ehe, sehr wohl aber ohne das des Pflichttheilsrechts denken. Bei dem Pflichttheilsrecht kann man daher materielles Recht schaffen und man muß es schaffen, selbst auf die Gefahr hin, daß die Prozesse über die Gültigkeit der Enterbung sich etwas vermehren sollten und daß in dem einen oder andern Fall mal die richterliche Entscheidung nicht das richtige treffen, einen ungenügenden Grund für genügend oder einen genügenden für nicht genügend erklären und so willkührlich sein möchte[4]). Die erstere Gefahr ist, da Enterbungen an sich höchst selten sind und noch seltener zu Prozessen führen, eine sehr entfernte, die nicht wesentlich ins Gewicht fällt, am wenigsten ist ein „Ueberhandnehmen" der Prozesse über die Rechtsgültigkeit der Enterbungen, von dem man gesprochen hat[5]), zu befürchten. Die hin und wieder mögliche richterliche Willkühr aber ist lange nicht so schlimm, wie die bei genauer Aufzählung der Enterbungsgründe unvermeidliche gesetzgeberische Willkühr und die Nachtheile, welche aus ihr entstehen, werden reichlich aufgewogen dadurch, daß in allen andern Fällen die Entscheidung aus der von jeder Buchstaben-Auslegung freien Berücksichtigung der gesammten Umstände des einzelnen Falls hervorgehen kann und nicht formelles, sondern wirkliches, materielles Recht ist.

Fallen die spezialisirten Enterbungsgründe, so kehrt man insofern zum älteren Römischen Recht zurück (§. 4 S. 17 u. 20). Das ist aber in diesem Punkt kein Rückschritt. Das ältere Römische Pflichttheilsrecht war aus Gewohnheitsrecht hervorgegangen und wenn auch in vielen Beziehungen mangelhaft entwickelt, doch, wie es bei einem Gewohnheitsrecht nicht wohl anders sein konnte, in seinem innern Wesen materieller Natur. Erst durch Justinian ist mehr Formalismus hineingekommen. Die neuere Gesetzgebung ist dann bemüht gewesen, diesen Formalismus,

---

[4]) Diese Gefahr der Willkühr hat die Veranlassung zur Präcisirung der Enterbungsgründe in der Novelle 115 gegeben, vgl. daselbst cap. III. princ., und wird auch von Mommsen S. 470 als entscheidend hervorgehoben. Sowohl sie als die der Zunahme der Prozesse wird von dem Gesetzrevisor betont (Gesetzrevision. Pensum XVI. Motive S. 311 zu Entw. §§. 130 u. 131).

[5]) Gesetzrevisor a. a. O.

der sich besonders nach den drei Richtungen: Aufstellung einer geschlossenen Reihe von Enterbungsgründen, Nothwendigkeit der Erbeseinsetzung und Möglichkeit, das Testament über den Umfang des Pflichttheils hinaus aufzuheben, zeigt, wieder zu beseitigen. In den beiden letzteren Beziehungen hat sie es bereits gethan, in der ersteren aber noch nicht, wenngleich auch hier ein Fortschritt nicht zu verkennen ist. Denn während die Novelle 115 und das Allg. Landrecht noch rein kasuistisch verfahren und lediglich nach möglichst detaillirter, buchstäblich aufzufassender Festsetzung der einzelnen Enterbungsgründe streben, stellen sich das Oesterreichische und das Sächsische Gesetzbuch bereits freier und strebt das neueste Gesetz, das Zürcher, ersichtlich mehr nach allgemeinen Gesichtspunkten für die richterliche Entscheidung als nach spezieller Aufzählung der Enterbungsgründe[6]). Noch ein Schritt weiter als dieses Gesetz, so hat man das richtige und der letzte Rest von Formalismus ist beseitigt und überall ein rein materielles Pflichttheilsrecht vorhanden, so materiell, wie es seiner ethischen Grundlage nach sein muß.

Will man daher bestimmte Enterbungsgründe aufstellen, so darf man dies nur in der Art einer Direktive für die richterliche Entscheidung thun und möchte es in dieser Weise immerhin zweckmäßig sein, die Hauptgründe, welche den neueren Gesetzen gemeinschaftlich sind, als Beispiele und Anhalt für die Rechtsprechung besonders namhaft zu machen. Sonst aber ist als der allein maßgebende Standpunkt zu bezeichnen, daß die Enterbung zulässig ist, wenn der Pflichttheilsberechtigte sich einer Handlung schuldig gemacht hat, in Folge deren seine Nichtberücksichtigung gerechtfertigt ist und nicht mehr als eine Härte oder Lieblosigkeit des Erblassers erscheint, wobei die Handlung selbst entweder ein den verwandtschaftlichen Pflichten zuwiderlaufendes Benehmen gegen den Erblasser, z. B. ein gegen diesen begangenes Verbrechen u. dgl. oder gegen die Würdigkeit der eigenen Persönlichkeit des Pflichttheilsberechtigten gerichtet, z. B. unsittlicher Lebenswandel u. s. w. sein kann.

Das Vorstehende gilt selbstverständlich auch für den Ehegatten und erledigt gleichzeitig die Frage, ob bei diesem die Entziehung des Pflichttheilsrechts nur aus den Ehescheidungsgründen oder gar nur dann, wenn aus denselben gleichzeitig die Trennung der Ehe nachgesucht worden, zuzulassen sei, sofort in verneinendem Sinne. Ehescheidung und Pflichttheils-Entziehung sind nicht dasselbe. Sie sind auch nicht von gleicher Bedeutung, sondern die Entziehung des Pflichttheilsrechts ist entschieden

[6]) Vgl. Gruchot: Erbrecht. Bd. III. S. 154 in den Anmerkungen.

etwas weit Geringeres und muß daher leichter zulässig sein, als jene.

Da das Enterben ein Recht des Erblassers ist, nämlich das Recht, sich die unbeschränkte Verfügung über seinen künftigen Nachlaß zu verschaffen, ein Recht aber regelmäßig nur demjenigen gegeben wird, der es haben will, so folgt, daß der Erblasser die Enterbung aussprechen muß. Da dieselbe aber ferner nur zulässig ist, wenn ein genügender Grund dafür vorhanden ist, so gehört zur Enterbung nothwendig der Enterbungsgrund und liegt ein wirkliches Aussprechen einer Enterbung erst dann vor, wenn zugleich der Grund für sie angegeben wird, d. h. der Erblasser zu erkennen gegeben hat, daß er die Thatsache, die an sich und objektiv einen Enterbungsgrund darstellt, auch seinerseits und subjektiv für genügend gehalten hat, um ihretwegen von seinem Recht, den Pflichttheil zu entziehen, Gebrauch zu machen. Beides, daß die Thatsache objektiv und subjektiv als Enterbungsgrund angesehen wird, muß zusammentreffen. Fehlt die subjektive Ansicht, und daß sie nicht fehlt, steht nur dann fest, wenn der Erblasser die Thatsache als Grund der vorgenommenen Enterbung angegeben hat, so ist die Enterbung unvollständig. Es kann dem Erblasser nicht das Recht der freien Verfügung über seinen Nachlaß gegeben werden aus einem Grunde, von dem nicht erhellt, daß er aus demselben die freie Verfügung hat haben wollen.

Die Angabe des Grundes wird überall verlangt außer im Oestreichischen Gesetzbuch (§. 771)[7]) und von Mommsen[8]). Der letztere bemerkt dabei, daß der Erblasser Gründe haben könne, weshalb er nicht ohne Noth den Enterbungsgrund zur allgemeinen Kunde bringen will und zwar Gründe, denen man eine Anerkennung nicht wohl versagen könne, sei es nun, daß er aus Schonung des Notherben oder aus Schonung einer anderen Person den Grund, soweit dies möglich, geheim zu halten wünsche. Indessen auf den Pflichttheilsberechtigten, der sich eines Enterbungsgrundes schuldig gemacht hat, besondere Rücksicht zu nehmen, dazu wenigstens liegt wohl keine Veranlassung vor. Vor allem aber gelangt der Enterbungsgrund dadurch, daß ihn der Erblasser angeben muß, doch noch nicht „zur allgemeinen Kunde" und wird allen

---

[7]) Wenn auch für das Landrecht behauptet wird, daß die ausdrückliche Angabe des Enterbungsgrundes im Testament nicht erforderlich sei, wie namentlich Bauer S. 60—64 gethan hat, so geschieht dies ohne überzeugende Gründe und durchaus im Widerspruch mit der herrschenden Ansicht. Vgl. Gesetzrevision. Pensum XVI. (1835) Motive zu Entw. §§. 157 u. 158 S. 317.

[8]) Entwurf §. 494 Abs. 2, Motive dazu S. 474 u. 475.

Rücksichten, die billiger Weise zu nehmen sind, entsprochen, wenn dem Erblasser gestattet wird, den Enterbungsgrund in einem verschlossenen und erst dann, wenn es nothwendig wird und nur für diejenigen, welche ein unmittelbares Interesse daran haben, zu öffnenden Schriftstück anzugeben. Daß die Angabe ganz unterbleiben könne, rechtfertigen jene Rücksichten gewiß nicht.

Auf der Angabe des Enterbungsgrundes wird um so mehr bestanden werden müssen, wenn die Enterbungsgründe im Gesetz nicht mehr erschöpfend aufgezählt sind.

Daß der Pflichttheilsberechtigte nicht die Unrichtigkeit des angegebenen Enterbungsgrundes darzuthun hat, sondern ihm dessen Richtigkeit nachgewiesen werden muß, ist selbstverständlich. Andernfalls würde leicht ein Enterbungsgrund in der Art, daß der Pflichttheilsberechtigte die Unwahrheit nicht darzuthun vermag, erdichtet und der Pflichttheilsberechtigte um sein Recht gebracht werden können[9]).

Zweifelhafter ist die Form, in welcher die Enterbung stattzufinden hat.

Klar ist soviel, daß es weder einer bestimmten Wortformel bedarf, namentlich nicht des Worts Enterbung, noch die Enterbung direkt ausgesprochen zu werden braucht, sondern jede Erklärung hinreicht, aus welcher mit Sicherheit entnommen werden kann, daß der Pflichttheilsberechtigte den Pflichttheil gar nicht oder nur theilweise aus dem Nachlaß erhalten soll. Eine solche Erklärung enthält schon die in der Zuwendung des ganzen Nachlasses an andere liegende Uebergehung. Denn auch sie bringt in Verbindung mit der Angabe des Enterbungsgrundes zum Ausdruck, daß der Pflichttheilsberechtigte nichts bekommen soll. Wenn Mommsen dieselbe nicht gelten lassen will[10]), so hängt dies wohl damit zusammen, daß er die Angabe des Enterbungsgrundes nicht verlangt.

Klar ist ferner, daß ein blos mündliches Aussprechen der Enterbung nicht genügend, sondern jedenfalls Schriftlichkeit erforderlich ist. Bei der Schriftlichkeit muß es aber auch bewenden.

Daß das Römische Recht die Enterbung nur in einem wirklichen Testament zuläßt (oben §. 14 S. 80), erklärt sich durch die besondere Bedeutung, welche es der heredis institutio beilegt (§. 42 S. 203) und dadurch, daß die exheredatio in ihm eine wirkliche Entziehung des Erb-

---

9) Vgl. Koch: Kommentar. Bd. III. Anm. 88 zu §. 432 II. 2 S. 307.

10) Motive zu §. 494 u. 495 S. 474.

rechts war. Für die neueren Gesetze treffen diese Gründe nicht mehr zu und wenn dieselben trotzdem mit einzelnen Modifikationen dem Römischen Recht gefolgt sind[11]), so hat dies blos einen äußerlichen Grund in dem Einfluß, den das Römische Recht auf sie ausgeübt hat. Jetzt ist die Enterbung „keine Ausschließung von der Erbfolge" mehr, sondern nur noch die Entziehung eines persönlichen Rechts und für diese läßt sich nichts weiter fordern, als eine Form, „die dafür bürgt, daß der Erblasser nicht ohne Ueberlegung eine darauf abzielende Erklärung abgiebt"[12]). Das thut aber nicht erst die testamentarische, sondern bereits die schriftliche Form.

Hat das Gesetz die Gründe, welche eine Enterbung zur Strafe zulassen, nicht in geschlossener Reihe aufzunehmen, so versteht es sich von selbst, daß die Gründe für die sog. Enterbung aus guter Absicht ebenfalls nicht erschöpfend spezialisirt werden dürfen. Wenn letzteres nicht mehr geschieht, so wird auch hier jede formale Subtilität, die mit dieser Art von Enterbung noch weniger als mit der andern vereinbar ist, beseitigt und fallen damit die Bedenken, die gegen die Zweckmäßigkeit der Enterbung aus guter Absicht mehrfach und namentlich gegenüber der Gestaltung, welche dieselbe im Allg. Landrecht hat, auch wohl mit Recht, geäußert worden sind[13]). Denn es bleiben dann nur diejenigen Fälle, in denen die gänzliche oder theilweise Nichtberücksichtigung wirklich zum Besten des Pflichttheilsberechtigten dient und aus beabsichtigter Wahrnehmung seines Besten hervorgegangen ist. Daß solche Fälle vorkommen können, läßt sich nicht läugnen. Sehr selten werden sie freilich in der Ausdehnung sein, daß der Pflichttheilsberechtigte vollständig vom Nachlaß ohne Härte oder Lieblosigkeit ausgeschlossen werden kann, häufiger in der Anwendung, daß er in der Verfügung über den Pflichttheil beschränkt oder statt des Pflichttheils mit einem Nießbrauch, einer Rente oder dgl. bedacht wird. Immer aber werden sie selten sein und sie werden in dieser ihrer Seltenheit, wenn der Richter ohne spezielle gesetzliche Anweisungen nach dem Totaleindruck der Sache urtheilen kann, berechtigt sein. Eine solche letztwillige Bestimmung z. B., wie sie nach §. 430 Thl. II. Tit. 2 des Landrechts getroffen werden kann, daß der Pflichttheilsberechtigte statt des Pflichttheils sich mit dem Nießbrauch des ge-

[11]) Allg. Landrecht. Thl. II. Tit. 2 §. 431; Unger: Privatrecht. Bd. VI. §. 83 S. 350; Sächsisches Gesetzbuch §. 2595. Ebenso Mommsen §. 493.

[12]) Mommsen: Motive zu §. 493 S. 474.

[13]) z. B. von Francke: Recht der Notherben. §. 34 S. 422 ff.; Gruchot: Erbrecht. Bd. III. S. 180; Förster: Privatrecht. Bd. IV. §. 248 S. 73.

setzlichen Erbtheils begnügen muß, wenn dessen Substanz seinen Kindern vorbehalten ist, wird dann in dieser Allgemeinheit keine Enterbung aus guter Absicht mehr sein und ebenso wenig wird die Besorgniß, daß der Pflichttheil ganz oder größtentheils den Kindern des Pflichttheilsberechtigten entgehen würde, aus der nach §. 773 des Oestreichischen Gesetzbuchs dem Erblasser gestattet ist, den Pflichttheil dergestalt zu entziehen, daß er den Kindern des Pflichttheilsberechtigten zugewendet wird, schon ohne weiteres einen Grund zur Enterbung aus guter Absicht bilden.

Andrerseits läßt sich die Schranke, welche das Sächsische Gesetzbuch im §. 2577 für die exheredatio bona mente gezogen hat, daß sie im Fall einer Ueberschuldung des Pflichttheilsberechtigten nur unbeschadet des Rechts der Gläubiger, den Pflichttheil zum Zweck ihrer Befriedigung in Anspruch zu nehmen, geschehen kann, nicht billigen. Die Gläubiger können doch nur dasjenige in Anspruch nehmen, worauf ihr Schuldner ein festes Recht hat. Ist der Erblasser nach dem Gesetz berechtigt, den Pflichttheil zu entziehen und macht er von diesem Recht Gebrauch, so entsteht gar kein Pflichttheilsrecht. Dieses ist nur dann vorhanden, wenn und soweit nicht eine gültige Enterbung erfolgt ist. Kann eine solche stattfinden und hat sie stattgefunden, so hat der Pflichttheilsberechtigte nur ein Recht auf dasjenige, was ihm der Erblasser freiwillig zugewendet hat und so, wie er es ihm zugewendet hat und haben daher auch seine Gläubiger nicht auf mehr Anspruch, mit andern Worten das Recht der Gläubiger auf Befriedigung geht nur so weit als das Recht ihres pflichttheilsberechtigten Schuldners. Kann der Erblasser in dieses eingreifen, so kann jenes dem nicht entgegen stehen.

Das Recht der Gläubiger geht aber auch wieder eben so weit als das ihres Schuldners. Sie müssen deshalb alles in Anspruch nehmen können, was der Pflichttheilsberechtigte zur eigenen freien Verfügung aus dem Nachlaß erhält und kann sie der Erblasser hierin nicht beschränken. Das hieße in fremde Rechte eingreifen. Die Vorschrift des §. 424 Thl. II. Tit. 2 des Landrechts, wonach der Erblasser verordnen kann, daß die Gläubiger des Pflichttheilsberechtigten sich nicht an die Substanz des Erbtheils halten dürfen, ist mithin ebenfalls nicht gerechtfertigt[14]). Das Richtige ist vielmehr allein, daß, wenn genügende Gründe vorhanden sind zu einer Enterbung aus guter Absicht, der Erblasser aus denselben dem Pflichttheilsberechtigten den Pflichttheil nehmen oder

[14]) Förster: Privatrecht. Bd. IV. §. 248 S. 74 und die dort Citirten, namentlich Gruchot: Erbrecht. Bd. III. S. 185—187.

ihn im Pflichttheil beschränken darf ohne Rücksicht darauf, ob darunter seine Gläubiger leiden oder nicht, daß aber eine Entziehung oder Beschränkung, die blos gegen die Gläubiger wirkt, nicht zulässig ist, sondern dieselbe nur so vorgenommen werden kann, daß sie gleichmäßig die Gläubiger und den Pflichttheilsberechtigten trifft.

Was bei der Enterbung zur Strafe über die Angabe des Enterbungsgrundes, den Beweis desselben und die Form der Enterbung gesagt worden, findet natürlich auch auf die exheredatio bona mente Anwendung. Insbesondere muß auch hier dem Pflichttheilsberechtigten der Beweis der Richtigkeit des Enterbungsgrundes geführt werden. Eine Vermuthung dafür, daß der Erblasser die angegebene wohlmeinende Absicht wirklich gehabt habe, besteht so wenig, wie bei der Enterbung zur Strafe dafür, daß der angegebene Enterbungsgrund auf Wahrheit beruht. Noch weniger spricht für das zweite Moment, welches außer der guten Absicht vorhanden sein muß, daß die Enterbung nicht blos nach der Absicht des Erblassers, sondern auch in Wirklichkeit mehr als die Berücksichtigung zum Besten des Pflichttheilsberechtigten dient, eine Vermuthung, selbst nicht einmal dann, wenn eine persönliche Unfähigkeit des Pflichttheilsberechtigten z. B. Wahnsinn oder dgl. den Grund der Enterbung abgiebt. Hier muß nicht blos diese Unfähigkeit, sondern auch noch ferner dargethan werden, inwiefern sie bewirkt, daß die Nichtberücksichtigung das wahre Interesse des Pflichttheilsberechtigten mehr befördert, als die Zuwendung des Pflichttheils gethan haben würde.

Das Oestreichische Gesetzbuch hat die Wirkung der Enterbung dahin beschränkt, daß selbst dem enterbten Pflichttheilsberechtigten noch der nothwendige Unterhalt belassen werden muß (oben §. 6 S. 35). Es läßt sich hierfür anführen, daß ohnedem die Enterbung die Folge haben kann, daß der Enterbte, wenn er sich durch eigene Arbeit nicht zu ernähren vermag, einem andern Alimentationspflichtigen z. B. der von dem Vater enterbte mißrathene Sohn der Mutter allein oder der Gemeinde oder dem Staat zur Last fällt[15]). Dennoch ist die Vorschrift nicht nachahmungswerth. Bei der Enterbung aus guter Absicht erübrigt sie sich schon dadurch, daß, wenn der Pflichttheilsberechtigte den nothwendigen Unterhalt entbehren muß, die Entziehung des Pflichttheils nicht sein Bestes bezwecken und dazu beitragen kann. Und bei der andern Enterbung ist zu erwägen, daß das Recht auf Alimente gegen einen

---

[15]) Vgl. Gruchot: Erbrecht. Bd. III. S. 156 in der Anmerkung 1 a. E. und Binding S. 144, sowie oben §. 8 S. 44.

Lebenden, das Recht auf einen Pflichttheil aber gegen den Nachlaß eines Verstorbenen gegeben ist, beide Rechte mithin von einander durchaus verschieden sind, das erstere insbesondere nicht in dem letzteren enthalten ist und daher nicht bei der Entziehung desselben zurückbleiben oder sonst zu dessen Beschränkung gereichen kann. Wie sehr die Verbindung beider Rechte der juristischen Logik widerstrebt, zeigt sich deutlich an den Schwierigkeiten, welche die praktische Durchführung dieser Verbindung bietet. Denn so einfach bestimmen, daß dem enterbten Pflichttheilsberechtigten der nothwendige Unterhalt bleiben muß, geht nicht an, weil der Pflichttheilsberechtigte sonst bei einer geringen Größe des Nachlasses und daher auch des Pflichttheils leicht in Form von Alimenten mehr erhält, wie er als Pflichttheil erhalten haben würde. Es müßte daher ein allgemeiner Maßstab aufgestellt werden, nach welchem dasjenige, was zum Unterhalt verbleiben soll, stets wenn nicht weniger, so doch jedenfalls nicht mehr beträgt als der Pflichttheil. Ein solcher Maßstab läßt sich aber nicht finden, da nur der Pflichttheil bestimmt, das zum nothwendigen Unterhalt Erforderliche dagegen nicht blos in der Art unbestimmt ist, daß über den Betrag desselben das wechselnde Bedürfniß entscheidet, sondern es sich namentlich auch noch deshalb jeder selbst nur annähernden Bestimmung entzieht, weil sich regelmäßig gar nicht übersehen läßt, auf wie lange der Pflichttheilsberechtigte sich nicht allein ernähren kann und ihm der nothwendige Unterhalt zu gewähren sein wird.

§. 47.

Verlust des Pflichttheilsrechts.

Indignitäts- und Enterbungs-Gründe hindern die Entstehung des Pflichttheilsrechts dergestalt, daß, wenn sie vorhanden sind bezw. aus ihnen das Pflichttheilsrecht entzogen wird, nur über ihre Richtigkeit gestritten werden kann, sobald diese aber feststeht, das Pflichttheilsrecht gar nicht zur Existenz gelangt. Außerdem giebt es noch vier Gründe, welche nicht die Entstehung, sondern das entstandene Pflichttheilsrecht treffen, aus denen das wie gewöhnlich sofort mit dem Tode des Erblassers entstandene Pflichttheilsrecht wieder verloren gehen kann. Es sind dies Verzicht, Anerkennung der letztwilligen Verfügung, Annahme einer letztwilligen Zuwendung und Verjährung.

Wie, wenn das Pflichttheilsrecht ein Forderungs- oder Anfechtungs-Recht ist, ein Verzicht darauf unbedenklich zulässig sein muß, so ist es auch unbedenklich, daß in Ansehung der formellen und materiellen Erfordernisse desselben es lediglich bei den Grundsätzen, die über den Verzicht überhaupt und speziell über den Verzicht auf persönliche Rechte maßgebend sind, bewenden kann. Es wird dies namentlich auch für die Frage anzunehmen sein, ob der Verzicht demjenigen, der der Verpflichtete für das Pflichttheilsrecht ist, gegenüber erklärt werden muß oder auch anderen gegenüber mit Wirksamkeit erklärt werden kann. Zu der von Mommsen[1]) aufgestellten Abweichung insbesondere, daß ein vor dem Erbschaftsgericht erklärter Verzicht als allen Betheiligten gegenüber erklärt gelten müsse, dürfte kein genügender Grund vorliegen, also, da jede Abweichung von allgemeinen Regeln einen Grund haben muß, dieselbe nicht zu acceptiren sein. Die Erklärungen auf dem Erbschaftsgericht, die auf dem Gebiet des Erbrechts mehrfach mit allgemeiner Wirksamkeit vorkommen z. B. Erbentsagung, Wahrung und Verzicht der Rechtswohlthat des Inventars u. dgl. müssen oder können vor dem Erbschaftsgericht erfolgen lediglich deswegen, weil bei den Rechtsverhältnissen, um welche es sich hier handelt, die bei der Erklärung außer dem Erklärenden noch Interessirten theils zur Zeit der Erklärung noch ungewiß sind, theils ihr Kreis ein sehr großer ist, so daß es nicht möglich oder wenigstens nur sehr schwer ausführbar sein würde, die Erklärung denen gegenüber abzugeben, die davon berührt werden. Anders ist es beim Pflichttheilsrecht. Hier sind die Betheiligten d. i. diejenigen, denen der Verzicht auf das Pflichttheilsrecht zu Gute kommt, verhältnißmäßig nicht zahlreich und sie sind regelmäßig sofort mit der Existenz des Pflichttheilsrechts bekannt und sollten sie ja mal unbekannt sein und deshalb ihnen gegenüber der beabsichtigte Verzicht nicht abgegeben werden können, so würde in Folge der kurzen Verjährung, von welcher nachher die Rede sein wird, sehr bald durch Nichtgeltendmachung des Pflichttheilsrechts dasselbe Resultat erreicht werden können, wie durch einen ausdrücklichen Verzicht, es also auch in diesem Fall an einem Bedürfniß zur Abweichung von der Regel fehlen.

Die Anerkennung der letztwilligen Verfügung zieht nach Römischem Recht (oben §. 4 S. 20), dem Allg. Landrecht §. 438 Thl. II. Titel 2 und Mommsen[2]) den Verlust des Pflichttheilsrechts nach sich. Dagegen hat sie nach dem Oestreichischen (oben §. 6 S. 36) und dem Sächsischen Gesetzbuch (oben §. 7 S. 38) diese Wirkung nicht.

---

[1]) Entwurf §. 520, Motive dazu S. 494.

[2]) Entwurf §. 520 und Motive dazu S. 494.

Der Grund, weshalb die Anerkennung den Verlust des Pflichttheilsrechts zur Folge haben soll, kann doch nur der sein, daß in ihr ein Verzicht auf das Pflichttheilsrecht zu finden ist. Ein solcher liegt jedoch in der bloßen Anerkennung noch nicht, wohl aber dann, wenn dieselbe mit dem Bewußtsein abgegeben wird, daß die letztwillige Verfügung das Pflichttheilsrecht verletzt. Letzteres ist nicht immer aus der letztwilligen Verfügung sofort zu erkennen. Namentlich ist dies nicht möglich bei einer theilweisen Berücksichtigung, sondern hier ist erst noch die Kenntniß von der Größe des Nachlasses erforderlich, um das Zugewendete damit zu vergleichen und zu sehen, ob es den Pflichttheil erreicht oder nicht. Und selbst bei der gänzlichen Uebergehung kann zur Kenntniß von dem Vorhandensein einer Pflichttheilsverletzung die Kenntniß von dem Umfang des Nachlasses erforderlich sein, nämlich sobald Zuwendungen unter Lebenden gemacht sind, die auf den Pflichttheil anzurechnen sind.

Ist jene Kenntniß der Pflichttheilsverletzung vorhanden und erfolgt trotzdem die Anerkennung, so kann diese dann gar keine andere Bedeutung haben, als daß der Pflichttheilsberechtigte von seinem Pflichttheilsrecht keinen Gebrauch machen, sondern lediglich die letztwillige Verfügung befolgt wissen will. Das ist aber ebenso gut, wie ein ausdrücklicher Verzicht auf das Pflichttheilsrecht.

Wird so außer der Anerkennung des Testaments noch die Kenntniß von der Pflichttheilsverletzung verlangt, so dürfte die richtige Mitte zwischen dem einen Standpunkt, nach welchem die Anerkennung gar keine Bedeutung haben und dem, nach welchem sie allein schon genügen soll, um den Verlust des Pflichttheilsrechts herbeizuführen, gehalten werden.

Weil die Anerkennung des Testaments trotz des Bewußtseins, durch dasselbe im Pflichttheil verletzt zu sein, nur als eine Abart des Verzichts anzusehen ist, wird man ein stillschweigendes Anerkenntniß, wie es das Römische Recht bei der Querel zuläßt[3]), nicht für genügend halten können, sondern Ausdrücklichkeit wie beim Verzicht fordern und auch sonst auf das Anerkenntniß, namentlich für die Form und die Person dessen, gegen den es erklärt werden muß, die Grundsätze vom Verzicht zur Anwendung bringen müssen.

Die Annahme des im Testament Ausgesetzten bewirkt nur im Römischen Recht den Verlust des Pflichttheilsrechts insofern, als nach

---

[3]) z. B. Francke: Recht der Notherben. §. 24 S. 320; Windscheid: Pandekten. Bd. III. §. 585 Anm. 3. S. 152; Schröder §. 54 S. 468 ff.

derselben wenigstens die querela inofficiosi testamenti nicht mehr angestellt werden kann[4]). Es hängt dies mit der Möglichkeit, durch stillschweigende Anerkennung des Testaments das Pflichttheilsrecht zu verlieren, zusammen und erklärt sich mit dieser aus der Eigenschaft der Querel als einer Klage über eine zugefügte persönliche Kränkung und als einer actio vindictam spirans. Das fällt jetzt von selbst fort und ein anderer innerer Grund, der noch maßgebend sein könnte, ist nicht vorhanden. Denn erreicht oder übersteigt das Ausgesetzte den Pflichttheil, so ist der Pflichttheilsberechtigte abgefunden, es entsteht gar kein Pflichttheilsrecht und ist die Frage, ob in der Annahme ein Verlust desselben liegt, nicht weiter möglich. Ist das Ausgesetzte dagegen geringer als der Pflichttheil, so wird es auf diesen angerechnet, der Pflichttheilsberechtigte kann nicht blos, sondern er muß es annehmen und sich anrechnen lassen. Die Annahme kann daher nicht den Verlust des Pflichttheilsrechts, welches hier nur noch in dem Recht auf Ergänzung des am vollen Pflichttheil Fehlenden besteht, zur Folge haben. Alle neueren Gesetze haben denn auch übereinstimmend die Annahme nicht als einen Grund für den Verlust des Pflichttheilsrechts bezeichnet. Ebenso Mommsen[5]), der jedoch eine Ausnahme für den Fall macht, wenn der Erblasser dem Pflichttheilsberechtigten zwar mehr als den Pflichttheil hinterlassen, ihn dabei aber mit Nebenbestimmungen oder Auflagen beschwert oder ihm nur den Nießbrauch an dem Zugewendeten oder statt des Pflichttheils eine jährliche Rente oder sonstige jährliche Einnahme ausgesetzt hat und der Pflichttheilsberechtigte die Wahl hat, ob er das ihm Zugedachte in der Weise, wie es ihm zugedacht ist oder den Pflichttheil ohne Beschwerung fordern will. Hier soll die Annahme des ersteren als Verzicht auf Geltendmachung des Pflichttheilsrechts betrachtet werden. Der gedachte Fall dürfte jedoch eine andere juristische Behandlung erfordern. Derselbe ist der einer alternativen Berechtigung und liegt keine Veranlassung vor, weshalb bei ihm blos oder auch nur erst durch die Annahme das Wahlrecht des Pflichttheilsberechtigten erledigt und nicht in derselben Weise wie bei andern alternativen Obligationen z. B. schon durch Einklagung einer bestimmten Leistung oder Abgabe einer bindenden Erklärung gegen den Schuldner die Obligation zu einer einfachen werden soll. Es kann für ihn vollständig bei dem verbleiben, was für die Wahlobligationen überhaupt gilt und bedarf es einer solchen Vorschrift, wie sie Mommsen vorschlägt, nicht.

---

[4]) Windscheid und Schröder a. d. a. O.

[5]) Entwurf §. 520 Abs. 2, Motive zum §. 520 S. 494.

Was endlich die Verjährung anbetrifft, so hat das Römische Recht für die querela inofficiosi testamenti eine besondere kurze Frist und zwar lediglich wegen der eigenthümlichen Natur der Querel (oben §. 20 S. 110). Es erscheint jedoch auch sachlich eine kurze Verjährung des Pflichttheilsrechts durchaus angemessen, weil, wenn auch von demselben als Forderungs- oder Anfechtungsrecht nicht „die ganze Regulirung der Erbschaft abhängt"[6]), doch immerhin die sämmtlichen bei der Erbschaft Betheiligten ein großes Interesse daran haben, daß der Zustand der Schwebe, ob der Pflichttheilsberechtigte sein Recht geltend machen wird oder nicht, baldigst beseitigt werde, namentlich deshalb, weil der Umfang des Pflichttheilsrechts sich nach der Größe des Nachlasses zur Todeszeit richtet und diese, wenn mehrere Erben vorhanden sind, durch die Erbtheilung und, wenn nur ein Erbe vorhanden ist, durch die Vereinigung der Erbschaft mit dem eigenen Vermögen schnell verwischt wird. Andererseits hat speziell der Pflichttheilsberechtigte keine Veranlassung, warum er lange Zeit zur Geltendmachung seines Rechts gebrauchen oder mit derselben zögern sollte[7]).

Die Frist, die sich in den Gesetzen findet, ist theils eine fünfjährige, theils eine drei- und theils sogar nur eine zweijährige. Einen durchschlagenden Grund für die eine oder die andere Zeitbestimmung giebt es natürlich nicht. Es möchten jedoch zwei Jahre genügen, um schlüssig werden zu können, ob man von dem Pflichttheilsrecht Gebrauch machen will[8]).

Das Sächsische Gesetzbuch §. 2616 und Mommsen[9]) rechnen den Anfang der Verjährung von da ab, wo der Pflichttheilsberechtigte von der letztwilligen Verfügung Kenntniß erlangt hat und bei Verletzung des Pflichttheilsrechts durch Verfügung unter Lebenden das Sächsische Gesetzbuch von der Zeit des Todes des Erblassers an, Mommsen von da ab, wo der Pflichttheilsberechtigte Kunde von dem Tode des Erblassers erhalten hat. Der Grund hierfür ist, daß der Pflichttheilsberechtigte von den angegebenen Zeitpunkten ab wissen könne, ob er im

[6]) Mommsen S. 494 zu §. 521.

[7]) Vgl. die Bemerkungen von Suarez in der Schlußrevision oben §. 20 S. 110 u. §. 31 S. 151 und die Hessischen Motive bei Gruchot: Erbrecht. Bd. III. S. 235 Anm. 3.

Der Entwurf eines Allgemeinen Gesetzbuchs für die Preußischen Staaten hatte keine besondere Verjährungsfrist für das Pflichttheilsrecht.

[8]) Ebenso Mommsen §. 521 seines Entwurfs.

[9]) Entwurf §. 521, Motive S. 494.

Pflichttheil verletzt sei. Indessen das ist nicht der Fall. Man kann von der letztwilligen Verfügung bezw. dem Tode des Erblassers Kenntniß haben und doch noch nicht wissen, ob man im Pflichttheil verletzt ist, weil hierzu noch die Kenntniß der Größe des Nachlasses erforderlich ist. Die Kenntniß von der Verletzung des Pflichttheilsrechts ist zwar niemals vor dem Tode des Erblassers vorhanden, weil vorher noch kein Pflichttheilsrecht vorhanden ist, und sie kann unter Umständen sofort mit der Kenntniß von der letztwilligen Verfügung bezw. dem Tode des Erblassers vorhanden, sie kann aber auch erst später zu erlangen sein. Der Zeitpunkt, wo sie eintritt, ist ein verschiedener[10]). Soll sie entscheidend sein, so wird man sich daher begnügen müssen, auszusprechen, daß die Verjährung mit der erlangten Kenntniß von der Pflichttheilsverletzung beginnt.

Das Richtigere dürfte jedoch sein, in dieser Beziehung lediglich die allgemeinen Grundsätze über Verjährung entscheiden zu lassen. Wird nach diesen der Anfang der Verjährung durch die Unkenntniß des Berechtigten von seinem Recht nicht gehindert, so kann und muß auch die Verjährung des Pflichttheilsrechts sofort mit der Entstehung desselben anfangen, also sowohl gegen letztwillige Verfügungen als gegen Schenkungen mit dem Tode des Erblassers ohne Rücksicht darauf, ob der Pflichttheilsberechtigte von diesem und von der Verfügung bezw. der Schenkung Kunde hat. Ist dagegen zur Verjährung im allgemeinen erforderlich, daß der Berechtigte von seinem Recht unterrichtet gewesen ist, so kann es auch für das Pflichttheilsrecht hierbei verbleiben. Insbesondere kann für eine Ausnahme nicht die Erwägung geltend gemacht werden, daß der Pflichttheilsberechtigte, sobald er den Tod des Erblassers oder dessen letztwillige Verfügung erfahren, Gelegenheit und Veranlassung habe, zu untersuchen, ob er im Pflichttheil verletzt ist und deshalb von jenem Zeitpunkt ab die Verjährung beginnen könne. Das würde zuweit gehen. Es muß demjenigen, der durch die Verjährung gewinnt, also dem für das Pflichttheilsrecht Verpflichteten, wenn der Pflichttheilsberechtigte zögert, überlassen bleiben, sich den baldigen Beginn der Verjährung dadurch zu sichern, daß er den Pflichttheilsberechtigten über den Zustand des Nachlasses und damit über das Vorhandensein einer Pflichttheilsverletzung informirt, wozu er ja in der Lage ist. Der Pflichttheilsberechtigte, dessen Recht ein wohl begründetes und gewiß nicht weniger fest fundirtes als andere Rechte ist, ist schon wegen der kurzen Frist für die Geltend-

---

[10]) Förster: Privatrecht. Bd. IV. §. 248 S. 86.

machung seines Rechts schlecht genug gestellt. Er darf nicht auch noch insofern schlechter wie andere Berechtigte gestellt werden, als man von ihm verlangt, daß er selbst für die Erlangung der Kenntniß von seinem Recht Sorge trage und ihm nicht blos die unterlassene Geltendmachung seines Rechts, sondern auch schon die unterlassene Nachforschung nach seinem Recht nachtheilig werden läßt.

Auch in andern Beziehungen wird die Verjährung des Pflichttheilsrechts den gewöhnlichen Grundsätzen von der Verjährung unterworfen werden können, namentlich rechtfertigt es sich nicht, wie es das Allg. Landrecht gethan hat[11]), die Unterbrechung von denselben auszunehmen.

Die vorstehenden Gründe für den Verlust des Pflichttheilsrechts haben unbedenklich bei allen Fällen der Pflichttheilsberechtigung gleichmäßig zu gelten. Ausnahmen, wie sie z. B. für das Landrecht bei dem Pflichttheilsrecht gegen Schenkungen, dahin behauptet worden sind, daß dasselbe nicht in zwei, sondern erst in dreißig Jahren verjähre[12]), entbehren der Begründung. Das Pflichttheilsrecht ist, mag es gegen letztwillige Verfügungen oder gegen Schenkungen gerichtet sein, mag es die Natur eines Forderungsrechts oder eines Anfechtungsrechts haben, mögen ihm die eingesetzten Erben oder andere Personen als Verpflichtete gegenüber stehen, doch immer dasselbe Recht und muß daher wie in gleicher Weise entstehen, so auch in der gleichen Weise verloren gehen. Insbesondere kann die kurze Verjährungsfrist auch auf das Recht des irrthümlich Uebergangenen und auf das gegen Belastungen zur Anwendung gebracht werden, weil hier nicht eine Nichtigkeit der letztwilligen Verfügung oder der Belastung eintritt, sondern das Recht des Pflichttheilsberechtigten nur ein Anfechtungsrecht ist, welches geltend gemacht werden muß und wegen unterbliebener Geltendmachung verjähren kann.

[11]) Gruchot: Erbrecht. Bd. III. S. 240; Förster: Privatrecht. Bd. IV. §. 248 Anm. 199. S. 85.

[12]) Förster a. a. O. §. 248 S. 89, vgl. jedoch oben §. 32 S. 155 bei Anm. 6.

V.

Nachtrag.

§. 48.

Zur rechtlichen Natur des Pflichttheilsrechts.

Von den Theorien über die rechtliche Natur des Pflichttheilsrechts nach dem Allgem. Landrecht ist von Neuem vertreten die des Anfechtungsrechts in einem Bescheide des früheren Ostpreußischen Tribunals vom 8. März 1873[1]) und von Hinschius[2]), die des Erbrechts mit der Ausnahme bei letztwilliger Zuwendung bestimmter Summen oder Sachen in einer Verfügung des vormaligen Appellationsgerichts zu Naumburg vom 6. November 1876[3]), die des ausnahmslosen Erbrechts in Er-

[1]) Jahrbuch für endgültige Entscheidungen der Preuß. Appellationsgerichte. Bd. VII. (1878) S. 142, in den Worten: „Das gesetzliche Erbrecht der Notherben tritt nicht ohne weiteres in Wirksamkeit, sondern erst dann, wenn die Notherben von ihrem Recht, das Testament anzufechten, Gebrauch machen“.

[2]) in Koch: Kommentar. 7/6. Ausgabe. Bd. III. (1879) Anm. 87 und 87a zu §. 431 II. 2 S. 373 und S. 374, also mit seiner Ansicht nochmals wechselnd (vgl. §. 12 S. 63, §. 13 Anm. 13 S. 67 u. Anm. 21 S. 68). Auch soweit es sich um einzelne Streitfragen handelt, hat sich Hinschius jetzt an Zitelmann angeschlossen z. B. bei denen über die Person des Verpflichteten daselbst Anm. 87a S. 375 und über die Subhastation der Nachlaßgrundstücke Anm. 90 zu §. 433 II. 2 S. 376 u. 377.

[3]) Jahrbuch a. a. O. S. 143. Daß hier außer dem Fall der Zuweisung einer bestimmten Summe, in welchem der Pflichttheilsberechtigte als Legatar, dem, sofern er durch die Zuwendung im Pflichttheile verletzt worden, frei stehe, auf Ergänzung des Pflichttheils anzutragen, ein weitergehendes Recht aber nicht zustehe, der insbesondere nicht gegen das Testament succedire, das vielmehr in allen Stücken seine Gültigkeit behalte, bezeichnet wird, ein Erbrecht des Pflichttheilsberechtigten angenommen ist, zeigt die mehrfache und ausschließliche Bezeichnung des Pflichttheilsberechtigten als Pflichttheilserben sowie die Citirung des Erkenntnisses des Ober-Tribunals vom 23. Januar 1852 (oben §. 13 Anm. 28 S. 69).

kenntnissen des Kammergerichts[4]), des Ober-Tribunals vom 22. Januar 1876[5]) und des früheren Appellationsgerichts zu Magdeburg[6]) und endlich die des Forderungsrechts von Dernburg[7]) und dem Reichsgericht[8]).

Die beiden letzteren haben, während den bei den anderen Theorien angeführten Aeußerungen eine nähere Begründung ganz fehlt, zwar eine eingehende Rechtfertigung ihrer Ansichten gegeben. Diese stimmt indessen mit den diesseitigen, dabei beiderseits auch in Bezug genommenen Ausführungen vollständig überein und enthält insbesondere abgesehen davon, daß Dernburg beim Sprachgebrauch des Landrechts für die Bedeutungslosigkeit des Ausdrucks „Enterbung" noch auf das Marginale zum §. 419 II. 2, Enterbung aus guter Absicht, obwohl nur von Einschränkungen des in den Pflichttheil eingesetzten Erben die Rede sei, hinweist[9]), wobei aber nicht zu vergessen ist, daß die Marginalien blos eine ziemlich unzuverlässige Privatarbeit sind, und ferner davon, daß das Reichsgericht noch hervorhebt, man könne sich für die Erbenqualität des Pflichttheilsberechtigten auch nicht auf den Anhang §. 164 zu §. 574 II. 18 ALR. berufen, weil dort nur von der Ansicht ausgegangen sei, daß eine Einsetzung auf den Pflichttheil eine gültige Erbeseinsetzung, d. h. daß sie so zu verstehen sei, daß der Eingesetzte Universalsuccessor zu $^1/_3$, $^1/_2$ oder $^2/_3$ nach der Willensmeinung des Testators werden solle, keineswegs aber daraus zu folgern sei, daß die Pflichttheilsberechtigung schlechthin eine Erbberechtigung sei und daß der Pflichttheilsberechtigte der nach der Testamentsbestimmung nicht Erbe sein soll, Erbe gegen

---

[4]) mitgetheilt bei Striethorst: Archiv Bd. 99. (1879) S. 2.

[5]) daselbst Nr. 1. S. 3.

[6]) Beiträge zur Erläuterung des Deutschen Rechts Bd. XXIV. (1880) S. 1033.

[7]) Privatrecht. Bd. III. §. 196 S. 539 ff. und §. 207 S. 570.

[8]) Urtheil vom 26. September 1881 in den Entscheidungen in Civilsachen Bd. VI. Nr. 69. S. 247. In dem Urtheil desselben vom 1. Dezember 1879 auf die gegen das Erkenntniß Anm. 6 eingelegte Nichtigkeitsbeschwerde ist ungeprüft gelassen, ob der in der letzteren hingestellte Satz, daß der Pflichttheilserbe unter allen Umständen wahrer Erbe sei, in dieser Allgemeinheit richtig ist und insbesondere auf den Pflichttheilsberechtigten Anwendung findet, welcher auf eine bestimmte Summe oder Sache eingesetzt ist, (a. a. O. S. 1035 unten u. 1036). Auch in sonstigen das Pflichttheilsrecht des Allg. Landrechts betreffenden Urtheilen des Reichsgerichts (z. B. Beiträge zur Erläuterung des Deutschen Rechts Bd. XXIV. S. 499 u. S. 979) ist über dessen Natur nichts gesagt.

[9]) a. a. O. Anm. 12. S. 540.

das Testament werde[10]), welche Deduktion richtig und zu welcher nur noch zu bemerken ist, daß von den Anhängern der Erbrechtstheorie sich auch bisher keiner für das Erbrecht des Pflichttheilsberechtigten auf den Anhang §. 164 berufen hat, neue Argumente nicht.

§. 49.

Zur rechtlichen Natur einer letztwilligen Theilungsvorschrift.

Gegen die Charakterisirung der Theilungsanordnung eines Erblassers als eines wechselseitigen Vorvermächtnisses (§. 22 S. 123 ff.) hat sich Dernburg ausgesprochen[1]). Seine Gründe überzeugen jedoch nicht.

Denn es kann nicht zugegeben werden, daß der Erbe die Zuwendung aus einer Theilungsvorschrift nicht titulo singulari, sondern jure hereditario bekomme. Die Theilungsvorschrift hat immer nur einzelne bestimmte Objekte zum Gegenstand und ist deshalb die in ihr liegende Zuwendung titulo singulari gemacht. Mit welch' einem Erbrechte sollte auch insbesondere der Erbe die Zuwendung dann erhalten, wenn der Erblasser außer der Theilungsanordnung keine weitere letztwillige Verfügung getroffen hat? Mit einem testamentarischen Erbrecht kann er sie nicht bekommen, weil eine testamentarische Erbeinsetzung und daher auch ein testamentarisches Erbrecht gar nicht vorhanden ist, und mit dem gesetzlichen Erbrecht nicht, weil sie auf dem Willen des Erblassers beruht und dieser dem Gesetz vorgeht. Ist aber so in diesem Falle bezüglich der Zuwendung ein jus hereditarium nicht möglich, so ist es, da es auf die rechtliche Natur einer Theilungsanordnung keinen Einfluß haben kann, ob sie unter testamentarischen oder gesetzlichen Erben getroffen wird, überall ausgeschlossen. Richtig ist vielmehr nur, daß die Zuwendung in der Theilungsanordnung das Erbewerden des Honorirten voraussetzt. Das kann aber bei jedem Prälegate nach dem Willen des Erblassers stattfinden und nimmt demselben nicht die Natur eines Vermächtnisses. Es hindert daher auch nicht jene Zuwendung als titulo singulari erfolgend anzusehen und als Prälegat zu konstruiren[2]). Das gleiche gilt davon, daß eine Theilungsvorschrift sich nur realisire,

[10]) a. a. O. S. 252 unten u. 253.

[1]) Privatrecht. Bd. III. §. 137 S. 382 u. Anm. 1, sowie §. 163 S. 448.

[2]) In dem ähnlichen Falle, daß nach den Vorschriften der §§. 628—630 Thl. II. Tit. 1 ALR. der miterbende Ehegatte ein besonderes Recht auf einzelne Nachlaßsachen hat, giebt auch Dernburg diesem Recht nicht die Natur eines jus hereditarium, sondern die eines Vermächtnißanspruchs (Bd. III. §. 191 S. 518).

wenn nach den Vermächtnissen etwas bleibt. Dies berührt nur die Frage, ob und wann die durch sie bewirkte Zuwendung existent wird, hat aber mit der Natur, welche sie hat, wenn sie existent geworden, nichts zu thun. Bei jedem Vermächtniß und namentlich auch bei jedem Vorvermächtniß ist es zulässig und möglich, daß es in Folge des Willens des Erblassers nur existent wird, wenn andere Vermächtnisse entrichtet sind und nach diesen noch etwas bleibt, und wird Niemand behaupten, daß dies in ihrer Natur irgend etwas ändern könnte. Endlich ist nicht abzusehen, wie es für die vorliegende Frage von Bedeutung sein soll, daß sich häufig der Antheil des Erben an der Erbschaft geradezu nach dem Werth der zugewendeten Sachen bemißt. Der letztere ist dann ein Maßstab, nach welchem die Erbquote bestimmt ist, was ja geschehen kann, aber mit der rechtlichen Konstruktion der Theilungsvorschrift in gar keinem Zusammenhange steht.

Abgesehen von den vorstehenden Einwendungen gegen die Gründe Dernburg's haben diese noch gegen sich, daß sie das aus der ausschließlichen Geltung der diesseitigen Konstruktion in Theorie und Praxis zur Zeit der Redaktion des Landrechts entnommene Argument, auf welches sonst auch Dernburg besonderen Werth legt, nicht beseitigen und vor allem, daß sie lediglich negativer Natur sind, d. h. nichts dafür bieten, als was denn eine Theilungsvorschrift positiv aufzufassen ist und welchen rechtlichen Charakter sie hat. Und doch wird ein solcher festzustellen sein. Denn dadurch, daß man sie als ein eigenes, selbstständiges Institut behandelt, wie man wird thun müssen, wenn man ihr die Bedeutung einer Anordnung von Vorvermächtnissen abspricht, erhält man für die Ausbildung und Gestaltung ihrer Einzelheiten noch gar keinen Anhalt.

Anders dagegen, wenn Vorvermächtnisse angenommen werden. Dann sind die Grundsätze von denselben und den Vermächtnissen im allgemeinen anwendbar und geben überall befriedigende Auskunft.

Dies gilt insbesondere für die Art und die Wirkungen des Erwerbes der Zuwendung. Es erwirbt daher z. B. der bevorzugte Erbe das Recht aus der Theilungsvorschrift, d. i. das Recht, von den übrigen Erben die Abtretung ihrer ideellen Theile bei der Auseinandersetzung zu verlangen[3]), wie der Vermächtnißnehmer das Recht auf das Vermächt-

[3]) Spricht man den Miterben während der Dauer der Gemeinschaft das ideelle Miteigenthum an den einzelnen Nachlaßsachen ab (oben §. 21 Anm. 6 S. 120, dazu jetzt noch Dernburg: Privatrecht. Bd. III. §. 238 S. 662 ff.), so daß von einer Abtretung der ipso jure angefallenen ideellen Antheile nicht die Rede sein kann, so bestände das Recht des bevorzugten Erben aus der Theilungsvorschrift in dem Recht,

niß, sofort mit dem Tode des Erblassers. Daß jenes Recht durch sein Erbewerden bedingt ist, ändert hieran umsoweniger etwas, als nach dem Landrecht abweichend vom Römischen Recht auch das bedingte Vermächtniß gleich mit dem Ableben des Erblassers erworben wird. Der Erwerb erfolgt ferner, wie dort, von Rechtswegen ohne Wissen und Willen des bevorzugten Erben, was namentlich dann von Bedeutung ist, wenn derselbe gesetzlicher Erbe ist und die Theilungsanordnung nicht sofort erfährt. Dem bevorzugten Erben steht jedoch, wie dem Vermächtnißnehmer, frei, das Recht auf die Zuwendung abzulehnen und kann die betreffende Erklärung gültig abgegeben werden, sobald die Theilungsvorschrift bekannt ist, muß unbedingt geschehen, ist an keine Frist gebunden, sondern bis zur Abgabe einer Erklärung der Annahme zulässig, läßt sich nicht widerrufen und wirkt so, als ob das Recht nie erworben wäre. Stirbt der bevorzugte Erbe, bevor er eine Erklärung über Annahme oder Ablehnung abgegeben hat, so treten, wie das durch den Tod des Erblassers erworbene Recht auf das Vermächtniß sich auf die Erben des Vermächtnißnehmers überträgt und, wenn dieser den Erblasser überlebt hat, der ihm etwa substituirte Vermächtnißnehmer ausgeschlossen ist, an seine Stelle seine Erben, selbst wenn der Erblasser ihm einen anderen Erben für die Zuwendung aus der Theilungsvorschrift substituirt haben sollte. Dieselben können, wie ihr Erblasser, ausschlagen und annehmen. Die Wirkung des Erwerbs ist, da nur bei direkt und unbedingt vermachten Sachen des Erblassers dessen Eigenthum unmittelbar auf den Vermächtnißnehmer übergeht, Gegenstand des Vorvermächtnisses bei der Theilungsanordnung aber nicht die Sache, auf welche sich die Theilungsanordnung bezieht, sondern blos das Recht auf deren Ueberlassung von Seiten der anderen Erben ist, allein die, daß der bevorzugte Erbe ein persönliches Recht auf diese Ueberlassung gegen die übrigen Erben hat. Das Eigenthum daran erlangt er erst durch die Uebergabe oder Auflassung bei bezw. in Ausführung der Erbtheilung.

---

von den übrigen Erben die Ueberlassung der Sache überhaupt bei der Auseinandersetzung zu verlangen, und das der anderen Erben in dem Anspruch auf Erstattung des Werths der Sache soweit, als der bevorzugte Erbe nicht selbst an diesem nach Verhältniß seiner Erbquote participirt.

Betrifft die Theilungsvorschrift eine Forderung des Erblassers, so verbleibt es in jedem Fall bei dem S. 124 angegebenen Inhalt der wechselseitigen Vorvermächtnisse, da bei Erbschaftsforderungen das ideelle Miteigenthum der Erben allseitig anerkannt ist (Dernburg a. a. O. S. 662).

Bei allen diesen und anderen, besonders in der praktischen Anwendung hervortretenden und wesentlichen Punkten läßt, wie die Ansicht Koch's und Förster's (S. 125), so auch die Dernburg's im Stich.

§. 50.

Zum öffentlichen Verkauf von Nachlaßsachen wegen eines Pflichttheilsrechts.

Mit den Ausführungen, daß der öffentliche Verkauf von Nachlaßsachen wegen eines Pflichttheilsrechts in zwei verschiedenen Beziehungen in Betracht komme, für die Ermittelung des Vorhandenseins einer Pflichttheilsverletzung und für die Auseinandersetzung des Pflichttheilsberechtigten mit den eingesetzten Erben, für beide aber unzulässig und lediglich eine Taxe maßgebend sei (§. 15 S. 85 ff., §. 35 S. 165 ff.), stimmt Dernburg[1]) vollständig und das Reichsgericht[2]) insofern überein, als es für den vorgelegenen Fall, daß die Pflichttheilsverletzung feststeht und es sich blos um die Ausantwortung des Pflichttheils handelt, dem Pflichttheilsberechtigten das Recht der Subhastation deshalb zugesprochen hat, weil derselbe zum Miterben ohne Beschränkung auf eine Summe oder Sache eingesetzt, daher ebenso wie als gesetzlicher Erbe Miteigenthümer des Nachlasses und als solcher auch befugt sei, Theilung des Nachlasses und behufs Ausantwortung seiner Quote Subhastation zu verlangen. Denn soweit der Pflichttheilsberechtigte zum Erben eingesetzt ist, ist auch nach diesseitiger Ansicht der öffentliche Verkauf behufs seiner Auseinandersetzung mit seinen Miterben unbedingt statthaft, da es insoweit ein Pflichttheilsrecht gar nicht giebt (§. 13 S. 67, §. 32 S. 153 und §. 34 S. 161) und die Unzulässigkeit des Verkaufs nur für das Pflichttheilsrecht als solches gilt.

Dagegen weicht das Erkenntniß des Ober-Tribunals vom 22. Januar 1876[3]) ab, zwar nicht hinsichtlich der Berechtigung des Pflichttheilsberechtigten, indem ebenfalls angenommen ist, daß derselbe, der in dem dem Urtheil zu Grunde liegenden Falle zwar zum Erben, jedoch mit der Bestimmung, daß er eine bestimmte Summe Geldes und gewisse Sachen erhalten solle, eingesetzt war, zur Ausmittelung seines Pflichttheils sich mit Aufnahme einer Taxe der Nachlaßgrundstücke begnügen müsse,

---

[1]) Privatrecht. Bd. III. §. 200 S. 555 und §. 206 S. 569.

[2]) in dem Urtheil vom 1. Dezember 1879 in den Beiträgen zur Erläuterung des Deutschen Rechts Bd. XXIV. S. 1032 ff. (vgl. oben §. 48 Anm. 8. S. 258).

[3]) oben §. 48 Anm. 5. S. 258.

wohl aber insofern, als weiter ausgesprochen ist, daß die Erben zum Zwecke dieser Feststellung die Subhastation beantragen dürfen und der Pflichttheilsberechtigte dem gegenüber nicht auf der Taxe bestehen könne.

Es wird dies daraus hergeleitet, daß das Recht der Erben bezw. Miterben auf Subhastation aus den allgemeinen Grundsätzen von den Rechten und Pflichten der Miteigenthümer unter einander folge, und dem Pflichttheilsberechtigten gegenüber durch den sich lediglich über dessen Recht, nicht über das der Erben bezw. Miterben verhaltenden §. 164 des Anhangs nicht beschränkt werde, die aufgestellte Ansicht auch in der durch das Hofrescript vom 26. März 1798 bestätigten Entscheidung der Gesetzcommission vom 13. März 1798 (oben §. 13 Anm. 33 S. 71) anerkannt sei.

Letzterem Argument muß jedoch jede Bedeutung abgesprochen werden. Denn abgesehen davon, daß das Konklusum der Gesetzkommission auf eine nur das Recht des Pflichttheilsberechtigten betreffende Anfrage ergangen ist und wenn es ausspricht, es sei der Wahl des Begünstigten, d. i. des zum Nachtheil des Pflichttheilsberechtigten begünstigten Erben zu überlassen, ob derselbe die Taxe erfüllen oder Subhastation verlangen wolle, dies blos ganz nebenbei thut, und daß dasselbe erst nach der die Anfragen an die Gesetzkommission aufhebenden Kabinets-Order vom 8. März 1798 und das bestätigende Hofrescript erst nach dem in Folge dieser Order erlassenen Hofrescript vom 21. März 1798, aus dem der §. 2 des Anhangs zum Allg. Landrecht entnommen ist, ergangen ist, haben die Entscheidungen der Gesetzkommission nach dem Inkrafttreten des Landrechts über den betreffenden einzelnen Rechtsstreit hinaus keine bindende Kraft mehr gehabt[4]) und sind daher jetzt für sich allein und wenn sie sich nicht sonst als richtig erweisen, ohne Werth. Die beiden anderen Argumente aber ergeben doch nur, daß der Erbe das Recht zur Subhastation hat, nicht auch, daß nach dem bei dieser erzielten Preise der Pflichttheil zu berechnen sei.

Gegen das Letztere spricht schon, daß der Betrag des Pflichttheils

---

[4]) Anders zwar Bornemann: Civilrecht. Bd. I. §. 1 S. 29 nnd die daselbst Anm. 2 Citirten, indessen zu Unrecht, der erstere auch gegen seine eigene frühere Ansicht (vgl. die Anm. 2), da für die Zeit nach dem Landrecht nicht mehr die Kabinets-Order vom 14. April 1780 und das zur Ausführung derselben über die Verfassung und den Geschäftskreis der Gesetzkommission erlassene Patent vom 29. Mai 1781, sondern blos die §§. 47 und 48 der Einleitung maßgebend sein können und in diesen ausdrücklich nur der anfragende Richter für durch die Entscheidung der Gesetzkommission gebunden erklärt ist.

immer und sowohl für den Pflichttheilsberechtigten als für den Erben derselbe sein muß und daher die Art seiner Ermittelung nicht eine verschiedene, zu verschiedenen Resultaten führende, also, wenn diese für den Pflichttheilsberechtigten die Taxe ist, auch für den Erben nichts anderes als die Taxe sein kann. Wie sollte auch bei einem verschiedenen Resultat der Pflichttheil berechnet werden? Soll insbesondere, wenn der Subhastationspreis den Taxwerth übersteigt, der Pflichttheilsberechtigte jenen auch für sich geltend machen dürfen oder dies deshalb, weil er nur die Abschätzung verlangen konnte, nicht dürfen, der Erbe mithin, obwohl er sich auf die Subhastation statt der Abschätzung berufen hat, von ihr wieder absehen können? Soll ferner der Erbe, so lange als sein Miteigenthum, das Fundament des Rechts auf Subhastation, fortbesteht, auch die Möglichkeit haben, durch die Subhastation die Pflichttheilsberechnung aufzuhalten oder die nach der Taxe erfolgte wieder zu beseitigen oder soll der Einfluß der Subhastation auf die Pflichttheilsberechnung früher und wann soll dann derselbe aufhören?

Direkt ausgeschlossen aber wird die Ansicht des Ober-Tribunals dadurch, daß naturgemäß das Gebot in der Subhastation sich ausschließlich nach der Zeit ihrer Einleitung, des Gebots oder des Zuschlags, niemals nach der des Todes des Erblassers richtet, jene auch mit dieser nie von selbst zusammenfallen kann und in allen Fällen, insbesondere auch bei der Erbrechtstheorie, auf welcher das Urtheil vom 22. Januar 1876 steht, über den Betrag des Pflichttheils und darüber, ob die gemachte Zuwendung ausreichend oder der Pflichttheilsberechtigte im Pflichttheil verletzt ist, unbedingt und allein die Zeit des Todes entscheiden muß, (§. 35 S. 163)[5]). In dem Gebot bei der Subhastation sind die Vermehrungen und Verminderungen des Grundstücks nach dem Tode des Erblassers dergestalt enthalten, daß es unmöglich ist, sie auszuscheiden oder hinzuzurechnen. Dasselbe für die Ermittelung des Pflichttheils benutzen, hieße also schon für diese die Zu- und Abgänge des Nachlasses berücksichtigen. Das kann nach keiner Theorie geschehen. Ein anderer Zustand des Nachlasses als der zur Zeit des Todes des Erblassers kann niemals für die Ermittelung des Pflichttheils, sondern höchstens erst, wenn bei dieser sich ergeben hat, daß eine Pflichttheilsverletzung vorliegt und ein Pflichttheilsrecht vorhanden ist, und auch

[5]) Jetzt auch noch Dernburg: Privatrecht. Bd. III. §. 197 S. 543, §. 199 S. 547 u. §. 200 S. 552.

dann nur, wenn ein Erbrecht des Pflichttheilsberechtigten angenommen wird, in Betracht kommen (§. 35 S. 164)[6]).

Hält man daran fest, daß die Maßregeln zur Ermittelung des Pflichttheils und die Maßregeln, welche zulässig sind, wenn hierbei eine Pflichttheilsverletzung sich herausgestellt hat, etwas verschiedenes sind, so fällt die Ansicht des Ober-Tribunals ohne weiteres. Dasselbe ist zu ihr auch wohl nur gekommen, weil es diesen Unterschied nicht genügend beachtet hat. Was in dem seiner Entscheidung unterstellten Falle und vom Standpunkte der angenommenen ausschließlichen Erbrechtstheorie aus allein in Erwägung kam, war die Subhastation nicht zur Ausmittelung des Pflichttheils, sondern behufs der Auseinandersetzung zwischen den eingesetzten Erben und dem durch die Zuwendung der Summe und der Sachen seines gesetzlichen Erbrechts nicht beraubten und daher Miterbe und Miteigenthümer der Nachlaßgrundstücke gewordenen Pflichttheilsberechtigten.

Richtig ist also, daß der Erbe, bei mehreren Erben jeder derselben, die Subhastation der Nachlaßgrundstücke, sofern sie dieselbe überhaupt beantragen können, auch beim Vorhandensein von Pflichttheilsberechtigten beantragen können. Es kann dies aber auch der Pflichttheilsberechtigte, wenn er Miterbe und damit Miteigenthümer der Grundstücke ist. Das Recht auf Subhastation bleibt für jene wie für diesen auch dann, wenn die Abschätzung der Grundstücke für die Ermittelung des Pflichttheils durch die Subhastation erschwert werden sollte. Es ist Sache der Interessenten, rechtzeitig sich hiergegen zu sichern, was ja auch in der leichtesten Weise möglich ist. Der Erbe insbesondere wird an der Subhastation durch das Pflichttheilsrecht so wenig gehindert, wie dieses ihn an dem freihändigen Verkauf der ihm angefallenen Nachlaßsachen hindert.

Nicht richtig dagegen ist, daß dieses Recht auf Subhastation Beziehung zur Ermittelung des Pflichttheils hat. Die einzige Bedeutung der Subhastation für die Pflichttheilsberechnung könnte nur die sein, daß das in ihr abgegebene Gebot zum Nachweise der Richtigkeit oder Unrichtigkeit des im Inventar oder anderweit aufgestellten Werths verwendet würde. Das kann aber auch mit dem Preise bei einem freihändigen Verkaufe geschehen und giebt der Subhastation noch nicht die Bedeutung einer zur Ausmittelung des Pflichttheils zulässigen Maßregel.

---

[6]) Ferner jetzt noch Dernburg: Privatrecht. Bd. III. §. 200 S. 552.

§. 51.

Zur Person des dem Pflichttheilsberechtigten gegenüber Verpflichteten.

Sonst über die Person des Verpflichteten gleicher Ansicht wie §. 36 S. 168 ff., ist Dernburg denen, welche, wenn der dem Pflichttheilsberechtigten entzogene Erbtheil vom Erblasser ausdrücklich einem der Miterben oder einem Legatar zuwendet worden ist (§. 435 II. 2 ALR.), nicht wie gewöhnlich die sämmtlichen eingesetzten Erben bezw. den eingesetzten Erben (S. 170 u. 171), sondern allein den begünstigten Miterben bezw. Legatar als Verpflichteten ansehen, beigetreten und zwar weil es entsprechend sei, daß derjenige die Vertheidigung des Testaments zu übernehmen habe, welcher bei der Aufrechterhaltung der bezüglichen letztwilligen Verfügung schließlich der Interessirte sei, ferner die Unabhängigkeit des Pflichttheilsrechts vom Willen des Erblassers nicht entgegenstehe, indem dieser von vornherein den Pflichttheil in beliebiger Form habe zuwenden können, namentlich auch in Gestalt eines Vermächtnisses, welches er einem der Erben oder einem Legatar auflegte, konsequenter Weise daher der Pflichttheilsberechtigte sich auch gefallen lassen müsse, daß ihn der Erblasser durch seine Verfügungen nöthige, die Klage wegen Verkürzung gegen von ihm bestimmt Honorirte zu richten, die hierdurch vom Erblasser zu Vertheidigern der bezüglichen Bestimmung und eventuell zu Verpflichteten gemacht würden, und hiermit auch der §. 435 übereinstimme, dessen Auslegung dahin, daß er nur das Verhältniß zwischen dem eingesetzten Erben und dem Legatar regele, dem Wortlaut gegenüber gewagt sei[1]).

Dagegen möchte zu bemerken sein:

Der erste Grund würde dahin führen, daß Vermächtnißnehmer, deren Vermächtnisse durch Geltendmachung des Pflichttheilrechts eine Minderung erfahren (S. 128 ff.), stets mit dem eingesetzten Erben und, wenn diesem etwa schon wegen der Vermächtnisse nichts oder blos ein Minimum vom Nachlasse bleiben sollte, der Pflichttheil also ganz oder vorwiegend durch die Vermächtnisse verkürzt und von diesen zu entrichten ist und der Erbe daher kein Interesse an der Aufrechterhaltung der letztwilligen Verfügung hat, wohl gar allein belangt werden müßten. Die Unrichtigkeit dieses Resultats zeigt, wie der aufgestellte Satz selbst nicht richtig ist.

---

[1]) Privatrecht. Bd. III. §. 207 S. 572.

Auf die Unabhängigkeit des Pflichttheilsrechts von dem Willen des Erblassers mag kein Gewicht zu legen sein[2]). Indessen erscheint auch das, was mit Bezug auf diese bemerkt wird, nicht zutreffend. Denn daß der Erblasser in beliebiger Form den Pflichttheil zuwenden und dabei nur einer der Erben oder ein Legatar der Verpflichtete sein kann, hat noch nicht zur Konsequenz, daß auch bei einer nicht nur nicht auf ein Zuwenden, sondern auf das Gegentheil, das Entziehen des Pflichttheils, gerichteten Verfügung der Pflichttheilsberechtigte einen anderen Verpflichteten erhalten kann. Weil der Erblasser die Entstehung des Pflichttheilsrechts zu hindern vermag, folgt doch nicht, daß, wo er dies nicht gethan hat und das Pflichttheilsrecht entstanden ist, seine Anordnung an der durch die rechtliche Natur dieses Rechts gegebenen Person des Verpflichteten etwas ändern kann. Wenn bei einer Belastung des Pflichttheils und bei einer Pflichttheilsverletzung blos durch Vermächtniß ohne Erbeseinsetzung die Anordnung des Erblassers die Folge hat, daß an die Stelle des Erben derjenige, für welchen die Belastung getroffen bezw. das Vermächtniß errichtet ist, tritt (S. 168 und 171)[3]), so geschieht dies lediglich, weil in diesen Fällen der Erbe als Verpflichteter einfach nicht möglich ist, nicht weil der Erblasser es so gewollt hat und wollen konnte. Dessen Wille kommt so wenig in Betracht, daß hier nicht einmal eine ausdrückliche Bestimmung des Erben als Verpflichteten denselben dazu machen könnte. Bei der in Rede stehenden Verfügung dagegen ist die über die Person des Verpflichteten geltende Regel durchaus möglich. Die Verfügung selbst als solche giebt daher noch keine Veranlassung, eine Ausnahme zu machen, sondern müßte hierzu noch etwas anderes mitwirken. Dieses andere könnte blos in dem Willen des Erblassers, daß der von ihm ausdrücklich mit dem entzogenen Erbtheil des Pflichttheilsberechtigten Honorirte der dem Pflichttheilsberechtigten Verpflichtete sein solle, gefunden werden, welcher Wille kein direkt ausgesprochener, sondern blos indirekt und keineswegs mit solcher Nothwendigkeit, daß nicht der Erblasser ihn nicht gehabt haben könnte, zu entnehmen ist. Ein gleicher Wille wird oft auch schon da,

---

[2]) Auch oben S. 170 ist dies nicht gethan, das Citat Anm. 14 bei Dernburg stimmt nicht, sondern ist die diesseitige Ansicht lediglich daraus hergeleitet, daß der Pflichttheilsberechtigte Nachlaßgläubiger ist. Keinen Nachlaßgläubiger kann der Erblasser durch seine Verfügung nöthigen, sich an einen anderen als den ihm gesetzlich verpflichteten Erben, bei mehreren Erben an sämmtliche Erben zu halten, also auch nicht den Pflichttheilsberechtigten.

[3]) Dernburg a. a. O. S. 572.

wo der Erblasser ohne ausdrückliche Worte thatsächlich den dem Pflichttheilsberechtigten entzogenen Erbtheil einem anderen zugewendet hat, vorhanden und in derselben Weise zu entnehmen sein, z. B. in dem vorhin erwähnten Falle, daß zwar ein Erbe ernannt, der Nachlaß aber im wesentlichen durch Vermächtniß einem Dritten zugewendet ist. Dieser müßte, wenn dort der auch blos präsumtive Wille des Erblassers entscheidend ist, konsequenter Weise ebenfalls entscheidend sein und bewirken, daß der so Honorirte neben dem Erben oder statt desselben Verpflichteter wird. Da er hier diese Wirkung nicht hat, kann ihm dieselbe auch dort nicht beigelegt werden.

Wie wenig es endlich gewagt ist, den §. 435 gleich dem §. 434 auf das Verhältniß zwischen den eingesetzten Erben und den Legataren zu beschränken, zeigt besonders das Wörtchen „aber" in seinem Eingange[4]), welches, in dieser Weise häufig im Landrecht angewendet, ergiebt, wie eng beide Paragraphen zusammenhängen und wie der §. 435 nur den §. 434 weiter ausführen, nicht etwas ganz verschiedenes bestimmen soll, was er thun würde, wenn die beim §. 434 vorhandene Nichtgeltung dem Pflichttheilsberechtigten gegenüber für ihn nicht ebenfalls bestehen, die in ihm gemachte Ausnahme also nicht blos das Beitrags-Verhältniß der Erben und Legatare unter einander treffen würde. Eine weitere Bestätigung dessen liegt darin, daß in dem Entwurf zum Allg. Gesetzbuch der §. 435 noch ganz fehlte und auf den mit dem jetzigen §. 434 bis auf eine formelle Aenderung übereinstimmenden §. 324 Th. I. Tit. 2 (oben S. 94 und 95) sofort der jetzige, gleichfalls nur in der Fassung geänderte §. 436 folgte, von mehreren Monenten vorgeschlagen war, von der Regel des §. 324 eine zweite Ausnahme dahin zu machen, daß, wenn nebst den Descendenten fremde Personen eingesetzt worden, die letzteren alsdann allein den Pflichttheil ergänzen und die Descendenten nur dann und soweit, als sie mehr als ihren gesetzlichen Erbtheil erhalten hätten, dazu beitragen sollten, und auch diese, weil sie dem Willen des Erblassers nicht entspreche, abgelehnte Ausnahme[5]) nicht soweit, daß das Verhältniß zum Pflichttheilsberechtigten berührt worden wäre, gegangen sein würde.

---

[4]) Dasselbe fehlt in dem Citat bei Dernburg Anm. 15. S. 572.

[5]) Die Materialien dieser theilt Bornemann: Civilrecht. Bd. VI. §. 399 S. 199 u. 200 mit. Ueber die Entstehungsgeschichte des §. 435 selbst ist nichts bekannt.

§. 52.

Zur Exekutionsfähigkeit des Pflichttheilsrechts.

Es ist der Satz aufgestellt worden, daß seit der Regelung der Zwangsvollstreckung durch die Reichsgesetzgebung es keine Möglichkeit für den Exekutionssucher mehr gebe, einer Pfändung zu widersprechen, weil der Gegenstand nicht pfändbar sei, soweit nicht die Civilprozeßordnung selbst oder, wie jedenfalls wohl noch hinzuzufügen sein wird, ein anderes Reichsgesetz (§. 13 Abs. 1 Einführungsgesetz zur Civilprozeßordnung) die Unpfändbarkeit vorschreibt oder die erstere auf das Landesgesetz verweist[1]). Ist derselbe in der ausgesprochenen, auch zwischen den verschiedenen Gegenständen der Pfändung bezw. Zwangsvollstreckung nicht scheidenden Allgemeinheit richtig, also alles der Zwangsvollstreckung unterworfen, was ihr nicht in der Civilprozeßordnung, einem sonstigen Reichsgesetz oder einem besonders in Bezug genommenen Landesgesetz ausdrücklich entzogen ist, so würde die Streitfrage der Exekutionsfähigkeit des Pflichttheilsrechts (§. 39 S. 187 ff. u. §. 42 S. 214) und mit dieser die von derselben abhängende der Geltendmachung des Pflichttheilsrechts im Konkurse (§. 39 S. 193 u. 194 und §. 42 S. 215) sofort bejahend entschieden sein. Denn dann findet die Zwangsvollstreckung in Vermögensrechte d. i. alle Rechte, die einen Vermögenswerth haben, stets statt wenn sie entweder (§§. 730—744, 750 CPO.) Geldforderungen d. i. Forderungen auf Zahlung von Geld oder (§§. 745—748, 751, 753 CPO.) Ansprüche auf Herausgabe oder Leistung körperlicher Sachen oder (§. 754 CPO.) Rechte, die nicht für die Zwangsvollstreckung zu dem unbeweglichen Vermögen gehören (§. 754 Abs. 1 und §. 757 Abs. 2) und entweder selbst (§. 754 Abs. 4) oder in Ansehung der Ausübung (Abs. 3) veräußert werden können, und nicht in der gedachten Weise ausdrücklich der Zwangsvollstreckung entzogen sind. Das Pflichttheilsrecht ist als Forderungsrecht regelmäßig auf eine Summe Geldes gerichtet (S. 161 u. 162) und dann zweifellos eine Geldforderung und bleibt eine solche, wenn auch die den Pflichttheil bildende Summe ihrem Betrage nach noch nicht feststeht, es findet dann nur eben der §. 743 CPO. Anwendung. Geht es als Forderungsrecht nicht auf eine Summe Geldes, sondern ausnahmsweise auf die Zurückgabe geschenkter noch vorhandener Sachen (S. 161 u. 162), so ist es ein Anspruch auf Herausgabe oder Leistung körperlicher Sachen. Hat es endlich als Forderungs-

[1]) Förster: Privatrecht, 4. Aufl. von Eccius, Bd. I. §. 21 Anm. 25 S. 120.

recht die Zurückcession eines verschenkten Rechts u. dgl. (S. 162) zum Gegenstande oder ist es überhaupt nicht Forderungsrecht sondern Anfechtungsrecht, so ist es doch ein Vermögensrecht, gehört bezüglich der Zwangsvollstreckung nicht zum unbeweglichen Vermögen und ist, weil durch Cession übertragbar (S. 186 u. 187)[2]), im Sinne des §. 754 Abs. 4 veräußerlich. Es wird von keiner der in der Civilprozeßordnung (§. 749) oder einem Reichsgesetz für die Zwangsvollstreckung in Forderungen und andere Vermögensrechte gemachten Ausnahmen betroffen, auch ist bei ihm nicht auf das Landesrecht verwiesen. Also würde es der Zwangsvollstreckung unterliegen und diese nur nach den verschiedenen Fällen verschieden, nämlich theils nach §. 730 und §. 736, theils nach §. 743, theils nach §. 754 CPO. erfolgen.

Indessen, jener Satz, von welchem bei diesem Schlusse ausgegangen ist, ist nicht ohne Bedenken. Zwar weniger für die Zwangsvollstreckung in körperliche Sachen, um welche es sich bei der Gelegenheit, bei der er aufgestellt worden ist, auch allein handelte, mehr jedoch für die in die Forderungen und anderen Vermögensrechte. Es kommt dabei insbesondere in Betracht einmal, daß der Umfang des §. 754 zweifelhaft ist. Derselbe ist im wesentlichen aus dem Entwurf einer Civilprozeßordnung für den Norddeutschen Bund §. 1017 übernommen und führen die Protokolle der Kommission für denselben als Beispiele Antheilsrechte (Erbquoten u. s. w.), Nießbrauch, Wohnungsrechte, gewerbliche Berechtigungen ohne bestimmten Verpflichteten, Patente u. dgl. an (S. 2056 derselben). Die Kommission selbst aber hat sich über die Feststellung grundsätzlicher Bestimmungen nicht einigen können, vielmehr sich „mit Rücksicht auf die innere Verschiedenheit der einzelnen hierher gehörigen Fälle" gegen eine durchgreifende allgemeine Regelung erklärt[3]). In dem Entwurf der Civilprozeßordnung war er dann als §. 701 bereits ganz so wie jetzt enthalten. In der Begründung desselben ist er nicht weiter gerechtfertigt und sowohl in der Reichstags-Kommission als im Reichstage selbst überall ohne jede Debatte angenommen worden[4]). Unter

---

[2]). Ebenso jetzt noch für den Anspruch wegen Pflichttheilsverletzung **Dernburg**: Privatrecht. Bd. II. §. 83 S. 193 und Bd. III. §. 207 Nr. 1 S. 570 und für die Pflichttheilsklage v. **Wilmowski**: Deutsche Reichs-Konkursordnung 2. Aufl. (1881) S. 56.

[3]) v. **Bülow**: Die Civilprozeß-Ordnung. 2. Aufl. (1882) Anm. 1 zu §. 754 S. 552.

[4]) **Hahn**: Materialien zur Civilprozeßordnung. 2. Aufl. (1881) S. 90, 856 u. 992.

diesen Umständen wird wohl eine besondere Prüfung für jedes Recht, ob es unter den §. 754 fällt, nicht erübrigt[5]). Zweitens ist zu berücksichtigen, daß der die Ausnahmen der Pfändung von Geldforderungen behandelnde §. 749 nicht erschöpfend ist. Wenigstens wird meist in Folge der Bemerkung in der Begründung des Entwurfs der Civilprozeßordnung zum §. 696, dem jetzigen §. 749: „Inwieweit Bestimmungen Dritter eine Forderung der Pfändung entziehen können, wird lediglich davon abhängen, welche Rechte aus diesen Bestimmungen ein Dritter außer dem Schuldner herleiten kann[6])," noch eine Ausnahme für Forderungen, die nach dem bürgerlichen Recht durch Privatdisposition mit rechtlicher Wirkung dem Angriffe der Gläubiger entzogen werden können, gemacht[7]). Wenn auch diese Ausnahme für das Pflichttheilsrecht ebenfalls nicht zutrifft, so zeigt sie doch, daß weitere möglich sind und könnte dann wegen einer solchen auch das Pflichttheilsrecht trotz seiner Uebertragbarkeit unpfändbar sein.

Die herrschende Meinung jedenfalls nimmt an, daß die Frage der Exekutionsfähigkeit des Pflichttheilsrechts durch die Bestimmungen der Civilprozeßordnung nicht berührt werde, sondern nach wie vor allein aus dem Landrecht zu entscheiden sei[8]).

Nach diesem ist dieselbe wieder verneint worden von Dernburg, weil die Verneinung sich durch die Zwecke, zu welchen das Institut vom Recht geschaffen sei, rechtfertige[9]) und von v. Wilmowski, weil die Pflichttheilsklage nach ihrer Natur und Begründung nicht ohne den Willen des Berechtigten auf Dritte, insbesondere auf Gläubiger übertragbar sei[10]).

Soweit diese Gründe nicht mit denjenigen zusammenfallen, deren Widerlegung schon S. 190 und 191 versucht worden ist, ist gegen sie

---

[5]) v. Bülow a. a. O., v. Wilmowski u. Levy: Civilprozeßordnung. 2. Aufl. (1881) Anm. 1 zu §. 754 S. 875 u. a. m.

[6]) Hahn a. a. O. S. 461.

[7]) Struckmann u. Koch: Die Civilprozeßordnung. 3. Aufl. (1880) Anm. 4 Abs. 2 zu §. 749 S. 693, v. Wilmowski u. Levy a. a. O. Anm. 1 Abs. 2 zu §. 749 S. 865, v. Bülow a. a. O. Anm. 1 zu §. 749 S. 547 u. s. w.

[8]) z. B. Petersen: Die Civilprozeßordnung. Bd. II. (1878) Anm. 1 zu §. 754 Note 2 S. 801, Struckmann u. Koch a. a. O. Anm. 1[a] zu §. 754 S. 700, v. Wilmowski u. Levy a. a. O. Anm. 1 zu §. 754 S. 875, v. Bülow a. a. O. Anm. 1[d] zu §. 754 S. 552, Dernburg: Privatrecht. Bd. III. §. 207 Anm. 6 a. E. S. 571.

[9]) Privatrecht a. a. O. §. 207 Nr. 1 S. 570.

[10]) Deutsche Reichs-Konkursordnung. 2. Aufl. (1881) S. 56, vgl. oben Anm. 2.

noch einzuwenden, daß die Natur und Begründung der Pflichttheilsklage für die Möglichkeit der Zwangsvollstreckung in das Pflichttheilsrecht, und lediglich das Pflichttheilsrecht kann nach der Civilprozeßordnung Gegenstand der Zwangsvollstreckung sein, nicht maßgebend ist, jedenfalls die erstere, wenn das mit ihr geltend gemachte Recht ein Forderungs- oder Anfechtungsrecht, die Klage also eine persönliche auf einen vermögensrechtlichen Anspruch ist, kein Hinderniß der Zwangsvollstreckung bildet und auch die Begründung ein solches nicht sein kann, weil zu ihr weiter nichts gehört, als der Nachweis des das Pflichttheilsrecht begründenden Verwandtschaftsverhältnisses und der für die Passivlegitimation des Beklagten nöthigen Thatsachen[11]). Was aber die Zwecke des Pflichttheilsrechts anbetrifft, so können auch hier (vgl. oben S. 104) nur diejenigen in Betracht kommen, welche die Verfasser des Landrechts als solche ansahen, also, da diese das Pflichttheilsrecht nicht neu geschaffen haben, diejenigen, um deren willen sie dasselbe beibehalten haben. Dies ist geschehen, weil das Pflichttheilsrecht bereits überall gelte und nichts schädliches enthalte (§. 5 S. 27, §. 19 S. 105), und um den Kindern dadurch einige Unterstützung ihres weiteren Fortkommens zu verschaffen (§. 5 S. 33, §. 19 S. 106). Aus jenem ergiebt sich offenbar nichts gegen die Pfändbarkeit und dieses hat entweder die Tragweite, daß die erlangte Unterstützung dem Pflichttheilsberechtigten auch dauernd erhalten bleiben soll, oder sie hat dieselbe nicht. Im ersteren Fall würde das Pflichttheilsrecht zum jus personalissimum werden, das auch der Pflichttheilsberechtigte nicht auf andere übertragen und so dessen Zweck vereiteln könnte, und bei dem die Zwangsvollstreckung sogar insoweit unstatthaft sein müßte, daß sie auch in die als Pflichttheil erlangte Summe Geldes nicht erfolgen dürfte, da ja auch dann dem Pflichttheilsberechtigten nicht „das Fortkommen, in dem Stande, zu welchem er geboren, in der Lebensart, dem Beruf oder Gewerbe, in welche er durch Erziehung und väterliche Bestimmung gesetzt worden", bleibt. Im letzteren Falle, den jedenfalls annehmen muß, wer, wie Dernburg, das Pflichttheilsrecht für übertragbar hält und nicht soweit gehen will, die Zwangsvollstreckung auch in den erlangten Gegenstand des Pflichttheilsrechts auszuschließen, folgt wieder nichts gegen die Exekutionsfähigkeit des Pflichttheilsrechts. Denn bei der Zwangsvollstreckung in dieses wird dem Pflichttheilsberechtigten nicht mehr genommen als

[11]) Dernburg: Privatrecht. Bd. III. §. 200 S. 554 unten u. S. 555 und §. 207. Nr. 4 S. 572 unten u. S. 573.

bei dessen Uebertragung und bei der Zwangsvollstreckung in die Pflichttheilssumme, bei denen ihm gleichfalls gar nichts bleiben kann.

Uebrigens hat auch der wirkliche Zweck des Pflichttheilsrechts, nämlich ein Aequivalent für das durch die Testirfreiheit entzogene gesetzliche Erbrecht zu sein (§. 8 S. 43, § 41 S. 200), nichts, was seine Pfändbarkeit hinderte. Wenn die Gläubiger, die ohne die Verfügung des Erblassers das gesetzliche Erbrecht und den Erbtheil angreifen würden, das Pflichttheilsrecht und den Pflichttheil in Anspruch nehmen können und in Anspruch nehmen, so fungirt das Pflichttheilsrecht auch dabei gerade als Aequivalent und hört besonders dem Pflichttheilsberechtigten selbst gegenüber noch nicht auf, ein solches zu sein, weil dieser eben auch sein Erbrecht und seinen Erbtheil den Gläubigern lassen müßte.

§. 53.

Zur Neugestaltung des Pflichttheilsrechts.

Gleichzeitig mit den diesseitigen Vorschlägen für die Neugestaltung des Pflichttheilsrechts in dem bürgerlichen Gesetzbuch für Deutschland und in beiderseitiger Unkenntniß von einander sind in zwei für den vierzehnten Deutschen Juristentag über die Frage: „Ob und inwieweit die Testirfreiheit mit Rücksicht auf eine Pflichttheilsberechtigung eingeschränkt werden soll," erstatteten Gutachten von Meyersburg und von Bruns[1]) wesentlich andere Ansichten ausgesprochen worden. Diesen hat sich demnächst noch Th. Braun im Großen und Ganzen angeschlossen, wogegen die Beschlüsse des vierzehnten Juristentags selbst wieder mehr mit den Vorschlägen des Verfassers übereinstimmend ausgefallen sind. Die hervorgetretenen Meinungsverschiedenheiten hat der letztere in einer besonderen Abhandlung: „Ueber die Beibehaltung und Gestaltung des Pflichttheilsrechts"[2]) einer näheren Erörterung unterzogen und bildet diese eine Ergänzung bezw. weitere Ausführung und Vertheidigung seiner Vorschläge besonders über die Beibehaltung des Pflichttheilsrechts (§. 41 S. 195 ff.), sowie über die rechtliche Natur desselben (§. 42 S. 203 ff.),

---

[1]) Aus dem Gutachten von Bruns ist die in der Zeitschrift für vergleichende Rechtswissenschaft Bd. II. Heft 2 S. 161—232 abgedruckte Abhandlung und der in seinen nach seinem Tode herausgegebenen „Kleineren Schriften" (1882) Bd. II. Nr. 10 enthaltene Aufsatz: „Ueber Testirfreiheit und Pflichttheil" hervorgegangen.

[2]) Beiträge zur Erläuterung des deutschen Rechts Bd. XXIII. (1879) S. 661—700 und S. 812—870.

die Personen der Berechtigten (§. 44 S. 224 ff.), den Betrag des Pflichttheils (§. 45 S. 231 ff.) und das Enterbungsrecht (§. 46 S. 240 ff.).

Es genügt hierauf hinzuweisen[3]) und sei nur noch folgendes nachgetragen:

Als Bestätigung der behaupteten geringen Häufigkeit der durch Pflichttheilsverschuldungen veranlaßten Verkäufe von ländlichen Grundstücken (Abhandlung S. 690 ff.), für welche es noch immer an besonderen statistischen Zusammenstellungen fehlt (daselbst S. 696), kann auf eine inzwischen für die Provinz Westfalen gemachte Ermittelung[4]) Bezug genommen werden, welche ergeben hat, daß daselbst, nachdem von 1816 bis 1859 durch Erbtheilungen nur 27 bäuerliche Nahrungen mehr untergegangen als durch dieselben geschaffen waren, auch in den 20 Jahren von 1860 bis 1879 durch Naturaltheilungen unter den Erben sowie Verkäufe an Fremde zum Zwecke der Erbtheilung oder in Folge einer solchen nur 173 spannfähige bäuerliche Nahrungen mit 3169 Hektaren Flächeninhalt mehr eingegangen als dadurch entstanden sind und nur bei 195 spannfähigen bäuerlichen Nahrungen Subhastationen zum Zwecke der Erbtheilung stattgefunden haben, Ziffern, welche bei einer Gesammtzahl von 33820 spannfähigen bäuerlichen Nahrungen mit 981684 Hektaren Inhalt nicht hoch sind und zeigen, daß der offenbar weit geringere Einfluß des Pflichttheilsrechts auf die Bewegung des ländlichen Grund-

---

[3]) Zur Vermeidung von Mißverständnissen bei den Ausführungen S. 837—839 (vgl. hierzu jetzt noch den als Anlage zu der Begründung des Entwurfs einer Landgüterordnung für die Provinz Brandenburg, Drucksachen des Herrenhauses, Sitzungs-Periode 1882/83 Nr. 9, abgedruckten Bericht des Kammergerichts vom 11. Juli 1882 S. 68—70 darüber, wie wenig zutreffend die Annahme einer Umgehung des jetzigen Erbrechts für die Provinz Brandenburg ist) sei noch bemerkt, daß die allerdings vielfach in Nord- und Mitteldeutschland bestehende Sitte, die mittleren ländlichen Grundstücke durch Vertrag bei Lebzeiten unter Vorbehalt eines Altentheils oder durch letztwillige Verfügung einem der mehreren Kinder zu einem niedrigen Preise zu übertragen, und auch dann, wenn dies nicht geschehen ist, in gleicher Weise durch Einigung der Miterben einem von diesen zu überlassen, ebenso wie die meisten in derselben Richtung wirkenden bäuerlichen Rechte, woran man noch am ersten denken könnte, außer Betracht bleiben, weil bei jener regelmäßig der Preis nicht so niedrig ist, daß der Pflichttheil betroffen würde (vgl. Abhandlung S. 697 u. 698), und bei diesen eine abändernde letztwillige Verfügung getroffen werden kann, aber gleichfalls regelmäßig nicht getroffen wird, hier wie dort also das Pflichtheilsrecht nicht zur Anwendung kommt und sie daher den Mangel der Schädlichkeit desselben, das mit ihnen nichts zu thun hat, nicht erklären können.

[4]) Begründung des Entwurfs einer Landgüterordnung für die Provinz Westfalen, Drucksachen des Herrenhauses, Sitzungs-Periode 1882 Nr. 16 S. 24 ff. u. S. 45 ff.

eigenthums kein erheblicher gewesen sein kann. Ferner entfallen nach Veranschlagungen des k. k. Ackerbauministeriums[5]) von den in den Jahren 1878 und 1879 auf allen Realitäten des cisleithanischen Oesterreich neu intabulirten Schulden auf Pfandschulden aus Erbtheilungen und Vermächtnissen beim Bergwerkseigenthum, bei den landtäflichen, unseren Rittergütern entsprechenden Gütern und bei den städtischen Realitäten nur 0,08, 1,04 bezw. 3,60, bei den übrigen Realitäten allerdings 11,53 Prozent, indessen stehen diesen bei den letzteren Realitäten 20,47 Prozent solche Pfandschulden gegenüber, die auf Kreditirung des Kaufpreises beruhen, und folgt aus diesen Ermittelungen umsoweniger etwas gegen die Annahme, daß die Pflichttheilsschulden gegen die anderen Verschuldungen vollständig zurücktreten (Abhandlung S. 700), als die 11,53 Prozent auch die Pfandschulden aus Vermächtnissen umfassen. Endlich läßt sich zur weiteren Rechtfertigung der befürworteten Beseitigung der spezialisirten Enterbungsgründe und Zulassung der Entziehung des Pflichttheilsrechts, wenn und sobald in derselben in Wahrheit eine Lieblosigkeit oder Härte gegen den betreffenden Pflichttheilsberechtigten nicht liegt, gleichviel aus welchem Grunde die Entziehung keine Lieblosigkeit oder Härte ist, also ob sie es nicht ist, weil der Enterbte sich schlecht betragen und deshalb die Berücksichtigung nicht verdient hat (Enterbung zur Strafe), oder weil die Nichtberücksichtigung zu seinem Besten mehr als die Berücksichtigung beiträgt (Enterbung aus guter Absicht), oder auch, ohne daß dieses oder jenes der Fall, aus anderen Gründen (§ 46 S. 242 ff., Abhandlung S. 860 ff.), heranziehen, was von anderer Seite für das Gebiet des Strafrechts über die Ueberschätzung der Gesetzgebung in ihrer Leistungsfähigkeit und in ihren Leistungen gesagt worden ist[6]) und für die Enterbungsgründe, von welchen namentlich die zur Strafe in der Bestimmung ihrer gesetzlichen Merkmale und der Feststellung ihrer Thatbestände viel verwandtes mit der Bestimmung bezw. Feststellung der eine kriminelle Bestrafung begründenden Verbrechens-Merkmale und Thatbestände haben, im wesentlichen ebenfalls zutrifft.

---

[5]) Juristische Blätter, XI. Jahrgang (Wien 1882) S. 78 u. 79, vgl. auch von Miaskowski: Das Erbrecht und die Grundeigenthumsvertheilung im Deutschen Reiche. I. Abth. 1882 S. 208 u. 209. Aehnliche Ermittlungen der Höhe der hypothekarischen Verschuldung des ländlichen Grundbesitzes sind zur Zeit in Preußen im Gange, siehe Justiz-Ministerial-Blatt für die Preußische Gesetzgebung und Verwaltung von 1882 S. 357 ff.

[6]) Binding in der Zeitschrift für die gesammte Strafrechtswissenschaft. Bd. I. (1881) S. 7 ff.

In jüngster Zeit hat auch noch von Miaskowski[7]) die auf dem Gebiete des Pflichttheilsrechts gemachten Vorschläge, insbesondere die von Meyersburg, Bruns und dem vierzehnten Deutschen Juristentage, besprochen und selbst Vorschläge gemacht, jedoch ohne Berücksichtigung der Besprechung jener in der citirten Abhandlung sowie der hier und in diesen Beiträgen enthaltenen diesseitigen Vorschläge und der Abhandlung und der Beiträge überhaupt[8]). Nachdem derselbe zunächst die auf die vollständige oder theilweise Abschaffung des gegenwärtig geltenden Familienerbrechts und dessen Ersetzung durch ein Erbrecht des Staats und der Gemeinde mit absolutem Zwangscharakter, sowie die auf die Beschränkung desselben durch Beseitigung des Erbrechts der entfernteren Verwandten oder durch hohe Besteuerung der Erbschaften gerichteten Vorschläge abgelehnt bezw. denselben nur insoweit zugestimmt hat, als er es nicht ungerechtfertigt findet, wenn die Gesetzgebung die Verwandten der entferntesten Grade nicht mehr zur Erbschaft beruft, sondern den Abschluß des Intestaterbrechts bereits bei demjenigen Grade eintreten läßt, bei dem der Regel nach kein Bewußtsein und kein Gefühl der Familiengemeinschaft mehr vorhanden ist[9]), wendet er sich[10]) zu den Vorschlägen auf Beseitigung oder Einengung des Pflichttheilsrechts und Erweiterung der Testirfreiheit von Leplay[11]), Helferich[12]), Meyersburg, dem Juristen-

[7]) a. a. O. S. 231—278.

[8]) Noch in verschiedenen anderen Beziehungen sind von v. Miaskowski gleiche Materien behandelt, namentlich S. 165—184: „Zur Geschichte des deutschen Erbrechts" und S. 222—231: „Zur Geschichte der Testirfreiheit in Rom, Deutschland, England, Nordamerika, der Schweiz und Frankreich" und „Geltendes Pflichttheilsrecht nach gemeinem, preußischem, österreichischem, sächsischem und französischem Recht" (vgl. dazu oben die §§. 3, 4, 5, 6 und 7 und Abhandlung S. 673 und 674, 841 und 842), sowie S. 3—164, 202—221 und 281—311: „die deutsche Grundeigenthumsvertheilung der Gegenwart, ihre Entstehung und Veränderungstendenzen und socialwirthschaftliche Analyse des über die Auseinandersetzung unter den Miterben geltenden Rechts" unter eingehender Darlegung besonders der Vorzüge und Nachtheile der großen, der mittleren und der kleinen Grundstücke mit dem Resultat, daß das Ideal der Grundeigenthumsvertheilung in einer richtigen Mischung von großen, mittleren und kleinen Gütern bestehe, und des Einflusses des Erbrechts auf die Grundeigenthumsvertheilung, letzteres indessen ohne spezielle Berücksichtigung des Pflichttheilsrechts (vgl. dazu Abhandlung S. 690—700, 812—828, 836 und 837). Siehe auch oben Anm. 5 und unten Anm. 15, 28 u. 33.

[9]) S. 231—255.

[10]) S. 255—263.

[11]) Ueber diesen ließ sich bereits das Gutachten von Bruns eingehend aus, besonders S. 88—99, dazu Abhandlung S. 677 u. 678.

[12]) Vgl. über diesen ebenfalls bereits das Gutachten von Bruns S. 88, 96 u. 99 und Abhandlung S. 827.

tag und Bruns. Diesen gegenüber ist er der Ansicht[13]), daß das Pflichttheilsrecht sich weder herleiten lasse, wenn man das Erbrecht auf das Eigenthumsrecht gründe und in ihm nur eine Erweiterung dieses sehe, noch wenn man es als Konsequenz des Familienverbands auffasse, noch wenn man darauf zurückgehe, daß das Vermögen einer Familie nicht allein von der Thätigkeit des Familienhaupts herrühre, sondern auch Frau und Kinder an der Erwerbung desselben mitgearbeitet hätten, oder daß das Familienglied sein Vermögen, wenn auch zunächst für sich, so doch zugleich auch für seine Familie erwerbe und besitze, noch wenn darauf hingewiesen werde, daß bei absoluter Testirfreiheit der Testator als ein Mensch aufgefaßt werden würde, der ganz allein in der Welt stehe, ohne Pflichten gegen diejenigen Lebensgemeinschaften, denen er selbst doch von seiner Geburt an angehöre, bei welchem letzteren Punkte er Schlüsse daraus, daß in England und Nordamerika die Testirfreiheit ohne Nachtheile für das Familienleben und ohne Mißbräuche bestehe, für nicht unstatthaft hält, und ferner der Meinung, daß die Beseitigung des Pflichttheilsrechts nicht in Widerspruch mit dem Rechtsgefühl des Deutschen Volkes trete, indem das Vorhandensein einer auf das Pflichttheilsrecht gerichteten allgemeinen Volksüberzeugung bestritten werden müsse, eine solche nur in städtischen Kreisen sowie in den ländlichen Kreisen eines Theils von Süd- und Mitteldeutschland zu finden sei, auch unter den Juristen eine communis doctorum opinio über diesen Gegenstand bestehe und namentlich auf letztere kein großes Gewicht zu legen sei. Er folgert sodann aus dem Vorhergehenden, daß der Gesetzgeber bei Regelung der Testirfreiheit freie Hand habe und spricht sich, wenigstens soweit landwirthschaftlich benutzte Grundstücke den Nachlaß bilden, weil der heutige Zustand des wirthschaftlichen Lebens, namentlich die Erhaltung des ländlichen Grundeigenthums in der Familie, die Einführung der Testirfreiheit verlange, diese auch nicht dem Princip des Familienerbrechts und der Gerechtigkeit widerspreche, sie die väterliche Autorität kräftige, die Verantwortlichkeit des Familienvaters erhöhe und somit erheblich zur Entwickelung des Erwerbssinns und der Sparsamkeit sowie überhaupt zur Ausbildung der wirthschaftlichen Energie beitrage, endlich durch ihr Bestehen auch Prozesse vermieden werden würden, dafür aus, das Pflichttheilsrecht zu beseitigen und blos die Verpflichtung, die der Erblasser bei Lebzeiten zur Alimentirung hülfsbedürftiger Descendenten hatte, auf seinen Nachlaß, soweit derselbe reicht, zu übertragen. Even-

[13]) S. 264—278.

tuell befürwortet er, entweder das Pflichttheilsrecht nur für unversorgte Descendenten des Erblassers beizubehalten und dabei den jeweiligen Umfang des Pflichttheils nicht ausschließlich nach der Größe der Erbschaft und der Zahl der Erben zu bestimmen, sondern in erster Linie die Bedürfnisse der unversorgten Descendenten und das Vermögen des Erblassers in Betracht zu ziehen, oder diesen Vorschlag mit dem Bruns'schen, daß der Erblasser, wenn er über seinen Nachlaß zu Gunsten dritter Personen verfügt, an bestimmte seinen Descendenten zu hinterlassende Pflichttheile gebunden sein, ihm dagegen die freieste Disposition in der Vertheilung seines Nachlasses unter seinen Descendenten zustehen solle, in der Art zu kombiniren, daß die hülfsbedürftigen Descendenten in jedem Fall und mit gleichem Recht einen dem Alimentationsanspruch angenäherten Pflichttheil zu beanspruchen haben und bei Zuwendung des Nachlasses oder doch eines Theils desselben an dritte Personen auch den nicht hülfsbedürftigen Descendenten ein Recht auf einen Theil des Nachlasses eingeräumt werde, jedenfalls aber den Descendenten den Ehegatten beim Pflichttheilsrecht bezw. beim Alimentationsanspruch vollständig außer, daß dessen Pflichttheil besser im Nießbrauch eines Theils des Vermögens als in Kapital auszudrücken sei, die Ascendenten dagegen nur bei dem Alimentationsrecht bezw. dem im Falle der Bedürftigkeit eintretenden Pflichttheilsrecht gleichzustellen und bei Beibehaltung des Pflichttheilsrechts dasselbe wenigstens auf einen Betrag einzuschränken, der dem Erblasser durch freie Verfügung über den Rest die Erhaltung des Grundbesitzes in der Familie allgemein ermögliche.

Hiernach ergiebt sich, daß neue, noch nicht erörterte Gründe für und gegen das Pflichttheilsrecht nicht beigebracht sind. Bei der Ausführung derselben im einzelnen treten ebenfalls neue Auffassungen nicht hervor. Es reicht daher auch hier aus, auf die diesseitigen Ausführungen zu verweisen, umsomehr als von Miaskowski am Schlusse der seinigen selbst hervorhebt[14]), daß der Schwerpunkt der Reform des Erbrechts, soweit wenigstens die Interessen des Grundbesitzes in Frage kommen, weniger in der Reform des geltenden Pflichttheilsrechts, obgleich auch diese nicht ohne Bedeutung sei, als in der Reform des Intestaterbrechts liege, und diese Ansicht mit der diesseitigen, daß die Hülfe gegen die vermeintlichen Schäden des Pflichttheilsrechts nicht in der Beseitigung dieses, sondern eventuell auf anderen Gebieten zu suchen sei (Abhandlung S. 699 u. 700, 825 u. 827), sich begegnet.

---

[14]) S. 278.

Dagegen ist noch näher einzugehen auf Bestrebungen, welche zwar schon früher vorhanden, indessen damals blos von untergeordneter Bedeutung waren und deshalb bisher nicht eingehender berücksichtigt worden sind, in allerneuster Zeit aber eine ganz andere Tragweite gewonnen haben und daher nunmehr noch in den Kreis der Betrachtung zu ziehen sind, nämlich diejenigen, welche auf die Einführung eines sog. fakultativen d. i. die Disposition in keiner Weise beschränkenden und seine Annahme, Abänderung und Ablehnung ganz dem freien Willen überlassenden Anerbenrechts für ländliche Grundstücke gerichtet sind und in dem Gesetz vom 24. April 1873 betr. das Erbrecht im Großherzogthum Oldenburg, den Gesetzen vom 2. Juni 1874 und 24. Februar 1880 betr. das Höferecht in der Provinz Hannover, dem Bremer Gesetze vom 14. Januar 1876 betr. die Rechtsverhältnisse des Grundbesitzes im Landgebiete, dem Gesetz vom 21. Februar 1881 betr. das Höferecht im Kreise Herzogthum Lauenburg und der Landgüterordnung für die Provinz Westfalen und die Kreise Rees, Essen (Land), Essen (Stadt) Duisburg und Mühlheim a. d. Ruhr vom 30. April 1882 gesetzliche Anerkennung gefunden haben.

Dieselben beruhen auf der Annahme, daß das geltende allgemeine gesetzliche Erbrecht und Pflichttheilsrecht wegen ihrer Gleichstellung aller Erben ohne Rücksicht auf Geschlecht und Alter, ihrer Schätzung der zum Nachlaß gehörenden Grundstücke nach dem Verkaufswerth und ihrer Beförderung einer Verschuldung, Naturaltheilung oder Veräußerung derselben dem ländlichen Grundbesitz schädlich sei, sind aber von allen den vielen anderen, aus der gleichen Anschauung hervorgegangenen theils älteren theils neueren, theils theoretisch gebliebenen, theils von der Gesetzgebung acceptirten, theils sich auf das Gebiet des Erbrechts beschränkenden, theils mit weiteren Forderungen einer besonderen Agrargesetzgebung in Verbindung stehenden Vorschlägen verschieden.

Denn sie wollen zur Verhinderung des schädlichen Einflusses des allgemeinen gesetzlichen Erbrechts und Pflichttheilsrechts keine allgemeinen Maßregeln und unterscheiden sich hierdurch von denen, welche, wie z. B. Meyersburg (Abhandlung S. 677 u. S. 682 ff.), die Schädlichkeit des Pflichttheilsrechts für das Grundeigenthum als Argument für die vollständige Aufhebung des Pflichttheilsrechts geltend machen. Sie wollen nicht einmal, wie z. B. Helferich (daselbst S. 827) und Wilmanns (ebenda S. 682), Maßregeln für alle Grundstücke, sondern blos solche für die ländlichen Grundstücke eines einzelnen, räumlich begrenzten

Gebiets und einer gewissen Art, für den bezw. für die sich das Bedürfniß besonders herausstellt.

Diese Beschränkung haben zwar einzelne der gedachten Vorschläge ebenfalls schon, aber auch von diesen sind die erwähnten Bestrebungen verschieden. Bei den letzteren handelt es sich nicht blos um einige vereinzelte Bestimmungen. Es ist also nicht so, wie bei der vorübergehend in Geltung gewesenen Kabinetsorder vom 5. Januar 1844 betr. die Maßregeln zur einstweiligen Abhülfe der durch das Gesetz über die bäuerliche Erbfolge in der Provinz Westfalen vom 13. Juli 1836 (s. unten S. 281) veranlaßten Beschwerden, welche selbst ihr Ziel dahin angab, „dem Bauernstande die eigenen Anordnungen über die Erbfolge durch Verträge oder letztwillige Dispositionen zu erleichtern und die dem muthmaßlichen Willen der Erblasser entsprechenden Auseinandersetzungen unter den Erben zu befördern", zu dem Zweck jedoch blos bei den bäuerlichen Besitzungen für solche Verträge und Dispositionen Vereinfachungen in den Formen und Verminderung der Kosten eintreten ließ und den vormundschaftlichen Behörden zur Pflicht machte, bei Auseinandersetzungen über den Nachlaß eines bäuerlichen Grundbesitzers neben dem Interesse der betheiligten Pflegebefohlenen zugleich darauf zu sehen, daß der Uebernehmer des Bauernguts im Stande bleibe, als tüchtiger Landwirth zu bestehen, und dasselbe in der Familie erhalten werde. Oder wie bei den Gesetzen vom 4. Juni 1856 betr. die Abschätzung von Landgütern zum Behufe der Pflichttheilsberechnung in der Provinz Westfalen und vom 16. April 1860 betr. das eheliche Güterrecht in der Provinz Westfalen und den Kreisen Rees, Essen und Duisburg, durch welche, soweit sie Erbrecht betreffen, blos bei landtagsfähigen Rittergütern und anderen zum Betriebe der Landwirthschaft bestimmten, zur Zeit des Inkrafttretens des Gesetzes beim Grundsteuer-Kataster mit einem Reinertrage von mindestens 25 Thalern angesetzten Besitzungen mit Ausnahme der in dem Bezirk einer städtischen Feldmark belegenen nicht bäuerlichen Grundstücke die Anfechtung einer auf Erhaltung derselben bei der Familie gerichteten Verfügung wegen Pflichttheilsverletzung durch Zulassung einer das wirthschaftliche Bestehen des Annehmers berücksichtigenden Abschätzung des Grundbesitzes behufs der Pflichttheilsberechnung und billiger Zahlungsfristen für die Abfindungen der anderen Erben erschwert und die Vormundschaftsgerichte verpflichtet werden, Vergleiche unter den Erben über die ungetheilte Uebertragung des Gutes auf einen von ihnen oder auf den überlebenden Ehegatten für die obige Taxe mit billigen Zahlungsfristen und unter

Bedingungen, welche den Uebernehmer bei angemessener Berücksichtigung des Interesses der Pflegebefohlenen in den Stand setzen, das Gut auch ferner der Familie zu erhalten, zu genehmigen, bezw. dem überlebenden Ehegatten bei fortgesetzter Gütergemeinschaft die Befugniß beigelegt wird, durch Uebertragungsverträge oder durch letztwillige Verfügungen unter den unabgefundenen Kindern die Nachfolge in das Nachlaßgut selbstständig zu regeln. Im Gegentheil soll ein vollständiges organisches Rechtsinstitut geschaffen werden.

Dieses ist aber kein singuläres Erbrecht in den Nachlaß der Grundbesitzer oder wenigstens in die Grundstücke. Hierin liegt die Abweichung von dem älteren Anerbenrecht, welches bei Bauerngütern, sowohl wenn sie nach Kolonatrecht als wenn sie zu freiem Eigenthum besessen worden, aus dem Grundsatz der Geschlossenheit derselben hervorgegangen, vielfach partikularrechtlich, meist gewohnheitsmäßig, in Deutschland gegolten hat und theilweise noch gilt und bei im einzelnen sehr vielartiger Gestaltung seinem Wesen nach darin besteht, daß die betreffenden Grundstücke im Falle der Erledigung des Besitzes durch Todesfall ungetheilt nur auf einen einzigen der mehreren nach dem gewöhnlichen Erbrecht vorhandenen Erben gegen Abfindung der übrigen übergehen, jeder Verfügung des Besitzers, bei Kolonaten auch des Gutsherrn, entzogen ist oder diesen doch nichts weiter als die Wahl unter den mehreren Erben freiläßt und somit dem Intestaterbrecht angehört[15]). Ferner von dem bereits durch die Verordnung vom 18. Dezember 1848 wieder aufgehobenen Gesetze vom 13. Juli 1836 über die bäuerliche Erbfolge in der Provinz Westfalen, welches sich durch „die Fürsorge für die Erhaltung und Bildung eines selbstständigen Bauernstandes" veranlaßt bezeichnete und für alle Höfe, die vor dem Jahre 1807 nach einem bäuerlichen Sonderrechte vererbt wurden oder deren Besitzer sich freiwillig dem Gesetz unterwarfen und hier wie dort in eine Matrikel eingetragen wurden, im Falle der Besitzer des immatrikulirten Hofes ohne letztwillige Anordnung starb, eine besondere Erbfolgeordnung einführte. Ebenso von dem Bayrischen Gesetz vom 22. Februar 1855 betr. die landwirthschaftlichen Erbgüter, welches die freiwillige Errichtung von Bauernfideikommissen mit eigener Successionsordnung, die seitens des

---

[15]) Vgl. über das ältere Anerbenrecht v. Gerber: Deutsches Privatrecht § 253 und die dort Citirten, auch die Begründung des Entwurfs des Gesetzes vom 2. Juni 1874, Nr. 306 der Drucksachen des Preuß. Abgeordnetenhauses, 12 Legislaturperiode, I. Session 1873—74 S. 16 u. 17 und von Miaskowski a. a. O. S. 182.

Besitzers durch Uebergabe des Hofes bei Lebzeiten oder durch letztwillige Verfügung nur insofern geändert werden kann, als derselbe den Nachfolger aus der zur Gutsnachfolge zunächst berufenen Successionsklasse wählen darf, herbeiführen wollte, aber außer in einigen vereinzelten Fällen, bis zum Jahre 1872 blos 4, keine praktische Anwendung gefunden hat, und von dem Hessen-darmstädtischen Gesetz vom 11. September 1858 betr. die landwirthschaftlichen Erbgüter, welches nach dem Vorbilde des Bayrischen Gesetzes gearbeitet und ebenso unpraktisch geblieben ist, indem es nur zur Gründung eines einzigen Erbgutes geführt hat[16]). Weiter von dem Braunschweigischen Gesetze vom 28. März 1874 betr. den bäuerlichen Grundbesitz, demzufolge alle bestehenden Bauerngüter und alle künftig entstehenden bebauten Wirthschaftsstellen auf dem Lande, die landwirthschaftlichen Zwecken dienen, einem als besonderes bäuerliches Intestaterbrecht gestalteten Anerbenrecht unterliegen, welches nur für Nachkommen des Erblassers gilt und nach welchem in Ermanglung einer letztwilligen Verfügung nur einer von diesen mit Vorzug der männlichen vor den weiblichen und der älteren vor den jüngeren Nachkommen unter Abfindung der übrigen den Hof sammt Zubehör allein erhält[17]). Sodann von dem die Erhaltung des mittleren Grundbesitzes in der Provinz bezweckenden Antrage des Freiherrn von Schorlemer-Alst vom 14. November 1879 auf Annahme eines Gesetzentwurfs über die Vererbung der Landgüter in der Provinz Westfalen und in den Rheinischen Kreisen Rees, Essen, Duisburg und Mühlheim a. d. R., welcher durch Beschluß des Preuß. Abgeordnetenhauses vom 3. Dezember 1879 der Staatsregierung mit der Aufforderung, dem nächsten Landtage einen Gesetzentwurf, nach Anhörung des Provinziallandtages, vorzulegen, welcher die Vererbung der Landgüter in der Provinz Westfalen u. s. w. behufs deren Erhaltung im Sinne des erwähnten Antrags regelt, und mit dem Ersuchen, auch bezüglich der übrigen Provinzen, soweit für sie das Bedürfniß nach Regelung der Erbfolge in den Bauernhöfen hervortritt, nach Anhörung der Provinziallandtage Gesetzentwürfe im gleichen Sinne wie der vorliegende Antrag den beiden Häusern des Landtages demnächst zur Beschlußfassung vorzulegen, überwiesen worden ist und durch welchen unter

[16]) Aehnliche Gesetze sind auch noch in anderen Deutschen Ländern erlassen worden, namentlich in Braunschweig unter dem 20. Mai 1858, in Mecklenburg-Strelitz unter dem 9. Oktober 1859, in Mecklenburg-Schwerin unter dem 24. Juni 1869, ferner in Waldeck, Lippe, Schaumburg und Lippe-Detmold. Vgl. Bärnreither: Stammgüter-System und Anerbenrecht in Deutschland (1882) S. 1 u. 8—16.

[17]) Bärnreither a. a. O. S. 37 u. 38.

Aenderung des Intestaterbrechts in Ermanglung letztwilliger Verfügungen ein besonderes Erbrecht an den Landgütern, d. i. allen zum Betriebe der Landwirthschaft bestimmten ländlichen Besitzungen, welche beim Eintritte des Erbfalles mit einem Reinertrage von mindestens 75 Mark beim Grundsteuerkataster angesetzt sind, mit Ausnahme derjenigen, worüber der Eigenthümer von Todeswegen zu bestimmen nicht befugt ist, festgestellt werden sollte[18]). Desgleichen von den Vorschlägen, welche auf die in Ausführung des Beschlusses vom 3. Dezember 1879 von der Staatsregierung an sämmtliche Provinziallandtage, Hannover ausgenommen, gerichtete Anfrage, ob ein Bedürfniß nach anderweitiger gesetzlicher Regelung der Erbfolge in den Bauernhöfen hervorgetreten sei und in welcher Art diesem Bedürfnisse Rechnung getragen werden könne, von den befragten Landtagen, soweit sie nicht die Bedürfnißfrage ganz verneint haben, theilweise gemacht worden sind und, insbesondere seitens des Westfälischen und Brandenburgischen Provinziallandtages und des Hessischen Kommunallandtages, ebenfalls auf Einführung eines besonderen bäuerlichen Intestaterbrechts gehen[19]). Endlich von dem, was vor kurzem von Stein[20]) für denjenigen nicht weniger als die Hälfte und nicht mehr als zwei Drittel betragenden Theil des bäuerlichen Grundbesitzes, der in das Hufenbuch eingetragen werden, jedoch im einzelnen Fall erst durch freiwilligen Eintritt in das Bauernrecht oder durch amtliche Erklärung beim Ausbruche eines Konkurses die Eigenschaft eines gebundenen, d. i. untheilbaren und mit keiner Schuld außer Steuerrückständen und Genossenschaftsschulden belastbaren Bauernguts erlangen soll, auf dem Gebiet des Erbrechts fordert[21]) und was wohl — seine Ausführungen sind gerade hier sehr lückenhaft und vielfach dunkel — gleichfalls auf ein singuläres Intestaterbrecht hinausläuft.

Es sollen vielmehr an dem gesetzlichen Erbrecht so wenig, wie

---

[18]) Drucksachen Nr. 35 u. Verhandlungen S. 257 ff. u. S. 371 ff. des Preuß. Abgeordnetenhauses, 14 Legislaturperiode, I. Session 1879/80.

[19]) Vgl. Preußens landwirthschaftliche Verwaltung in den Jahren 1878,1879,1880 Bericht des Ministers für Landwirthschaft, Domainen und Forsten (1881) S. 286 ff., ferner für Westfalen die Begründung des Entwurfs der Landgüterordnung vom 30. April 1882, Drucksachen des Herrenhauses, Sitzungs-Periode 1882 Nr. 16 S. 9, für Hessen Enneccerus: Ein Höferecht für Hessen (1882) S. 7 und für Brandenburg die Begründung des Entwurfs einer Landgüterordnung für die Provinz Brandenburg, Drucksachen des Herrenhauses, Sitzungs-Periode 1882/83 Nr. 9 S. 9 u. S. 49 ff., sowie Bärnreither a. a. O. S. 60—62 u. 79—91.

[20]) Bauerngut und Hufenrecht (1882).

[21]) daselbst S. 17—22.

an der Verfügungsbefugniß von Todeswegen und unter Lebenden, Aenderungen vorgenommen, sondern im Gegentheil und allein diejenigen letztwilligen Verfügungen begünstigt werden, welche auf die ungetheilte Erhaltung der landwirthschaftlichen Besitzungen, von denen nur theils die nicht mit einem Wohnhause versehenen, theils die landtagsfähigen Rittergüter, theils die bei dem Grundsteuerkataster nicht mit einem Reinertrage von mindestens 75 Mark angesetzten Besitzungen ausgenommen sind, durch Uebergang derselben allein auf einen der nach dem allgemeinen Erbrecht vorhandenen mehreren Erben, den Anerben, gegen Abfindung der übrigen gerichtet sind. Um letztwillige Verfügungen handelt es sich dabei, weil Voraussetzung des Anerbenrechts die Eintragung der Grunderbstelle, Hof- oder Landgut genannten Besitzung in einer vom Gericht zu führenden Rolle ist und diese und der auf sie gerichtete Antrag eine letztwillige Verfügung jedes Eigenthümers des eingetragenen Grundstücks sind. Der Antrag für sich allein ist noch nicht eine solche, da, wenn ihm aus irgend einem Grunde die Eintragung nicht folgt, das Anerbenrecht nicht eintritt und er ganz wirkungslos bleibt. Die Eintragung für sich allein[22]) ist es ebenfalls nicht, da sie nicht von dem Eigenthümer ausgeführt wird und daher überhaupt nicht eine Verfügung desselben ist. Beide zusammen dagegen sind es, da mit ihrem Zusammentreffen sowohl eine Verfügung des Eigenthümers als die Wirksamkeit dieser Verfügung vorhanden ist und die Wirkung, das Anerbenrecht, erst nach dem Tode des Eigenthümers eintreten soll und eintritt, und sie sind eine letztwillige Verfügung nicht nur des Eigenthümers, der die Eintragung beantragt hat, sondern eines jeden während der Fortdauer der Eintragung folgenden Eigenthümers, weil für diesen die Eintragung wirksam bleibt, derselbe sie aber jeder Zeit löschen lassen kann und er deshalb dadurch, daß er sich dieser Befugniß nicht bedient, den früheren Antrag zu seinem eigenen macht bezw. die Eintragung als auch von ihm gewollt erscheint. Die Begünstigung dieser letztwilligen Verfügungen aber ist eine dreifache: in der Form dadurch, daß sie durch die einfache, auf bloßen mündlichen Antrag erfolgende Eintragung in der Rolle getroffen werden können, im Kostenpunkt dadurch, daß der Kostenbetrag sehr

---

[22]) Ungenauer Weise wird meist blos diese als die letztwillige Verfügung bezeichnet z. B. Begründung des Entwurfs des Gesetzes vom 2. Juni 1874, Nr. 306 der Drucksachen des Abgeordnetenhauses, 12 Legislaturperiode, I. Session 1873/74, S. 19, Preußens landwirthschaftliche Verwaltung in den Jahren 1878 u. s. w. S. 288 u. 297 und Hartmann: die Landgüterordnung für die Provinz Westfalen (1882) Anm. zu § 5 a. A. S. 15 u. Anm. 1 zu § 6 S. 21.

niedrig bestimmt ist, und im Inhalte dadurch, daß sie der nach dem allgemeinen Recht möglichen Anfechtung wegen Pflichttheilsverletzung entzogen sind.

Das letztere ist es, wodurch die in Rede stehenden Bestrebungen hierher gehören und was dazu führt, die Frage, die entsteht, nämlich wie sich die neue Gesetzgebung zu ihnen zu verhalten haben wird, an dieser Stelle zu behandeln[23]). Es ist aber auch nur dieses und bleibt alles, was keine Beziehung zum Pflichttheilsrecht hat, außer Betracht. Die Frage läßt sich in dieser Begrenzung und wie auch sonst das bürgerliche Gesetzbuch die Verhältnisse des ländlichen Grundbesitzes, besonders des bäuerlichen, regeln mag, aufstellen und beantworten.

Ob die Bestrebungen selbst überhaupt berechtigt sind oder nicht, worüber viel gestritten worden ist und fortdauernd noch gestritten wird[24]), kann dabei auf sich beruhen. Es genügt, daß sie thatsächlich vorhanden und stellenweise in gesetzlicher Geltung sind, um die Erhebung und Beantwortung jener Frage zu rechtfertigen, umsomehr als das gesetzliche Geltungsgebiet bereits jetzt kein ganz geringes ist und sich voraussichtlich binnen kurzer Zeit noch weiter ausdehnen wird[25]), auch für an-

---

[23]) Dieselbe hat bisher außer in den Anm. 29 u. 33 angegebenen Stellen noch keine Erörterung gefunden.

[24]) Es seien namentlich hervorgehoben die Begründungen der Entwürfe und die Verhandlungen des Preuß. Landtags zu den vier Gesetzen für Hannover, Lauenburg und Westfalen, dem von Schorlemer-Alst'schen Antrag und dem bis jetzt erst im Herrenhause verhandeltem Entwurf einer Landgüterordnung für die Provinz Brandenburg in den Jahren 1874, 1879, 1880, 1881 und 1882 und im Januar 1883, in denen allerdings der politische Parteistandpunkt vielfach zu sehr mitspricht, Enneccerus: Ein Höferecht für Hessen (1882) S. 22. ff. u. S. 32 ff., v. Stein: Bauerngut und Hufenrecht, besonders Vorwort S. III ff., Meyer: Die Landgüterordnung für Westfalen (1882) Einleitung namentlich S. 5—7 u. 27—29 und Bärnreither: Stammgütersystem und Anerbenrecht in Deutschland (1882) Vorwort S. III. ff. u. S. 16—18, 59, 62 ff. u. sonst, und aus der Tages- und Zeitschriften-Literatur, die sich ebenfalls mit ihnen viel beschäftigt hat, zu Putlitz und von Philippovich in der Politischen Wochenschrift I. Jahrgang (Berlin 1882) S. 124—125, 130—131 u. 209—211, Bärnreither in den Juristischen Blättern, XI. Jahrgang (Wien 1882), S. 37—40, Korn in der Oesterreichischen Zeitschrift für Verwaltung, XV. Jahrgang (Wien 1882) S. 77—79, 81—83, 85—87, 89—91 u. 93—96 und Roscher in der deutschen Monatsschrift Nord und Süd Bd. 22 (Breslau 1882) S. 328—348.

[25]) In Folge des Beschlusses vom 3. Dezember 1879 (oben S. 282) sind für verschiedene Provinzen Preußens entsprechende Gesetze schon in Vorbereitung. Der Entwurf einer Landgüterordnung für die Provinz Brandenburg liegt gegenwärtig schon dem Landtage zur verfassungsmäßigen Beschlußnahme vor (vgl. oben Anm. 3,

dere Länder ähnliche Maßregeln vorgeschlagen und beabsichtigt sind[26]) und die Ueberzeugung von der Nothwendigkeit besonderer gesetzlicher Anordnungen zum Schutze der Landwirthschaft, namentlich für den ländlichen Mittelstand, eine weit verbreitete[27]) und von den hierbei gemachten Vorschlägen das Institut des Anerbenrechts in der modernen Form einer der gemäßigsten und deshalb am leichtesten annehmbar und am meisten angenommen ist.

Es ist an sich ein fünffaches möglich. Es könnte das neue Gesetzbuch entweder das Anerbenrecht vollständig und in der Art aufnehmen und abhandeln, daß es allgemein geltendes Rechtsinstitut wird. Oder es nimmt dasselbe zwar auf und ordnet es erschöpfend, jedoch nicht als allgemein geltendes Recht, sondern blos so, daß es der Landesgesetzgebung überlassen bleibt, ob und wieweit es zu gesetzlicher Geltung gelangen soll. Oder es stellt nur die Grundzüge fest und überläßt außer der Bestimmung über seine gesetzliche Geltung auch seinen weiteren Ausbau innerhalb dieses Rahmens der Landesgesetzgebung. Oder das neue Gesetzbuch enthält sich jeder eigenen Ordnung desselben, gestattet es jedoch und überläßt bezw. behält seine Einführung oder seine Fortdauer und seine Gestaltung vollständig der Landesgesetzgebung vor. Oder endlich es gewährt ihm auch nicht einmal so viel Raum, sondern verbietet es direkt oder schließt es sonst indirekt aus.

Daß jedoch weder das erste noch das letzte am Orte ist, kann nicht zweifelhaft sein. Denn zum Wesen der auf das Anerbenrecht gerichteten Bestrebungen gehört ja gerade dessen Beschränkung auf einzelne Gebiete, für die sich bei den betreffenden Grundstücksarten das Bedürfniß besonders herausstellt, und würde hiermit seine Ausdehnung auf ganz

---

19 u. 24, vom Herrenhause ist derselbe allerdings nur unter Beseitigung der Höferolle angenommen, Verhandlungen desselben von 1882/83 S. 15 ff. u. S. 37 ff.) und von den Provinziallandtagen der Provinzen Schleswig-Holstein, Sachsen und Schlesien ist wenigstens das Institut der Höfe-(Landgüter-)Rolle als Grundlage der für diese Provinzen zu erlassenden Gesetze bereits angenommen (Begründung des Entwurfs der Landgüterordnung für Brandenburg a. a. O. S. 11 oben).

[26]) Vgl. für Oesterreich z. B. Korn und Bärnreither a. d. a. O. sowie in den Juristischen Blättern a. a. O. noch S. 78—79 u. S. 91—92: „Die Enquete über die Einführung eines Höferechtes in Oesterreich." Dem Oesterreichischen Abgeordnetenhause liegt zur Zeit bereits ein Gesetzentwurf über die Erbfolge bei dem kleinen Grundbesitz vor, vgl. dazu von Philippovich in der Politischen Wochenschrift a. a. O. S. 331 u. 332.

[27]) Es sei hier noch an die bis vor zwei Jahren ziemlich unbekannten, jetzt viel besprochenen Nordamerikanischen home-stead laws erinnert.

Deutschland bei dessen besonders für die Verhältnisse des Grundbesitzes so großen Verschiedenheiten (Abhandlung S. 822 u. 823)[28]) in unvereinbaren Widerspruch treten[29]). Die vollständige Beseitigung aber wird schon dadurch unmöglich, daß es eben in einem nicht geringen Gebiete bereits thatsächlich geltendes Recht ist und soweit längere Erfahrungen vorliegen, sich praktisch sehr bewährt und in den betheiligten Kreisen viel Anklang gefunden hat, indem z. B. in Oldenburg bereits noch im Jahre 1873 theilweise bis zu 60 Prozent der Grundbesitzer ihre Höfe hatten eintragen lassen und bis zum Jahre 1880 überhaupt 8681 Besitzungen, d. i. der Zahl nach 25 Prozent und der Gesammtfläche nach 42 Prozent aller eintragungsfähigen Grundstücke, als Grunderbstellen konstituirt worden sind[30]), in der Provinz Hannover schon bis zum 1. Juli 1879, obwohl zu dieser Zeit das Gesetz vom 2. Juni 1874 noch unverändert, also nur für solche Besitzungen, für welche nach dem bisherigen bäuerlichen Rechte ein Anerbenrecht galt, bestand, von diesen, deren etwa 100 128 vorhanden sind, 60 397, also mehr als 60 Prozent in den Höferollen eingetragen waren und seitdem bis Ende 1881 noch weitere 2186 Höfe, also bis dahin im Ganzen 62—63 Prozent der eintragungsfähigen Höfe, eingetragen sind und in Lauenburg in dem Zeitraum vom 1. Juli 1881, dem Inkrafttreten des Gesetzes vom 21. Februar 1881, bis zum 1. Oktober 1882 von den vorhandenen 2748 eintragungsfähigen Stellen bereits 367, d. i. ungefähr 11 Prozent, eingetragen worden sind[31]).

---

[28]) Ueber diese auch jetzt noch besonders von Miaskowski: Das Erbrecht und die Grundeigenthumsvertheilung. Abtheilung I. S. 3—164 u. 281—311 mit vielen statistischen Angaben.

[29]) Roscher a. a. O. S. 345 bezeichnet zwar die Ausdehnung des Hannoverschen Höfegesetzes auf alle Theile des jetzigen Deutschen Reiches für wünschenswerth, jedoch mit einer Modifikation, die er allerdings blos eine kleine nennt, die in Wirklichkeit aber eine die Regel aufhebende Ausnahme ist, daß nämlich die Ausdehnung nicht auf Gegenden erfolgen soll, wo der Vorzug eines Anerben nie stattgefunden hat oder wenigstens aus dem Bewußtsein der Bauern völlig verschwunden ist. S. 347 bezeichnet er ähnliche Gesetze für alle Preußischen und nicht Preußischen Theile des Deutschen Reiches doppelt erwünscht, falls sie, natürlich unter gehöriger Berücksichtigung provinzieller Verschiedenheiten, vor der Vollendung des allgemeinen Civilgesetzbuchs zu Stande kämen.

[30]) Bärnreither: Stammgüter-System und Anerbenrecht in Deutschland S. 36 und Mittheilungen des Preuß. Ministers für Landwirthschaft in der Sitzung des Herrenhauses vom 11. Januar 1883, S. 26 der Verhandlungen desselben von 1882/83.

[31]) Preußens landwirthschaftliche Verwaltung in den Jahren 1878 2c. S. 287,

Ebenso ist der zweite Modus nicht angänglich. Derselbe wird gewählt werden und ist angemessen, wo es sich um ein Rechtsinstitut handelt, das in verschiedener Weise in Geltung ist, bei dem die Verschiedenheiten aber lediglich durch äußere Umstände, wie z. B. Ausbildung durch Gewohnheitsrecht veranlaßt sind und sich erhalten haben, überhaupt zufällig oder willkürlich sind, wo also die vollständige Kodifizirung erforderlich ist, um eine genügende Rechtssicherheit herzustellen, andrerseits aber auch nicht weiter wirkt, als die formelle Rechtssicherheit verlangt. Er ist etwa bei den drei Hauptsystemen des ehelichen Güterrechts: Gütereinheit, allgemeine Gütergemeinschaft und Errungenschaftsgemeinschaft, deren jedes in sich eine durch nichts gerechtfertigte Mannigfaltigkeit und Ungewißheit zeigt, so daß deren Beseitigung durch Kodifizirung nicht nur nicht das materielle und wirklich wesentliche Recht trifft, sondern vielmehr die gedeihliche Anwendung des letzteren befördern wird, angebracht und wird man deshalb vielleicht jedes dieser Systeme kodifiziren und alle drei zur Auswahl stellen[32]). Bei dem Anerbenrecht aber liegt die Sache ganz anders[33]). Verschiedenheiten sind zwar bei ihm bereits vor-

---

Begründung des Entwurfs der Landgüterordnung vom 30. April 1882, Nr. 16 der Drucksachen des Preuß. Herrenhauses, Sitzungs-Periode 1882 S. 31, Roscher a. a. O. S. 344, wo aber statt des 1. März 1880 der 1. Juli 1879 zu setzen ist, Bärnreither a. a. O. S. 34 u. 35 und die Anm. 30 citirten Mittheilungen. Vgl. jedoch hierzu Meyer a. a. O. S. 27.

[32]) Vgl. Die Ausarbeitung des Entwurfs eines bürgerlichen Gesetzbuchs, Separat-Abdruck Nr. 5 aus dem Deutschen Reichs-Anzeiger (1877) S. 20 und Beiträge zur Erläuterung des Deutschen Rechts Bd. XXI. S. 182 u. 241.

[33]) Anderer Ansicht ist von Miaskowski. Derselbe hat nach den Berichten der Tageszeitungen in einem bei den Verhandlungen des Vereins für Socialpolitik im Oktober 1882 gehaltenen Vortrage über Grundeigenthumsvertheilung und Erbrechtsform im Deutschen Reich davon ausgehend, daß der Güterzerstückelung und der durch die bisherige Art des Erbgangs bewirkten Ueberschuldung des Grundbesitzes im allgemeinen Interesse ein Ende gemacht werden müsse, daß indessen eine allgemeine Einführung des Anerbenrechts als eines gemeingültigen Erbrechts ohne vorherige Eintragung in die Höferolle zur Zeit nicht ausführbar und angesichts der Verschiedenheit der Verhältnisse und Gewohnheiten und der bereits weit vorgeschrittenen Parzellirung auch nicht überall wünschenswerth sei, den Vorschlag gemacht, die Kommission zur Ausarbeitung des Deutschen Civilgesetzbuchs möge auf dem Gebiet des Erbrechts ähnlich verfahren, wie sie es für das eheliche Güterrecht in Aussicht genommen hat. Wie in dem bürgerlichen Gesetzbuch die verschiedenen Systeme des ehelichen Güterrechts gleichmäßig Aufnahme finden sollen mit der Maßgabe, daß es den einzelnen Ländern und Landestheilen anheim gegeben werde, welches derselben sie bisheriger Uebung gemäß in Anwendung bringen wollen, ebenso könne neben dem allgemeinen Erbrecht, welches für das sämmtliche Mobiliarvermögen und ebenso

handen und werden bei seiner Ausdehnung auf andere, als die jetzigen Gebiete wohl noch weitere hinzukommen. Dieselben haben jedoch nicht ihren Grund in bloßen Zufälligkeiten oder Willkürlichkeiten, sondern sind von den betreffenden Gesetzen mit Rücksicht auf sachliche Verschiedenheiten der maßgebenden Verhältnisse in ihren Geltungsgebieten beabsichtigt bezw. werden stets beabsichtigt sein und sie können auch niemals Ungewißheit begründen, weil das Anerbenrecht überall auf positivem Gesetz beruht und beruhen wird. Ihre Beseitigung und Ausgleichung würde daher stets zum Nachtheil der Sache sein.

Auch der dritte Modus erscheint ausgeschlossen. Derselbe wird sich wohl nur empfehlen bei Rechtsinstituten, die einen erheblichen Umfang haben und die in den Grundprinzipien verschieden gestaltet sein können, insoweit jedoch sich zur gemeinschaftlichen Regelung eignen und nur in den unwesentlichen Einzelheiten durch die verschiedenen Bedürfnisse und geschichtlich gegebenen Verhältnisse größerer oder kleinerer Distrikte so beeinflußt werden, daß eine vollständige Ordnung nicht möglich ist. Hierzu sind etwa das Forstrecht, das Wasserrecht, das Gesinderecht u. dgl. zu rechnen[34]), nicht aber das Anerbenrecht. Dieses ist und kann stets blos von geringem Umfange sein, die bisher darüber erlassenen Gesetze sind schon an sich nur kurz und betreffen theilweise noch manches nicht zum Anerbenrecht selbst gehörende, und es kann in seinen Grundzügen gar nicht verschieden sein. Dieselben sind und werden immer sein: als Voraussetzung der Tod des Eigenthümers eines Grundstücks von bestimmter Art und das Vorhandensein mehrerer Erben nach dem sonstigen Erbrecht, als Folge der ungetheilte Uebergang des Grundstücks nebst Zubehör blos auf einen dieser Erben gegen Abfindung der übrigen, als Mittel hierzu die auf formlosen Antrag erfolgende Eintragung in einer vom Gericht geführten Rolle, als Prinzip bei der Abfindung, daß

---

für das städtische Immobiliarvermögen in Anwendung zu kommen hätte, für das land- und forstwirthschaftliche Deutsche Grundeigenthum das Anerbenrecht in doppelter Gestalt eingeführt werden, nämlich einmal in der Gestalt eines von Gesetzes wegen geltenden Intestaterbrechts und sodann eines erst durch Eintragung in die Höferolle zur Anwendung gelangenden, also fakultativen Höferechts. Den einzelnen Ländern und Ländertheilen wäre dann anheimgegeben, sich für das eine oder andere System zu entscheiden.

Der Vortrag und die Verhandlungen darüber selbst liegen noch nicht gedruckt vor. Vgl. jedoch das seitdem erschienene oben Anm. 5, 7, 8 u. sonst citirte Buch v. Miaskowski's.

[34]) Beiträge zur Erläuterung des Deutschen Rechts Bd. XXI. S. 181, 198 Nr. 5 u. 217 Nr. 6.

sie nicht so hoch sein darf, um durch ihre Entrichtung das fernere Bestehen der Gutswirthschaft unmöglich zu machen, und als leitender Gedanke die durchgängige Abhängigkeit von dem Willen des Erblassers bezüglich der Annahme im allgemeinen sowohl wie der Aenderung im einzelnen. Damit sind die Grundzüge bereits erschöpft. Denn alles andere ist unwesentlich, also z. B. welche Grundstücke und welches Zubehör dem Anerbenrecht unterworfen sein sollen, ob das Anerbenrecht blos Nachkommen oder noch anderen Erben eingeräumt wird, wie sich der Anerbe bestimmt, ob dabei das Alter, das Geschlecht u. s. w. den Vorzug geben, wie die Abfindung berechnet, insbesondere welcher Werth des Grundstücks dabei zu Grunde gelegt wird, in welchen Formen der abändernde Wille des Eigenthümers auszudrücken ist u. dgl., und bedarf nicht nur, sondern widerstrebt der einheitlichen Regelung. Jene Grundzüge aber sind derartig, daß, wenn auch nur einer von ihnen nicht vorhanden wäre, ein Anerbenrecht überhaupt nicht mehr vorhanden wäre. Sie sind daher von selbst gemeinschaftlich geregelt und werden es stets sein und ist es überflüssig, sie noch zu diesem Zweck in das neue Gesetzbuch aufzunehmen.

Somit bliebe denn nur übrig, das Anerbenrecht vollständig der Landesgesetzgebung zu überlassen, und dies ist auch als das seiner Natur am meisten entsprechende anzusehen. Es ist nicht aus allgemeinen theoretischen Erwägungen, sondern aus lokalem praktischem Bedürfniß hervorgegangen und soll nur aus solchem hervorgehen. Ueber dieses aber vermag die partikulare Gesetzgebung allein oder doch besser und richtiger zu entscheiden, als die allgemeine. So zu verfahren ist auch, obwohl dann eine Verschiedenheit des Erbrechts in den verschiedenen Theilen des Reichs bleibt, unbedenklich, weil es sich nicht um ein Intestaterbrecht handelt. Bei letzterem mag, weil es auf der allgemeinen und überall in gleicher Weise zutreffenden Grundlage der Abstammung und Verwandtschaft beruht, wenigstens soweit dieselben Gegenstände in Betracht kommen, vielleicht zu gelten haben, daß es durch die Reichsgesetzgebung für das ganze Reich vollständig gleichmäßig geordnet werden muß und nicht einzelne Theile desselben ein spezielles Intestaterbrecht behalten können. Bei einer Ausdehnung der Testirfreiheit und Erleichterung des Testirens, wie sie beim Anerbenrecht allein begründet werden, trifft dies nicht zu. Das Testiren ist ein Akt der dem Einzelnen überlassenen freien Willensbestimmung und ist es kein Widerspruch der Gesetzgebung, wenn diese da, wo die Willkühr des Einzelnen an sich walten darf, in einzelnen Theilen des Reichs noch besondere Erweiterungen für die Willkühr bestehen läßt. Insoweit bedarf es jedenfalls keiner Gleichmäßigkeit im ganzen Reich.

Daß es hiernach beim Anerbenrecht eben so sein soll, wie man bei verschiedenen, im Absterben begriffenen Instituten, dem Lehnrecht, dem Erbzins- und Erbpachtrecht, dem Recht der Familienfideikommisse u. dgl. verfahren wird [35]), obwohl beim Anerbenrecht nicht von einem Absterben, sondern nur von dem geraden Gegentheil eines solchen gesprochen werden könnte, steht selbstverständlich nicht entgegen. Es ist in Aussicht genommen, von einer gemeinsamen Kodifizirung des bäuerlichen Güterrechts, soweit solches die Geschlossenheit der Höfe, deren Erhaltung durch eigenthümliche Erb- und Theilungsnormen, das Altentheil u. dgl. angeht, abzusehen [36]). Es wird dies also von dem ländlichen Güterrecht, soweit es das moderne Anerbenrecht angeht, gleichfalls zu gelten haben bezw. hierauf auszudehnen sein.

Hat nun auch sonach das neue Gesetzbuch dem Anerbenrecht als solchem gegenüber sich passiv zu verhalten, so könnte doch noch in Ansehung der einen oder der andern bei demselben, namentlich in den drei Preußischen Gesetzen, getroffenen Bestimmung etwas anderes anzunehmen sein. Dies wäre indessen nur so möglich, daß die letzteren als allgemein geltende Bestimmungen des Pflichttheilsrechts aufgenommen würden und könnten hierbei auch nur in Betracht kommen die aus dem erwähnten Prinzip bei der Abfindung hervorgegangenen Anordnungen oder Vorschläge, daß regelmäßig der Nutzungs- oder Ertragswerth, nicht der Substanz- oder Verkaufswerth des Grundstücks maßgebend ist [37]), was als Zubehör desselben anzusehen ist [38]), daß der Betrag sei es direkt [39]) sei es indirekt durch Vorschreibung eines niedrigeren Grundstückswerths [40]) ermäßigt, die Zahlung bis zur Großjährigkeit mit der Verpflichtung zur angemessenen Erziehung und Unterhaltung bis dahin hinausgeschoben [41]) oder überhaupt billige Zahlungsfristen mit standesgemäßem Unterhalt

---

[35]) Beiträge a. a. O. S. 180, 197 Nr. 3 u. 217 Nr. 4 u. 5 und Bd. XXIII. S. 439.

[36]) ebenda Bd. XXI. S. 180, 198 Nr. 4, 217 Nr. 5 d.

[37]) §. 15 Gesetz vom 2. Juni 1874, §. 14 Gesetz vom 21. Februar 1881, §. 17 Gesetz vom 30. April 1882.

[38]) §. 12, §. 11 bezw. §. 17 Nr. 2 u. 3 a. d. a. O.

[39]) Enneccerus: Ein Höferecht für Hessen S. 29.

[40]) §. 17 Gesetz vom 2. Juni 1874, §. 16 Gesetz vom 21. Februar 1881 und §. 21 Abs. 2 Gesetz vom 30. April 1882.

[41]) §. 19 bezw. §. 18 der ersteren beiden Gesetze.

gegen standesgemäße, den Kräften entsprechende Mitarbeit gesetzt werden dürfen[42]) und daß die Entscheidung von Streitigkeiten durch Schiedsrichter erfolgt[43]).

Einzelne von diesen Anordnungen[44]) sind bereits früher berührt worden (Abhandlung S. 861, 862, 865, 866, 867 u. 868) und wird hierauf Bezug genommen. Es läßt sich nicht verkennen, daß sie sämmtlich manches für sich haben, aber sie sind, abgesehen vielleicht von der Berechnung des Grundstückswerths nach dem Ertrage und der Feststellung des Zubehörs des Grundstücks, keineswegs derartig, daß sie stets berechtigt sind und werden, soweit sie es sind, bei der diesseits vorgeschlagenen Gestaltung des Pflichttheilsrechts, nach welcher dieses im Verhältniß zu dem bisherigen bei dem Kreise der pflichttheilsberechtigten Personen durch Ausscheidung der Voreltern, bei dem Betrage durch Festsetzung des Pflichttheils als eine nicht zu hohe Quote des Intestaterbtheils, bei der Natur des Rechts durch regelmäßige Charakterisirung desselben als eines Forderungsrechts und bei der Enterbung durch Zulassung der Entziehung oder Beschränkung des Pflichttheils, sobald dies keine Härte oder Lieblosigkeit des Erblassers gegen den Pflichttheilsberechtigten ist, erheblich beschränkt ist, von selbst angemessene und andererseits auch ausreichende Berücksichtigung finden, sodaß sich insoweit alle besonderen Vorschriften erübrigen. Bei der Feststellung des Zubehörs aber wird, wie bei der Berechnung des Grundstückswerths (S. 867 u. 868 a. a. O.), nur zweierlei möglich sein, entweder man schreibt sie allgemein oder gar nicht vor. Geschieht das erstere, so gilt sie selbstverständlich und von selbst auch auf dem Gebiet des Pflichttheilsrechts. Will man jenes dagegen nicht, — ob das eine oder das andere angemessen ist, darauf kann hier nicht näher eingegangen werden —, so würde eine blos für die Ermittelung des Pflichttheils maßgebende und z. B. von der bei einer Auseinander-

[42]) §§. 11, 12, 19 und 21 Abs. 2 Gesetz vom 30. April 1882.

[43]) §. 18 daselbst.

[44]) Die des Gesetzes von 1881 stimmen mit denen des Gesetzes von 1874 vollständig überein und die dem Gesetz von 1882 eigenthümlichen sind im wesentlichen bereits in dem Gesetz betr. die Abschätzung von Landgütern zum Behufe der Pflichttheilsberechnung in der Provinz Westphalen vom 4. Juni 1856 enthalten gewesen. Ueber die geringe Zweckmäßigkeit der Entscheidung durch Schiedsrichter auch wenn, wie im §. 18 Abs. 4 u. 5 der Landgüterordnung vom 30. April 1882 geschehen, ihre Qualifikation bestimmt und für das Verfahren vor ihnen die entsprechende Anwendung der Bestimmungen des zehnten Buches der Civilprozeßordnung angeordnet ist, vgl. Meyer: Die Landgüterordnung für Westfalen (1882) Anm. 2, 5, 6 u. 7 zu §. 18 S. 63, 65 u. 66.

setzung der Miterben abweichende Bestimmung des Zubehörs ebenso, wie eine andere Berechnung des Grundstückswerths, eine Inkonsequenz sein, die sich nicht, namentlich nicht durch das Wesen und die Zwecke des Pflichttheilsrechts rechtfertigen ließe.

Somit hat es bei der Stellung, welche das neue Gesetzbuch zu dem Anerbenrecht im allgemeinen einzunehmen haben wird, auch hinsichtlich der Einzelheiten desselben zu bewenden.

Buchdruckerei von Gustav Schade (Otto Francke) in Berlin.

FSC
www.fsc.org
MIX
Papier | Fördert
gute Waldnutzung
FSC® C083411

Kolibri 360 GmbH
Ferdinand-Jühlke-Straße 7
99095 Erfurt, Deutschland
produktsicherheit@kolibri360.de